国家出版基金项目
NATIONAL PUBLICATION FOUNDATION

中国海上丝绸之路通史
第二辑
中华文明海外传播史

U0113896

神歆其芳：中国民间信俗的海外传播

钟建华 著

陈支平 王子今 主编

海峡出版发行集团 | 鹭江出版社
THE STRAITS PUBLISHING & DISTRIBUTING GROUP

2023年·厦门

图书在版编目(CIP)数据

神歆其芳:中国民间信俗的海外传播/陈支平,王
子今主编;钟建华著.—厦门:鹭江出版社,2023.12
(中国海上丝绸之路通史)
ISBN 978-7-5459-2133-5

Ⅰ.①神… Ⅱ.①陈… ②王… ③钟… Ⅲ.①信仰—
民间文化—文化传播—研究—中国 Ⅳ.①B933

中国国家版本馆 CIP 数据核字(2023)第 068039 号

中国海上丝绸之路通史(第二辑)
陈支平　王子今　主编

SHENXINQIFANG ZHONGGUO MINJIAN XINSU DE HAIWAI CHUANBO

神歆其芳:中国民间信俗的海外传播
钟建华　著

出版发行:鹭江出版社
地　　址:厦门市湖明路 22 号　　　　　　　　　邮政编码:361004
印　　刷:恒美印务(广州)有限公司
地　　址:广州南沙开发区环市大道南 334 号　　联系电话:020－84981812
开　　本:787mm×1092mm　1/16
插　　页:4
印　　张:21.25
字　　数:320 千字
版　　次:2023 年 12 月第 1 版　　　2023 年 12 月第 1 次印刷
书　　号:ISBN 978-7-5459-2133-5
定　　价:150.00 元

如发现印装质量问题,请寄承印厂调换。

总　序

　　任何一种文明都是在与其他文明的交融对话中不断发展的。作为世界上最古老的几个文明之一，中华文明在历史长河中既扮演了文明传播者的角色，也不断从其他文明中汲取各种养分。在这种文明交往的世界体系中，中华文明既壮大发展了自身，也为世界文明的进步作出了重大贡献。

　　长期以来，学界对中国社会文明史的研究，主要侧重传统农业社会发展史方向，对中国海洋发展史的关注度则相对薄弱。这一方面是因为中国自古以来就是一个"以农立国"的国度，历代社会的经济基础及意识形态，基本上围绕"农业"展开；另一方面是因为历代统治者为了政权的巩固与社会的稳定，往往把从事海上活动的人群视为对既有社会形态的威胁，经常实施诸如禁止出海活动的法令。在这些因素的作用下，中国的海洋文明发展史以及由此开拓出的海上丝绸之路的历史与文化，必然受到历代政府与士大夫们的漠视，甚至备受打击。

　　中国是一个临海国家，从北到南，大陆海岸线长度约一万八千千米。事实上，在这样的地理优势之下，我们的先民很早就开始从事海洋活动。这种活动除了延续至今的海洋捕捞、海洋养殖之外，还不断通过国家、社会的不同领域与层面向外延伸，寻求与外界的联系和发展。可以说，中国海洋文明存在于"海—陆"一体的结构中。中国既是一个大

陆国家，又是一个海洋国家，中华文明具有陆地文明与海洋文明双重性格。中华文明以农业文明为主体，同时包容游牧文明和海洋文明，形成多元一体的文明共同体。中华民族拥有源远流长、辉煌灿烂的海洋文化和勇于探索、崇尚和谐的海洋精神。没有古代中国的海洋文明，也就谈不上近代中国海权的旁落；没有古代中国的海洋文明，也就没有当代中国海权的复兴。我们不能因为中国在近代落伍和被欺凌、被打压，就否认中国传统海洋文明的辉煌。①

中国的先民正是在长达数千年的不断探索、实践之下，才让中国的海洋文明发展史在世界文明史上留下光辉的篇章。

一、对中国海洋发展的回顾

中国先民在上古时期进行的海洋活动，应该是沿着海岸线进行海洋捕猎和滩涂养殖活动。在不断与大海搏击与互相适应的过程中，逐渐形成了辉煌灿烂的海洋文化和勇于探索、崇尚和谐的海洋精神。中华海洋文明是中华原生文明的重要组成部分，与中华农业文明几乎同时发生。在汉武帝平定南越以前，东夷、百越等海洋族群创造的海洋文明仍是一个独立的系统。

早期中华海洋文明的逐渐形成，伴随着海上活动区域的日益扩大。有学者指出，中国历史文献中的百越族群，与人类学研究的南岛语族属于同一范畴，两者存在亲缘关系。百越族群逐岛漂流航行的活动范围，是从东海、南海几经辗转到达波利尼西亚等南太平洋诸岛，百越族群是大航海时代以前人类最大规模的海上移民。东夷、百越被纳入以华夏文明（即内陆文明、农业文明、大河文明）为主导的王朝统治体系后，海洋文明逐渐被进入沿海地区的汉族移民承继、涵化，和汉化的百越后裔

---

① 杨国桢、王鹏举：《中国传统海洋文明与海上丝绸之路的内涵》，《厦门大学学报（哲学社会科学版）》2015 年第 4 期。

一道，铸造了中华文明的海洋特性，拉开了海上丝绸之路的帷幕。① 由于中国沿海传统渔业和养殖业在中国历代社会经济中所占份额较小，因此，中国的海洋文明发展历史，主要体现在向海外发展并且与海外各地相互连接的海上丝绸之路上。

从现有的资料看，中华民族海洋先民与世界其他民族的交流，早在公元前10世纪时就已产生。由于地处亚欧大陆，东临大海，中国在早期的对外交流中，率先开辟西通西域、东出大海的两条主要通道，中华文明与世界文明交往基本格局的雏形自此形成。

《山海经》中提到"闽在海中"，这是一种传说。但是"闽在海中"的传说，是数千年来中国南方民族与东亚民族长期交往的历史记忆。"闽"是福建地区的简称。福建地区处于陆地，何谓"海中"？这一传说实际上说明了我国东南沿海地区面向大海以及宝岛台湾在东南海洋中的特殊地理位置，乃至中国东南沿海地区与南洋各地包括南岛语族居民长期交融的文化互动关系。这种关系无疑就是后来海上丝绸之路的先声。

中国北方有"箕子入朝鲜"的记述，称公元前1066年，周武王灭商，命召公释放箕子，箕子率5000人前往朝鲜。公元前3世纪末，朝鲜历史上第一次记载了"箕氏侯国"。《史记》记载，箕子在周武王伐纣后，带着商代的礼仪和制度到了朝鲜半岛北部，被那里的人民推举为国君，并得到周朝的承认，史称"箕子朝鲜"。现代谱系学的研究成果证实，现今许多朝鲜人和韩国人的祖先来自华夏地区。

春秋战国时期有"徐福东渡日本"的记载。徐福东渡，一直被公认为华夏民族及其文化传入日本的重要历史事件。《史记·淮南衡山列传》记载了徐福东渡事件，后又有徐福在日本平原、广泽为王之说。徐福东渡日本，促成了一代"弥生文化"的诞生，并为日本带去了文字、农耕和医药技术。据统计，日本的徐福遗迹有50多处。

春秋战国时期文献多数缺失，至今留存的文献记载十分有限，但是从上述传说和记述中，我们可以了解到中国古代先民并没有辜负大海的恩

① 杨国桢：《海洋丝绸之路与海洋文化研究》，载李庆新主编《海洋史研究（第七辑）》，社会科学文献出版社，2015。

赐。在当时生产力低下、航海技术相当原始的情况下，他们仍不断地尝试循着大海，向东面和东南面拓展，谋求与海外民族的联系与合作。

汉唐时期是中国历史上的强盛时期，社会生产力得到长足的进步，交通工具特别是航海技术有了空前的提升，中外文化交流也进入稳步发展阶段。强盛的国力和丰富多彩的文化，吸引着东亚各国前来学习，唐代的政治文化制度对东方邻国的政治文化体制产生了直接的影响。可以说，汉唐时期中国闻名于世的陆上丝绸之路和海上丝绸之路已经形成，中国海洋发展史进入了一个崭新的阶段。

公元前 138 年，张骞出使西域，这是丝绸之路开通的先声。东汉永元九年（97），西域都护班超派遣甘英出使大秦，扩大华夏文化对西域的影响，也丰富了汉人对西域的认识。陆上丝绸之路开辟以后，中国的丝织技术随丝织品输入西方，促进了中外文化交流和贸易往来，加强了西汉与西域地区的联系。

与此同时，自中国沿海起始的海路，西达印度、波斯，南及东南亚诸国，北通朝鲜、日本。公元前 2 世纪到公元前 1 世纪，西汉王朝的使节已在南海航行。中国古籍《汉书·地理志》最早提到的中西海路交通的路线是："自日南（今越南中部）障塞、徐闻（今广东徐闻）、合浦（今广西合浦）船行可五月，有都元国；又船行可四月，有邑卢没国；又船行可二十余日，有谌离国；步行可十余日，有夫甘都卢国。自夫甘都卢国船行可二月余，有黄支国……平帝元始中，王莽辅政，欲耀威德，厚遗黄支王，令遣使献生犀牛。自黄支船行可八月，到皮宗；船行可二月，到日南、象林界云。黄支之南，有已程不国，汉之译使自此还矣。"[①]《汉书·地理志》所记载之海上交通路线，实为早期的海上丝绸之路，当时海船载运的"杂缯"，即各种丝绸。到 2 世纪 60 年代，罗马帝国与东汉通过海上丝绸之路发生联系。三国时期的吴国曾派遣朱应、康泰出使南海，促进了中国与南海诸国的联系。5 世纪，中国著名旅行家法显由陆上丝绸之路前往印度，回国时取道海上丝绸之路，经师子国（今斯里兰卡）、耶婆提（今印度尼西亚苏门答腊岛一带）回国。此时，

---

①《汉书》，中华书局，1962，第 1671 页。

海上交通已相当频繁，中国与东南亚地区、印度洋地区已有广泛联系，特别是来自中国与印度的僧人为弘扬佛法，交往更为密切。这一时期，中国与阿拉伯半岛、波斯湾地区之间也有一定规模的海上交流活动。

唐朝是海上丝绸之路的大发展时期。隋唐五代时期，与中国通商的国家有赤土、丹丹、盘盘、真腊、婆利等。中唐之后，西北地区丝绸之路阻塞，华北地区经济衰落，华南地区经济日益发展，海上交通开始兴盛。这一时期，海上丝绸之路的繁荣程度远远超过了陆上丝绸之路。与中国通商的国家有拂菻、大食、波斯、天竺、师子国、丹丹、盘盘、三佛齐。航路是以泉州或广州为起点，经过海南岛、环王国、门毒国、古笪国、龙牙门、罗越国、室利佛逝、诃陵国、个罗国、哥谷罗国、胜邓洲、婆露国、师子国、南天竺、婆罗门国、信度河、提罗卢和国、乌剌国、大食国、末罗国、三兰国。同时，唐代即有唐人移民海外。其中，唐代林氏始祖渡海至韩国，繁衍至今约有 120 万人。2001 年，韩国林氏到泉州惠安彭城村寻根谒祖，传为佳话。

中国宝岛台湾以其雄踞东南海中的地理位置，在中国海洋文明发展史及对外交通的海上丝绸之路中扮演着无可替代的角色。最新考古发掘资料证实，以台北地区十三行文化遗址为代表，在距今 1800 年至 400 年之间，台湾是联结中国大陆与海外的一个重要中转站。这里出土的文物，既有来自大陆的青铜器物，也有来自南亚地区甚至更远区域的玻璃器皿。这些出土文物充分说明，我国东南地区及台湾地区在唐宋时期就已经成为我国海上丝绸之路的重要港口与据点。

隋唐时期我国海洋文明发展的一个重要标志，是中国文化向周边国家传播。隋唐时期是我国专制集权发展的鼎盛时期，政治、经济、文化均较为发达，与邻近诸国往来频繁，互相影响，对我国及邻近各国的经济、文化发展，具有积极的推进意义。唐贞观十七年（643），李义表、王玄策出使印度，天竺迦摩缕波国童子王要求将《道德经》翻译成梵文。他们归国后，唐太宗命玄奘等完成翻译，王玄策在第二次出使印度时，即将翻译好的《道德经》赠送给童子王，并赠送了老子像。这是迄今为止最早的有文字可考的关于《道德经》传入印度的记述。不仅如此，侨居中国的波斯人、阿拉伯人亦受中国文化的熏陶。当时的长安可

谓亚洲各国留学生聚集的地方，也是世界文化传播中心。

汉字作为世界上使用人数最多的文字，对日本、朝鲜、韩国、越南、哈萨克斯坦等亚洲诸国均产生过深远且重大的影响。日本民族虽有古老的文化，但其本族文字则较晚出现。长期以来，日本人民以汉字作为传播思想、表达情感的载体，称汉字为"真名"。公元5世纪初，日本出现借用汉字的标音文字——"假名"。公元8世纪时，以汉字标记读音的日本文字已较为固定，其标志是《万叶集》的编定。日本文字的最终创制由吉备真备和弘法大师（空海）完成。他们两人均曾长期留居中国唐朝，对汉字有很深的研究。前者根据标音汉字楷体偏旁创造了日文"片假名"，后者采用汉字草书创造日文"平假名"。尽管自公元10世纪起，假名文字开始在日本盛行，但汉字的使用却并未因此废止。时至今天，已在世界上占据重要地位的日本文字仍保留着1000多个简体汉字。

朝鲜文字称谚文。它的创制和应用是古代朝鲜文化的一项重要成就。实际上，中古时期的朝鲜亦如日本，没有自己的文字，使用的是汉字。新罗统一后稍有改观，时人薛聪曾创造"吏读"，即用汉字表示朝鲜语的助词和助动词，辅助阅读汉文书籍。终因言文各异，"吏读"无法普及。李朝初期，世宗在宫中设谚文局，令郑麟趾、成三问等人制定谚文。他们依中国音韵，研究朝鲜语音，创造出11个母音字母和17个子音字母，并于1443年编成"训民正音"公布使用，朝鲜从此有了自己的文字。

公元10世纪以前，越南是中国的郡县。秦、汉、隋、唐均曾在此设官统辖，故越南受中国文化的影响较深。越南独立后，无论是上层人士的交往，还是学校教育、文学作品创作，均以汉字为工具。直至13世纪，越南才有本国文字——字喃。字喃是以汉字为基础，用形声、假借、会意等方法创制的表达越南语音的新字。15世纪时，字喃通行越南全国，完全取代了汉字。

不仅文字，唐代的政治制度同样对东亚各国产生了不小的影响。科举制度和三省六部制是中国古代政治制度的重要组成部分，也是支持官僚政治高度发展的两大杠杆。科举制度和三省六部制萌芽于汉代，建立于隋唐，不仅影响了东亚世界政治制度的发展，还促进了西方文官制度的建立。在唐代，有不少来自朝鲜、安南（今越南）、大食（今阿拉伯）等国的留学人员参加中国的科举考试，其中尤以朝鲜人为多。公元9世纪初，朝鲜半岛还处于百济、新罗、高句丽并立的三国时代，新罗的留唐学生十分向往中国的科举制度，并且来中国参加科举考试。821年，新罗学生金云卿首次在唐朝科举中登第。截至唐亡的907年，新罗学生在唐登第者有58人。五代时期，新罗学生及第者又有32人。958年，高丽实施科举制度。日本也于8世纪时引进中国的科举制，建立贡举制。唐会昌五年（845），唐王朝允许安南同福建、黔府、桂府、岭南等地一样，每年选送进士7人、明经10人到礼部，同全国各地的乡贡、生徒一起参加科举考试。科举制度虽然最早产生于中国，但其声望及影响并非仅囿于中国。从其诞生之日起，历朝历代就有不少外国学子到中国学习和参加科举考试，绝大多数人学有所成，像桥梁一样促进了国与国之间在文化、教育等方面的交流，为增进中国人民与其他各国人民的友谊作出了不可磨灭的贡献。他们的历史功绩永载中国海洋文明发展史及中外文化交流史史册。

新罗受唐文化影响最深。当时入唐求学的新罗学子很多，仅840年一年，从唐朝回国的新罗留学生就有100余人。他们学成归国后，协助新罗统治者仿效唐朝的政治制度，建立起从中央到地方的行政组织。8世纪中叶，新罗仿效唐朝改革了行政组织，在中央设执事省（相当于唐朝的中书省），在地方设州、郡、县、乡。日本也是与唐朝有密切来往的东亚国家之一。仅在唐朝一代，日本就派遣了12批遣唐使团到中国学习，次数之多，规模之大，时间之久，学习内容之丰富，可谓空前，推动了中日文化交流的第一次高潮。通过与中国的不断交往，日本在政治、经济、军事、文化、生产技术以至生活风尚等方面都受到中国的深刻影响。其中，影响最大的是646年日本的大化改新。日本在这次革新中充分借鉴了唐朝经验，建立了以天皇为中心的中央集权国家，官吏任免权收归中央。这次改革还仿效唐朝的三省六部制，在中央设立相应机构，各司其职，置八省百官。从649年"冠位十九阶"的制定到701年《大宝律令》、718年《养老律令》的先后制定，全新的封建官僚体制取

代了贵族官僚体制（现在日本的中央部级还称作"省"）。同一时期，安南所推行的文教制度和选拔人才政策也与隋唐几乎相同。世界五大法系之———"中华法系"的代表《唐律疏议》，对越南法制史有重大影响。中国政治制度对东亚、南亚国家的影响一直延续到宋明时期。

佛教传入中国，经过中国文化的滋养，再传入东亚各国，对东亚各国的宗教文化产生了深刻影响。鉴真先后 6 次东渡到达日本，留居日本 10 年，辛勤不懈地传播唐朝多方面的文化成就。唐代前期和中期以后，新罗留学生研习当时盛行的天台宗、法相宗、律宗、华严宗、密宗和禅宗。

唐朝时期，中国的典籍源源不断地传入东亚各国，形成了一个高潮。日本飞鸟、奈良时代甚至出现了当时举世罕见的汉书抄写事业。日本贵族是最早掌握汉字和汉文化的社会阶层。日本平安时代（794—1192）是贵族文化占主流的时代。这一时代的贵族，包括皇室在内，均以中国文明为榜样，嗜爱汉籍，对唐诗推崇备至。平安时代初期，嵯峨天皇敕令编撰了《凌云集》和《文华秀丽集》两部汉诗集，开启其后三百年间日本汉文化发达之先河。

唐代国学等汉籍传入东亚各国，形成了一条通畅的"书籍之路"。早期"书籍之路"航线从中国江南始发，经朝鲜半岛，再至日本列岛，这是与东亚海上丝绸之路相辅相成的文化传承之路，构建了东亚文化交流的新模式。

宋元时期中国海洋文明发展史在更广阔的范围展开。一方面，在传统"朝贡贸易"的刺激下，民间从事私人海上贸易的情况不断出现；另一方面，理学成为中国儒学的新形态，很快成为东亚各国的道德文化范本。中国禅宗的兴盛也深深地影响着周边各国。中国的"四大发明"进一步影响世界，中国与东南亚各国的往来日渐密切，与非洲的联系也日益紧密。

宋元时期，儒学向亚洲国家传播，对东亚及东南亚产生深远的影响。对东亚的影响主要是朱子学和文庙制度的东传。四书五经等儒家经典的思想和智慧传到朝鲜、日本和越南，这些教化中国民众的核心精神也深深影响着东亚各国。在朝鲜，高丽王朝的安珦于 1290 年将《朱子全书》抄回国内后，白颐正、禹倬等人开始不遗余力地在朝鲜发扬程朱理学。他们的后学李齐贤、李穑、郑梦周、郑道传等人，成了推动朝鲜朱子学发展的中流砥柱。日本的朱子学传播伴随着佛教的交流。日本僧人俊芿曾带回朱熹的《四书章句集注》等著作，日本僧人圆尔辩圆曾持朱熹的《大学或问》《中庸或问》《论语精义》《孟子精义》等著作回国。同时，宋朝僧人道隆禅师曾赴日以儒僧身份宣传理学，元朝僧人一宁禅师赴日宣传宋学，培养了一大批禅儒兼通的禅僧，如虎关师炼、中岩圆月、义堂周信等。15 世纪末朱子学在日本形成三大学派：萨南学派、海南学派和博士公卿派。在越南，陈圣宗于绍隆十五年（1272）下诏求贤才，能讲四书五经之义者，入侍帷幄。于是，越南出现了一批积极传播朱子学的先驱，如朱文安、黎文休、陈时见、段汝谐、张汉超、黎括等。黎朝建立后，仍然大力提倡朱子学，将朱子学确立为正统的国家哲学。

宋元时期，除了朝鲜、日本、越南等经过海路与中国交往，并且产生文化影响力之外，东南亚各国也同中国产生了直接的联系。例如泰国，宋朝曾于 1103 年派人到罗斛国，1115 年罗斛国的使者正式来到中国，罗斛国与中国建立友好关系。罗斛先后五次（分别于 1289 年、1291 年、1296 年、1297 年和 1299 年）派遣使者出访元朝。1238 年，泰族首领马哈柴柴查纳亲王后裔坤邦克郎刀创建了以素可泰为中心的素可泰王国（《元史》中称"暹罗"），历史上称作素可泰王朝。宋元时期，泰国医生使用的药物中，30％为中药。他们也采用中医望、闻、问、切的诊治方法。中国的针灸术也流行于泰国。再如缅甸。缅甸蒲甘国 1106 年第一次遣使由海路入宋，于 1136 年第二次遣使由陆路经大理国入宋。纵观整个元代，缅甸至少 13 次遣使至元朝，元朝向缅甸遣使约 6 次。1394 年，明朝在阿瓦设缅中宣慰司，与阿瓦王朝关系密切。再如柬埔寨。真腊是 7—16 世纪柬埔寨的国名。公元 616 年 2 月 24 日，真腊国遣使贡方物。苏利耶跋摩二世在位时（1113—1150），曾两次遣使来中国访问。真腊国分别于 1116 年、1120 年、1129 年遣使入宋，宋朝廷将"检校司徒"称号赐予真腊国王。1200 年，真腊遣使入宋赠送驯象等礼品。宋宁宗以厚礼回赠，并表示真腊"海道远涉，后勿再入贡"。1295 年，元成宗

（铁穆耳）派遣使团访问真腊，周达观随行。回国后，他写下了《真腊风土记》。唐宋时期中国与老挝的交往在史书中几乎没有记载。元朝曾在云南边外设老丫、老告两个军民总管府。1400 年至 1613 年间，中、老两国互相遣使达 43 次，其中澜沧王国遣使入明 34 次，明朝向澜沧王国派遣使节共 9 次，并在澜沧王国设"军民宣慰使司"。960 年，占城国悉利胡大霞里檀遣使李遮帝入宋朝贡。982 年，摩逸国（今菲律宾群岛一带）载货至广州海岸。1003 年、1004 年、1007 年，蒲端王其陵遣使来华"贡方物"。1011 年，蒲端王悉离琶大遏至遣使入宋"贡方物"。1372 年，吕宋（位于菲律宾北部）遣使来贡。1003 年，三佛齐王思离朱罗无尼佛麻调华遣使入宋。宋元时期，随着中国海洋文明及海上丝绸之路的发展，中国与东南亚各国建立了比较稳定的联系。

15 世纪初叶，郑和船队开始了史诗般的航行；16 世纪之后，中国沿海贸易商人也拼搏于东西洋的广阔海域。世界东西方文明在这一时期产生了直接的碰撞与交流。中国文化在面对初步全球化格局的挑战时，演绎了许多可歌可泣的历史篇章；中华文明在新的碰撞交流中，将自身的影响力扩大到全球。中国海洋文明发展的历史又向前迈进一步。

中国明代前期郑和下西洋，体现了中国古代航海技术的最高水平。自永乐三年（1405）开始，一支由 200 余艘"巨舶"、27000 余人组成的庞大舰队在郑和的带领下踏上了海上征程。在近 30 年的航行中，郑和船队完成了人类史无前例的壮举：先后 7 次跨越三大洋，遍历世界 30 多个国家。这支当时世界上最强大的海上舰队的足迹，东达琉球、菲律宾和马鲁古海，西至莫桑比克海峡和南非沿海的广大地区，定期往返，到达越南、马来西亚、斯里兰卡、印度、沙特阿拉伯等 30 多个国家和地区，最远曾达非洲东部、红海、麦加，并有可能到过澳大利亚、新西兰和美洲。1904 年，郑和下西洋 500 年后，梁启超在《新民丛报》发表《祖国大航海家郑和传》，请国人记住这位"伟大的航海家"，说"郑君之初航海，当哥伦布发现亚美利加以前六十余年，当维哥达嘉马发现印度新航路以前七十余年"。而郑和与带给美洲、非洲血腥殖民主义的西欧航海家最大的不同，则是其宣扬"宣德化而柔远人"的和平贸易理念。这支秉持明太祖"不征"祖训的强大海军，不仅身负建立朝贡贸易的重任，也扮演了维持海洋秩序，使"海道清宁"的角色。在感慨这支强大的海军因明朝廷内外交困不得不中止使命，中国失去在15世纪开始联结世界市场的机会之余，我们还应思考郑和与他史诗般的跨洋航行留给我们的启示：是不是只有牺牲人性与和平的殖民主义才是"全球化"的唯一可行路径？我们的海洋、我们的世界，能否建立起一个以"仁爱""和平"的理念联结在一起的政治秩序？

15世纪中叶，肩负中国官方政治使命的郑和航行虽然画上了句号，但以中国为核心的东亚海洋贸易网络的勃兴与发展却从未停止。郑和船队对东亚、南亚海域的巡航，为中国历代沿海居民打开了通向大洋的窗口，而明朝海禁政策导致朝贡贸易的衰落，更刺激了民间海外贸易的大发展，最终迫使明朝廷做出"隆庆开关"的决定，民间私人海外贸易获得了合法的地位。东南沿海各地民间海外贸易进入了一个新时期。此时，中国沿海海商的足迹几乎遍及东亚和东南亚各国，其中日本、吕宋（今菲律宾）、暹罗（今泰国）、满剌加（今马六甲）等地为当时转口贸易的重要据点。他们把内地的各种商品，如生丝、丝织品、瓷器、白糖、果品、鹿皮及各种日用珍玩运销海外，换取大量白银及香料。由于当时欧洲商人已经染指东南亚各国及我国沿海地区，这一时期的海外贸易活动实际上也是一场东西方争夺东南亚贸易权的竞争。16世纪至17世纪上半叶，以闽粤商人为主的中国商人集团在与西方商人的竞争和抗衡中始终占有一定的优势，成为世界市场中非常活跃的贸易主体。随着国内外商品市场的发展，作为交换媒介的货币也发生了重要变化，自唐、五代以来一直流行于民间的白银，随着海外贸易中大量白银货币的入超，最终取代了明朝的法定钞币，成为通行的主要货币。

繁盛的海外贸易对增加明朝廷的财政收入具有无可替代的重要作用。实际上，明朝已经成为当时的世界金融中心。明代后期及清代前期，中国与世界已经紧密地联系在一起。中国商人奔走于东西洋之间，促进了中国与亚洲各国的经济和文化交流。公元15世纪之后，来自欧洲的商人及传教士群体，纷纷来到亚洲，更是与中国的商人发生了直接的交往。

万历时期，即16世纪末、17世纪初，欧洲陷入经济萧条，大西洋

贸易衰退，以转贩中国商品为主的太平洋贸易发展为世界市场中最活跃的部分。中国商品大量进入世界市场，在一定程度上缓和了世界市场贵金属相对过剩与生活必需品严重短缺的不平衡状态；因嗜好中国精美商品而掀起的"中国热"，刺激和影响了欧洲工业生产技艺的革新，促进了经济的发展。中国商品为 17 世纪西方资本主义的兴起作出了不可磨灭的贡献。

16 至 18 世纪，"中国热"风靡西方世界，欧洲人沉浸在对东方文明古国心驰神往的迷恋之中。思想家们开始思索西方与东方、欧洲与中国之间的深层次交流。欧洲的启蒙运动思想家们正是在这样一种氛围中，援引儒家思想，赞美中国。中国悠久的历史和发达的文明令欧洲人欣羡不已。为欧洲带来有关中国的信息从而引发热潮的人，主要是 16—18 世纪持续不断地来到中国的耶稣会士。由于此时的陆上丝绸之路已经衰败，从陆路来到中国，交通相当不便，于是海上交通便成为 15 世纪以后西方人来到中国的主要通道。换言之，中国的海洋文明发展史，在 15 世纪以后开始逐渐向世界各地延伸。

明末清初时期，中西之间的文化交流达到了前所未有的深度与广度，呈现出第三次高峰。在此时期，来华天主教传教士，尤其是耶稣会士，充当了重要的文化交流桥梁。一方面，在传播天主教教义的动机的驱使下，西方传教士译介了大量的西方科学文化知识，使明清时期的中国知识界对"西学"有了初步的了解和认识；另一方面，通过定期撰写书信报告、翻译中国典籍等方式，传教士也将中国悠久灿烂的文化及中国现状介绍到欧洲，致使 17—18 世纪的欧洲"中国热"经久不衰。可以说，这一时期中西文化的接触和交流，对东西方社会的发展和进步都产生了重要的影响。这个时期中国文化比较系统地传入欧洲，对 18 世纪欧洲社会文化转型和正在兴起的启蒙运动产生了重大影响。18 世纪中叶，启蒙运动在欧洲兴起。启蒙思想家在继承古希腊、古罗马以来西方理性主义精神遗产，尤其是近代实证论、经验论的同时，也把眼光投向了中国，他们发现了在 2000 年前（公元前 5 世纪时）就已清晰地阐述了他们想说的话的伟大哲人——孔子。在耶稣会士从中国带回的各种知识中，没有哪一样像孔子的思想那样引发欧洲知识界的热烈研究与讨论，而与之相关联的，对中国的理性主义、文官制度、科举制度和法律的探讨，更是直接成为欧洲启蒙运动的重要灵感。许多著名的启蒙思想家，对孔子及中华学说赞扬不已。如伏尔泰从儒学的"人道""仁爱"思想和儒家道德规范的可实践性看到了他所寻求的理想社会的道德理论和道德经验。莱布尼茨惊呼："东方的中国，竟然使我们觉醒了!"孟德斯鸠从中国的儒学中看到了伦理政治对君主立宪的必要性。百科全书派的代表人物曾经赞扬中国是世界上唯一把政治和伦理道德相结合的国家。

18 世纪以来，西方的工业革命确立了资本主义制度的坚固基础，殖民化的欲望日益增强。传统的中华古国，在西方列强坚船利炮的冲击下，陷入了深重的危机。然而，富有包容性和创新性的中国海洋文化，在逆境中不断寻求变革之路，探索着文化的新生与重构。以鸦片战争为标志，在西方现代文明的冲击之下，中华文明遭遇空前危机，其主体性地位不断被质疑，中华文明向海外扩展的内在动力也大为减弱。然而，中华文化内在的包容性与创新性，激发了一代又一代的中国人，特别是知识分子群体。中国的仁人志士从未停止对中华民族复兴之路的探索。他们勇于直面危机，努力探索，求新求变，从而推动中华文化的自我调整和现代化嬗变。中华文明面对的是"三千年未有之大变局"，中国长期的文化优势和文化优越感被西方殖民主义的强势文化不断消解。因此，伴随着西方历次的殖民战争，许多中国人在阵痛之后开始了文化自觉和文化反思。这种文化自觉和文化反思最集中的表现即对西方先进科学技术和社会科学理论的引进传播，最终孕育了 20 世纪初的新文化运动，这成为中国近代名副其实的启蒙运动。

无论是林则徐、魏源等人的"师夷长技以制夷"，还是洋务派人士的"师夷长技以自强"；无论是维新派人士的"立宪救国"，还是资产阶级革命派的"民主共和"；无论是以"民主"和"科学"为旗帜的新文化运动，还是以马克思主义为旗帜的中国共产党领导的新民主主义革命，无不体现出中国传统文化勇于面对逆境的韧劲。当然，逆境中的复兴之路，是十分艰辛、曲折的。仁人志士在不断的探索及实践中，最终找到"只有社会主义才能救中国"的伟大真理。

近代中国文化在中外文化交流中虽然身处逆境，但是其顽强的生命

力，使这一时期中华文明的海外交流和传播从未间断，并且呈现出某些新的传播特征。从对外经济往来的层面说，西方的经济入侵，固然使中国传统经济受到了很大的冲击，但是善于求新求变的中国民众，特别是沿海一带的商民们，忍辱负重，敢于向西方学习，尝试改变传统的生产格局，发展工农业实业经济，拓展海外贸易，取得了良好的成效，从而为中国现当代社会经济的转型与发展奠定了不可忽视的基础。

从文化层面看，20世纪初中国遭受的巨大浩劫，牵动东西方文明交流向更深入的方向走去。中国知识分子在吸收西方近代知识智慧的同时，深刻地反思中国传统文化的精髓与糟粕，继而为国家和民族的命运奋起反抗。在中学西传的过程中，以在传统海商聚居地出生的辜鸿铭、林语堂为代表的晚清知识分子的贡献很大。这一时期，中国古典文明的现代意义虽然在国内受到质疑和批判，但是在西方社会依然被广泛关注。中国传统的儒家经典、古典诗歌、明清小说在这一时期仍被大量译介到西方。许多汉学家如葛兰言、高本汉等对此都有专业的研究。

在近代中外文化交流中，海外华侨群体也作出了杰出贡献，如创办华文报刊、华文学校等，提倡华文教育。华文教育无形中扩大了中文社会的影响力，促进了中国文化与南洋本土文化的交流，同时也使南洋居民在一定程度上认识和了解了博大精深的中华文化。

随着明清时期特别是近代以来中国民间群众移民海外数量的增加，这一时期中国文化的对外传播形成了某些值得注意的新特征，这就是遍布世界各地的"唐人街"的形成与传播。近代中国文化在中外文化交流中虽然处于逆境，但中国商民在海外的发展从来没有停止，中国文化的海外交流和传播一直没有间断，中国的一些文化习惯，如中国茶文化传到西方之后，依然表现出强大的影响力，成为西方的一种流行文化。而华侨华人对世界各地经济发展的贡献，更是世界各国人民有目共睹的。

近代以来，中国人民的艰辛探索终于迎来了中华人民共和国的诞生。新中国成立之后，殖民主义文化被彻底抛弃，中华文明及其深厚的海洋文化发展潜力得到全面的复苏与拓展，中国与世界各地的经济交往以前所未有之势蓬勃发展，中华文化在中西文化交流中展现出前所未有的自觉和自信。特别是改革开放以来，随着中国综合国力和国际话语权的不断提升，中华文明及海洋事业在国际事务与中西文化交流中，表现出强大的拓展动力和趋势。中华海洋文化及中国海上丝绸之路，再次焕发出独特魅力，不断地延伸创新，影响世界，成为中国走向世界的最强音。

纵观中国海洋文明发展的历史过程，以及中华海洋文化与世界文化的交流历史，既有畅行的通途，也有布满艰辛的曲折之路。无论是唐宋时期由朝贡体系促成的政治制度、礼仪制度、文字文学、宗教信仰等的向外传播，还是宋明以来中国沿海商民的私人海上贸易和华侨移民，都对世界文明的进步与世界经济的发展作出了重要贡献。即使是在以往被人们忽视的科学技术领域，英国著名汉学家李约瑟（Joseph Needham）在其著作《中国科学技术史》一书中，对中国古代科学技术为世界所作的贡献作出了很高的评价。当然，近代以来，中华文明以及中国海洋文明的发展，备受压抑，历尽磨难，但始终葆有顽强的生命力、特有的文化魅力和世界影响力。当改革开放的春风吹遍神州大地的时候，中华文化更是在频繁的交流中不断丰富发展，体现出越来越鲜明的包容性格和进取精神。这一历史发展过程也充分证明，中华文明作为世界文明花坛中的一朵奇葩，必将在今后的历程中更加绚丽多彩。在全球化日益显著的今天，我们有责任也有义务让包括中国海洋文明在内的中华文明在继承中不断发扬光大，为整个世界文明的发展与和谐共存贡献力量。

二、对中国历代政府海洋政策的反思

中国历代政府所推行的海洋政策，无疑对各个时期海洋事业的发展与迟滞，产生了极为重要的作用。众所周知，欧洲中世纪以来，西方各国争相向海外发展势力，在全世界包括东方各地争夺势力范围。在这一系列的海外扩张过程中，国家的海洋政策起到了至关重要的推进作用。西方国家一直是海商、海盗寻求海外势力范围的坚强后盾。然而，中国历代政府的海洋政策与此截然不同。秦汉以来，中国历代政府关于海洋事务的政策基调，基本上围绕所谓的朝贡体系展开。到了近代，中国积贫积弱，朝贡体系因而备受海内外政治家与学者的非议乃至蔑视。

　　秦汉以来的朝贡体系无疑是中国历代对外关系的基石。近现代以来，人们诟病这一外交体系主要因为两个方面：第一，中国历代政府以朝贡体系为主的外交方式，把自身置于"天朝上国"或"宗主国"的地位，把交往的其他国家视为"附属国"；第二，中国历代朝贡体系下的外交，是一种在经济上得不偿失的活动，外国贡品的经济价值有限，而中国历代朝廷赏赐品的经济价值大大超出贡品的经济价值。

　　进入近现代时期，由于西方列强的侵略及中国自身发展的迟滞，中国沦为"落后挨打"的半封建半殖民地社会。在许多西方人和日本人的眼里，中国是一个可以随意宰割的无能国度。在这种观念的影响下，西方人和日本人探讨中国近现代以前，特别是中国历代的朝贡体系时，就不免带有某种先入为主的偏见，嘲笑中国历代的朝贡外交体系是一种自不量力、自以为是的"宗主国"虚幻政策。与此同时，20世纪中国学界普遍沉浸于向西方学习的文化氛围中，相当一部分学者也就自然而然地接受了这种带有蔑视和嘲笑意味的学术观点。因此，近现代以来国内外学者对明朝朝贡体系的批评，存在明显的殖民主义语境。与此形成鲜明对照的是，同时期大英帝国所谓"日不落帝国"及其后的美国霸权主义，却很少受到世人的蔑视与取笑。

　　中国历代朝贡体系之下的外交在经济上得不偿失的观点，很大程度上受20世纪四五十年代以来关于中国封建社会内部是否已经出现资本主义萌芽问题讨论的影响。由于受到西方学界的影响，中国大部分学者希望自己比较落后的祖国能够像西方的先进国家一样，走上资本主义社会这一有历史发展规律可循的道路。而发展资本主义社会的前提是商品经济、市场经济及对外贸易经济的高度发展。于是，在这样的学术背景下，20世纪五六十年代，中国历史学界探讨明清时期的商品经济、市场经济及海外贸易等领域，取得了不错的成绩。人们发现，西方国家在资本原始积累的过程中，对外关系、对外贸易以及海外掠夺，对这些国家的资本主义经济发展和社会变革起到了至关重要的助力作用，反观中国传统朝贡体系下的经济贸易，得不偿失，未能给中国资本主义的萌芽和发展提供丝毫的帮助。然而，从纯经济的角度来评判中国历代的朝贡体系，实际上严重混淆了明朝的国际外交关系与对外贸易的应有界限。

毋庸讳言，中国历代的朝贡外交体系是承继中国两千年来"华夷之别"的传统文化价值观而形成的。这种朝贡外交体系，显然带有某种程度的政治虚幻成分。同时，它又只是一种国与国之间的政治外交礼仪而已。这种朝贡式外交礼仪中的所谓"宗主国"与"附属国"，也只是一种名义上的表述，两者的关系并不像欧洲中世纪国家那样，必须以缴纳实质性的贡赋作为联系纽带。因此，我们评判一个国家或一个朝代的外交政策及其运作体系，并不能仅仅因为它的某些虚幻观念和经济上的得失，就武断地给予负面的历史判断。如果我们要比较客观和全面地评判中国历代的对外关系，就应该从确立这一体系的核心宗旨及其实施的实际情况出发，同时参照世界上其他国家对外关系的历史事实，进行综合分析，如此才能得出切合历史真相的结论。

中国历代对外朝贡体系的确立，是建立在国与国、地区与地区之间和平共处的核心宗旨上的。这一点我们在明朝开创者朱元璋及其儿子明成祖朱棣关于对外关系的一系列谕旨中就不难发现。朱元璋在《皇明祖训》中明确指出："四方诸夷，皆限山隔海，僻在一隅，得其地不足以供给，得其民不足以使令。若其自不揣量，来扰我边，则彼为不祥。彼既不为中国患，而我兴兵轻伐，亦不祥也。吾恐后世子孙，倚中国富强，贪一时战功，无故兴兵，致伤人命，切记不可。"[1] 洪武元年（1368），朱元璋颁诏于安南，宣称："昔帝王之治天下，凡日月所照，无有远迩，一视同仁，故中国尊安，四方得所，非有意于臣服之也。"从这个前提出发，中国对外关系的总方针就是要"与远迩相安于无事，以共享太平之福"[2]。永乐七年（1409）三月，明成祖朱棣命郑和下西洋，"敕谕四方海外诸番王及头目人等……祗顺天道，恪守（遵）朕言，循理（礼）安分，勿得违越；不可欺寡，不可凌弱，庶几共享太平之福"[3]。在这种对外关系的总方针下，明初政府开列了朝鲜、日本、大小琉球、安南、真腊、暹罗、占城、苏门答腊、西洋、爪哇、彭亨、百

---

① 《皇明祖训》条章，载《四库全书存目丛书》，齐鲁书社，1996。

② 《明太祖实录》卷三四。

③ 郑鹤声、郑一钧：《郑和下西洋资料汇编》上册，齐鲁书社，1980，第99页。

花、三佛齐、淳泥，以及琐里、西洋琐里、览邦、淡巴诸国，皆为"不征诸夷国"。① 在与周边各国的具体交往过程中，朱元璋本着中国自古以来的政策，主张厚往薄来。在一次与琐里的交往中，他说道："西洋诸国素称远番，涉海而来，难计岁月。其朝贡无论疏数，厚往薄来可也。"② 明初奉行的一系列对外政策和措施，充分体现了明朝政府在处理国际关系中所秉持的不用武力，努力寻求与周边国家和平共处之道的基本宗旨。

在寻求国与国之间和平共处的核心宗旨的前提下，明朝与周边的一些国家，如朝鲜、越南、琉球等，形成了宗主国与附属国的关系，这也是不争的事实。但这种宗主国与附属国关系的形成，更多是承继以往历朝的历史因素。纵观全世界中世纪以来宗主国与附属国的关系，就会发现，宗主国与附属国的关系基本上是通过三种途径形成的：一是通过武力征服强迫形成，二是通过宗教关系或是民意及议会的途径形成，三是在传承历史文化的条件下通过和平共处的途径形成。显然，在这三种宗主国与附属国关系中，只有第三种，即以和平共处方式形成的宗主国与附属国的关系，是最经得起历史检验和值得后世肯定的。中国历代建立起来的以和平共处为核心宗旨的宗主国与周边附属国的关系，正是这样一种经得起历史检验和值得后世肯定的对外关系。正因为如此，纵观历史，虽然这些附属国会不时发生内乱等极端事件，历经政权更替，但无不以得到明朝中央政府的册封为荣，即使是叛乱的一方，也都想方设法得到明朝中央政府的承认。可以说，当这些附属国发生内乱，明朝中央政府基本上采取充分尊重本国实际情况的原则，从道义上给予正统的一方支持，以稳定附属国的国内情势，维护区域和平局面。当遭遇外患陷入国家危机的时候，这些附属国也经常向明朝求援。其中最典型的例子，就是万历年间朝鲜遭到日本军阀丰臣秀吉侵略时，明朝政府应朝鲜王朝的求援，派出大量军队，帮助朝鲜王朝抵抗日本军队的进攻，最终把日本军队赶出朝鲜，维护了朝鲜王朝的领土完整和国家尊严。尤其值

---

① 郑一钧：《论郑和下西洋（修订本）》，海洋出版社，2005，第9页。

② 《明史》卷三二五《外国六·琐里》，中华书局，1974，第8424页。

得一提的是，在这场规模不小的抗倭战争中，明朝政府不但派出军队参战，而且所有的战争经费都由明朝政府从财政规制中支出，"縻饷数百万"①。作为宗主国，明朝对附属国朝鲜的战争支援，完全是无偿的。

在历代对外朝贡体系中，中国对外国朝贡者优渥款待，赏赐良多。而这些朝贡者，来自东亚、南亚甚至中东的不同国家与地区，带来的所谓贡品，更多是作为求得明朝中央政府接待的见面礼，仅是"域外方物"而已。作为受贡者的明朝政府，对各国的所谓贡品并没有具体的规定。因此，明朝朝贡体系中的外国"贡品"，是不能与欧洲中世纪以来宗主国与附属国之间定期、定额的"贡赋"混为一谈的。明朝朝贡体系中的"贡品"，随意性、猎奇性的成分居多，缺乏实际经济价值。因此，如果单纯从经济效益衡量，当然是得不偿失。但是这种所谓的经济上的"得不偿失"，实际上被我们近现代时期的许多学者无端夸大了。明朝政府在接待来贡使者时，固然实行"厚往薄来"的原则，但无论是"来"还是"往"，其数量都是比较有限的，是有一定规制的，基本上仅限于礼尚往来的层面。迄今为止，除了郑和下西洋这种大型对外交往行为给国家财政造成一定的压力之外，我们还看不到中国历代正常朝贡往来中的"厚往薄来"对政府的财政产生过不良的影响。即使有，也是相当轻微的，因为所谓"厚往"，仅仅只是礼物和人员接待费用而已。明朝政府对一般来贡国国王的赏赐，基本上是按照本朝"准公侯大臣"的规格施行的。② 如果把这种"得不偿失"与万历年间援朝抗倭战争的军费相比，只能算是九牛一毛！万历年间支援朝鲜的抗倭战争，从根本上说，是为了维护地区的和平与稳定，而不是为了维持朝贡体系。

从更深的层面来思考，我们判断一个国家或一个时期的对外政策是否正确，不能仅仅以经济效益作为衡量得失的主要标准。国与国之间的外交关系和国与国之间的经济贸易关系，固然有必然的联系，但又不完全等同，外交关系与贸易往来必须有所区分，不能混为一谈。在 15 至 16 世纪以前欧洲国家所谓的"大航海时代"尚未来临，在世界的东方，

①《明史》卷三二二《外国三·日本传》，第8358页。
② 郑一钧：《论郑和下西洋（修订本）》，第13页。

明朝可以说是这一广大区域中最大，也是最为核心的国家。作为这一广阔区域中的大国，对维护这一区域的和平稳定是负有国际责任的。假如这样一个核心国家，凭借自身的经济、军事优势，四处滥用武力，使用强权征服其他国家，那么这样的大国是不负责任的，区域的和平与稳定是不可能长久存在的。从这样的国际关系理念出发，明朝历代政府所奉行的安抚周边国家、厚往薄来，以和平共处为核心宗旨的对外朝贡体系，正是体现了明朝作为东方核心大国的责任担当。事实上，纵观世界历史，所有曾经或现在依然是区域核心大国的国家，在与周边弱小国家和平相处的过程中，由于肩负维护区域和平稳定的义务和责任，在经济上必须承担比其他周边弱小国家更多的负担，这几乎是一种必然的现象。换句话说，核心大国所承担的政治经济责任，同样是另外一种"得不偿失"。但是这种"得不偿失"，是作为区域大国承担区域和平稳定责任的重要前提。另一方面，明朝作为东亚区域最大、最核心的大国，在勇于承担国际义务与责任的同时，被周边国家视为"宗主国"或"中国"，因而自视为"天朝上国"，也是十分顺理成章的事情。如果我们时至今日依然目光短浅地纠缠在所谓"朝贡体系"贸易中"得不偿失"的偏颇命题，那就大大低估了中国历朝历代政府所奉行的和平共处的国际关系准则。这种国际关系准则，虽然带有某些"核心"与"周边"的"华夷之别"的虚幻成分，但对中国的历史延续性及其久远的历史意义，至今依然值得我们欣赏和思考。

我们若明白自秦汉以来中国历代政府所施行的"朝贡体系"，实质上只是一种政治上的外交礼仪，就不难想象中国历史上历代政府所认知的世界，仅局限在亚洲一带，应该是建立在一种和谐相处的氛围之内的。由于中国是这一时期亚洲最大又最有实力的国家，建立以中国为核心的亚洲世界，也就顺理成章地成为政策制定的依据了。

我们再从秦汉以来至明清时期中国海洋政策的纵向面来考察。秦汉以来至隋唐时期，中国与海外各地的经济贸易活动相对稀少，有限的贸易也基本上被局限在"朝贡贸易"的圈子之内。宋代之后，经济层面的活动，包括私人海外贸易活动，才逐渐兴盛起来。因此，宋代是中国历代政府执行对外海洋政策的一个重要转折期。从秦汉以迄隋唐，由于海上私人贸易活动比较罕见，政府制定的对外海洋政策基本着眼于政治与文化外交的层面。与周边许多国家政治与文化体制较为落后的情形相比，中国的政治与文化体制有较为突出的优势。政府把对外海洋政策着眼于政治与文化的层面，并不会对中国的政治与社会统治产生不良后果。因此，在这个时期内，国家政府对政治体制与文化形式的输出，往往采取鼓励的方式。而这种对外海洋政策，在一定程度上促进了隋唐时期中国政治制度向朝鲜、日本、越南等邻近国家的传播。以文化形式向外传播，扩散的范围将更为广阔。因此，我们可以说，宋代以前，中国政府的对外海洋政策与民间的对外联系基本上是吻合的。

但是到了宋代，情况有了很大的改变。一方面，随着与周边国家和地区经济交往的增多，沿海一带出现了不少私人海上贸易现象。这种私人海上贸易活动已经超出了"朝贡体系"所能约束的范围，政府自然把这种活动视为"违禁走私"活动，政府的主要思考点在于确保社会环境和政治统治的稳定。南宋时期著名学者兼名臣真德秀在泉州担任知州时有一项重要事务，就是布置海防，防范海上贸易活动，即所谓"海盗"活动，剿捕流窜于海上的"盗贼"。很显然，从宋代开始，政府的海洋政策出现了两种相互矛盾的走向：一方面继续维持以往的"朝贡体系"，另一方面对民间海上私人贸易活动严加禁止，阻挠打击。

宋朝廷禁止和打击民间私人海上贸易的做法，被后世的统治者们延续下来。特别是到了明代，这种做法对海洋贸易的阻碍作用愈加突显。从明代中叶开始，东南沿海商民从事海上私人贸易已经成为经济发展的趋势。特别是到了 15 世纪之后，世界局势发生了重大变化，处于资本主义原始积累阶段的欧洲人开始向世界的东方进发，"大航海时代"已经到来。这就使得 15 世纪之后的明朝社会，被迫进入一个前所未有的"世界史"的国际格局之中。[①] 从比较世界史的视角来观察，明初中国国力鼎盛的时期，正是欧洲"黑暗"的中世纪。西方出现资本主义的曙光，和明中叶以降中国社会经济与文化思潮新旧交替的冲动几乎同时到来。

---

① 陈支平：《从世界发展史的视野重新认识明代历史》，《学术月刊》2010 年第 6 期。

随着欧洲资本主义原始积累的步步推进，早期殖民主义者跨越大海，来到亚洲东部的沿海，试图打开中国社会经济的大门，谋取资本原始积累的最大利润。差不多在同一时期，伴随中国明代中期社会经济特别是商品市场经济的发展，中国商人也开始尝试突破传统经济格局和官方朝贡贸易的限制，冒险走出国门，投身到海上贸易的浪潮之中。

16 世纪初，西方的葡萄牙人、西班牙人相继东航，分别以满刺加、吕宋为根据地，逐渐扩张势力至中国的沿海。这些欧洲人的东来，刺激了东南沿海地区商人的海上贸易活动。嘉靖、万历时期，民间私人海上贸易活动冲破封建政府的重重阻碍，取代朝贡贸易，并迅速兴起。中国海商的足迹几乎遍及东亚、东南亚各国，其中尤以日本、吕宋、暹罗、满刺加等地作为转口贸易的重要据点。他们把内地的各种商品，如生丝、丝织品、瓷器、白糖、果品、鹿皮及各种日用珍玩等，运销海外，换取大量白银及香料等回国出售。由于当时欧洲商人已经染指东南亚各国及我国沿海地区，因此这一时期的海外贸易活动，实际上也是一场东西方争夺东南亚贸易权的竞争。中国沿海商人，以积极应对的姿态，扩展势力至海外各地。研究中国明代后期东南亚海上贸易的学者普遍认为，17 世纪前后，中国的商船曾经遍布南海各地，从事各项贸易，执东西洋各国海上贸易的牛耳。

明代中后期不仅是中国商人积极进取，应对"东西方碰撞交融"的时期，而且随着这种碰撞交融的深化，中国的对外移民也成了常态。在唐宋时期，虽说中国的沿海居民中也有迁移海外者，但数量有限且非常态，尚不能在迁移的地方形成具有一定规模的华侨聚居地。而拥有真正意义上的海外移民并且形成华侨群体的年代，应是始于中国明朝时期。这种情况在福建民间的许多族谱中多有反映，譬如泉州安海的《颜氏族谱》记载，该族族人颜嗣祥、颜嗣良、颜森器、颜森礼及颜侃等五人，先后于成化、正德、嘉靖年间到暹罗经商并侨寓其地至死。《陈氏族谱》记载该族族人陈朝汉等人于正德、嘉靖年间到真腊经商且客居未归。再如同安汀溪的黄姓家族，成化年间有人去了南洋，繁衍族人甚众。永春县陈氏家族则有人于嘉靖年间到吕宋经商并定居于当地。类似的例子很多，举不胜举。① 到中国明代后期，福建、广东一带迁移国外的华人，已经逐渐向世界各地拓展。印度尼西亚的巴达维亚城是荷兰东印度公司所在地，1619年前当地华侨不足四百人。不到十年，即截至1627年，该城华侨已达三千五百人，而其中大多数是来自福建漳州、泉州的移民。又据有关记载，从明代中后期始，中国的丝绸、瓷器等商品已由中外商人贩运到墨西哥等拉美地区，一些广东商民甚至在墨西哥的阿卡普尔科等地从事造船业或其他行业的生产经营活动。②

这些移居海外的华人，为侨居地早期的开发与经济繁荣作出了较大的贡献，如福建巡抚徐学聚所说："吕宋本一荒岛，魑魅龙蛇之区，徒以我海邦小民，行货转贩，外通各洋，市易诸夷，十数年来，致成大会。亦由我压冬之民，教其耕艺，治其城舍，遂为隩区，甲诸海国。"③对于这一点，即使是西班牙殖民者也不得不承认。如马尼拉总督摩加在16世纪末宣称："这个城市如果没有中国人确实不能存在，因为他们经营着所有的贸易、商业和工业。"一位当时的目击者胡安·科博神父（Father Juan Cobo）亦公正地说："来这里贸易的是商人、海员、渔民，他们大多数是劳动者，如果这个岛上没有华人，马尼拉将很悲惨，因为华人为我们的利益工作，他们用石头为我们建造房子，他们勤劳、坚强，在我们之中建起了最高的楼房。"④ 一些菲律宾史学家对此也作出了公正的评价，《菲律宾通史》的作者康塞乔恩（Joan de la Concepcion）在谈到17世纪初期的情况时写道："如果没有中国人的商业和贸易，这些领土就不可能存在。"如今仍屹立在马尼拉的许多老教堂、僧院及碉堡，大多是当时移居马尼拉的华人所建。约翰·福尔曼（John Foreman）在《菲律宾群岛》一书中亦谈道："华人给殖民地带来了恩惠，没有他们，生活将极端昂贵，商品及各种劳力将非常缺乏，进出口贸易将非常窘

① 王日根、陈支平：《福建商帮》，香港中华书局，1995，第117—119页。

② 黄国信、黄启臣、黄海妍：《货殖华洋的粤商》，浙江人民出版社，1997，第144页。

③ 徐学聚：《报取回吕宋囚商疏》，载《明经世文编》卷四三三《徐中丞奏疏》。

④ Teresita Ang See, *Chinese in the Philippines*, vol. 1, Manila, 2018, p. 137.

困。真正给当地土著带来贸易、工业和有效劳动等的是中国人，他们教给这些土著许多有用的东西，种植甘蔗、榨糖和炼铁，他们在殖民地建起了第一座糖厂。"①

移居印度尼西亚的华人同样为巴达维亚的发展与繁荣作出贡献。荷兰东印度公司在到来的第一个世纪里，不但使用了华人劳力和华人建筑技术建造巴达维亚的城堡，而且把城里的财政开支都转嫁到华人农民的税收上，凡城市的供应、贸易、房屋建筑，以及巴达维亚城外所有穷乡僻壤的垦荒工作都由华人来承担。② 荷兰东印度公司在 17 世纪下半叶才把糖蔗种植引进爪哇，在欧洲市场上它虽然不能与西印度的蔗糖竞争，但它取得了印度西北部和波斯的大部分市场，并且还出售到日本，而这些新引进的糖蔗的种植工作几乎是由华人承包的。③ 因此，英国学者博克瑟（C. R. Boxer）曾说："假如马尼拉的繁荣应归功于移居那里的华人的优秀品质，那么当时作为荷兰在亚洲总部的巴达维亚的情况亦一样。华人劳工大多数负责兴建这座城市，华人农民则负责清除城市周围的村庄并进行种植，华人店主和小商人与马尼拉的同胞一样，占据零售商的绝大部分。我们实事求是地说，荷兰东印度公司对其首府的迅速兴起应极大地感激这些勤劳、刻苦、守法的中国移民。"④ 到了清代以至民国时期，庞大的华侨华人群体，更是为世界各地的社会经济发展作出了不可磨灭的贡献。

15 世纪至 17 世纪，固然是西方殖民主义者向世界各地扩张的时期，但其时东方的中国社会，中国商人以积极进取的姿态，同样把自己的活动范围向海外延伸。这种双向碰撞交融的历史进程，无疑从另一个源头上促进了"世界史"大概念的形成与发展。因此可以说，15 世纪至 17

---

① John Foreman, *The Philippine Islands*, London, 1899, p. 118.

② J. C. Van Leur, *Indonesian Trade and Society*, The Hague, 1960, pp. 149, 194.

③ John F. Cady, *Southeast Asia：It's Historical Development*, New York, 1964, p. 225.

④ C. R. Boxer, Notes on Chinese Abroad in the Late Ming and Early Manchu Periods Compiled from Contemporary Sources（1500—1750）, in *Tien Hisa Monthly*, 1939 Dec., vol. 9, no. 5, pp. 460—461.

世纪的中国社会，同样是推进"世界史"格局形成的重要组成部分。

明代中后期，也就是16—17世纪，东西方的经济与文化碰撞，中国沿海商民积极应对西方所谓"大航海时代"的来临，这本来是中国海洋发展的绝佳时机。但遗憾的是，中国政府并未像西方政府那样，成为海洋商人寻求拓展海外势力范围的坚强后盾，而是采取了相反的政策措施——禁绝打击。由于受到政府禁海政策的压制，中国明代东南沿海地区的商人不得不采取亦盗亦商的经营行为。从中世纪世界海商发展史的角度来考察，亦商亦盗的武装贸易形式，也是中世纪以至近代西方殖民者海商集团所采取的普遍形式。不同的是，西方殖民者的海盗行径大多得到本国政府的支持。"大航海时代"的葡萄牙人、西班牙人、荷兰人，都以本国政府的支持和强大的武装为后盾，企图打开中国沿海的贸易之门。[①] 而中国海商集团的武装贸易形式，是在政府的压制下不得不采取的一种自我保护措施。在中国政府的压制下，东南海商的武装贸易形式虽然能够在中国明代后期这一特定的历史空间中得以发展，但最终不能长期延续并发展下去。终清之世，中国东南海商再也未能形成一支强大的武装力量。从国际贸易的角度看，这也是中国海商逐渐失去东南海上贸易控制权的重要原因之一。16世纪至19世纪中叶，中国的海商只能在政治与社会的夹缝中艰难行进。

中国历代朝贡体系虽然奉行与周边国家地区和平共处的宗旨，但这种仅着眼于政治仪式层面的外交政策，忽略了文化层面的外交交流（这里的文化层面，主要指带有意识形态的宗教、信仰、教育及生活方式等）。而这种带有政治仪式意味的外交政策，将随着政治的变动而变动，缺乏长久的延续性。因此，到17世纪后东亚及中东的政治版图发生变化时，中国对南亚、西亚以至中东的政治影响力迅速衰退。

通过对中国历代政府对外海洋政策的分析，我们不难了解到，中国历代政府所制定的对外海洋政策，主要围绕政治稳定展开，海洋经济的发展，基本上不能进入政府决策者的考量之中。虽然说政府也在某些场

① 毛佩琦：《明代海洋观的变迁》，载中国航海日组委会办公室、上海海事大学编《中国航海文化论坛》（第一辑），海洋出版社，2011，第268页。

总序

合、某些时段对民间海上私人贸易设立管理机构并予以课税等，但是这些行为大多是被动的，是为了更有效地管制民间的"违禁"贸易行为。这种"超经济"的对外海洋政策和"朝贡体系"维系了中国与周边地区，也就是亚洲地区近两千年和谐共存的国际关系，使亚洲不曾出现像欧洲中世纪那样国与国之间攻伐不断的混乱局面。另一方面，国家政府对民间海上私人贸易活动的禁绝压制，也在一定程度上阻碍了中国海洋文明发展史的顺利前进。

三、宋明以来中国海上丝绸之路发展的两种路径

正如前文所论述的，在中国的海洋文明发展史上，宋代是一个关键的转折期。宋代以前，中国的海洋事务基本上在政府的"朝贡体系"下施行。而宋代以后，特别是明代以来，民间从事海上私人贸易活动的现象日益增加，最终大大超出国家政府"朝贡体系"控制下的经济活动范围。从中国海洋活动的范围看，唐宋时期中国的海洋活动及文化的对外传播，主要局限在亚洲相邻国家以至中东地区，和欧洲等西方国家的联系及对其的影响，是间接的，且相对薄弱。但是到了明代，情况就不一样了。双方不但在贸易经济上产生了直接并带有一定对抗性的交往，而且由于西方大批耶稣会士的东来，双方在文化领域也产生了直接的交往。

明代中叶之后，伴随世界地理大发现和新航路的开通，西方的思想文化及科学技术也日渐向外传播。而明代嘉靖、万历时期社会经济发展，海外贸易引发对传统商品扩大再生产和改革工艺的要求，迫切需要科学技术的创新和总结。欧洲耶稣会士带来的西方科技，如天文、历算、火器铸造、机械制造、水利、建筑、地图测绘等知识，又以其新奇和实际的应用刺激了讲究实学的士大夫的求知欲望。在这双重因素的交互推动下，出现了一股追求科技知识的新潮，产生了一次小型的"科学

革命"①。这种思想文化与科学技术的变化，充分地体现了这一时期中国文化与西方文化直接碰撞和交融的初步成果，同时也折射出当时的中国社会在面对新的世界格局调整时，是以一种包容开放的心态来与西方展开交流的。

正因为如此，尽管当时西方耶稣会士是带着传教目的来的，而且对所谓"异教徒"文化往往怀有某种程度的蔑视心态，但是在较为开放的中国社会与文化面前，这批西方耶稣会士敏锐地意识到中国传统文化的博大精深，所以他们中很少有人用轻视的眼光看待中国文化。由于有了这种较为平等的文化比较心态，明代后期来华的耶稣会士们，在一部分中国上层知识分子的协助下，开始较为系统地从事向欧洲译介中国古代文化经典的工作，竭力把中国的政治、经济、社会的基本状态及文化的基本内涵，介绍到西方各国。在这种较为平等的中西文化交流与文化传播中，中国的文化在西方获得了应有的尊重。

到了清代中期，中国政府采取了较为保守封闭的对外政策，尤其是对思想文化领域的交流，逐渐采取压制的态势。在这种保守封闭的政策之下，中国文化的对外传播受到了一定的阻碍。更为重要的是，随着西方资本主义革命的不断胜利和工业革命的巨大成功，"欧洲中心论"的文化思维已经在西方社会牢固树立。欧洲的政治家和知识分子也逐渐失去了对中华文化的敬畏之心。直至近代，虽然说仍然有一小部分中外学人继续从事翻译介绍中国文化经典的工作，但是在绝大部分西方人士的眼里，所谓中华文化，只是落后民族的低等文化。尽管他们的先哲也许在不同的领域提及并赞美过中国的儒家思想，然而到了这个时候，大概也没有多少人肯承认他们的高度文明思想跟远在东方的中国儒家文化有什么瓜葛。时过境迁，18 世纪以后，中国以儒家经典为核心的意识形态文化在世界文化整体格局中的影响力大大下降，对外传播的作用日益衰微。

但是我们还必须看到，随着宋元以来民间私人海上经济活动的不断

---

① 杨国桢、陈支平：《明史新编》，傅衣凌主编，人民出版社，1993，第 427—432 页。

加强，沿海一带的居民也随着这种海上活动的推进，不断地向海外移民。这就促使中国海洋文明发展与海上丝绸之路形成了两种不同的路径，一种是由政府主导的"朝贡体系"和由知识分子主导的以传播儒家经典为核心的意识形态文化，另一种是随沿海商民迁移海外而传播出去的与一般民众生活方式相关的基层文化。

据文献考察，宋明以来，特别是明代以来，中国迁居海外的移民基本上来自明代私人海上贸易最发达的地带，往往是父子、兄弟相互传带的家族式移民。1571年，西班牙殖民者进抵菲律宾群岛并构建了以马尼拉城为中心的殖民据点，积极开展与东亚各国的贸易往来，采取吸引华商前来贸易的政策，前往菲律宾岛的华商日渐增多，其中不少人定居下来。明代福建官员描述："我民往贩吕宋，中多无赖之徒，因而流落彼地不下万人。"[1] 有的记载则称这些沿海商民"流寓土夷，筑庐舍，操佣贾杂作为生活"，"或娶妇长子孙者有之，人口以数万计"。[2] 到了清代，中国东南沿海人民往海外的迁移活动，基本上呈不断递升的状态。随着国际交往的扩大和资本主义市场的网络化，中国海外移民的数量及所涉及的地域均比以往有所增长。到了近现代，中国东南沿海海外移民的足迹，已经遍布亚洲之外的欧洲和美洲各地，甚至到了非洲。

这种家族、乡族成员连带的海外移民方式，必然促使他们在海外新的聚居地较多地保留祖地的生活方式。于是，家族聚居、乡族聚居生活方式的延续，民间宗教信仰的传承，风尚习俗与方言的保存，文化教育与娱乐偏好的追求，都随着一代又一代移民的言传身教，顽强地延续下来。这种由民间传播至海外的一般民众的生活方式，逐渐在海外形成了富有中国特色的文化象征。因此，我们在回顾中国以儒家经典为核心的意识形态文化在明代后期向西方传播的同时，绝不能忽视明代中后期以来一般民众生活方式对外传播的文化作用及意义。当近代以来中国的意识形态文化在西方人眼里日益衰微的时候，以往被人们忽视的由沿海商

---

① 张燮：《东西洋考》卷五，载《东洋列国考》，中华书局，1981，第91页。

② 顾炎武：《天下郡国利病书》卷九三《福建三》，广雅书局光绪二十六年刊本，第13册。

民迁移海外而传播出去的一般民众的基层文化传播途径，实际上成了 18 世纪以后中华文化向海外传播的主流渠道。

虽然说从 16—17 世纪以来，中国东南沿海居民不断地、大批地向世界各地移民，形成华侨群体，并在自己的居住国形成具有中华文化特征的社会文化氛围，但是我们还必须看到，这种由下层民众传播到世界各地的中华文化，无论是宗教信仰、生活习俗，还是文化教育及艺术娱乐，基本上都是在华人的小圈子里打转，极少扩散到华人之外的族群当中去。也就是说，中华文化在海外的这种传播，不太可能对华人之外的群体乃至国家、地区产生重要的影响力。

中国历代的对外关系，基本上是遵循两条道路开展的：一是王朝政府的朝贡体系，一是宋代以来民间海外贸易与对外移民的系统。如前所述，王朝的朝贡体系，关注的是政治礼仪外交，宋代以后缺乏带有国家层面的文化输出和传播。而宋明以来的民间海洋活动，关注的是经济问题，民间文化输出的目的在于维系华人小群体和谐相处的稳定局面，极少往政治层面上去思索，因此这种民间文化的输出，影响力极其有限。也就是说，中国海上丝绸之路的发展模式，自宋代以来，严重缺失了国家层面的对外文化传播与输出。反观 15 世纪以来西方殖民者的东扩，在庞大的商业船队到来的同时，天主教的传教士也不断涌入，想方设法地在东方世界包括中国在内的广大民众之中传播西方的宗教信仰与意识形态。时至今日，西方天主教、基督教对中国社会的渗透，依然十分强大。有些东亚国家，如韩国，其民众对基督教的信仰大大超出了以往对东方佛教的信仰。起源于中东地区的伊斯兰教，同样也是如此。本来，华人移民率先进入东南亚地区，但是后来的伊斯兰教徒，充分利用和扩展与东南亚国家和地区上层阶层的交往，使伊斯兰教在东南亚地区得以迅速传播，如今东南亚地区的许多居民被伊斯兰教同化。伊斯兰教文化在这些地区后来居上，占据了统治地位。虽然有少部分中国学者一厢情愿地认为明代前期郑和下西洋对东南亚地区的伊斯兰教传播起到了重要作用，但是这种论点的历史依据，大多是属于现代的，很难得到东南亚

地区伊斯兰教系统文献的印证①，基本上属于自娱自乐、自说自话的范畴。

在中国历代海洋事业及海上丝绸之路的发展历程中，文化传播与输出的缺失，极大地限制了中国对周边国家特别是东南亚国家和地区的整体影响。尽管中国历代政府希望通过朝贡体系谋求与周边国家的和平共处，中国海外移民也对居住国社会经济的发展作出了重大的贡献，但是由于文化上的隔阂，使得无论是中国与周边国家、地区的关系，还是华侨华人与当地族群的关系，都处于比较尴尬的境地。就东南亚地区百余年的发展情况而言，华侨华人在经济上为当地的发展作出了重大的贡献，但是经济上越成功，对当地的贡献越大，往往越难与当地族群形成亲密和谐关系，二者之间的隔阂始终存在。一旦这些国家或地区出现政治上、经济上的波动，当地族群往往把社会、政治及经济上的怨恨发泄到华侨华人群体上。百余年来，东南亚地区是华侨华人人数最多的地区，同样居住在这些地区的其他外来族群，却很少受到血腥的排斥，唯独华侨华人，不时受到当地政府或当地民众的排斥、攻击与屠杀。其中的原因当然是十分复杂的，但是我们不得不认识到，中国海上丝绸之路在发展历程中忽视了文化的传播与输出，造成不同国家与地区之间文化上的隔阂，无疑是其中一个重要的因素。

中国的海洋文明发展历史及中国海上丝绸之路历史的前进道路，虽然在 18 世纪之后受到一定的挫折，但是其整体发展趋势并没有发生明显的改变，中国通过海上丝绸之路与世界的联系，始终保持波浪式的前进态势。而随着中国改革开放的大踏步前进，到了 21 世纪，中国发展包括"海上丝绸之路"在内的"一带一路"重大倡议日益坚定。"建设丝绸之路经济带和 21 世纪海上丝绸之路的战略构想，兼顾陆地与海洋，是建立在中国既是一个陆地国家，又是一个海洋国家的历史土壤上，统筹陆海

---

① 如孔远志先生是主张郑和下西洋时向东南亚地区传播伊斯兰教的学者，但是他也承认："海外现有的关于郑和在海外传播伊斯兰教的记载，尚缺乏有力的佐证。"参见孔远志：《论郑和与东南亚的伊斯兰教》，载中国航海日组委会办公室、上海海事大学编《中国航海文化论坛》（第一辑），第 81 页。

大格局、全方位对外开放的大手笔。它秉承和平合作、开放包容、互学互鉴、互利共赢的精神，通过政策沟通、道路联通、贸易畅通、货币流通、民心相通等一系列规划项目和实践，促进沿线国家深化合作，建设成一个政治互信、经济融合、文化包容的利益共同体、命运共同体和责任共同体。这个构想本身就是对传统中华文明的传承和弘扬。21世纪海上丝绸之路建设不是简单的经济过程、技术过程，而是文明的进步过程。仅仅靠资金的投入和技术的推广是不够的，需要正确的理论指导和历史经验教训的借鉴。因此，忽视基础研究并不可取，挖掘海洋文明史资源，深化中国海洋文明史研究，推动历史研究与当代研究的互通互补，不仅是提高讲好海洋故事能力的必要条件，更是推进中国文明的现代转型，建设海洋强国的内在诉求。"① 正因为如此，我们今天梳理中国海洋文明发展历史与中国海上丝绸之路历史的前进脉络，其现实意义是不言而喻的。

四、我们撰写"中国海上丝绸之路通史"的基本思路

中国海洋文明的发展及由此形成的中国海上丝绸之路，不仅给中国的社会经济与文化增添了不断奋进的鲜活元素，同时也为世界文明注入了不可或缺的源头活水。自现代以来，中外学界的不少学者都对中国的海洋文明发展史及海上丝绸之路历史文化进行过诸多探讨解析。但是迄今为止，学界对中国海洋文明发展史及海上丝绸之路历史文化的研究，主要侧重中国对外交通史、中国海外贸易史和中外文化交流史等领域。而对中国海洋文明发展史及海上丝绸之路的另外一种发展路径，即上面论及的以往被人们忽视的由沿海商民从事的海洋事业，以及由此迁移海外并传播到世界各地的基层文化的传播途径的研究，是缺失的。中国的海洋文明发展史及海上丝绸之路历史文化，从根本上讲，是由从秦汉以来一代又一代的民众构筑起来的。我们今天探讨和解析中国海洋文明发

---

① 杨国桢、王鹏举：《中国传统海洋文明与海上丝绸之路的内涵》，《厦门大学学报（哲学社会科学版）》2015年第4期。

展史及海上丝绸之路历史文化，理应将较多的关注点放在构筑这一光辉历史与文化的下层民众上。近年来，随着中国海洋意识的提升，学界对中国海洋文明发展史及海上丝绸之路历史文化的讨论和学术研究日益增多，涌现出诸多富有见识的学术论述，其中以杨国桢先生主编的"海洋与中国"丛书、"海洋中国与世界"丛书和"中国海洋文明专题研究"丛书最具规模。这三套丛书用很大篇幅探讨、剖析了海洋文明与海洋文化中一般民众的生活方式及基层文化，使中国海洋文明发展史和海洋社会经济史的研究更贴近海洋草根文化的本源真实。

近年来，学界还组织出版了一些以"海上丝绸之路"为主题的研究成果，这其中有清华大学出版社出版的《海南与海上丝绸之路》、厦门大学出版社出版的"海上丝绸之路研究丛书"、世界图书出版社出版的"海上丝绸之路断代史研究"丛书和安徽人民出版社出版的"南方丝绸之路研究丛书"。在这几种有关海上丝绸之路研究的图书中，《海南与海上丝绸之路》是地域性研究著作，而厦门大学出版社出版的"海上丝绸之路研究丛书"则是专题性研究成果的汇集。这些专题性研究成果的出版，将进一步推进对海上丝绸之路历史文化的研究，扩展我们对海上丝绸之路的考察视野，具有良好的学术意义。然而，这批著作过于注重专题性的叙述，因此也缺乏对中国海上丝绸之路历史文化的整体把握。世界图书出版社出版的"海上丝绸之路断代史研究"丛书，比较简要地概述了从秦汉至明清时期中国海上丝绸之路的演变历史。但是这一历史叙述基本建立在中国本土立场上展开，对海上丝绸之路涉及的其他区域及华侨华人在世界上的伟大贡献，基本上未涉及，这不得不说是一个很大的遗憾。因为海上丝绸之路是世界性的，我们无法忽视中国海上丝绸之路与沿路各地的相互联系。正是这种联系，使其成了真正意义上的海上丝绸之路。

回顾近30年中国学界对中国海洋文明发展史及海上丝绸之路历史文化的研究，不难发现以往对中国海洋文明发展史和海上丝绸之路历史文化的研究，更多是建立在宏观概念的探讨与专题性分析上。需要指出的是，在当前国家提倡"一带一路"重大倡议时，社会上乃至学界的一部分人，蹭着国家重视海洋意识的热度，赶着海上丝绸之路的时髦，提出了一些脱离中国海洋文明发展真实历史的观点，正如杨国桢先生所批评的："现在一些研究成果，对海洋的历史作用的认识存在分歧。一种认为传统中国是一个陆权国家，海洋并不重要，现代国家的发展要重建陆权。一种急于表达中华海洋文明是世界领跑者、优秀角色，提出中国或福建是世界海洋文明发源地，近代以前至少15世纪以前是海洋之王……这些现象的出现，是中国海洋史学发展不成熟的表现。一些声音很高的人本身对历史毫无素养，写的书是'非历史的历史研究'，他们看了一些历史论著就随意拔高观点，宏观架构出理论体系，当然会对社会产生误导。比如最近在海峡两岸引起轰动的南岛语族问题，考古学界、人类学界、语言学界的研究成果，把他们的一部分来源追溯到我国东南沿海或台湾地区。于是台湾有人说：'台湾是人类文明发源地。'福建有人说：'福建是世界海洋文明的发源地。'这是真的吗？我认为史学界应该重视，开展讨论，辨明是非。这类问题还有不少，不宜视而不见。"①

从这样的思考出发，我们认为有必要撰写一系列比较全面又清晰体现中国海洋文明发展史及海上丝绸之路历史文化的著作，尤其是能在一定程度上反映历代中国商民从事的海洋事业，以及由此迁移海外而传播到世界各地的一般民众基层文化传播途径。当然，要使我们的这系列著作能够达到这样一个目标，涉及三个方法论的问题，有必要在这里与大家逐一探讨。

首先，作为中国海洋文明发展的全史性著作，叙述书写的边界在哪里？所谓中国海洋文明发展通史，顾名思义，要叙述的是与海洋相关联的社会经济活动。但是我们不能赞同有些学者把中国的海洋文明发展史局限在海洋之中发生的历史事件。在本文的开章伊始，我们对中国的海洋历史形成这样的认识：中国海洋文明存在于"海—陆"一体的结构中。中国既是一个大陆国家，又是一个海洋国家，中华文明具有陆地与海洋的双重性格。中华文明以农业文明为主体，同时包容游牧文明和海洋文明，形成多元一体的文明共同体。中华民族拥有源远流长、辉煌灿

---

① 朱勤滨：《海洋史学与"一带一路"——访杨国桢教授》，《中国史研究动态》2017年第3期。

烂的海洋文化和勇于探索、崇尚和谐的海洋精神。中国海洋文明发展的这种"海—陆"一体的结构，决定了其与大陆文明的发展，具有天然的、不可分割的联系。从某种意义上讲，中国的陆地文明与海洋文明是相互促进、相互制约、相辅相成的。二者的发展历程，是无法断然割裂的。基于这样的思考，我们对叙述中国海洋文明发展历史边界的整体把握，并不仅限于发生在海洋当中的活动，而是从较为宏观的视野考察中国历代海洋活动中陆地与海洋的各方关系，从而更加全面地描述中国海洋文明发展的基本概貌。

其次，我们撰写的这部中国海洋文明发展通史，既然是基于中国海洋文明存在于"海—陆"一体结构的观点之上，那么这一极为宏观的审视所牵涉的领域又未免过于空泛和难于把握。为了更集中地体现中国历代海洋活动的主体核心部分，我们认为，在中国海洋文明发展历史的进程中，人的作用始终是第一位，海洋社会的核心是海洋活动中的人。"在海洋发展历史上，不同的海上群体和涉海群体塑造了不同的海洋社会模式，如古代的渔民社会、船员社会、海商社会、海盗社会、渔村社会、贸易口岸社会等等。他们有各自的身份特征、生计模式，通过互动结合，形成不同风格的群体意识和规范。海洋史就是要去研究海洋社会中的结构、经济方式，及其孕育的海洋人文。"[1] 我们只有更加深入与全面地反映历代人民在中国海洋文明发展进程中所发挥的无与伦比的历史作用，才能更加贴近中国海洋文明发展历史与文化的真实面貌，还原出一个由历代人民艰苦奋斗创造出来的历史本真。当然，要较为全面且如实地描述历代人民在中国海洋文明发展历程中所扮演的角色及其所发挥的作用，就必须深入地剖析历代人民所秉持的生活方式的方方面面，举凡社会、经济、精神、宗教信仰、文化教育、风俗习尚等，都是我们这部著作所要体现的重要内容。

再次，我们这部中国海洋文明发展史，虽然把论述的核心放在海洋活动中的"人"，但是中国自秦汉以来就是一个中央集权制国家，国家

---

[1] 朱勤滨：《海洋史学与"一带一路"——访杨国桢教授》，《中国史研究动态》2017 年第 3 期。

制度对政治、社会、经济、文化等各个方面都具有不可替代的强制力，而传承了两千多年的儒家文化等上层意识形态，同样也对中国历代的政治、社会、经济、文化等各个方面的发展起到不可忽视的影响作用。中国的海洋文明发展进程同样也是如此，无论是汉唐时期政府主导的"朝贡体系"，还是宋明以来民间私人海上贸易与海外移民的兴起，无不在相当程度上受到国家政府的制度设计和制度约束，从而在不同程度上影响着中国海洋文明发展的历史进程。特别是明清以后，国家政府对民间私人海上贸易活动及海外移民活动基本采取了压制的政策，对中国海洋文明的国际化进程产生了一定的阻碍作用。中国历代政府与中国海洋文明发展的这种复杂又多元的关系，以及中国传统儒家文化、道德观念对中国海洋文明发展历程所产生的影响力，无疑是我们在探讨中国海洋文明发展史及中国海上丝绸之路历史文化时应关注的内容。

最后，关于中国海洋文明发展历史，虽然最初海洋活动的产生是基于海岸线上的生产生活活动，如捕捞、养殖以及沿着海岸线的短途商业活动等，但随着海洋活动的扩展与进步，中国的海洋活动势必从海岸线走向大海，走向东南亚、南亚、中东以至欧洲、美洲各地。因此，中国海洋文明发展史，无疑是中国海洋活动不断向大海拓展活动空间的历史，而这一历史发展进程，就不单单涉及中国一个国家或地域的问题，而是涉及双向的国际问题。我们现在论述中国海洋文明发展史，总是脱离不了中国海上丝绸之路的话语，这正说明了中国的海洋文明发展史，是与中国海上丝绸之路的发展史紧密联系在一起的。海上丝绸之路是亚洲海洋文明的载体，不是中国一家独有的。从文化视角出发，海上丝绸之路可阐释为"以海洋中国、海洋东南亚、海洋印度、海洋伊斯兰等海洋亚洲国家和地区的互通互补、和谐共赢的海洋经济文化交流体系"。在某种意义上，海上丝绸之路是早于西方资本主义世界体系出现的海洋世界体系。这个世界体系以海洋亚洲各地的海港为节点，自由航海贸易为支柱，经济与文化交往为主流，包容了各地形态各异的海洋文化，形成和平、和谐的海洋秩序。中国利用这条海上大通道联通东西洋，既有主动的，也有被动的成分；沿途国家加入海上丝绸之路的运作，不是中国以武力强势和经济强势胁迫的。从南宋到明初，由于造船、航海技术

的发明和创新，中国具有绝对的海上优势，但中国并不利用这种优势追求海洋权力，称霸海洋。所以海上丝绸之路自开辟后一直是沿途国家交往的和平友善之路，直到近代早期欧洲向东扩张，打破了亚洲海洋秩序，才改变了海上丝绸之路的和平性质。海上丝绸之路作为历史的符号，覆盖了西太平洋和印度洋的地理空间，代表传统海洋时代和平、开放、包容的精神和文化。① 从这样的思路出发，我们对中国海洋文明发展史的认识，应该是具备国际视野的。从某种意义上或许可以说，中国的海洋文明发展史，也是我们海洋先民的足迹不断地向海外跋涉迈进的历史。这一点，同样是我们在这系列专著中力求表达的一个重要部分。

从以上的学术思路出发，我们撰写的"中国海上丝绸之路通史"丛书，应该是一套能充分体现中国历史上海洋事业与海上丝绸之路的纵向发展与横向发展的全方位的史学著作。也就是说，这批著作一方面较详尽地阐述了中国自先秦至民国时期海上事业与海上丝绸之路的发展概貌，另一方面也对各个历史时期中国海洋事业与海上丝绸之路发展阶段的主要特征进行专题性研究。其次，我们必须把研究的视野从中国本土逐渐向世界各地延伸，而不能局限于中国本土，不能仅仅以中国人的眼光来审视这一伟大的历程。我们必须追寻我们华侨先人的足迹，他们不惧汹涌的波涛，走向世界各地，从而为中华文化的对外传播，为世界各地的社会发展作出巨大的贡献，他们与祖籍家乡保持紧密联系、始终与祖籍家乡同呼吸共命运。中国海洋文明发展史与海上丝绸之路历史与文化的世界性，是该系列专著要表达的一项重要内容。其三，以往对中国海洋文明发展史及海上丝绸之路的研究都只关注社会经济活动，而事实上中国海洋事业与海上丝绸之路的发展演变过程除了包含社会经济活动，还包含文化、思想、教育、宗教等方方面面的上层建筑领域的内涵。因此，该系列专著还包括政治制度、文化精神等方面的内容，探索中国海洋社会经济发展的基本历程及其与文化等上层建筑领域的相互关系，寻找中国海上丝绸之路的文化意义及其对世界的重要贡献。

---

① 杨国桢、王鹏举：《中国传统海洋文明与海上丝绸之路的内涵》，《厦门大学学报（哲学社会科学版）》2015 年第 4 期。

当然，要比较全面而清晰地反映中国海洋文明发展史及海上丝绸之路历史文化，并不是一件简单的事情，没有一定的篇幅，是不足以反映中国海洋文明发展史及海上丝绸之路历史文化的全貌的。因此，我们联络了厦门大学、中国人民大学、闽南师范大学、福建中医药大学、闽江学院等多所高等院校的研究学者，分工合作，组成撰写 20 卷作品的研究队伍。我们从中国海洋文明发展史及海上丝绸之路历史文化的纵向和横向两个方面，进行多视野、多层次的探讨，经过三年多的努力，终于完成了这套数百万字的著作。我们希望这套专著能把两千年来的中国海洋文明发展史及海上丝绸之路历史文化，特别是把从事海洋事业、构筑海上丝绸之路的一般民众艰辛奋斗的历史，以及把中国传统文化传播到世界各地，推动世界文明多元化前进的本真面貌，呈现给广大读者。

我们深切知道，要全面深入地呈现中国海洋文明发展史及海上丝绸之路历史文化，单凭这样一套专著是远远不够的。由于我们的学力有限，这部多人协作完成的专著一定还存在不少缺点和错误。我们希望借这套专著的出版问世之机，向各位方家学者求教，希望得到方家学者的批评指正，以促使我们改进，并与海内外有意于研究中国海洋文明发展史及海上丝绸之路历史文化的同仁们一道探索，一道前进，共同促进中国海洋文明发展史及海上丝绸之路历史文化的学术研究更上一层楼。

陈支平

2022 年 10 月

目录

前　言

　　"海上丝绸之路是自汉代起直至鸦片战争前中国与世界进行政治、经济、文化联络的海上通道，主要包括由中国通往朝鲜半岛及日本列岛的东海航线和由中国通往东南亚及印度洋地区的南海航线。"① 要勾勒伴随着历代先民一起奔赴海外的中国民间信俗在这两条漫长航线上的历史传播与影响，颇具挑战性。众所周知，"民间信俗""是一个'非遗'保护工作实践的词语"②。在我国申遗工作中，此词语有效规避了海内外学界对于"民间信仰"是不是宗教信仰的疑惑与争论，以及"民间信仰"即"封建迷信"的传统认识顾忌。"民间信俗"是一个"中立的、在学术上能成立而官方话语也能接受，国际组织评审也能认同的词语"③。实际上，它既是"民间信仰习俗"的简称，又扮演了"民间信仰"的代名词。在此意义上，文中所涉及的"民间信俗"表述，大致就是前述这两

---

① 王日根：《海上丝绸之路研究丛书·总序》，载《耕海耘波：明清官民走向海洋历程》，厦门大学出版社，2018。
② 乌丙安、胡玉福：《"俗信"概念的确立与"妈祖信俗"申遗——乌丙安教授访谈录》，《文化遗产》2018 年第 2 期，第 5 页。
③ 同上。

种语义，视不同语境而定。①

民间信仰与制度宗教有着巨大的区别，"民间信仰是指信仰并崇拜某种或某些超自然力量（以万物有灵为基础，以鬼神信仰为主体），以祈福禳灾等现实利益为基本诉求，自发在民间流传的、非制度化、非组织化的准宗教"②。此概念把民间信仰放回到日常社会生活之中，凸显其来源、本质与特点，指出民间信仰实际上是人们日常社会生活的有机组成部分，缺乏制度宗教能够独立传播的系统性与哲理性。制度宗教则"有固定的崇拜对象，稳定的组织形式，有专职的宗教人员，有完备的经典教义，有一整套形成了定式的活动程序和仪式模式"③。相对于制度宗教，中国民间信仰的"自发性、非制度化、非组织化"，外加"功利性、庞杂性、融合性、民俗性、区域性、民族性、草根性"④等特性，决定了其本身极具中国文化特色，它的存在与传播极其依赖中华文化土壤及其民众。这两大因素一旦消失，那么民间信仰继续存在的可能性极低。这一点在海上丝绸之路两大航线上的中国民间信俗传播与存续的历史过程中体现得尤其明显。

我国南海地区的航海贸易活动起步很早，擅长航海的百越民族与东南亚进行沿岸交往的历史可以追溯至商、周时代。秦始皇经略岭南……使番禺地区成为珠玑、犀、玳瑁、果、布之凑的海外贸易中心。汉时南越王赵佗贡献给中央政府的……均为海外珍奇……足见其时有

---

① "民间信俗"是前些年学界前贤为"人类非物质文化遗产"项目申报工作顺利推进而采用的替代"民间信仰类"的"非遗申报名录"的特定词语，随即成为官方认可的主流术语；但因为是新提法，目前其相关概念的阐释、使用普及面与学术积累尚与学界传统所惯用的"民间信仰"相互交错，因此在具体行文中不可避免地出现了二者并用的情况，特此说明。

② 林国平：《关于中国民间信仰研究的几个问题》，《民俗研究》2007年第1期，第7页。

③ 高师宁：《从社会学角度看宗教的发展与走向》，《世界宗教研究》1998年第4期，第21页。

④ 林国平：《关于中国民间信仰研究的几个问题》，《民俗研究》2007年第1期，第7—8页。

可能已与东南亚，甚或南亚地区建立了航海贸易关系。①

　　当然，这些远古时代的航海贸易显得比较零碎，且不成规模。受困于北方丝绸之路的阻塞，雄才大略的汉武帝在扫平东南沿海的同时，大力拓展海外贸易，以此加强与海外各国的联系。由此，"海上丝绸之路"诞生，"由于当时中国对海外的航运货种以'杂缯'——各种丝绸织物为主，因此，这条远洋航路相对于陆上丝绸之路，又可称为'海上丝绸之路'"②。据《汉书·地理志》记载：

　　　　自日南障塞、徐闻、合浦，船行可五月，有都元国；又船行可四月，有邑卢没国；又船行可二十余日，有谌离国；步行可十余日，有夫甘都卢国。自夫甘都卢国船行可二月余，有黄支国，民俗略与珠崖相类。其州广大，户口多，多异物，自武帝以来皆来献见。有译长，属黄门，与应募者俱入海市明珠、璧流离、奇石异物，赍黄金杂缯而往。所至国皆廪食为耦，蛮夷贾船，转送致之。亦利交易，剽杀人。又苦逢风波溺死，不者数年来还，大珠至围二寸以下。平帝元始中，王莽辅政，欲耀威德，厚遗黄支王，令遣使献生犀牛。自黄支船行可八月，到皮宗；船行可二月，到日南、象林界云。黄支之南，有已程不国，汉之译使自此还矣。③

　　这条航线几乎是后世海上丝绸之路的主轴，问题在于，现世可以依赖历史文献、考古等手段来复原海上丝绸之路远古时代的社会经济文化往来，但对于考察中国民间信俗在此航线上的传播与存在，似乎帮助不多。哪怕经历了盛唐，乃至赵宋，也只能找到些许蛛丝马迹。譬如阿拉伯人马素在《黄金牧地》中记述其在943年航海经过苏门答腊时，看见许多中国人在那耕种，在巴邻邦（今巨港）区域有特别多的中国人，他

---

① 孙光圻：《中国古代航海史》，海洋出版社，2005，第127页。
② 同上书，第128页。
③ 周振鹤：《汉书地理志汇释》，安徽教育出版社，2006，第517—519页。

们是因为避黄巢之乱而到那里的。① 时过境迁，这些中国人到底在苏门答腊岛构建了什么样的社会日常信俗生活，如今已不得而知。但是进入唐宋以后，中国的海外贸易日渐兴盛，这是不争的历史事实。根据中国东南沿海一带海外贸易的季节性规律："秋冬去，春夏回"，或因季风不顺，或商品积压、货款难收，或回程缺货，为了做好买卖，"住蕃""压冬"成为不可避免的海外贸易现象。《萍洲可谈》载："北人过海外，是岁不还者，谓之住蕃。诸国人至广州，是岁不归者，谓之住唐。广人举债总一倍，约舶过回偿，住蕃虽十年不归，息亦不增。"② 随着在海外"住蕃""压冬"的人越来越多，他们可能需要构建相应的社会日常信俗生活。只可惜，岁月久远，桑海沧田，亦难以考证其具体内容。倒是在福建莆田西天尾发现的一块立于南宋绍兴八年（1138）的石碑，即《有宋兴化军祥应庙记》，证实了宋代已经有福建泉州海商将妈祖香火奉祀在船，以庇佑其海外贸易的平安与获利。该碑文曰："郡北十里，有神祠，故号大官庙。大观元年（1107）……次年赐庙额曰祥应。……谨按，侯当五季时，已有祠宇。……泉州纲首朱舫，舟往三佛齐（今爪哇东部），亦请神之香火而虔奉之。舟行迅速，无有险阻，往返曾不期年，获利百倍。前后之贾于外番者，未尝有是。"③ 进入元代，来自北方草原民族的元朝统治者深知游牧经济的缺憾，非商业贸易的弥补不足以健康运行，于是十分重视海外贸易，泉州也由此一跃成为当时世界最大的港口之一；同时，元朝也曾派遣大军远征爪哇，于是关于我国先民出洋留居的记载就更多了。周达观《真腊风土记》载："（真腊）国人交易，皆妇人能之，所以唐人到彼，必先纳一妇人者，兼亦利其能买卖故也……往年土人最朴，见唐人颇加敬畏，呼之为佛，见则伏地顶礼。近亦有脱骗欺负唐人者矣，由去人之多故也。"④ 汪大渊《岛夷志略》载："国初，

① 吴凤斌主编《东南亚华侨通史》，福建人民出版社，1994，第12页。

② ［宋］朱彧：《萍洲可谈》，《唐宋史料笔记丛刊》，李伟国点校，中华书局，2007，第134页。

③ 福建省地方志编纂委员会编《福建省志·华侨志》，福建人民出版社，1992，第28页。

④ ［元］周达观：《真腊风土记》，夏鼐校注，中华书局，1981，第146—147页。

军士征阇婆，遭风于（爪哇勾栏山）山下……有病卒百余人不能去者遂留山中，今唐人与番人丛杂而居之。"① 只可惜历史文献的严重缺乏，依然无法描摹他们在海外的社会日常信俗生活。

入明以后，随着郑和七下西洋的巨大影响，以及隆庆元年（1567）月港开洋，我国东南沿海一带出洋谋生的人越来越多，海外华侨已经渐次构建起多处稳定有序的生活社区。但西方殖民者亦接踵而来，对于在南洋谋生已久的华人既爱又恨，爱其勤劳能干，温良谦恭，恨其在当地谋生已久，影响日深，且人数日益庞大，极易对他们的商业贸易、殖民统治造成威胁。他们对在南洋当地已经形成稳定社区的华人屡屡采用赶尽杀绝的残忍手段，以维护其罪恶的资本主义原始资料积累与掠夺。譬如张燮《东西洋考》载："华人既多诣吕宋，往往久住不归，名为压冬。聚居涧内为生活，渐至数万，间有削发长子孙者。"② 居住在吕宋的华人屡遭西班牙殖民者残酷杀戮，后世再往吕宋谋生的华侨早已物是人非，"皮之不存，毛将焉附？"也就无从考察他们曾经建构的社会日常信俗生活了。同样的情况还有18世纪40年代发生在爪哇巴达维亚的"红溪惨案"，荷兰殖民者同样为了维护其罪恶的殖民统治而残酷地屠杀了吧城的华人，此地繁华的华人社区就此毁于一旦，再建已是桑海沧田。

当然，郑和下西洋，西方殖民者东来，明代中后期资本主义的萌芽，明清朝代更替，以及清朝中前期的繁荣等诸多因素，使我国海上丝绸之路进入最后的兴盛期。明代朝贡制度的建构使得中外各国互通往来异常频繁，为"稻粱谋"则使得明清时期国人以绵延不绝的态势，不断过东洋、下西洋。于是，海上丝绸之路的东、西两大航线上到处都有国人建构的海外生活社区，他们所创建的社会日常信俗生活，也就成了有源之水，只要没被外来势力野蛮打断，都能够不断加以丰富与发展，并传承下来。

① ［元］汪大渊：《岛夷志略校释》"勾栏山"，苏继庼校释，中华书局，1981，第248页。
② ［明］张燮：《东西洋考》，陈正统主编《张燮集》（第四册），中华书局，2015，第1523—1524页。

　　本书首先对海上丝绸之路上影响最大的妈祖信俗的产生与发展历史进行了梳理，实质上也对唐五代以来中国民间信俗在海上丝绸之路的传播进行了初步探索。妈祖信俗的产生与发展，得益于唐宋中国经济重心的南移，中国南方得到大幅度开发，水运与航海的作用日益吃重。在官民力量结合之下，海上保护神——妈祖的影响不断从源发地福建莆田推广到全国各地，并随着在海上丝绸之路上来回奔波的先民，妈祖信俗从中国东南沿海区域顺着东洋航线与西洋航线，逐渐传播到东洋与南洋各地。

　　第二，阐述明初郑和下西洋及其宗教信仰观的历史影响。对于我国海上丝绸之路而言，郑和七下西洋实际上是承上启下的重大历史事件，一方面，构建了以明王朝为中心的朝贡制度，其朝贡国所涉及的地理空间达到了前所未有的广阔，充分调动了东洋、南海到印度洋等地无数港口城市或王国对于明王朝及其商业贸易的深入认识与热情，这对于明清时期重振海上丝绸之路的繁荣显然无比重要；另一方面，郑和的宗教信仰观及其历史影响，对于激励后世海上丝绸之路航线上的无数华人社区的构建，以及对其社会日常信俗生活的示范作用，难以估量。诸多海外华人社区甚至尊奉郑和及其将士为神，将之融入自身的社会日常信俗生活之中。

　　第三，从官方的角度，追溯明清时期中国与琉球的朝贡交往过程中，妈祖信俗所扮演的重要角色，及其在琉球发挥的具体作用与影响。在这历史过程中，妈祖信俗的传播形式、过程及其本地化影响，都有了比较清晰的建构。

　　第四，以明末至清中前期妈祖信俗在日本长崎的传播与影响，观察深受中国文化影响的日本，缺乏官方支持的中国海商如何在长崎港构建以妈祖信俗为核心的社会日常信俗生活。

　　第五，相对于日本与琉球，越南受到中国文化的直接影响更深，明末清初越南会安、堤岸"唐人"与"明乡人"的社会日常信俗生活的异地建构与发展，表明中国民间信俗对其信仰群体的依赖性，以及对于同质文化土壤一定的适应性。

　　第六，对于明末到清中前期英属海峡殖民地三州府马六甲、槟榔屿与新加坡华人社会日常信俗生活的历史勾勒，探讨华人深受明清政府及其海禁政策不稳定性的影响，在缺乏原乡官方支持，甚至受到原乡官方打压的情况下，在西方殖民者与马来土邦中保持相对独立的社会生活。建构原乡式的信俗生活成为他们首要的需求，并随着当地社会经济文化的发展而发展，大有"他乡即故乡"的发展趋势。

当然，鉴于个人学识有限，本书对于海上丝绸之路视域下的中国民间信俗的海外传播与影响的探讨只是初步的尝试，尤其是研究所涉海外华人社区不一而足，又多以研究个案呈现，只能起到管中窥豹的作用。因此，笔者拟以这部书稿作为自己从事中国民间信俗海外传播研究的起点，鞭策自己继续努力，也拟以此抛砖引玉，期待各位方家的批评指正。

第一章
"世界妈祖" 及其东亚播迁

唐宋以来，在中国民间信俗海外传播历史进程中，从未出现像妈祖这样角色吃重的神祇。唐末宋初，妈祖因应民间与官方的需要，由一地方神明，后来居上，发展成为全国性的神祇，并随着中国海外移民的播迁而产生了持续性的影响，一举成为享誉海内外的海上保护神，神职功能无所不包，影响至今。然而，在宋代，"福建的泉州出海要上九日山'通远王庙'祈风……晋江县出海要上法石山真武庙祭海祷神；福州、连江一带则祀崇演屿神保一帆风顺……广州遵奉的海神是'广利王'；海南岛是拜汉代伏波将军马援为海神；江浙等地则把观音菩萨与龙王奉为'海上保护神'"①。在中国东南沿海地带最重要的三块海洋文化区域，为什么是妈祖而不是其他海神脱颖而出？追溯妈祖信俗产生与发展的历史过程，结合中国社会政治经济文化发展史，以及海外移民史，才能够比较清楚地解答这个问题。

第一节　从 "神女" 到 "天后"

一、蓄势待发: 唐末 "神女" 与宋代 "灵惠夫人" "显济圣妃"

(一) 唐末宋初妈祖信俗的诞生

关于妈祖的生平，《天妃显圣录·天妃诞降本传》有比较完整的记

---

① 林国平、彭文宇：《福建民间信仰》，福建人民出版社，1993，第153—154页。

天妃，莆林氏女也。始祖唐林披公，生子九，俱贤。当宪宗时，九人各授州刺史，号九牧林氏。曾祖保吉公，乃邵州刺史蕴公六世孙，州牧圉公子也，五代周显德中为统军兵马使。时刘崇自立为北汉，周世宗命都点检赵匡胤战于高平山，保吉与有功焉。弃官而归，隐于莆之湄洲屿。子孚，承袭世勋，为福建总管。孚子惟悫，讳愿，为都巡官，即妃父也。娶王氏，生男一，名洪毅，女六，妃其第六乳也。二人阴行善，乐施济，敬祀观音大士。父年四旬余，每念一子单弱，朝夕焚香祝天，愿得哲胤为宗支庆。岁己未夏六月望日，斋戒庆赞大士，当空祷拜曰："某夫妇兢兢自持，修德好施，非敢有妄求，惟冀上天鉴兹至诚，早赐佳儿，以光宗桃。"是夜，王氏梦大士告之曰："尔家世敦善行，上帝式佑。"乃出丸药示之云："服此当得慈济之贶。"既寤，歆歆然如有所感，遂娠。二人私喜曰："天必赐我贤嗣矣！"越次年，宋太祖建隆元年庚申三月二十三日，方夕，见一道红光从西北射室中，晶辉夺目，异香氤氲不散。俄而王氏腹震，即诞妃于寝室。里邻咸以为异。父母大失所望，然因其生奇，甚爱之。自始生至弥月，不闻啼声，因命名曰"默"。幼而聪颖，不类诸女。甫八岁，从塾师训读，悉解文义。十岁余，喜净几焚香，诵经礼佛，旦暮未尝少懈。婉娈季女，俨然窈窕仪型。十三岁时，有老道士玄通者往来其家，妃乐舍之。道士曰："若具佛性，应得度正果。"乃授妃玄微秘法。妃受之，悉悟诸要典。十六岁，窥井得符，遂灵通变化，驱邪救世，屡显神异。常驾云飞渡大海，众号曰"通贤灵女"。越十三载，道成，白日飞升。时宋雍熙四年丁亥秋九月重九日也。①

《天妃显圣录》除了"天妃诞降本传"，记述妈祖生前的神异事件还有"窥井得符""机上救亲""化草救商""菜甲天成""挂席泛槎""铁马渡江""祈雨济民""降伏二神""龙王来朝""收服晏公""灵符回生"

---

① 蒋维锬、周金琰辑纂《妈祖文献史料汇编》（第二辑）《著录卷》（上编），中国档案出版社，2009，第87页。

"奉旨锁龙""断桥观风""收服嘉应、嘉祐""湄洲飞升"等。这些神异传说，几乎都围绕着妈祖的出生地展开，除了展示与解释妈祖的种种异能以及她如何收编部将，还显示了妈祖生前的影响力并没有超出其出生地。但是，妈祖救苦济危的异能已经初现端倪。诚如宋代廖鹏飞所撰《圣墩祖庙重建顺济庙记》记述："独为女神人壮者尤灵，世传通天神女也。姓林氏，湄洲屿人。初，以巫祝为事，能预知人祸福。既殁，众为立庙于本屿。"[1] 十分符合妈祖生前的基本状态，但放在中国民间诸神生前传说之中，并没有特别出奇之处。真正使得妈祖影响走向全国乃至全世界，则是她成道以后。

（二）宋代妈祖信俗的初步发展

中国古代经济重心南移是一个漫长的历史过程，郑学檬认为宋代最终完成了这一过程，"具体地说，经济重心南移至北宋后期已接近完成，至南宋则完全完成了"[2]。这对于中古中国的影响是全方位的。"众所周知，唐宋时期社会转型及其变革的一个重要方面，是整个社会的'平民化'或'市场化'程度的推进，汉唐及之前的诸侯门阀士族的社会结构已经不复存在，与之相适应的'宗法'世袭体制也分崩离析，失去了其存在的社会基础。"[3] 也就是说，中国经济重心南移，还附带着整个政治权力从士族往士庶下移，庶民阶层生活得到了空前的解绑与凸显。同时，我们还应注意到政治中心也在南移，即从唐代国都长安到北宋国都开封，再到南宋行在杭州。妈祖信俗的产生与初步发展正处在这一历史阶段。

经过唐五代地方藩镇的割据，五代十国统治者为谋求自身的生存空间，都在努力发展各自的社会经济文化。妈祖的故乡建立了闽国。在王

---

① 蒋维锬、郑丽航辑纂《妈祖文献史料汇编》（第一辑）《碑记卷》，中国档案出版社，2007，第 1 页。

② 郑学檬：《中国古代经济重心南移和唐宋江南经济研究》，岳麓书社，1996，第 17 页。

③ 陈支平：《朱子学·理学：唐宋变革与明清实践》，《厦门大学学报（哲学社会科学版）》2014 年第 3 期，第 71 页。

潮、王审知和王审邽三兄弟的治理下，闽地蒸蒸日上。迄自唐末五代，闽南人口增长速度加快，迨至陈洪进献土的宋太平兴国三年（978），二州户口上升到 151978 户①，比之唐代闽南人口数净增三倍！② 也就是说，隶属于闽国的漳泉二州即有如此直观的发展变化，由此可见整个中国南方在唐末五代的发展程度。

赵匡胤统一天下，建立北宋。局限于北方游牧民族的威胁，宋代统治者的发展目光迥异于唐代。如果说唐代政府更多是坐镇长安，目光向东，那么宋代统治者的眼光更多是坐镇开封、杭州，目光向南。一时之间，"尚巫俗鬼"的南方世界，进入了整个宋代统治阶层的认知世界。一方面，国家治理必须面对整个长江流域及其南部纷繁复杂的神灵体系；另一方面，南方社会经济文化进入高速发展期，譬如"闽虽为东南僻壤，然自唐以来，文献渐盛。至宋，大儒君子接踵而出，仁义道德之风于是乎可以不愧于邹鲁矣"③。在科举事业获得成功的南方士人，也必然以自身所携带的鬼神观念，出入于宋代政权的各个阶层，从而深入影响到国家治理，"南方整体力量的崛起，不仅牵动国家如何重新看待南方的统治，也意味着国家和南方祠祀文化有了更多的互动机会"④。

《天妃显圣录》首次出现与南方官宦相联系的灵应故事为庇佑宋宣和四年（1122）给事中路允迪奉使高丽的海上安全。此故事名为"朱衣著灵"，出现在"显梦辟地""祷神起碇""枯槎显圣""铜炉溯流"之后，这也是《天妃显圣录》的记录从传说逐渐向重大历史事件靠拢的开始，兹赘录于下：

> 宋徽宗宣和四年壬寅，给事中允迪路公奉命使高丽，道东海，值大风震动，八舟溺七，独公舟危荡未覆。急祝天庇护，见一神女现桅

① 梁方仲：《中国历代户口、田地、田赋统计》，上海人民出版社，1980，第 122 页。

② 徐晓望：《闽南史研究》，海风出版社，2004，第 21 页。

③ ［明］黄仲昭：《八闽通志（上）·序》，福建人民出版社，2006。

④ 杨俊峰：《唐宋之间的国家与祠祀——以国家和南方祀神之风互动为焦点》，上海古籍出版社，2019，第 19 页。

杆，朱衣端坐。公叩头求庇。仓皇间，风波骤息，借以安。及自高丽归，语于众。保义郎李振素及墩人备述神妃显应。路公曰："世间惟生我者恩罔极，我等漂泊大江，身濒死，虽父母爱育至情，莫或能助之，而神姑呼吸可通，则此日实再生之赐也。"复命于朝，奏神显应。奉旨赐"顺济"为庙额，蠲祭田税，立庙祀于江口。①

比照宋代徐兢《宣和奉使高丽图经》，其通篇都没有提到妈祖，只有"祥光示现"的神迹描述，后句紧接着搬出福州的演屿神曾一再示异神迹，让人无法强行附会这是妈祖的神迹，倒更像是演屿神的庇佑："若遇危险，则发于至诚虔祈哀恳，无不感应者。比者使事之行，第二舟至黄水洋中，三舵并折，而臣适在其中，与同舟之人，断发哀恳，祥光示现。然福州演屿神亦前期显异，故是日舟虽危，犹能易他舵。"② 孙希国认为徐兢呈现出来的奉行多神庇佑的心理条件，是宋代"秩祭百神"的社会政治环境，③ 这是有一定道理的。但问题在于，祖上源出福建建州，出生在江淮的徐兢本身对于多神信仰特质的民间信俗并不陌生，如果只是简单将其奉祀多神的行为归因于政治大环境的影响，显然是不够全面的。考察路允迪与妈祖首次受到宋廷敕封的关系，固然可以考释其真伪，更重要的是，要从民间的层面，探索信俗源发地的民众如何利用重大历史事件来推动妈祖信俗的传播。绍兴二十年（1150），南宋特奏名进士廖鹏飞撰写了现存妈祖庙最早的庙记《圣墩祖庙重建顺济庙记》，把路允迪出使高丽还朝奏封妈祖的事件作为很重要的历史环节镶嵌在其中：

宣和壬寅岁也。越明年癸卯，给事中路允迪使高丽，道东海，值

① 蒋维锬、周金琰辑纂《妈祖文献史料汇编》（第二辑）《著录卷》（上编），中国档案出版社，2009，第92—93页。

②［宋］徐兢：《宣和奉使高丽图经》，收录于李澍田主编《清实录·朝鲜史料摘编》（五集），吉林文史出版社，1991，第80—81页。

③ 孙希国：《〈宣和奉使高丽图经〉与宋代妈祖信仰的流传》，《广西民族研究》2018年第3期，第110—116页。

风浪震荡，舳舻相冲者八，而覆溺者七，独公所乘舟，有女神登樯竿，为旋舞状，俄获安济。因诘于众，时同事者保义郎李振，素奉圣墩之神，具道其详。还奏诸朝，诏以"顺济"为庙额。①

前后对照，两则文稿的核心要素，譬如时间、人物、地点、事件几乎一致。庙记所描述的渡海过程显然具有民间传说的某些特点。也就是说，廖鹏飞运用了传统神明灵应故事的夸张写法，并围绕着宣扬妈祖的灵应而添加了某些叙事要素，营造了完美的碑文历史叙事，这是传统庙记撰写的习惯。其中关键人物保义郎李振，孙希国经过考证，认为廖鹏飞虚构了这个历史人物。② 但这个问题还要进一步结合廖鹏飞所撰的整篇庙记内容来看，才能够更加客观全面。因此，有必要再看第二组文字，即关于圣墩妈祖庙的创建。《天妃显圣录》有"枯槎显圣"妈祖灵应情节：

宋哲宗元祐元年丙寅，莆海东有高墩，去湄百里许，常有光气夜现。渔者疑有异宝，伺而视之，乃水漂一枯槎发焰，渔人拾置诸家。次晨视之，槎已自还故处。再试复然。当夕托梦于宁海墩乡人曰："我湄洲神女，其枯槎实所凭也，宜祀我，当赐尔福。"父老异之，告于制干李公。公曰："此神所栖也。吾闻湄有神姑，显迹久矣。今灵光发见昭格，必为吾乡一方福。叨神之庇，其在斯乎！"遂募众营基建庙，塑像崇祀，号曰"圣墩"，祷应如响。③

此情节在正史当然无载，但在廖鹏飞的《圣墩祖庙重建顺济庙记》中亦有阐述，具体如下：

① 蒋维锬、郑丽航辑纂《妈祖文献史料汇编》（第一辑）《碑记卷》，中国档案出版社，2007，第1页。

② 孙希国：《〈宣和奉使高丽图经〉与宋代妈祖信仰的流传》，《广西民族研究》2018年第3期，第110—116页。

③ 蒋维锬、周金琰辑纂《妈祖文献史料汇编》（第二辑）《著录卷》（上编），中国档案出版社，2009，第92页。

圣墩去屿几百里，元祐丙寅岁，墩上常有光气夜现，乡人莫知为何祥。有渔者就视，乃枯槎，置其家，翌日自还故处。当夕遍梦墩旁之民曰："我湄洲神女，其枯槎实所凭，宜馆我于墩上。"父老异之，因为立庙，号曰圣墩。岁水旱则祷之，疠疫崇则祷之，海寇盘亘则祷之，其应如响……承信郎李富，居常好善，首建其义……戒功于中秋，逾年月告毕……李侯以鹏飞久游门下，遂命记之……或曰："旧尊圣墩者居中，皆而少者居左，神女则西偏也。新庙或迁于正殿中右者左之，左者右之，牲醴乞灵于祠下者，宁不少疑？"鹏飞曰："神女生于湄洲，至显灵迹，实自此墩始；其后赐额，载诸祀典，亦自此墩始，安于正殿宜矣。昔泰伯庙在苏台西，延陵季子像设东面，识者以为乖典礼，遂命改之。鹏飞谓李侯之作是庙，不惟答神庥，亦以正序位云。"①

因廖鹏飞所撰《圣墩祖庙重建顺济庙记》为碑文，一旦树碑，罕见变化，可做不动的历史参照物。《天妃显圣录》流传至今有不少版本，是变化的。那么，其中的变化，则多了"制干李公"的因素。根据吴国柱现场考察，制干李公是宋代莆田真实存在的历史人物，现有明正德十年（1515）《重修思泮公圹志》可佐证：

公讳泮，字思泮，宋赠承信郎殿前制干，姚黄氏，重封太安人，合葬南厢南寺后满党山，九世孙文贤公、十世孙葵公，附葬墓右。更代湮芜，墓石圮坏，承恩（思泮公裔孙）奉严郡同知伯通公而修之，因得公铭于圹内，虽其石毁文没，不可全考，然所谓长子富、次子彦达及太安人身拜重封，年登上寿数语，犹幸其未泯焉。姑述而志，诸圹年有靖康、建炎，月有六月，日有二十二日，其为生卒与葬，则皆不可得而悉矣……大明正德十年岁乙亥闰四月辛酉，赐进士第、奉政大夫、四川按察司佥事提督学校颐斋顾阳和志仁甫撰文。②

① 蒋维锬、郑丽航辑纂《妈祖文献史料汇编》（第一辑）《碑记卷》，中国档案出版社，2007，第1—2页。
② 吴国柱：《初探宋代李富父思泮公墓》，《莆田侨乡时报》2017年7月21日。

第一章 「世界妈祖」及其东亚播迁

《天妃显圣录》的"枯槎显圣"提到宋哲宗元祐元年（1086）制干李公率领当地信众创建圣墩妈祖庙，按照圹志假定李公逝于靖康二年，即建炎元年（1127）左右。此两个纪年中间间隔大约40年，又李公父凭子显，得"赠承信郎殿前制干"。其子即为南宋著名抗金英雄李富（1085—1162），字子诚，号澹轩，官授承信郎、殿前统制司干办公事官，莆田现存有李富墓，为福建省级历史文物保护单位。也就是说，李公于宋哲宗元祐元年前一年即宋元丰八年（1085）生子李富，约莫20岁出头，如果是逝于建炎元年左右，李公也就60岁左右，符合人生死常理，而保义郎李振如果于宣和五年（1123）随路允迪出使高丽的话，岁数当与李富相当。那么，这两篇文稿相比较，则是廖鹏飞在撰写《圣墩祖庙重建顺济庙记》时漏掉了领导创建圣墩妈祖庙者——李制干思泮公这一关键历史人物，可能是因为此次圣墩妈祖庙重建是李制干思泮公的儿子承信郎李富牵头，也是李富命他写的庙记，作为自称久游李富门下的廖鹏飞或者是为尊者讳？或者是因为其时李富之父思泮公已经过世，李富出于某种原因事先交代廖鹏飞不提此事？具体不得而知。但，因为庙记里提到李富所扮演的角色，使得思泮公被廖鹏飞忽略或加以强调，道理上都是说得过去。作为佐证论述，廖鹏飞还在庙记最后记录了此次重建圣墩妈祖庙，把妈祖的神位从原来西偏附祀位置直接移到了正殿中间作为主神，并提供了泰伯及其后裔延陵季子东西尊卑位置被后人摆错后，有识之士根据礼法重新将其纠正的例子，来为此次奉妈祖为主神提供佐证。也就是说，廖鹏飞认为圣墩妈祖庙的妈祖得到了官方的赐额和封号，载入了祀典，而原来无名主神与偏东附祀神都没有如此之殊荣，官方地位自然远不如妈祖，以妈祖为主神符合官方礼仪。而宋代"封号、赐额政策的制度化从某种意义反映了信仰合法性的严厉化，朝廷、官方成为民间信仰合法性的最终裁定者"[1]。廖鹏飞还顺带夸奖了此次重建牵头人李富不但答报神恩，还以官方代表的身份为圣墩妈祖庙摆正神灵的位序，顺便还将自己与这事撇清。而实际上，没有得到主事人李富的首肯，作

---

① 王建川、皮庆生：《中国近世民间信仰：宋元明清》，上海人民出版社，2010，第14页。

为被邀请来写庙记的客人廖鹏飞哪里有胆量做出如此反客为主的事？当然，李富利用士绅身份，趁主持重建圣墩妈祖庙之机，因应个人信仰需求，力排众议，联合特奏名进士廖鹏飞，抬升了妈祖在庙里的地位，不得不说妈祖的影响因此在圣墩得到了很大的提升。

综合这三则文稿，发现廖鹏飞所撰庙记里唯一可疑的是提到李制干思泮公的侄儿保义郎李振①，却无法在《宣和奉使高丽图经》中考证出真假。可是如果李振真的是李富的堂兄弟的话，李富相当于在场亲自监制廖鹏飞撰写庙记，那么其真实程度要比现代人对此进行历史考证要来得可靠些。从这个角度来看，廖鹏飞撰写《圣墩祖庙重建顺济庙记》还是比较忠实于当时的历史与传说的，以他作为莆田地方士人的见识与身份，以兼容并蓄的方式将历史与传说进行记录，既忠于人事，又能更好地宣扬妈祖灵应，可谓一举两得。当然，妈祖作为莆田土生土长的地方神祇，地方士庶固然有出自家乡的自豪感或者拟从官方封赐中得到某种利益或资源的主观愿望；但是，如果无法契合地方士庶的日常精神需要，那么妈祖信俗就很难被不断重塑与推广。而事实上，自唐五代以来，福建是整个宋代社会经济文化发展最快的区域之一，沿海一带民众应时而起，业儒热情高涨，靠海吃海，航海经商前仆后继，福建人开始大量进入宋廷统治阶层。无论是赶赴科举考试，还是已经效力于北宋、南宋政府，士人们都得水陆并济往北走，这显然有利于他们对妈祖海上庇护神职功能的体认与宣传；而商人与水手们风里来水里去，直接受惠于妈祖的保护，对于妈祖的海神神职功能推崇备至。因此，学界认为士人、商人和水手作为妈祖信俗的最重要推广者，大致没错。

从宋宣和四年（1122）到乾道三年（1167）共计45年，虽然历经了北宋与南宋之间的交替，但根据《宋会要辑稿》记载："神女祠。莆田县有神女祠，徽宗宣和五年八月赐额'顺济'。高宗绍兴二十六年十月封灵惠夫人。三十年十二月加封灵惠昭应夫人。孝宗乾道三年正月加封

---

① 蒋维锬编校《妈祖文献资料》，福建人民出版社，1990，第3页。

灵惠昭应崇福夫人。"① 短短四十几年，妈祖从被宋廷赐额"顺济"到加封"灵惠昭应崇福夫人"，显然取得了比较大的发展，信仰范围开始积极往外传播与扩展。《天妃显圣录》记载的另外几则宋代妈祖灵应故事正可为妈祖信俗逐步向外发展提供不少的历史痕迹。"祷神起碇"记载：

> 季春，有商三宝者，满装异货，要通外国，舟泊洲前。临发，碇胶弗起……遂诣祠拜祷。恍见神女悠游碇上……乃插香一瓣于祠前石间，祝曰："神有灵，此香为证：愿示征应，俾水道安康，大获赉利，归即大立规模，以答神功。"迫泛舟海上，或遇风涛危急，拈香仰祝，咸昭然获庇。越三载，回航全安。复造祠，见前所插瓣香，悉盘根萌芽，化成三树……商人奇其感应，捐金创建庙宇，焕乎改观。及宋仁宗天圣中，神光屡现，善信者复感灵异，广大其地，廊庑益增巍峨。②

这是《天妃显圣录》记录最早的涉及宋代海商从事海外贸易得到妈祖庇佑的故事，一则表明海商三宝原先大概不知道妈祖的海上庇护神威，在启航前得到妈祖降神提示后才前往妈祖祠拜神祈愿；二则显示其时妈祖祠还比较简陋，祠内空间狭小，亦无专业的神职人员主持日常祭祀活动，海商三宝找不到更好的许愿方式，只能在祠前石头缝隙里插香立愿；三则宋代海商祈求妈祖海上庇佑的方式还比较原始，仅限于启航前奔赴妈祖祠祈愿、船上拈香仰祝，不像后世明清时期，海商不但奔赴妈祖祠祈愿，还积极供奉妈祖神像或香火在船上朝夕祭拜，以更虔诚的供奉获取妈祖更直接有效的保护。

《天妃显圣录》尚有"铜炉漂流""圣泉救疫""托梦建庙""温台剿寇""救旱进爵""瓯闽救潦""平大奚寇""一家荣封""紫金山助战""助擒周六四""钱塘助堤""振兴泉饥""火烧陈长五"等故事情节，涉

---

① ［清］徐松：《宋会要辑稿·礼二十》，刘琳等校点，上海古籍出版社，2014，第1552页。

② 蒋维锬、周金琰辑纂《妈祖文献史料汇编》（第二辑）《著录卷》（上编），中国档案出版社，2009，第92页。

及妈祖信俗的传播与影响，可以将其归为三类：其一，妈祖分庙的建立，无论是漂流铜壶，还是直接托梦，妈祖都在当地显示了她的灵应，建庙地点分别为莆田白湖与其附近的枫亭，都在通津要道上，显然是妈祖信俗常规的传播渠道；其二，求雨或开晴，乃至抗疫、助建钱塘堤岸，在广州托梦买粮，这些神职功能是妈祖信俗的基本内容，一一加以发扬光大，使得妈祖不断得到朝廷的封赐，信俗的源发地已经从莆田扩展至整个闽省，甚至可以将浙南与广府纳入其中，因此南宋刘克庄认为"广人事妃，无异于莆田"①；其三，抗金、平寇有五则，从本地剿匪，到温台平寇，再到紫金山抗金，妈祖信俗一路影响到了长江流域，乃至解合肥之围，跟随着莆田籍军民深入江淮地带参与国家层面的抗金活动，而妈祖在有宋一代封号亦达到"灵惠协正嘉应善庆妃""显济妃"的层次，其父母兄弟也因此一荣俱荣，俱受朝廷的敕封。南宋绍定二年（1229）莆田官宦丁伯桂撰就《顺济圣妃庙记》："神虽莆神，所福遍宇内，故凡潮迎汐送，以神为心；回南簸北，以神为信；边防里捍，以神为命；商贩者不问食货之低昂，唯神之听。莆人户祠之，若乡若里悉有祠，所谓湄洲、圣堆、白湖、江口特其大者尔。神之祠不独盛于莆，闽、广、江浙、淮甸皆祠也。"② 这大概可以说明宋代的妈祖信俗基本夯牢了以莆田为信俗源发地，遍及闽、粤、江浙与江淮等地的大本营基础，也十分积极地拓展其神职功能，尤其是海神信俗崭露头角。"众多的海神的出现，是宋代航海贸易广泛发展的必然结果，妈祖受到重视是理所当然，但众海神并存，还不存在唯谁独尊。"③ 综观整个宋代，妈祖在东南沿海一带从地方性神明走向区域性神明，离全国性神明确实还有一定的距离。那么，在宋代的造神运动中所抬升的南北方无数地方神祇中，妈祖如何脱颖而出，一举成为全国性，甚至是海内外共尊的神明，与其后元、明、清三代的发展有莫大的干系。

---

① ［宋］刘克庄：《祝文·谒圣妃庙》，《后村居士集》卷三六。

② 蒋维锬、郑丽航辑纂《妈祖文献史料汇编》（第一辑）《碑记卷》，中国档案出版社，2007，第3页。

③ 林国平、彭文宇：《福建民间信仰》，福建人民出版社，1993，第154页。

二、脱颖而出：元代"护国明著天妃"

元代对于妈祖信俗的发展意义非凡。如果说宋代给妈祖信俗打下了良好的信众基础及奠定了宽阔的传播空间，那么妈祖作为海神信俗在元朝得到统治者空前的重视，在众多海神中显得一枝独秀。上行下效，元代民间对于妈祖信俗的推崇亦达到新的高度。究其原因，一为漕运，二为海战与海外贸易。

（一）元朝统治者对妈祖的推崇

《天妃显圣录》中元代部分的故事只有两则，即"怒涛济溺"与"神助漕运"，都是关于元代时妈祖在漕运过程中显灵的故事，这也正是元朝极力推崇妈祖信俗的核心要义。元朝定都大都，奄有四海，但定都北方的弊端在唐宋时期就显示出来了，主要是粮食供应不足。大都作为元代的政治、经济、文化中心，人口繁盛，因此对于粮食的需求量极大，故有"元京军国之资，久倚海运"① 之说。《元史·食货志》："元都于燕，去江南极远，而百司庶府之繁、卫士编民之众，无不仰给于江南。自巴延献海运之言，而江南之粮分为春夏二运，盖至于京师者岁多至三百万余石，民无挽输之劳，国有储蓄之富，岂非一代良法欤？"问题在于，历史上用来运粮的大运河在元初只存在隋唐故道，远不及大都，而且旧运河不但到处淤积，水陆兼济也解决不了问题，需要重新疏浚和开凿多条新河道才能加以贯通，短时间之内根本无法投入使用，实际上京杭大运河也是到了至元三十年（1293）左右才全线贯通，而早在至元十一年（1274）元世祖就定都大都了。陆路运输最为费时费力，运输成本极大。明代人邱浚明言："自古漕运所从之道有三，曰陆、曰河、曰海。陆运以车，水运以舟，而皆资乎人力。所运有多寡，所费有繁省。河漕视陆运之费省什三四，海运视陆运之费省什七八。盖河漕虽免

---

① ［元］叶子奇：《草木子》卷三上《克谨篇》。

陆行而人挽如故，海运虽有漂溺之患而省牵率之劳，较其利害，盖亦相当。"[1] 元大都改变缺粮状态迫在眉睫，刻不容缓，只能先冒险开海运。

首开海运者为降元江浙人罗璧、朱清与张瑄等人，后来主要负责元代海运的也是这几位。《新元史》有传：

> 罗璧，字仲玉，镇江丹徒人……从朱祀孙入蜀，累官武翼大夫、利州西路马步军副总管。祀孙移荆湖，璧从之。阿里海涯至江陵，璧从祀孙降，入觐，授宣武将军、管军千户，隶阿术麾下……至元十五年，从张弘范定广南。十七年，以功赐金符，擢明威将军、管军总管，镇金山，居四年，海盗屏绝。徙上海，督造船六十艘，再月而毕。廷议转江南之粟实京师，下其事于行省，璧独谓海道便，部漕舟从海道至杨村，不数十日达京师，赐金虎符，进怀远大将军、管军万户，兼管海道运粮。

> 朱清，字澄叔，扬州崇明人。宋末，濒海姚刘沙初涨，清母集亲旧十余家缚芦为屋，捕鱼以给衣食……张瑄，平江嘉定人……朱清贩私盐，入吴淞江，至新华镇易米，遇瑄，结为兄弟……清等归，仍劫掠为群盗。尉司捕之急，乃携老幼，泛海至胶州，来降……至元十三年，丞相伯颜以大军趋临安，清、瑄亦率所部克上海，入吴淞江。宋主纳款，清、瑄运宋帑藏至大都。后从张弘范克崖山，真授千户、武略将军，佩金符。[2]

同为江浙人，无论是军伍出身打击过海盗的罗璧，还是做过海盗的朱清与张瑄，对于海运都不陌生，对于妈祖信俗更是熟悉不过。海运具体执行者罗璧、朱清与张瑄手下的水师"应当仍是行泉府司所管辖的'新附人'，也就是说，他们是一批在宋末元初被张弘范俘虏的南宋水手，其中又以福建人最为重要"，"'新附人'，就是那些被俘的南宋水手了，

① [明] 邱濬：《大学衍义补》卷三四《漕挽之宜（下）》。
② [清] 柯劭忞：《新元史·卷一百八十二·传第七十九》"朱清""张瑄"。

他们之中掌管驾船的多为福建人，其中以兴化人为多"。① 那么不论是自身需要，还是响应部将乃至一般水手的需要，寻求妈祖的海上庇护是必然之选。而实际上，在酝酿开海运前夕，至元十八年（1281）元世祖就下了"护国明著天妃"诏：

> 制曰：惟昔有国，祀为大事。自有虞望秩而下，海岳之祀，日致崇极。朕恭承天庥，奄有四海，粤若稽古，咸秩无文。惟尔有神，保护海道，舟师漕运，恃神为命，威灵赫濯，应验昭彰。自混一以来，未遑封爵，有司奏请，礼亦宜之。今遣正奉大夫宣慰使左副都元帅兼福建道市舶提举蒲师文册尔为"护国明著天妃"。于戏！捍患御灾，功载祀典，辅相之功甚大，追崇之礼宜优。尔其服兹新命，以孚佑我黎民，阴相我国家，则神之享祀有荣，永世无极矣！②

诏文中祈请妈祖保护海道、护佑舟师漕运的意思十分清楚。至元二十年（1283），当朱清和张瑄率领 60 艘新造平底船，运粮 4 万多石，历经一年多的周折，到达元大都的门户直沽后，发现运输成本极省，元世祖便下令设立海运万户府，朱清为中万户，张瑄为千户，拉开了元代大规模进行海运粮食北上的序幕。

《天妃显圣录》所载两则故事，分别发生在天历元年（1328）与至顺元年（1330），其时海运已过高峰期，但仍然很重要。这两次敕封起因都是运粮船队遇到飓风而获救的突发事件。当然，这也是妈祖海上庇护灵应故事最常见到的情节。不过，这两则故事不约而同都记录了妈祖如何在海上危急时刻显灵的具体情节，成为后世妈祖海上灵应故事的固定情节，同时可以窥见元代中后期妈祖信俗究竟如何。因此，赘录如下：

---

① 徐晓望：《妈祖信仰史研究》，海风出版社，2007，第 104 页。
② 蒋维锬、周金琰辑纂《妈祖文献史料汇编》（第二辑）《著录卷》（上编），中国档案出版社，2009，第 79 页。

神助漕运

至顺元年庚午春，粮船七百八十只，自平江路太仓刘家港开洋，遇大风突起，波撼星辰，桅樯飘荡，数千人战栗哀号。官吏恳祷于神妃，言未已，倏阴云掩蔼，恍见空中朱衣拥翠盖，伫立舟前，旋有火照竿头，晶光如虹。舟人且惊且喜。无何，风平浪静，七百余艘漂流四散，正集合整理蓬桨解缆而进，又闻空中有语云："可向东南孤岛暂泊。"众即撑舟依孤岛旁。方抛碇，江上狂飚迅发，暴雨倒峡。舟人相慰曰："非神灵指示，我等皆在龟宫蛟窟矣！"次日晴霁，遂达直沽交卸。中书奏神护相之功，奉旨赐额曰"灵慈"。①

"朱衣空伫""火照竿头""空中有语"，再加上《怒涛济溺》中的"异香缤纷"，基本上构成了元代官民印象中妈祖海上振危救济的具体灵迹，对于后世妈祖海上显应的历史叙述影响甚大。《怒涛济溺》还提到"（天历）二年……遣官黄份等驰传具礼，专诣湄洲特祭，并致淮、浙、闽等处各神庙，共祭一十八所"②。也就是说，除了赐额、封号，元代还屡屡遣官专祀沿海一带的妈祖庙。据刘月莲考证，因漕吏不听舟师言，导致覆溺者众，途中损失粮食高达七十万石。天历二年（1329）八月初一，元文宗遣使历祭各天妃庙，自直沽而下，经运河，祭淮安庙、平江庙（位于今江苏苏州）、昆山庙、露漕庙（位于今江苏太仓）、杭州庙、越庙（位于今浙江绍兴）、庆元庙（位于今浙江宁波）、台州庙（位于今浙江黄岩）、永嘉庙（位于今浙江温州）、延平庙（位于今福建南平）、闽宫（位于今福建福州）、莆田白湖庙、湄洲庙、泉州庙。③ 另，《元史》卷七十六《祭祀志五》载："凡名山大川、忠臣义士在祀典者，所在有司主之。惟南海女神灵惠夫人，至元中，以护海运有奇应，加封天妃神号，积至十字，庙曰灵慈。直沽、平江、周泾、泉、福、兴化等处，皆

① 蒋维锬、周金琰辑纂《妈祖文献史料汇编》（第二辑）《著录卷》（上编），中国档案出版社，2009，第96页。

② 同上。

③ 刘月莲：《妈祖信仰与元代漕运》，中国元史研究会编《元史论丛》（第七辑），江西教育出版社，1999，第150页。

有庙。"可见当时中国东南沿海一线以及元代内陆运河一线，妈祖庙遍布，妈祖信俗覆盖了大半个中国。

（二）元代海外贸易对妈祖信俗的影响

元代政权起于朔漠，典型的游牧民族入主中原。而游牧民族的社会经济文化形态与中原农耕文化是有巨大差异的。不同于农耕社会的自给自足，游牧民族的社会经济须进行商业贸易加以补充才能运转稳定，因此元代对于商业极其重视。

元代商业发展对于妈祖信俗的推动主要体现在海外贸易上。这里首先要面对的第一个有趣的问题是，在妈祖的老家福建，在南宋海外贸易表现如日中天的九日山"通远王"，入元以后为什么热度就突然消退了？而神女妈祖却脱颖而出。这是泉州老一辈文史工作者陈泗东在《略论宋代泉州海神通远王》一文开篇提出来的疑问。此疑问实质上可以视作对于元代妈祖信俗发展何以一枝独秀的现象的普遍性问题。因此，回答这个问题有助于解释为何妈祖信俗在元代首先得到推崇，并持续得到高规格的供奉，进而从众多海神中得以凸显，从而为后世妈祖信俗走向海内外广大区域打下良好的基础。

就宋代泉州市舶司而言，九日山通远王就是他们尊奉的官方"海神"，在泉州一带影响甚巨，诚如宋政和年间乡贡士王国珍所撰之《昭惠庙记》：

> 唐咸通中（九日山）延福殿基方兴斤斧，公降神于桃源驿之乐山阴，治材植沿流而下，人不劳倦。故殿宇飞翚，垂数百年而屹然轮奂者，实公之力。公有庙于寺之东隅，为州民乞灵市福之所。吾泉以是德公为多，凡家无贫富贵贱，争像而祀之，惟恐其后。以至海船番舶，益用严恪。公尝来往于烈风怒涛之间，穆穆瘁容于云表。舟或有临艰阻者，公易危而安之，风息涛平，舟人赖之以宁者十常八九。时天大旱，大泽焚如，守令忧之，为民劝祷，每用享于公之祠下，未终祀礼而雨泽滂沛。其社士民有祷于公，事无巨细莫不昭格，吾泉以是益感

公之威灵。①

相对于宋代妈祖频繁获得朝廷的赐额与封号，通远王也不逊色，《宋会辑要稿》亦载：

> 广福王祠。在泉州府南安县，旧号灵岳显应王。神宗熙宁八年六月封崇应公。徽宗政和四年二月赐庙额"昭应"。宣和三年九月封通远王。高宗绍兴二十四年六月封通远善利王。孝宗乾道四年正月加封通远善利广福王。②

宋末通远王信俗已经遍布泉州，如明代陈道远所撰《重建昭惠庙叙》：

> 盖昭惠本在南安九日山延福寺之东。考之旧志，以为唐咸通岳山降雪，有功于朝，因立庙祀之。逮宋嘉祐五年（1060）春，郡守蔡襄以旱甚，祷之于祠辄应。熙宁八年（1075）闻于朝，敕封崇应公。政和四年（1114）立庙，赐今额。建炎南渡后，屡立阴功，勤王助顺，累膺宠赐，至有八字之封……自是之后，卫国翊民，昭晰于后。时淳祐六年（1246），郡守刘克俊逊核神前后功德上闻，十一年（1251）特诏封忠济侯，未几，加仁福焉。自政和延福有庙，泉之村落多立行庙，安平之庙，亦于是始。③

对于元代初期妈祖取代通远王成为官方钦定的"海神"，李泗东归纳出两点原因：其一，妈祖作为新海神，本身原有很好的信众基础，影响远至大江南北与东南沿海一线，通远王还仅限于泉州一隅，基于元朝统治者对神祇敕封选择具有很强的主观目的性，以妈祖取代南宋市舶司敬奉

①《中国地方志集成·乡镇志专辑·安海志》26，上海书店，1992，第584页。
②［清］徐松：《宋会要辑稿·礼二十》，刘琳等校点，上海古籍出版社，2014，第1058页。
③《中国地方志集成·乡镇志专辑·安海志》26，上海书店，1992，第585页。

的通远王是改朝换代应有之义，也更具有开海贸易等资政价值；其二，通远王为男性神，妈祖为女性神，更符合水属阴的海神的自然属性。①

李献璋早在《妈祖信仰研究》一书就提出《元史·世祖本纪》所载"（至元十五年）八月辛末……制封泉州神女，号护国明著、灵惠、协正、善庆、显济天妃"②为孤证，可能为虚。因此，他不认同"爱宕松男在《天妃考》第四《从乡土神向海神的转化（下）》，力说（此封号）和宋元之交元朝水军活跃结合起来有关系"③。同时，论说降元闽浙水军追击宋代南逃小朝廷的心理活动，即认为他们不可能短时间内就轻易产生为元朝统治者祈求妈祖庇佑的行为。当然，这也只是他个人的常规推论。而实际上，诚如爱宕松男所列举的：

（1）至元十三年（1276）正月，元军挟击临安，导致宋军迅速投降的原因是元军左翼水师制霸杭州湾；

（2）至元十二年（1275）十月，董文炳受招安，朱清及率领舶五百艘的张瑄加入元军，对其水军贡献很大；

（3）至元十三年十一月攻下福州、兴化的高兴获得水手七千和海船七千余艘，这也表示元军水师的活跃；

（4）至元十四年（1277）十月，从泉州舾装出发的水军，翌年初把端宗逼入绝望的境地，而那舰队是蒲寿庚的海上势力，战场遍及整个浙江、闽粤沿海地带。浙江、福建的舟师作为水军参加，与妈祖的关系深切，妈祖于至元十五年（1278）八月被封赐神号，与同年四月十六日的战果相应得到典礼。④元军拿下东南沿海一线以及追击南宋小朝廷，闽浙水师发挥的作用无可替代。李献章明显低估了海上战争的残酷性以及

---

① 陈泗东：《略论宋代海神通远王》，中国人民政治协商会议南安县委员会文史资料委员会编《南安文史资料》第 12 期《九日山与海上丝绸之路》，1990 年 12 月，第 127—131 页。

②《元史》卷十《世祖本纪》。

③［日］李献璋：《妈祖信仰研究》，郑彭年译，刘月莲译校，澳门海事博物馆，1995，第 105 页。

④ 转引［日］李献璋：《妈祖信仰研究》，郑彭年译，刘月莲译校，澳门海事博物馆，1995，第 106 页。

民间信俗的现实超越性。对于已经投降元朝的那些南宋水军而言，如何在后续的海上追击战中生存下来才是关键，民间信俗浓厚的个人功利主义色彩也正好满足这一基本需求。这些水师不可能因为投降元朝就立刻换掉他们的主要海上保护神，而实际上也找不到元朝统治者非要让他们转换海上保护神的文献记载。因此，用传统的儒家忠君思想来苛求正处于改朝换代中的降元南宋水师中的广大将士与水手，显然有脱离现实之嫌。兵荒马乱之时，民间信俗完全可以超越改朝换代与元朝统治，尤其是在成王败寇、各为其主之时。事实证明，元朝政府十分善于利用南宋原有的军事力量，那么为了安抚投降的南宋水师，也不可能生硬地改变他们原有的海神信俗，反倒有可能敕封他们一直以来所信奉的海上保护神，从而提升水师士气与对新政权的归属感。另外，"蒲寿庚……见宋军不支。以全军来降，宋幼主过泉城。众欲应之。寿庚闭门不纳"①，"（景炎）二年丁丑。泉州素多宗子。闻张少保至。宗子纠集万余人出迎王师。叛臣蒲寿庚闭城三日。尽杀南外宗子……"②。像以时任泉州市舶司的蒲寿庚为代表的一大批奉行商业利益至上的降元水师，早已自断退路，彻底投靠元朝，或者为安抚部下，或者为了试探元朝统治者对自己的信任程度，借着奏请敕封泉州神女封号来做这些文章，也是完全有可能的。如若不然，为什么元朝统治者第一次和第二次敕封的海神都是泉州神女？甚至第二次敕封妈祖的册封使是蒲寿庚的儿子蒲师文！这绝对不是巧合。

此外，刘月莲提供了另外一种很好的思路，除了认同爱宕松男的战事需要说，并加以进一步论述外，她还认为是因为重开市舶司的急迫性，而选择推出妈祖信俗③。南宋末年，蒲寿庚掌控泉州市舶司，但很快降元，保存了相当完整的海上军事实力与海外贸易的资源，深得元朝最高统治者的信任。忽必烈急于恢复海外贸易以筹集钱粮扫除一统天下

① ［清］邵远平：《元史类编》卷十八，台湾文海出版社，1984。
② ［宋］郑所南：《铁函心史》卷五《杂文·大义略》。
③ 参见刘月莲：《妈祖信仰与元代漕运》，中国元史研究会编《元史论丛》（第七辑），江西教育出版社，1999，第146—147页。

的障碍，同时也希望得到海外诸番国的认可。其早在初次敕封妈祖之前一年即至元十四年（1277）就下诏："立市舶司于泉州，令忙古台领之。立市舶司三于庆元、上海、澉浦，令福建安抚使杨发督之。每岁召集舶商，于番邦博易珠翠香货等物。及次年回帆，以例抽解，然后听其货卖。"① 刘月莲认为在至元十五年（1278）八月辛未下诏敕封妈祖后的第八天即同年八月辛巳再次下诏并非偶然，诏书曰："至元十五年八月，诏行中书省唆都、蒲寿庚等曰：诸番国列居东南岛砦者，皆有慕义之心，可因番舶诸人宣布朕意。诚能来朝，朕将宠礼之，其往来互市，各从所欲。"② 入元后，蒲寿庚一直把控着泉州市舶司③，其他负责市舶司的元军高级将领，要么不熟悉市舶司事务，要么忙于其他军务，只能起到牵制蒲寿庚的作用，忽必烈在开海贸易这方面能够依靠之人只能是蒲寿庚。《岛夷志略》载："世祖皇帝既平宋氏，始命正奉大夫工部尚书海外诸番宣慰使蒲师文，与其副孙胜夫、尤永贤等通道外国，宣抚诸夷。独爪哇负固不服，遂命平章高兴、史弼等率舟师以讨定之。"④ 兼有蒲寿庚长子于此期间奉忽必烈之命，率人出使海外，宣慰诸夷。因此，无论是安抚蒲寿庚父子以及出使队伍，还是为了抚慰中外商舶番客之心，完全有可能请求元廷敕封已在泉州乃至东南沿海一带广为人知的海上保护神妈祖，以招徕中外客商。⑤ 紧接着，《元史》卷十《世祖本纪》"至元十六年五月"条："蒲寿庚请下诏招海外诸番。不允。"可见元世祖忽必烈确实一直积极筹备着重开海外贸易，只不过一时间千头万绪，需要时间筹划出更稳妥的政策。⑥

元至元十八年（1281）元世祖又下了"护国明著天妃"诏（见前

---

①《元史》卷九四《食货志二·市舶》。

②《元史》卷十《世祖本纪》。

③ 参见［日］桑原骘藏：《蒲寿庚考》，陈裕青译订，中华书局，2009，第163页。

④［元］汪大渊：《岛夷志略校释·吴序》，苏继庼校释，中华书局，1981，第5页。

⑤ 刘月莲：《妈祖信仰与元代漕运》，中国元史研究会编《元史论丛》（第七辑），江西教育出版社，1999，第150页。

⑥ 参见［日］桑原骘藏：《蒲寿庚考》，陈裕青译订，中华书局，2009，第163—164页。

文），册封使为正奉大夫宣慰使左副都元帅兼福建道市舶提举蒲师文，即蒲寿庚长子。元初两次下诏敕封妈祖，都与泉州市舶司有关，都与蒲寿庚家族有关系，也都与泉州妈祖息息相关。因此，与刘月莲同一时期发文的陈高华认为至元十五年（1278）这次封赐是临时性的，至元十八年的则是正式加封[1]，结论相同。这一点，徐晓望亦持同一意见，并有进一步论述，这里不再赘述[2]。那么，通过梳理前人对于元朝这两次册封妈祖为"护国明著天妃"的具体看法，确定这两次敕封都是比较可信的。因元代初期海战需要以及急于重开海外贸易，再加上前文所述的元代漕运的迫切开启，使得在宋代就深深渗透到舟师、海贸、航运等几大领域的妈祖信俗获得了突飞猛进发展的极好契机。若干年后，至正十三年（1353）十一月周伯琦所撰《台州路重建天妃庙碑》有言："惟天为大，而海拟之；惟海为大，而神司之。尊以天妃，崇莫亚焉。其为御捍，岂他神比？纶音专使，庙享海域，礼之所然。"[3] 以翰林直学士、知制诰、同修国史兼经筵官、新授崇文太监、嘉议大夫检校书籍事周伯琦为代表的元朝士大夫们，甚至从传统阴阳五行学说来进一步解释妈祖在元代深受崇敬的学理。自此，妈祖信俗在元朝的兴盛已经远非其他海神可比拟。类似于九日山"通远王"这样在宋代也有相当影响，但还只是偏安一隅的海神不知凡几，可惜从此再没有得到如妈祖信俗这样的兴盛契机。

三、四海安澜：明代"弘仁普济天妃"

（一）明太祖朱元璋的改革及其对妈祖信俗的影响

1368 年元明换代，明太祖朱元璋以"驱除鞑虏，恢复中华。立纲陈

---

[1] 陈高华：《元代天妃考》，中国元史研究会编《元史论丛》（第七辑），江西教育出版社，1999，第 139 页。

[2] 徐晓望：《妈祖信仰史研究》，海风出版社，2007，第 100 页。

[3] 蒋维锬、郑丽航辑纂《妈祖文献史料汇编》（第一辑）《碑记卷》，中国档案出版社，2007，第 37 页。

纪，救济斯民""拯生民于涂炭，复汉官威仪"为口号推翻了元朝，建立了明朝。朱元璋既以恢复汉室统治传统为己任，那么施政方针必然有自己的特色。对于明代宗教信仰而言，明太祖朱元璋建立了自己的一套理念。洪武三年（1370）六月朱元璋下诏：

> 奉天承运皇帝诏曰：自有元失驭，群雄鼎沸，土宇分裂，声教不同。朕奋起布衣，以安民为念，训将练兵，平定华夷，大统以正。永惟为治之道，必本于礼。考诸祀典，知五岳、五镇、四海、四渎之封，起自唐世，崇名美号，历代有加。在朕思之，则有不然。夫岳、镇、海、渎，皆高山广水，自天地开辟以至于今，英灵之气，萃而为神，必皆受命于上帝，幽微莫测，岂国家封号之所可加？渎礼不经，莫此为甚。至于忠臣烈士，虽可加以封号，亦惟当时为宜。夫礼所以明神人，正名分，不可以僭差。今命依古定制，凡岳、镇、海、渎，并去其前代所封名号，止以山水本名称其神。郡县城隍神号，一体改正。历代忠臣烈士，亦依当时初封以为实号，后世谥美之称，皆与革去。其孔子善明先王之要道，为天下师以济后世，非有功于一方一时者可比，所有封爵，宜仍其旧。庶几神人之际，名正言顺，于理为当，用称朕以礼祀神之意……
>
> 天下神祠无功于民，不应祀典者，即系淫祠。有司毋得致祭。于戏！明则礼乐，幽则有鬼神。其理既成，其分当正，故兹昭示，咸使闻知。①

这份诏书实际上代表了明太祖朱元璋复古性地整顿礼制，重塑明代宗教信仰的官方基本规则。但是有明一代，其祀典建设依然还是按照《礼记·祭法》的原则来进行，即"夫圣王之制祭祀也，法施于民，则祀之；以死勤事，则祀之；以劳定国，则祀之；能御大灾，则祀之；能捍大患，则祀之"②。遵循古礼，回归原初，但又以功利主义色彩为导向

---

① ［明］郎瑛：《七修类稿》卷十一《国事类》"本朝岳镇海渎碑"，中华书局，1959，第167页。

② 《礼记·祭法第二十三》，崔高维校点，辽宁教育出版社，1997，第135页。

的明初封赐制度，对妈祖信俗来说，虽有影响，但留下巨大的口子随时可以突破。《明史》载：

> 南京神庙，初称十庙。北极真武以三月三日、九月九日；道林真觉普济禅师宝志以三月十八日；都城隍以八月祭帝王后一日；祠山广惠张王渤以二月十八日；五显灵顺以四月八日、九月二十八日；皆南京太常寺官祭……后复增四：关公庙，洪武二十七年建于鸡笼山之阳，称汉前将军寿亭侯。嘉靖十年订其误，改称汉前将军汉寿亭侯。以四孟岁暮，应天府官祭，五月十三日，南京太常寺官祭。天妃，永乐七年封为护国庇民妙灵昭应弘仁普济天妃，以正月十五日、三月二十三日，南京太常寺官祭。太仓神庙，以仲春、秋望日，南京户部官祭。司马、马祖、先牧神庙，以春、秋仲月中旬，择日南京太仆寺官祭。诸庙皆少牢，真武与真觉禅师素馐。①

洪武初年，明廷在整肃整个神灵系统时，在南京大本营创建所谓的"十大南京神庙"，不久就根据现实需要增加了关公庙、天妃庙、太仓庙与司马、马祖、先牧神庙等四庙。永乐七年（1409）更是把妈祖的封号重新提升到与元代一样的地位，可见妈祖信俗在明代中前期的重要性。

《天妃显圣录》在洪武年间的灵应故事有两则：洪武七年（1374）甲寅的"拥浪护舟"与洪武十五年（1382）的"药救吕德"。这两则故事都缺乏具体的历史事件内容，但涉及的都是明初水师官员，其中两名泉州卫武将、一名兴化卫官员，都是因出海守镇而遇险或生病，得到妈祖的庇佑后，出资到湄洲屿重修妈祖庙与观音阁。明太祖朱元璋虽然很早就攻下元大都，但直到"洪武二十二年（1389），除蒙古、新疆、西藏等边疆区域外，南北各个主要的割据势力集团均被消灭，全国才基本上实现

---

① 《明史》卷五十《志二十六·礼四》。

统一"①。可见，明初海上战事频仍，与水师密切相关的妈祖信俗必然引起明廷的重视。早在洪武元年（1368），征南将军廖永忠从海路顺利攻取广东，为感谢妈祖庇佑，于广州府归德门外五羊驿东创建天妃宫。康熙版《番禺县志》有载："天妃宫在五化门内，明洪武元年征南将军廖永忠建。""天妃神……明洪武元年，廖征南建祠于五羊驿左。"② 这是明代官方正式在广东省会建立的天妃庙宇，时天妃又赐加昭孝纯正灵应孚济圣妃。③ 另外，明代依然高度依赖海上漕运。《明实录》记载："洪武五年正月甲戌，命靖海侯吴祯率舟运粮辽东，以充军饷。"④ 此次漕运颇有波折，郎瑛在《七修类稿》记载：

> 洪武初，海运风作，漂泊粮米数百万石于落漈（落漈，言水往不可回处）。万人号泣待死矣，大叫天妃，则风回舟转，遂济直沽。而后又封昭应德正灵应孚济圣妃娘娘之号。自后海舟显圣不一，四方受恩之人，遂各立庙。⑤

《圣妃显圣录》有载："明太祖高皇帝洪武五年壬子正月敕封'昭孝纯正孚济感应圣妃'，遣官赐祭。"对应起来，应该是因此次海上漕运的敕封，该御祭文为：

> 奉天承运皇帝制曰：国家崇报神功、郊社旅望而外，非有护国庇民、丰功峻德者弗登春秋之典。明著天妃林氏，毓秀阴精，钟英水德，在历纪既闻御灾捍患之灵，于今时尚懋出险扶危之绩，有裨朝野，应

① 杨国桢、陈支平：《中国历史：明史》，傅衣凌主编，人民出版社，2006，第30页。

② 康熙《番禺县志》卷九《祀典》、卷二十《灵异》。嘉靖十五年《广东通志初稿》卷二二，《神祠》。

③ 王元林：《国家正祀与地方民间信仰互动研究——宋以后海洋神灵的地域分布与社会空间》，中国社会科学出版社，2016，第257页。

④ 《明实录》卷七。

⑤ [明] 郎瑛：《七修类稿》卷五十《奇谑类》"天妃显圣"。

享明禋。朕临御以来，未及褒奖，兹特遣官赍诏，封为"昭孝纯正孚济感应圣妃"。其服斯徽命，宏佐麻光，俾清宴式观作睹之隆，康阜永著赫濯之赐。钦哉！①

由此可见，明初明太祖朱元璋尽管一心想重塑汉家威仪，精简神明体系，但是妈祖信俗的影响力，经过宋元两代的发展，已经不容忽视。尤其因妈祖在海上护佑神职功能上独树一帜，使得明廷统治者不得不重视。当然，随着明太祖朱元璋对于张士诚、方国珍海上残余势力以及倭寇侵扰的防范，实行了海禁政策，民间的海上活动大为减弱，这势必影响妈祖信俗的日常社会活动形态。然而，一进入明成祖朱棣时期，妈祖信俗又史无前例地活跃起来了。

（二）明成祖朱棣的海外政策及其对妈祖信俗的影响

明初的历史并没有按照明太祖朱元璋生前精心设计与安排的模式来走，叔侄阋于墙，明成祖朱棣篡位成功，代替了年轻但宽和淳厚的孝文帝。因为皇位来路不正，一方面，明成祖朱棣时时警醒自己，勇于作为；另一方面，他也急切地想得到海内外的一致认可。由此产生了一项壮举，即郑和七下西洋，这不仅直接提升了妈祖信俗在海内外的影响，而且对于我国后世先民移民海外的影响亦十分深远。

《天妃显圣录》涉及明成祖朱棣遣使海外所发生的妈祖灵应事件有七项，其中六项涉及郑和下西洋。由此可见，郑和下西洋对于妈祖信俗在明代的兴盛的影响相当大。

明成祖甫一继位，就迫不及待地派遣诸多使者奔赴海外诏谕诸番。《明史》即载有："（永乐元年）庚寅，初遣中官马彬使爪哇诸国。"②《天妃显圣录》中的《广州救太监郑和》即发生在永乐元年（1403）。

永乐元年，钦差太监郑和等往暹罗国。至广州七星洋遭风，舟将覆，舟公请祷于天妃，和祝："和奉命出使外邦，忽遭风涛危险，身固不足惜，恐无以报天子，且数百人之命悬呼吸，望神妃救之！"俄闻喧然鼓吹声，一阵香风飒飒飘来，宛见神妃立于桅端。自此风恬浪静，往返无虞。归朝复命，奏上，奉旨遣官整理祖庙。和自备宝钞五百贯，亲到湄洲屿致祭。①

虽然没办法在《明史》找到永乐元年郑和出使暹罗国的直接记录，但永乐元年，明成祖确实多次遣使前往暹罗或诏谕或封赐其国王，如《明史》所载：

成祖即位，诏谕其国。永乐元年赐其王昭禄群膺哆啰谛剌驼纽镀金银印，其王即遣使谢恩。六月，以上高皇帝尊谥，遣官颁诏，有赐。八月复命给事中王哲、行人成务赐其王锦绮。九月命中官李兴等赍敕，劳赐其王，其文武诸臣并有赐。②

徐晓望以罗宗真教授的《郑和东渡日本后才下西洋》一文的考据为例，认为郑和下西洋之前，其作为使者先后前往暹罗、日本都是有可能的。③ 当然，这一历史考据并非本文的重点，这里更加关心的是从永乐元年开始，永乐皇帝频繁地遣使海外诏谕诸番，延续其父明太祖朱元璋的朝贡制度，势必与海上保护神——妈祖息息相关。《天妃显圣录》很准确地反映了这一点。

郑和七下西洋是人类航海史上的壮举，而每一次下西洋，妈祖都得到郑和及其下西洋将士的供奉，成为他们航海过程中不可或缺的保护神。《天妃显圣录》中的《旧港戮寇》《梦示陈指挥全胜》，既十分形象又没有脱离现实历史太远地反映了郑和第一次和第二次下西洋过程中妈祖灵应的故事。

---

① 蒋维锬、周金琰辑纂《妈祖文献史料汇编》（第二辑）《著录卷》（上编），中国档案出版社，2009，第 97 页。

②《明史》卷三百二十四《列传第二百十二·外国五·暹罗》。

③ 参见徐晓望：《妈祖信仰史研究》，海风出版社，2007，第 153—155 页。

《旧港戮寇》：

> 永乐三年，钦差太监等官往西洋，舟至旧港，遇崔苻截劫，顺流连舰而至，势甚危急。众望空罗拜，恳祷天妃。忽见空中旌旗旆旆云巅，影耀沧溟，突而江流激浪，帜转帆翻，贼艘逆潮不前。官兵忽荡进上流，乘潮挥戈逐之，一击而魁首就俘，再击而余孽远溃。自此往返平静。回京奏神功广大，奉旨着福建守镇官整盖庙宇以答神庥。①

此历史事件在宣德六年（1431）娄东刘家港天妃宫碑刻《通番事迹记》，以及差不多同时树立的福建长乐南山天妃宫的碑刻《天妃灵应之记》有对应的记录。《天妃灵应之记》载：

> 永乐三年，统帅舟师至古里等国，时海寇陈祖义聚众三佛齐国，劫掠番商，亦来犯我舟师，既有神兵阴助，一鼓而殄灭之，至五年回。②

《明实录》有相关记载：

> 永乐五年九月壬子，太监郑和使西洋诸国还，械至海贼陈祖义等。初，和至旧港，遇祖义等，遣人招谕之。祖义等诈降，而潜谋要劫官军。和等觉之，整兵提备。祖义率众来劫，和官兵与战，祖义大败。杀贼党五千余人，烧贼船十艘，获其七艘，及伪铜印二颗，生擒祖义等三人。既至京师，悉命斩之。③

---

① 蒋维锬、周金琰辑纂：《妈祖文献史料汇编》（第二辑）《著录卷》（上编），中国档案出版社，2009，第 97 页。

② 萨士武：《考证郑和下西洋年岁之又一史料——长乐"天妃灵应碑"拓片》，纪念伟大航海家郑和下西洋 580 周年筹备委员会、中国航海史研究会编《郑和研究资料选编》，人民交通出版社，1985，第 104 页。

③ 《明实录·太宗实录》卷七十一。

《明史》的记载则附加了十分真切的历史背景：

> （洪武三十年）时爪哇已破三佛齐，据其国，改其名曰旧港，三佛齐遂亡。国中大乱，爪哇亦不能尽有其地，华人流寓者往往起而据之。有梁道明者，广州南海县人，久居其国，闽、粤军民泛海从之者数千家，推道明为首，雄视一方。会指挥孙铉使海外，遇其子，挟与俱来。
>
> 永乐三年，成祖以行人谭胜受与道明同邑，命偕千户杨信等赍敕招之。道明及其党郑伯可随入朝，贡方物，受赐而还。
>
> 四年，旧港头目陈祖义遣子士良，道明遣从子观政并来朝。祖义，亦广东人，虽朝贡，而为盗海上，贡使往来者苦之。五年，郑和自西洋还，遣人招谕之。祖义诈降，潜谋邀劫。有施进卿者，告于和。祖义来袭被擒，献于朝，伏诛。时进卿适遣婿丘彦诚朝贡，命设旧港宣慰司，以进卿为使，锡诰印及冠带。自是，屡入贡。然进卿虽受朝命，犹服属爪哇，其地狭小，非故时三佛齐比也。①

《明实录》和《明史》的记述都剔除了妈祖灵应环节，符合史家记录"不语怪力乱神"的儒家思想取向。但是，对于当事人郑和及随其下西洋的将士而言，妈祖的灵应是他们安全来往浩瀚无穷的西洋的精神保障，乃至于能够战胜路途上遇到的一切困难。鉴于"有祷必应""有应必酬"的淳朴神灵信仰原则，郑和将这一切上奏明成祖朱棣，以第一时间兴修天妃庙，以及后来将之篆刻在福建长乐南山天妃宫的《天妃灵应之记》碑刻上，都是理所当然的酬谢神灵之事。《明实录》记载：

> （永乐）五年九月戊午，新建龙江天妃庙成，遣太常寺少卿朱焯祭告。时，太监郑和使古里、满剌加诸番国，还言神多感应，故有是命。②

---

①《明史》卷三百二十四《列传第二百十二·外国五·三佛齐》。
②《明实录·太宗实录》卷七十一。

《天妃显圣录》还记录了郑和第二次下西洋过程中的妈祖灵应故事，即《梦示陈指挥全胜》：

> 永乐七年，钦差太监统领指挥陈庆等往西洋，贼觇知，垂涎宝货，率数十艘于中流截劫。正值上风，奔流如飞，我舟被困，众俱股栗。陈庆曰："奉君命到此，数百人在茫茫大海中，须决雌雄，尚可生还。骑虎之势，安可中下？兵法谓置之死地而后生，正在今日！"众曰："不若拜祷天妃。"庆从之。是宵，陈庆梦神语曰："今夜风急，可乘昏雾，溯流而上，翌日佐尔一帆风，歼此丑类！"庆以告内使，鼓棹向前。比晓，已居上流。贼逆风不得进。我舟离贼已远。众欲远遁。庆复曰："长江万里，西国迢遥，回首不见家山。彼狡尔鲸鲵，岂能忘情于我？若飘泊偷安，恐贼党出没烟波，终入其网。今风信顺便，殆神授也，急击勿失！"遂励兵奔冲而下。远望神俨现空中，闪烁如虹如电。贼骇愕。风急舟骋，贼篷被官桅倒插破裂。陈庆挥刃越舟，贼首投水，钩而俘之，余悉就擒，获货物军器无算。内使及陈指挥率众叩谢神妃曰："反败为功，转祸为福，再造之德，山高水深。"复命奏上，奉旨褒嘉，委官重置庙中器皿，亲赍诣庙致祭。①

《明太宗实录》有记载：

> 永乐七年正月己酉，封天妃为护国庇民妙灵昭应弘仁普济天妃，赐庙额："弘仁普济天妃宫"。岁以正月十五及三月二十三，遣官致祭，著为令。②

《天妃显圣录》在《历朝褒封致祭诏诰》里有更详明的记载：

> 成祖永乐七年，钦差太监郑和往西洋，水途适遇狂飚，祷神求庇，

———————————

① 蒋维锬、周金琰辑纂《妈祖文献史料汇编》（第二辑）《著录卷》（上编），中国档案出版社，2009，第98页。

②《明太宗实录》卷八七。

遂得全安归。奏上，奉旨差官致祭，赏其族孙宝钞各五百贯。本年又差内官张悦、贺庆送渤泥国王回，舟中危急，祷神无恙。归奏，奉旨差官致祭。本年又差内官尹璋往榜葛剌国公干，水道多虞，祝祷各有显应，回朝具奏。圣上以神功浩大，重裨国家，遣太监郑和、太常寺卿朱焯驰传诣湄山致祭，加封"护国、庇民、妙灵、昭应、弘仁、普济天妃"。奉天承运皇帝制曰：惟昭孝纯正圣妃林氏，粹和灵惠，毓秀坤元，德配苍穹，功参玄造。江海之大，惟神所司，佑国庇民，凤彰显应。自朕临御以来，屡遣使诸番及馈运粮饷，经涉水道，赖神之灵，保卫匡扶，飞扬翼送，神光导迎，欻忽感通，捷于影响，所以往来之际，悉得安康。神之功德，著在天壤，必有褒崇，以答灵贶。兹特加封"护国、庇民、镰灵、昭应、弘仁、普济天妃"，仍建庙于都城外，赐额曰"弘仁普济天妃之官"。爰遣人以牲醴庶羞致祭，惟神其鉴之！①

宣德六年（1431）所立娄东刘家港天妃宫碑刻《通番事迹记》与同期树立的长乐南山天妃宫碑刻《天妃灵应之记》都有相应记载："其寇兵之肆掠者，殄灭之……永乐五年，统帅舟师，往爪哇、古里、柯枝、暹罗等国，其国王各以方物、珍禽、异兽贡献，至七年回还。"②

由此可见，郑和下西洋途中所遇到的不仅有海上航行时的危险，在与海外诸番国接触过程中亦是危险迭出。根据《通番事迹记》与《天妃灵应之记》碑文中相差无几的记载，郑和下西洋除了第一次擒灭旧港的陈祖义，第二次即是上述钦差太监统领指挥陈庆率领舟师殄灭不知名的海寇，第三次出使更是生擒锡兰山国国王亚烈苦奈儿，第四次出使则剿捕了满剌加伪王苏斡剌。郑和及其部下舟师将下西洋能够安全往返视为得到了妈祖的庇佑。因此，明成祖朱棣很快就因应郑和下西洋妈祖显应等事迹，把妈祖的封号提升到了"天妃"级别，明显比洪武年间明太祖

① 蒋维锬、周金琰辑纂《妈祖文献史料汇编》（第二辑）《著录卷》（上编），中国档案出版社，2009，第82页。

② 萨士武：《考证郑和下西洋年岁之又一史料——长乐"天妃灵应碑"拓片》，纪念伟大航海家郑和下西洋580周年筹备委员会、中国航海史研究会编《郑和研究资料选编》，人民交通出版社，1985，第103—104页。

朱元璋把妈祖的封号重新敕封为“昭孝纯正孚济感应圣妃”高一级，与元朝对妈祖的最高敕封“天妃”一样，字号则有过之而无不及。这是妈祖在有明一代获得的最高封号，很好地继承了宋元以来官方对于妈祖的高度认可。永乐十四年（1416），明成祖更是亲制御文，立碑于龙江天妃宫前，预示着明廷对妈祖的尊崇达到某种高度。可参《御制弘仁普济天妃宫之碑》：

仰惟皇考太祖高皇帝，肇域四海，幅员之广，际天所覆，极地所载，咸入皈章。怀柔神人，幽明循职，各得其序。朕承鸿基，勉绍先志，罔敢或怠，抚辑内外，悉俾生遂，夙夜兢惕，惟恐弗逮。恒遣使敷宣教化于海外诸番国，导以礼义，变其夷习。其初，使者涉海洋，经浩渺，飓风黑雨，晦冥黯惨，雷电交作，洪涛巨浪，摧山倒岳，龙鱼变怪，诡形异状，纷杂出没，惊心骇目，莫不错愕。乃有神人飘飘云际，隐显挥霍，下上左右，乍有忽无，以妥以侑。旋有红光如日，煜煜流动，飞来舟中，凝辉腾耀，偏烛诸舟，熇熇有声。已而烟消霾霁，风浪帖息，海波澄镜，万里一碧。龙鱼遁藏，百怪潜匿。张帆荡舻，悠然顺适，倏忽千里，云驶星疾。咸曰：“此天妃神显示灵应，默加右相。”归日以闻，朕嘉乃绩，特加封号曰“护国庇民妙灵昭应弘仁普济天妃”；建庙于都城之外，龙江之上，祀神报贶。自是以来，神益显庥应，视前有加。凡使者及诸番国朝贡重译而来者，海船往还，驾长风，驭飞帆，蓦数万里，若履平地，略无波涛忧险之虞，歌吟恬嬉，咸获安济。或胶于浅，冒入险阻，则陵徙谷移，略无关阂。奇灵异效，莫可殚纪。今夫江湖之间，以环海视之，如池沼之多，猛风急浪，尚有倾樯破楫之患，而况于临无涯不测之巨浸也哉！然则神之功于是为大矣。虽然，君国子民，其任在朕；而卫国庇民，必赖于神。阴阳表里，自然之道，沧溟渤澥，神之攸司。凡风霆雨露、寒暑燥湿，调变惟宜，易沴为祥，奠危为安，铲险为夷，皆神之能，其可无文以著其迹？爰书其事，建碑于宫，并系以诗曰：

湄州神人濯厥灵，朝游玄圃暮蓬瀛。扶危济弱俾屯亨，呼之即应祷即聆。

上帝有命司沧溟，驱役百怪降魔精。囊括风雨电雷霆，时其发泄执其衡。

洪涛巨浪帖不惊，凌空若履平地行。雕题卉服皆天氓，梯航万国悉来庭。

神庇佑之功溥弘，阴翊默卫何昭明。寝宫奕奕高以闳，报祀蠲洁腾苾馨。

神之来兮佩珑玲，驾飙车兮旖霓旌。云为裳兮雾为屏，灵缤缤兮倏而升。

视下土兮福苍生，民安乐兮神攸宁。海波不兴天下平，于千万世扬庥声。

永乐十四年四月初六日。①

有学者认为，明代敕封妈祖集中在明初洪武与永乐年间，数量只有区区四次。明中后期，明朝政府在漳州府海澄县"月港"开洋后，不但见不到明廷对妈祖进行新的敕封，还可在明代历史文献中常见到不少仕宦对于妈祖神性的剖析与质疑，以及拆撤妈祖庙为他用等举动，由此认为妈祖信俗在明代远不如前②。如果单纯从明廷敕封妈祖的行为来看，当然远不如南宋与元代那么有层次且频繁，但是综合明代社会中后期各个社会阶层对于妈祖信俗的反应来看，妈祖正是在有明一代真正渗透到社会每一个阶层。其一，自永乐朝之后，朝贡制度大体稳固后向内收缩，外加倭寇、海盗等海上势力侵扰不已，导致海禁不断，哪怕隆庆元年（1567）迫于国家财政与沿海民生需要于漳州府"月港"开洋，其实也是有限开洋，纯粹的民间海外商业贸易在内忧外患的明中后期很难得到明廷多少支持，但沿海一带以海为生的广大民众对于妈祖的信仰并没有减弱；倭寇与海盗的侵扰，很多时候发展成了登陆战，这并非妈祖神职功能的长处。其二，明中后期各皇帝久居北方，主要宗教信仰集中于

① 蒋维锬、郑丽航辑纂《妈祖文献史料汇编》（第一辑）《碑记卷》，中国档案出版社，2007，第42页。

② 杨振辉：《明代妈祖信仰的趋势与原因》，《理论学习月刊》1990年第7期，第57页。

佛道；来自世俗且更具直截了当的现实功利色彩而少宗教信仰理论的妈祖，生命力主要来自东南沿海一带世俗社会的广大民众，信仰契合度也在这边，并不适合具有比较高层次宗教理论认知水准的皇室进行个人身心修炼，因此崇奉兴趣也就下降了；除非皇室另有所好或另有所图，比如明代中后期关帝爷的崛起，既符合皇室个人喜好，也更符合儒家忠君爱国精神的正统取向。其三，杨振辉认为："明代的民间，人们将妈祖极大地世俗化，以至将她还原为一位非常亲切、慈祥的前辈……人们在妈祖面前充满了亲切感与追求善的心理喜悦……在人们对妈祖的态度中，情感成分与理智成分此消彼长，信仰形式也开始由'彼岸'回到'此岸'。""这首先是由于明代的资本主义开始萌芽，新的生产方式带来人与神对比的变化。"[1] 这种说法也适合明代中后期的仕宦阶层。明中后期社会经济与社会思想文化都有大变动，"一条鞭法"的实施、社会商品经济的发展、"大礼仪"之争以及理学守旧与王阳明心学新起等种种表征相继出现。对于普通老百姓而言，人身自由程度与生活水平都有比较大的提升。对于仕宦阶层而言，表现因循守旧与思想开放并存，三教合一观念趋于成熟。明中后期，明代官方仕宦阶层对于妈祖的态度，以明世宗时期礼部回复给事中陈侃使琉球后奏"为乞祀典以报神功事"及其后回复给事中萧崇业题称"祈报海神"等事，足以代表：

> 臣等窃惟河、渎、海、岳，载在国典；而柴望祭告，原非不经。且鬼神原体物而不遗，君子当无时而可射。与其有急而邀捍御之福，孰若先事而修秩之义。合无敕下礼部，行令福建布政司于广石海神庙备祭二坛：一举于启行之时而为之祈，一举于回还之日而为之报。使后来继今者，永著为例；免致临时惑乱，事后张皇，而神之听之，亦必和平之庆矣。前件臣等看得户部左记事中等官萧崇业等题称"祈报海神"一节，为照捍灾御患，载在祀典；祈报之礼，自昔有之。今使臣奉将王命，远涉海涛，虽仰仗皇上威灵，百神自为之效职。然而赐之以祭，是亦所谓"御灾捍患则祀之"之意也。先年已有回还报祭事

---

① 杨振辉：《明代妈祖信仰的趋势与原因》，《理论学习月刊》1990 年第 7 期，第 55 页。

例，惟启行之礼尚属缺典。相应俯从所请，除报祭文先已撰去外，合候命下，移文翰林院再撰述祈文一道，行令该布政使司备丰腆祭二坛：俟本官启行及回还之日，即于海神庙亲自同本司堂上官举行。乃永著为例，后来一体遵行。①

明廷礼部对于明中后期关于妈祖灵应的奏报处理，将其回归到理学治世的范畴，将妈祖信俗归于鬼神之属，更多采用的是完善祭祀礼仪来酬报妈祖的灵应，而非积极响应官员的"临时邀福"之举。如果没有皇室自上而下的关注，也就不可能将之提升到一如永乐帝那种敕封的层面上来。但明廷礼部显然有"站着说话不腰疼"的嫌疑，反过来看，也证明了明廷官方主流确实能够比较理性地看待鬼神世界，以礼相待，本身就是一种疏远。但这依然只能够反映那些没有具体与妈祖信俗接触过的官宦士族的态度与质疑，有过亲身经历的仕宦则不然，完全有可能转变他们对于妈祖信俗的态度。如嘉靖年间册封琉球使陈侃所撰《天妃灵应记》：

> 神怪之事，圣贤不语，非忽之也，惧民之惑于神而遗人道也。侃自早岁承父师之传，佩"敬而远之"之戒。凡祷祠斋醮、飞符噀水、诵经念佛之类，间党有从事者，禁之不可，则出避之；或过其宫，则致恭效程子焉。
>
> 乃者琉球国请对，上命侃暨行人高君澄往将事。飞航万里，风涛巨测；玺书郑重，一行数百人之生，厥系匪轻。爰顺舆情，用闽人故事，祷于天妃之神；且官舫上方为祠事之。舟中人朝夕拜礼必虔，真若悬命于神者。灵贶果昭，将至其国，逆风荡舟，漏不可御；群噪乞神，风定塞衃，乃得达。及成礼还，解缆越一日，中夜风大作，樯折舵毁，群噪如初；须臾，红光若烛笼自空来舟，皆喜曰："神降矣，无恐！"顾风未已。又明日，黑云四起，议易舵未决，卜筊于神，许之。

---

① ［明］萧崇业：《使琉球记》，《台湾文献史料丛刊》第 287 种《使琉球录三种》，大通书局，1984，第 125 页。

易之，时风恬浪静，若在沼沚，舵举甚便，若插筹然。人心举安，允荷神助。俄有蝶戏舟及黄雀止樯，或曰："山近矣！"或曰："蝶与雀，飞不百步，山何在？其神使报我以风乎！"予以其近于"载鸣鸢"之义，颔之曰："谨备诸！"已而飓风夜作，人力罔攸施。众谓胥及溺矣！予二人朝服正冠坐，祝曰："我等贞臣恪共朝命，神亦聪明正直而一者，庶几显其灵！"语毕，风渐柔。黎明，达闽。神之精英烜赫，能捍大患如此。谓非皇上怀柔百神，致兹效职哉！然非身遇之，安敢诬也。

揆之祭法，庙而事之允宜。在宋元时，已有庙额、封号；国朝洪武、永乐中，屡加崇焉。予二人缩廪附造舟余直，新之广石望崎行祠，则从行者敛钱以修。行当闻之朝，用彰神贶，因纪其概。

高君让侃援笔举以告巡按侍御方君涯，题之；又命福郡倅姚一和，视勒诸石。①

四、后德无疆：清代"靖洋锡祉天后"

《天妃显圣录》中，明代与清代的妈祖灵应故事有一共同的特点，即集中于两朝的重大历史事件上：明代以郑和下西洋为主，清代则以平定台湾为代表，其间都点缀着关于册封琉球使的妈祖灵应故事。

（一）清初的妈祖信俗

《天妃显圣录》关于清代妈祖灵应的故事有八则，其中涉及平定台湾的便有七则，分别为《清朝助顺加封》《起盖钟鼓楼及山门》《大辟宫殿》《托梦护舟》《涌泉给师》《灯光引护舟人》《澎湖神助得捷》，简直就是一部妈祖显灵版的清代台湾收复史。《天妃显圣录》最后一次重修为清代雍正五年（1727）。显然，妈祖灵应事迹原非局限于此段时间之内，清同治十一年（1872）妈祖被清廷敕封高达62个字号②，由此可见一斑。

①［明］陈侃：《使琉球录》，《台湾文献史料丛刊》第287种《使琉球录三种》，大通书局，1984，第35—36页。

②《清会典事例》卷四四六。

清朝重视妈祖有异于元、明。清军自顺治元年（1644）入关后，一直到康熙二十二年（1683）才实现收复台湾，统一全国。在此期间，从北到南的征服并非一鼓作气，顺治与康熙的皇权交替也并不是十分顺利。与元朝一样，清军并不善于水战，同时还掣肘于三藩割据势力，最后阶段还有最要命的——与明郑政权的纠缠。因此，清朝是否实现最后的统一取决于何时将台湾归入版图，因此必须重用福建水师，对于妈祖的尊崇又回到了与元初相似的背景，只不过这次不是海战、开海贸易加漕运，而是以海战为主。

《天妃显圣录》关于清朝统一台湾的妈祖灵应故事有七则，其中与其时福建水师提督万正色相关的一则，与福建布政使姚启圣相关的有三则，涉及收复台湾的福建水师提督施琅的有三则，恰好构成了清朝统一台湾的三个关键点。

1. 福建水师提督万正色与清代妈祖初封

据李献璋考证，《清朝助顺加封》所述一战的主角是福建水师提督万正色。《清史稿》有传：

> 万正色，字惟高，福建晋江人。少入伍。以招降海寇陈灿等叙功，授陕西兴安游击……
>
> 大将军康亲王杰书征福建，耿精忠降，而郑锦犹踞金门、厦门，陷海澄。正色自以闽人习海上事状，因陈水陆战守机宜，言："福建负山枕海，贼踪出没靡常。宜择官兵习于陆者分布要害，使贼不得登岸；水军自万安镇顺流直下金门，塞海澄以断其归路。贼自厦门来援，则从金门掩击。更请蠲除沿海边地杂派，设法招抚，善为安置，则贼党自散。"疏入，诏加太子少保，调福建水师总兵，擢提督。时议檄调荷兰国船进取厦门，正色疏言："荷兰船迟速莫必，延至三四月，风信转南，即难前进。今新旧鸟船俱集，臣与抚臣吴兴祚决计进讨，臣率水师直攻海坛，兴祚率陆兵为声援。"
>
> 十九年，正色征海坛，分前锋为六队，亲统巨舰继之，又以轻舟绕出左右，并力夹攻，发炮击沉敌舰，溺死三千余人，遂取海坛。其将朱天贵遁，正色追蹑至平海澳，天贵走崇武，正色掩击，大败之。

与将军拉哈达、总督姚启圣、巡抚吴兴祚、提督杨捷会师取厦门，天贵降。

锦窜归台湾。疏请分兵镇守滨海要地，上遣兵部侍郎温岱莅视。寻议铜山、厦门诸处量设总兵以下官，留水师二万人分镇之。初，海坛既克，下兵部叙功。启圣语温岱："正色先与天贵约乃进兵，未尝与贼战。"兵部疏闻，上命仍议叙，予世职拜他喇布勒哈番。上谕正色规取台湾，正色请缓师。二十年，改陆路提督。①

《清朝助顺加封》讲述的正是康熙十九年（1680）万正色率领福建水师攻占被明郑政权视为大本营的福建沿海一带，海坛、平海澳、崇武，尤其是金厦二岛，使得明郑政权不得不放弃最熟悉的家乡地盘，进而全部退去台湾，再也无力与大陆沿海一带连成一片威胁清朝在南方的战略部署，由此，也就一举奠定了紧随其后清朝统一台湾的战略要地，因此万正色积极上奏请封。② 被三藩之乱与明郑政权搞得焦头烂额的康熙皇帝毫不犹豫给予了妈祖敕封，并且按照前朝永乐七年（1409）明成祖朱棣敕封妈祖的最高封号："（康熙十九年）六月癸亥，遣官赍敕往福建，封天妃为护国、庇民、妙灵、昭应、弘仁、普济天妃。"③ 徐晓望认为，这是因为清朝统治者入关之初，受儒学影响较小，在神明信仰方面较少框框。④ 而实际上，清朝统治者相对于元朝，本身汉化程度就比较高，对于汉文化的吸收与融入也大大超过元朝，尤其是"程朱学派在清初得以复兴，并得到康熙等皇帝的直接支持"⑤ "文职官僚体制深深扎根于儒家的政治价值观之中，而且根本上由它所维系"⑥。清军入关后，迅速进

---

① 《清史稿》卷二百六十一《列传四十八·万正色》。

② ［日］李献璋：《妈祖信仰史研究》，郑彭年译，刘月莲译校，澳门海事博物馆，1995，第130—131页。

③ 《清圣祖实录》卷九十一。

④ 徐晓望：《妈祖信仰史研究》，海风出版社，2007，第181页。

⑤ ［美］魏斐德：《洪业：清朝开国史》，陈苏镇、薄小莹等译，江苏人民出版社，2003，第379页。

⑥ 同上书，第364页。

入状态，由部落贵族民主制转为建立中央集权制，成功重构中国传统文官制度。"神道设教"对信仰"万物有神"的萨满教的清朝贵族来说，驾轻就熟，并无多少障碍。况且他们与元朝一样，征服中国南方只能依赖前朝投靠过来的水师，而福建水师再次成为主力。作为福建水师的海上保护神妈祖，再次像元初一样，跨越了民族差异、政权差异，成为清王朝水师与明郑政权水师共同的海上保护神，而且大有反客为主的趋势。那么看看为此次酬报妈祖灵应，康熙皇帝御制的诏文：

> 奉天承运皇帝制曰：国家怀柔百神，式隆祀典，海岳之祭，罔有弗虔。若乃明祇效灵，示天心之助顺，沧波协应，表地纪之安流，聿弘震叠之威，克赞声灵之渥，岂系人力，实惟神庥。不有褒称，曷彰伟伐？维神钟奇海徼，绥奠闽疆，有宋以来，累昭灵异。顷者岛氛不靖，天讨用张。粤自祸牙，以逮奏凯，历波涛之重险，如枕席以过师，潮汐无虞，师徒竞奋，风飚忽转，士气倍增，歼鲸鲵于崇朝，成貔貅之王捷。神威有赫，显号宜加。特封尔为"护国、庇民、妙灵、昭应、弘仁、普济天妃"，载诸祀典。神其佑我兆民，永著安澜之绩，眷兹景命，益昭重润之庥。敬遣礼官，往修祀事，维神鉴之！①

从文体到内容，与明代敕文毫无二致，由此可见清王朝融合汉文化之快！这也使得妈祖在清初就取得了很高的地位，对于妈祖信俗在有清一代的发展起到很好的促进作用。

2. 靖海侯施琅对妈祖信俗的推动

施琅是清朝统一台湾的关键性人物，《天妃显圣录》中的《涌泉给师》《灯光引护舟人》《澎湖神助得捷》等故事都是关于妈祖如何在施琅率军征战台湾过程中显灵的。《天妃显圣录》的《历朝褒封致祭诏诰》收有以施琅为第一视角的请封妈祖奏文，有助于我们更清楚地了解施琅征战与收复台湾的个人经历及其感受妈祖灵应的具体过程。

---

① 蒋维锬、周金琰辑纂《妈祖文献史料汇编》（第二辑）《著录卷》（上编），中国档案出版社，2009，第82—83页。

靖海将军侯福建提督施为神灵显助破逆、请乞皇恩崇加敕封事："窃照救民伐暴，示天威之震扬，辅德效灵，见神明之呵护。闽之湄洲岛，有历代敕封天妃，往来舟楫，每遇风涛险阻，呼之获安。前提督万曾经题请敕封。臣奉命征剿台湾，康熙二十一年（1682）十一月师次平海澳。澳离湄洲水道二十里许，有天妃庙，缘迁界圮毁，仅遗数椽可蔽神像，臣因稍为整扫以妥神。庙左有一井，距海数武，踩止丈余，芜秽不治。臣驻师其间，时适天旱七月余，该地方人民咸称，往常雨顺，井水已不能供百日，今际此愆阳，又何能资大师所需。臣遣人淘浚，泉忽大涌，自二十一年十一月至次年之三月，昼夜用汲不竭，供四万众裕如也。此皆皇上峻德格天，使神功利我行师也。臣乃立石井傍，额之曰'师泉'，以志万古不朽，且率各镇营弁捐俸重建庙宇。及康熙二十二年六月十六、二十二等日，臣在澎湖破敌，将士咸谓恍见天妃，如在其上，如在其左右，而平海之人俱见天妃神像是日衣袍透湿，与其左右二神将两手起泡，观者如市，知为天妃助战致然也。又先于六月十八夜，臣标署左营千总刘春梦天妃告之曰：'二十一日必得澎湖，七月可得台湾。'果于二十二日澎湖克捷，七月初旬内台湾遂倾岛投诚，其应如响。且澎湖八罩、虎井，大海之中，井泉甚少，供水有限，自臣统师到彼，每于潮退就海次坡中扒开尺许，俱有淡水可餐，从未尝有。及臣进师台湾，彼地之淡水遂无矣。均由我皇上至仁上达昊苍，故无往而不得神庥，俾臣克底成功，非特赐显号，无以扬幽赞之美，彰有赫之灵。臣拟于班师叙功之日，一起题请加封。近接邸报，册封琉球正使汪楫以圣德与神庥等事具题请封，因先以其灵异详陈，伏乞皇上睿鉴敕封，并议加封。"奉旨："该部议奏。"部题："遣官献香帛，读文致祭。祭文由翰林院撰拟，香帛由太常寺备办，臣部派出司官一员前往致祭。"康熙二十三年（1684）八月二十四日奉旨："依议。"钦差礼部郎中雅虎等赍香帛到湄诣庙致祭，御祭文曰："国家茂膺景命，怀柔百神，祀典具陈，罔不祗肃。若乃天庥滋至，地纪为之效灵，国威用张，海若于焉助顺。属三军之奏凯，当重译之安澜，神所凭依，礼宜昭报。惟神钟灵海表，绥奠闽疆，昔借明威，克襄伟绩，业隆显号，禋享有加。比者虑穷岛之未平，命大师之致讨，时方忧旱，光泽为枯，神实降祥，泉源骤涌，因之军声雷动，直捣荒陬，

舰阵风行，竟趋巨险。灵旗下飐，助成破竹之功，阴甲排空，遂壮横戈之势。至于中山殊域，册使遥临，伏波不兴，片帆飞渡，允兹冥佑，岂曰人谋。是用遣官，敬修祀事，溪毛可荐，黍稷惟馨。神其佑我家邦，永著朝崇之戴，眷兹亿兆，益弘利赖之功。惟神有灵，尚克鉴之！"①

此则奏文，实际上囊括了《天妃显圣录》中关于施琅征战台湾的三则妈祖灵应故事，外加另一则《琉球阴护册使》。当然，最后一则是施琅看邸报得知妈祖显灵佑护册封琉球使汪楫等人，他们也在要求朝廷敕封妈祖，所以有借势加码请求朝廷敕封妈祖的意思。《天妃显圣录》中的《灯光引护舟人》指的是施琅率部进驻平海澳时遇到飓风，船队被吹散，因妈祖灯光指引得以安全收拢的事件，可能因为人船未损，或者与其后的澎湖大战相比而言比较逊色，所以施琅一语带过。但传说施琅因此事捐建湄洲岛妈祖庙的梳妆楼与朝天阁。可见对于施琅来说，其事不小。在奏文里，施琅把重点放在"涌泉给师"的情节上，而且强调是两次连续出现这类灵应事件，一是平海澳淘井涌泉，一是在澎湖八罩与虎井扒沙取淡水。施琅还特地在平海澳"师泉井"边留下"师泉井记"，作为战前宣传与事后佐证：

> 今上御极之二十一载壬戌孟冬，予以奉命统率舟师，徂征台湾。貔虎之校，犀甲之士，简阅而从者三万有余。众驻集平海之澳，俟长风，破巨浪，以靖扫鲛窟。爰际天时旸亢，泉流殚竭，军中取汲之道，遥遥难致。而平澳迁徙之壤，介在海陬，昔之井廛，尽成湮废。始得一井于天妃行宫之前，距海不盈数十武，渍卤浸润，厥味咸苦。其始未达深源，其流亦复易罄。询诸土人，咸称是井曩仅可供百家之需，至隆冬泽愆水涸，用益不赡。允若兹，是三军之士所借以朝饔夕餐者，果奚特欤？

---

① 蒋维锬、周金琰辑纂《妈祖文献史料汇编》（第二辑）《著录卷》（上编），中国档案出版社，2009，第84—85页。

予乃殚抒诚愫，祈吁神聪。拜祷之余，不崇朝而泉流斯溢，味转甘和。绠汲挹取之声，昼夜靡间，喷涌滋溉，略不显其亏盈之迹。凡三万之众，咸资饮沃，而无呼癸之虑焉。自非灵光幽赞，佐佑戎师，歼珍妖氛，翼卫王室，未有弘阐嘉祥，湛泽汪濊，若斯之渥者也。因镌石纪异，名曰"师泉"，昭神贶也。

在《易》：地中有水曰师。师之行于天下，犹水之行于地中；既著容民畜众之义，必协行险而顺之德。是知师以众正，乃克副大君讨贰抚顺、怀柔万邦之命。而扬旌海外，发轫涯涘，神异初彰，阆惠覃布。诞惟圣天子赫濯之威，以致百灵效顺，山海征奇，亶其然乎！

昔贰师剑刺大宛之山，而流水溢出；耿恭拜祷疏勒之井，而清泉奔涌；并能拯军士于渴乏，著万里之奇功。乃今井养不穷，三军获福，予之不敏，曷以答兹鸿嘉之赐哉！是用勒之贞珉，以志不朽云。①

这块碑刻能够反映施琅如何表述妈祖灵应事件，同时也能够看出施琅如何把妈祖的灵应事件与自己征台的丰功伟绩相结合。清初像施琅这样的高级官员开展"神道设教"的教化功能，极大促进了妈祖信俗的发展。更重要的是，御制祭文主要用于官方层面的流通，用完即束之高阁，能够引起暂时的轰动，但未必能够将影响深达民间，间或有刻以石碑，也无法与这块"师泉井记"一样形象生动又通俗易懂。施琅等人的助推使妈祖信俗在世俗社会生活中的影响发挥更大的作用。

施琅还在奏文中展示了妈祖亲自下场助战的神迹，常被后世所模仿，即前述"臣在澎湖破敌，将士咸谓恍见天妃，如在其上，如在其左右，而平海之人俱见天妃神像是日衣袍透湿，与其左右二神将两手起泡，观者如市，知为天妃助战致然也"。犹如现代电影蒙太奇手法，如影如幻如泡，最后还有现实依据可供佐证。

至于施琅还假借其部下左营千总刘春梦见妈祖预言何时收复台湾，以及看邸报将汪楫使琉球妈祖显应事也一并拉入奏文，显然唯恐妈祖显

① 蒋维锬、周金琰辑纂《妈祖文献史料汇编》（第二辑）《著录卷》（上编），中国档案出版社，2009，第101—102页。

应事件不够多，不够轰动。由此可见，一旦有了亲身体验以及涉及切身利益，清代各级官员亦不吝宣扬夸耀妈祖灵应事迹，由此可见历史上各级官员宣扬民间信俗的动力所在。

3. 姚启圣对妈祖信俗的倚重

姚启圣亦是清廷平定台湾的关键性人物之一，与施琅轮番上场，一文一武，一明一暗，相互竞争又水陆合作，最终一举平定了台湾。《天妃显圣录》收录了两则姚启圣祷祀湄洲岛妈祖的事迹，其中灵应事迹只有一则。而《托梦护舟》中的同知林昇即奉姚启圣之命前往台湾，得到妈祖的海上庇佑，因此也算与姚启圣相关。

《天妃显圣录》中的《起盖钟鼓楼及山门》与《大辟宫殿》，都是虔诚的祷告事件，而非通俗的灵应事迹。

《起盖钟鼓楼及山门》：

> 大总督姚奉命征剿，以海道艰虞，风波险阻，不易报效，中心恳挚，极力图维，素信神灵赫濯，祷应如响，恳祈阴光默佑，协顺破逆。于康熙二十一年（1682）差官到湄洲祖庙，就神前致祝许愿，俾不负征剿上命，即重修宫殿，答谢鸿庥。乃于二十二年（1683）三月二十三日天妃悦旦，特委兴化府正堂苏到湄庙设醮致祭，随带各匠估置木料，择吉起盖钟鼓二楼及山门一座，宫宇由是壮观。①

这是施琅与姚启圣合作平定台湾之前一年的情景，从此故事中可以看出姚启圣急于平定台湾的心情。清廷收复台湾并非一时之举，而是经过反复的推拉，或抚或剿，或者因为他事延后，状况百出，故康熙皇帝有"举六十年难靖之寇"②之说。姚启圣自康熙十五年（1676）任福建布政使，至康熙二十二年（1683）逝世时任福建总督，前后为平定台湾出谋划策12年，或专权或协助。他将之视为一生最辉煌的事业，可惜天

---

① 蒋维锬、周金琰辑纂《妈祖文献史料汇编》（第二辑）《著录卷》（上编），中国档案出版社，2009，第100页。

②《清史稿》卷二百六十《列传四十七·施琅》。

不遂人愿，始终无法独揽平台战功。而《天妃显圣录》中所收录姚启圣事迹的发生时间正是他在康熙皇帝的协调下，不得已协助施琅平定台湾的最后两年。作为粮饷主政官，姚启圣是称职的，但是他的野心远不止于此。所以，他祷告妈祖，内心希望征剿台湾事宜尽快顺利完成，尤其是保佑海路顺风顺水，并下重酬。

《大辟宫殿》的画风大变，从故事中可以看出，其时澎湖已经被攻下，台湾本岛投降在即，姚启圣正是奉诏前往台湾招降，因放洋少风而祷告妈祖。

> 　　大总督姚时议征剿，虽不辞责重任大之艰，而逾堑越沧，不无风波飘荡之虑。一片忠诚孚格，惟恃神灵默相。以故天威一震，寰服人心，于康熙二十二年七月初旬，台湾果倾心向化，举岛输诚。总督捧颁恩敕前至台湾，因少西北正风，又恐逗留诏命，自福省放舟，于八月二十三日亲到湄洲，诣庙具疏神前，虔祝顺风，愿大辟殿宇，以报神功。于是神前拈阄，准将东边朝天阁改为正殿。舟尚未开，二十五夜见船上放光，深感神明有赫，即捐金付兴防厅张同、同知林昇估价置买木料，西边朝天阁另为起盖。遂择吉建造正殿，已经安基竖梁，缘兴防厅张丁艰谢事。[1]

时主将官施琅已经攻下了澎湖，随时可能派人前往台湾招降。姚启圣拟借康熙皇帝的招降诏书抢先一步前往台湾招降，收揽最后的功劳。只可惜姚启圣对于福建沿海的潮汐风向判断远不如本地人施琅，作为后勤官，前线战报与战局掌控肯定也不如施琅知道得及时，在福州八月并无及时风可放洋台湾，天时地利，俱不在姚启圣一侧。这种情况下姚启圣心急如焚，因此到湄洲岛妈祖庙祷告，再次下重酬，只可惜，空留下一则难得一见的总督级别的祈祷疏文。

---

[1] 蒋维锬、周金琰辑纂《妈祖文献史料汇编》(第二辑)《著录卷》(上编)，中国档案出版社，2009，第100页。

第一章 『世界妈祖』及其东亚播迁

43

总督祈祷疏文

　　福建总督姚启圣谨抒愚衷、上请天妃主裁而言曰：四海广阔，惟神是凭；风涛顺逆，亦惟神是主。是神之权大、德尊，适足侔天地而并日月也。今者，荷神有灵助，除六十年猖狂之大寇，竟停五六月台飓之大风，除生灵之大害，立朝廷之殊功。启圣得以安享太平，皆尊神之默佑也。今启圣亲总舟师，遴福宁州总兵黄大来、参政道刘仔捧颁恩敕前至台湾，因尚少西北正风，是以越庙求神，冀借一帆，早到台地。启圣百叩稽首之下，见庙貌尚有未妥，寸心甚为不安。况正殿朝南，而朝天楼、山门各俱西向，亦非宜于神灵之所凭依也。今启圣议以正殿既朝南，则朝天楼、钟鼓楼、山门俱宜开辟朝南。此为一议。如神意定于朝西，则门山、钟鼓楼止须盖完，惟将朝天楼升高改为正殿，而以原庙为神寝宫。此又为一议。若神意不准二议，原欲仍旧向，启圣亦惟神是听，不敢有违。启圣既经目击，不敢吝惜，敬陈三议，分列三辟，惟神裁定！①

　　从姚启圣祷告妈祖的两则故事来看，姚启圣征台费心费力，但总是不能如意，或者干脆慢人一步，征台大功最后旁落他人，时也！命也！对于姚启圣的征台功劳，《清史稿》中的《施琅传》最后有比较客观的评价：

　　论曰：台湾平，琅专其功。然启圣、兴祚经营规画，戡定诸郡县。及金、厦既下，郑氏仅有台澎，遂聚而歼。先事之劳，何可泯也？及琅出师，启圣、兴祚欲与同进，琅遽疏言未奉督抚同进之命。上命启圣同琅进取，止兴祚毋行。既克，启圣告捷疏后琅至，赏不及，郁郁发病卒。功名之际，有难言之矣。大敌在前，将帅内相竞，审择坚任，一战而克。非圣祖善驭群材，曷能有此哉？②

---

① 蒋维锬、周金琰辑纂《妈祖文献史料汇编》（第二辑）《著录卷》（上编），中国档案出版社，2009，第101—102页。

②《清史稿·列传·卷四十七·施琅》。

第二节　妈祖信俗"过东洋"

海上丝绸之路于隋唐时期有大发展，宋元时期进入繁荣期。进入明清时期，随着社会经济文化的发展，这一时期的海外贸易日渐平民化，明面上明清两代政府的朝贡制度正常运行，暗地里民间海外贸易屡禁不止。基于现有的历史文献考察，唯有明清时期才有足够的文字记载供梳理清楚民间信俗如何亦步亦趋伴随着中国船队走向东海、南海，乃至印度洋等地，而其中尤以妈祖信俗为典型。也唯有妈祖自始至终庇佑着这些为了形形色色生活目的而不得不往来于惊风骇浪中的航海者，航海者们亦对妈祖感恩戴德，如此良性互动，才有可能初步勾勒出中国民间信俗海外传播的方式与影响。东亚的琉球与日本因地缘关系，先天与中国交往密切。不同的是，明清时期，琉球与中国官方过从甚密，而日本与中国则在商业贸易方面往来频繁，妈祖则始终庇护其中。因此，这里也可依照妈祖信俗在东亚传播模式将其大致分为两种，即中琉的官方互动与中日的民间商贸往来。

一、明清册封琉球使与琉球妈祖信俗

宋元时期，妈祖在中国官民海外活动中所扮演的角色逐渐清晰，主要形式为出海者在中国这一端保持出发前到妈祖庙祈求平安，回来后或祭祀酬神或为妈祖建庙、修庙，能够上达天听的则积极奏请朝廷敕封等；在航海过程中遇到危险则有祷告妈祖，或举行降神、"爬水仙"等仪式，绝少能够看到在航海过程中在船上供奉妈祖神像的具体描述以及到达目的地后对妈祖等诸神的具体供奉行为。进入明代，这一切才显得比较明晰，且有了明确的文字记载。其中，不但有朝廷的奏文，亲历者仕宦的笔记，祭祀妈祖的祝文、碑刻，还有民间的航海针谱，以及民间故事传说等口头流传形式加以补充。值得一提的是，中琉官方往来是明

清时期中国封建王朝与其他海外诸番国构建朝贡制度中较为稳定的一环，往来频密，留下的历史记录繁多，且出发港也离妈祖信俗源发地较近，这显然有助于考察中国民间信俗在海外的官方传播方式与影响。

琉球位于东海，东北面有日本、朝鲜，西南面有交趾、占城、暹罗、吕宋、文莱、爪哇、满剌加等番国，从洪武五年（1372）开始，一直到1879年日本对其实行吞并，明清中琉官方交往维持五百多年之久。这期间，中国前后共派出二十几次册封使前往琉球，而据日本赤岭诚纪在《大航海时代的琉球》中的统计，琉球进贡使团来华多达884次，明朝537次，清朝347次。①

（一）明清时期中琉官方往来中妈祖扮演的角色及其信俗传播

《明太祖实录》记载："洪武五年甲子，遣杨载持诏谕琉球国。诏曰：'昔帝王之治天下，凡日月所照，无有远尔，一视同仁。故中国奠安，四夷得所，非有意于臣服之也……朕……即皇帝位，定有天下之号曰：大明，建元洪武。是用遣使外夷，播告朕意。使者所至，蛮夷酋长称臣入贡。惟尔琉球，在中国东南，远处海外，未及报知。兹特遣使往谕，尔其告之。"② 琉球中山国积极响应，于同年年底遣使进贡，与明廷正式建立朝贡关系，即"杨载使琉球国，中山王察度遣弟泰期等奉表供方物，诏赐察度大统历及织金文绮纱罗各五匹，泰期等文绮纱罗袭衣有差"③。从此，中琉官方往来长盛不衰。

1. 明清册封使谕祭祀妈祖场所的固定化

宋元时期，出海的官方船队对于妈祖的祭祀更注重出发前的祈祷平安以及回程后的酬恩，临时性很强，酬报神恩的方式五花八门，以官方的形式加以固定化的似乎还不曾见。到了明朝永乐年间郑和下西洋时期，祭祀妈祖的场所趋于固定，多表达为出行前到港口附近的天妃宫里

---

① 转引谢必震、陈硕炫：《琉球天妃信仰状况及其嬗变》，《莆田学院学报》2005年第3期，第79页。

②《明太祖实录》卷七十一。

③《明太祖实录》卷七十七。

祭祀妈祖，回程后也多找妈祖庙祭祀，龙江天妃庙、长乐南山天妃宫、湄洲岛妈祖庙等都有郑和及其将士一再祭祀的身影。这表明其时官方船队祭祀妈祖，比较依赖远洋出发的天妃宫，甚至为此新建或者重修这些天妃宫，这一点被其后的册封琉球使所传承。但同时也可以发现，其时尚无相对固定的官方祭祀章程。

明初中琉朝贡关系建立以后不久，明廷的册封使便因地制宜地选择相对固定的妈祖祭祀场所，其中迹象最鲜明的是位于闽江出海口南岸广石澳的广石天妃宫。根据《长乐文石志》记载："文石天妃宫位于文石头山，建于永乐七年（1409）太监郑和往西域取宝，后朝廷遣天使封琉球中山王，俱在此设祭开船。"① 广石天妃宫，又称文石天妃宫，位于长乐潭头镇文石村。册封使郭汝霖于嘉靖四十年（1561）重修广石天妃宫时立有《重建广石庙碑》：

> 广石庙，庙海神天妃者也……而广石属长乐滨海地，登舟开洋，必此始。庙之宜，旧传自永乐内监下西洋时创焉。成化七年，给事中董旻、行人张祥使琉球新之。嘉靖十三年，给事中陈侃、行人高澄感坠板异，复新之。板上所书，即董、张新庙日月也。皇帝三十七年。琉球世子尚元乞封，上命汝霖充使往。而副以行人李君际春。余承命南下，长老多教余致敬天妃之神。弭节闽台，造舟百凡，按陈、高使录行。惟广石庙遭倭寇焚，乃耆老刘仲坚等闻余至，亦来言庙事。余檄孙通判大庆，考其遗址，并材料工价值百金。余与李君循例捐俸二十四金，并敛从行者，得三十两金以助……不两越月，庙貌鼎新，巍然焕然，瞻趋有所，人心起敬。他日飞航顺便，重荷神贶者，樊之功哉！②

据此庙记可知，在郭汝霖之前至少已经有两拨册封琉球使在广石澳

① 《长乐文石志》，福建省图书馆 1980 年抄本。
② 蒋维锬、郑丽航辑纂《妈祖文献史料汇编》（第一辑）《碑记卷》，中国档案出版社，2007，第 63 页。

出发，并在广石妈祖庙进行开洋祭祀，以及重修妈祖庙，而广石庙传言还是明初郑和下西洋时所创建。《明史》有载："章宗瀛按，洪熙改元，宣德二年、五年、八年，频遣柴山使琉球，因于福建海岸立庙作记，传中皆不载。柴山使事见《殊域周咨录》谨附考。"① 徐晓望认为广石天妃宫应为柴山所建。② 在郭汝霖之前的陈侃、高澄对于广石天妃宫亦有相关记述，陈侃的《天妃灵应记》："予二人缩廪，附造舟余直，新之广石，望崎行祠，则从行者敛钱以修。"③ 李献璋以高澄《临水夫人记》中的"及归闽，感神贶既彰，报赛当举，迺水部门外敕赐天妃庙中，立石以纪异，设祭以旌诚"等记载为佐证，认为陈侃、高澄出钱重修的是福州水部门外的敕赐天妃宫，而非广石天妃宫，④ 此当留意。其后万历七年（1579），又有册封琉球使萧崇业重修广石天妃宫，并撰有《重修广石庙碑记》，其中便有将广石天妃宫作为册封琉球使开洋祭祀妈祖的固定场所的清晰记载，具体如下：

> 万历戊寅春，余以使事，客闽近二载。已日，将有祀于广石天妃之神。里中长老走省会，具言庙当治状，以"庙故天使过临一修，兹去郭、李时十八年所矣，垣序剥落，恐不雅观。公倘有意于维新乎？野人窃愿有请也！"于是余与谢君，慨焉为念，乃遂檄长乐孙县尹捐少赀助之；大略垩故涂陈、易蠹立圮而已，无更改作也。己卯夏四月，县尹使使告成请记，顾余又办严未暇也；顷竣事还，可不谓神贶哉，义不敢以不文辞！……余航海时，与谢君过广石行谕祭礼，于是里中长老复稽首来谢；余乃谂于众曰："天妃之神，载在祀典，其已久矣；然庙貌往往视使臣以为兴坏。我明天子万年无疆，则中山之请命益万年无替；广石之庙，虽谓与国咸休可也。今第董董补葺耳，其何能加一

①《明史》卷三百二十三《考证》，钦定四库全书本。

② 徐晓望：《妈祖信仰史研究》，海风出版社，2007，第 168 页。

③ ［明］陈侃：《使琉球录》，《台湾文献史料丛刊》第 287 种《使琉球录三种》，台湾大通书局，1984，第 35 页。

④ ［日］李献璋：《妈祖信仰研究》，郑彭年译，刘月莲译校，澳门海事博物馆，1995，第 128 页。

力耶!"于是里老唯而退……记成还闽之冬十一月。①

万历三十四年（1606）有册封琉球使夏子阳、副使王世祯出使琉球，留下了两道《谕祭祈海神文》，分别为去程与回程祭祀广石天妃宫之用，明白无误地表明广石天妃宫即为册封琉球使开洋祭祀妈祖的固定场所。以下为合并了来回程版的《谕祭祈海神文》：

> 皇帝遣正使兵科右给事中夏子阳、副使行人司行人王士祯谕祭广石庙海神曰：兹/曩者，遣使琉球，道经/往来海上；风涛呵护，尤赖神麻/式凭灵贶，波涛不惊。爰当启行，虔申祀祷/今兹言旋，用告成事；惟神鉴佑，用俾无虞/虔申祭谢，神其鉴歆！谨告。②

册封琉球使在广石天妃宫谕祭妈祖再开洋，一直持续到清初。清康熙二年（1663），张学礼奉命出使琉球，"（康熙）二年四月，抵闽……择吉于五月初四日登舟。初八日，迎供祭天妃……十七日，泊林浦……十九日，过罗星塔。二十日，过闽安镇……次猴屿，祭天妃。二十二日候风广石……见梅花所故称，荒榛瓦砾，满目凄然……初七日，西南风微起，向阙叩辞"③。可见清初首次遣派的册封琉球使张学礼因循传统，依然到广石候风，但并无谕祭广石天妃庙的记录，而是在猴屿祭天妃。据徐晓望考证："明后期，广石港口逐渐淤积，册封舟多在梅花口岸候风，然后发船……清代初年，清廷为了加强对郑成功的封锁，实行了迁海政策，将距海岸三十里的居民村寨，全部拆毁，梅花所与广石天妃宫应毁于此时。"④ 联系前录张学礼的文字，梅花所早已毁于一旦，广石天妃宫

① [明] 萧崇业：《使琉球录》，《台湾文献史料丛刊》第287种《使琉球录三种》，台湾大通书局，1984，第106—107页。
② [明] 夏子阳：《使琉球录》，《台湾文献史料丛刊》第287种《使琉球录三种》，台湾大通书局，1984，第175—176页。
③ [清] 张学礼：《使琉球记》，《台湾文献丛刊》第3辑第57册，台湾大通书局，1984，第3—4页。
④ 徐晓望：《妈祖信仰史研究》，海风出版社，2007，第195页。

只字不提，显见亦被毁无疑。而在张学礼的《使琉球记》中亦无因袭传统明代中后期册封琉球使出发前要到广石天妃庙谕祭的记录，亦无到其他天妃庙谕祭的记录，可见改朝换代，百废待兴，谕祭妈祖礼仪的重建并非一朝一夕之功。

康熙二十二年（1683），汪楫奉命出使琉球，所撰《使琉球杂录》载："旧制，封舟出海，皆由梅花所开洋。今因巨舶不行，沙壅水浅，遂从五虎门出口。"① 徐晓望认为册封琉球使出海自此从闽江出海口的南线改为北线。② 很显然，至清初，闽江出海口南线因为泥沙淤积，已经不利于册封琉球使的巨舶航行了，因此只能改道水深的北线。再加上清初迁界广石天妃宫被毁，在清代册封琉球使的记录中，自然就少见有关它的记载。而闽江出海口北线则必然有新的妈祖庙兴起，以方便有清一代册封琉球使谕祭之用，怡山院天后宫应运而生。

怡山院天后宫位于"（闽县）琯江区，在城东百二十里，西北亭头、象洋各村，与马江区之江右里，闽安镇之北岸接界……合北里旧矣，今又分为上下二里，曰亭头，曰东街，曰象洋，曰潘厝里，曰盛美，曰鳌溪，曰长柄，此上合北里也……怡山在上合里亭头村，滨江，上有怡山禅寺，又有天后宫，在怡山院旁前。册封琉球使舟开行时，俱在此致祭"③。康熙二十二年（1683）六月十六日，汪楫所在的册封琉球使团"由福建南台登海船，船大水浅，必乘潮乃可行……十九日至怡山院，先是檄所司备祭物于登舟处所，行谕祭海神礼。至期漠然，深惧亵神明而辱君命。蠲吉于怡山院设醮，别于近院高阜处建厂，望海而祭。是时东风日盛，群言夏汛已过，不可开洋。于是官兵从役，皆无去志。接封陪臣，亦以往例不妨改岁为请。臣不听，恭行谕祭礼毕，语院僧以事竣归，当建宝文阁于院后，奉谕祭文以垂不朽……二十三日，风息。遂令

① ［清］汪楫：《使琉球杂录》卷二，《故宫珍本丛刊》第 273 册史部地理类外纪，海南出版社，2001，第 10 页。

② 徐晓望：《妈祖信仰史研究》，海风出版社，2007，第 196 页。

③ ［清］朱景星修、［清］郑祖庚纂《闽县乡土志》，福州市地方志编纂委员会整理，海风出版社，2001，第 190—191 页。

起碇出口，三船往复商确，辰刻始行。初拟出五虎门，徐为之计。及张帆，则南风大作，瞬息已过东沙山。一望茫茫，不可收泊矣。非圣德感神，何以效灵若此"①。

在汪楫出使琉球时，很显然，闽江出海口北岸的亭头怡山院天后宫已然成为册封使团谕祭海神（主要以妈祖为谕祭对象）的所在地。康熙五十八年（1719），册封琉球正使翰林院检讨海宝、副使翰林院编修徐葆光奉命出使，也是在怡山院天后宫谕祭海神。徐葆光所撰《中山传信录》载："前海行日记：闽有司既治封舟毕工，泊于太平港罗星塔。五月十日（壬午），赍诏敕至南台，以小舟至泊船所。十五日，祭江取水，蠲吉于二十日（壬辰）奉诏敕升舟。连日夜，风皆从东北来，是日转西南，遂于未初起碇。至怡山院，谕祭于海神。"② 乾隆二十二年（1757），册封琉球使全魁与周煌"择六月初二日，恭奉诏敕奉安官舱正中，由南台江登舟……初六日，祭江，取水。申刻，到怡山院，谕祭海神，天后宫行香……未时，祭海。初十日早潮，出五虎门"③。其后的嘉庆五年（1800），赵文楷与李鼎元出使琉球，"五月朔日（壬午）夏至，晴。向来封中山王，去以夏至，乘西南风；归以冬至，乘东北风：风有信也。早起，命仆幪被登舟。午刻，具龙、彩亭，奉诏、敕、节、币安放中仓。同介山先至南台馆驿点验兵役，尽令登舟……初四日（乙酉），晴。午，泊鳌头……亥刻，起碇。乘潮至罗星塔，投银龙潭祭，取淡水满四井止……初五日（丙戌），晴。连日皆南风，以水浅，待潮乃行。辰刻，至怡山院，奉谕祭文致祭于天后海神，分胙于两船兵役"④。赵文楷、李鼎元与汪楫他们走的路线一致，也在怡山院祭海神。由此可见，怡山院

① ［清］汪楫：《使琉球杂录》卷二，《故宫珍本丛刊》第273册史部地理类外纪，海南出版社，2001，第30—31页。

② ［清］徐葆光：《中山传信录》卷一，《台湾文献史料丛刊》第9辑，台湾大通书局，1987，第12—13页。

③ ［清］周煌：《琉球国志略》卷五，王有立主编《中华文史丛书》第十二，清乾隆二十二年刊本，台湾华文书局，1969，第347—348页。

④ ［清］李鼎元：《使琉球记》，《台湾文献丛刊》第292种《清代琉球记录集辑》（下），台湾银行经济研究室编印，1971。

天后宫已成为清廷后续册封琉球使团的谕祭海神之所。

2. 册封琉球使谕祭妈祖仪式内容的程式化

《天妃显圣录》收录的明代中琉官方往来的妈祖灵应事迹只有一则，即《琉球救太监柴山》：

> 洪熙元年（1425）四月，钦差内官柴山往琉球，载神香火以行。至外洋，一夕，云雾晦暝，山方假寐，梦神抚其几曰："若辈有水厄，当慎之！吾将为汝解。"及寤，不敢明言，只严诫舵工加谨。正扬帆而进，突阴霾蔽天，涛翻浪滚，咫尺不相辨，孤舟飘泊于洪波之中，桅樯颠倒，舟中坠水者数人。舵工急取大板乱掷水中，数人攀木而浮，随波上下，呼天求救，哀声震天。迫薄暮，见灯光自天而来，风倏静，浪倏平，舵工亟挥棹力救，堕水者争攀附登舟，感庆再生之赐。回京奏上，奉旨遣官致祭，拜答神功。①

这则灵应事迹并没有关于册封琉球使内官柴山如何在出发前祭祀妈祖的记录，只是强调其"载神香火以行"。也就是说，此次册封使明确地将妈祖的香火供奉在船上。至于如何供奉，也不清楚，但是将妈祖香火供奉在船的方式，显然更有助于册封琉球使近距离感受妈祖的灵应，妈祖显灵也就显得更加及时与真切。先是托梦预警，后是直接显灵平定海浪以方便使船拯救落水舟人。这种方式被其后的册封琉球使所奉行。

到了陈侃出使琉球的时候，已经有意识地将谕祭妈祖程式化，一为其朝廷命官的礼仪意识，一为其酬谢妈祖的强烈愿望。《殊域周咨录》记有陈侃报请神功疏：

> "琉球远在海外，无路可通，往来皆由于海。海中四望惟水，茫无畔岸，深无底极。大风一来，即白浪如山，舟飘忽震荡，人无以庸其力。斯时也，非神明为之默佑，几何而不颠覆也耶？臣等往来于海，

① 蒋维锬、周金琰辑纂《妈祖文献史料汇编》（第二辑）《著录卷》（上编），中国档案出版社，2009，第99页。

惊险数次，皆借神明之助得保生还。是岂臣等菲德致此，皆由皇上一念精诚，感格天地，以致百神呵护，非偶然者。臣等不敢隐其功，谨历数为陛下陈之：嘉靖十三年，臣等初去时，将底其国。忽逆风大作，舟遂发漏。于是群呼求救于神，剪发以说誓。俄而风遂息，舟少宁，得保无虞。使是风更移时不息，舟之沉必矣。此其功一也。回时遇飓风，将大桅吹折，舵叶又坏。忽有红光若烛笼然者，自空来舟，舟得无事。当风雨晦冥之时，红光何自而发？谓非神之精灵不可也。此其功二也。时众皆知舵当易而不敢任，于是请命于神。得吉兆，众遂跃然，起易舵，风恬浪止，倏忽而定。定后，风浪复厉。神明之助不可诬也。此其功三也。有一蝶飞绕于舟，一雀立于桅，是夜果疾风迅发。臣等惧甚，相与发愿，海神救我，当为之立碑。誓言讫，风若少缓，舟行如飞，彻晓已见闽之山矣。此其功四也。有夷舟进表谢恩者，与臣等同行。遇二十一日之风，漂回本国。至今年三月方到福建。臣等之舟止行八日，直底闽江。不致漂流失所者，皆神之功也。臣等感其功，不敢不厚其报。在福建时，已尝致赍设醮，修庙立碑矣。但奉闻之言既出于口，不敢有负于心。谨撮颠末，上渎圣听。词若涉于荒唐，心实本于诚恳。伏望下礼部详议，令福建布政司与祭一坛，庶天恩浩荡而幽冥有光矣。臣等切思名山大川之神，在舜时已有望秩之祭。我太宗文皇帝时，遣太监郑和下海，尝立祠于海滨，时加致祭。况《礼》云：'能御大灾则祀之，能捍大患则祀之。'今一救援之功，遂保数百人之命。其为大灾大患莫此是过。伏惟圣明详察。"上从其言。命翰林院撰祭文一通，行令福建布政司官致祭一次。①

从陈侃的奏疏可以看到，根据传统，明代官方船队出使诸番，大致因个人所请，朝廷才遣官到妈祖庙祭祀，或设醮、修庙、建庙、立碑，多属个人行为，像陈侃这样奏请朝廷再次致祭的也差不多属于这一类。按照当时礼部的复文而言，"在典礼则固然矣……赐之以祭，礼亦有

① ［明］严从简：《殊域周咨录》，余思黎点校，中华书局，2000，第139—140页。

第一章 『世界妈祖』及其东亚播迁

据……（但）不为常例"①。陈侃这封奏疏，至少重启了明廷在册封琉球使完成任务后响应其奏请，对妈祖进行酬恩致祭。等到萧崇业出使琉球，他又因循陈侃的做法，为妈祖争取到了另一坛致祭，完成了册封琉球使来回程致祭妈祖的固定礼仪，并"永著为例，后来一体遵行"，实际上是将陈侃及之前的出海官宦个人性质的奏请官方致祭，成功上升为明廷官方常规的致祭礼仪：

> 臣等查得先给事中陈侃等奏："为乞祀典以报神功事。"奉世宗皇帝圣旨："礼部看了来说。钦此。"该礼部复："看得给事中陈侃等奉使海外，屡遭风涛之险，幸获保全。海神效职，不可谓无；赐之以祭，礼亦有据。随移文翰林院撰祭文一道，行令福建布政司，备办祭物、香帛，仍委本司堂上官致祭，以答神庥。"已经遵行外，臣等窃惟河、渎、海、岳，载在国典；而柴望祭告，原非不经。且鬼神原体物而不遗，君子当无时而可射。与其有急而邀捍御之福，孰若先事而修秩祀之祀义。合无敕下礼部，行令福建布政司于广石海神庙备祭二坛：一举于启行之时而为之祈，一举于回还之日而为之报。使后来继今者，永着为例；免致临时惑乱，事后张皇，而神之听之，亦必和平之庆矣。前件臣等看得户部左给事中等官萧崇业等题称"祈报海神"一节，为照捍灾御患，载在祀典；祈报之礼，自昔有之。今使臣奉将王命，远涉海涛，虽仰仗皇上威灵，百神自为之效职。然而赐之以祭，是亦所谓"御灾捍患则祀之"之意也。先年已有回还报祭事例，惟启行之礼尚属缺典。相应俯从所请，除报祭文先已撰去外，合候命下，移文翰林院再撰述祈文一道，行令该布政使司备丰腆祭二坛：俟本官启行及回还之日，即于海神庙亲自同本司堂上官举行。乃永着为例，后来一体遵行。②

---

① ［明］陈侃：《使琉球录》，《台湾文献史料丛刊》第287种《使琉球录三种》，台湾大通书局，1984，第48—49页。

② ［明］萧崇业：《使琉球记》，《台湾文献史料丛刊》第287种《使琉球录三种》，台湾大通书局，1984，第125页。

萧崇业的奏报，使得册封琉球使致祭妈祖官方化，仪式则趋于精密化，即届时每一任册封琉球使都需要亲执翰林院撰写的两则《谕祭海神文》（祈、报各一）与福建布政司的堂官一起在来回程分别致祭，使得谕祭妈祖的礼仪程式化。这不但贴近册封琉球使现实的迫切需求，比如以此举时刻提醒朝廷与地方官府重视琉球册封之事，在精神上能够充分酬报妈祖的圣恩以期盼妈祖的时刻庇佑，又使得朝廷规范官方谕祭妈祖的礼仪，不再出现许多临时性或随意性的举措，使其"有礼可依"。更重要的是，使得妈祖能够在中琉如此频繁的官方往来中，固定发挥其信仰作用，这当然大大有利于妈祖信俗的海外传播。

而实际上，进入清代，明代中后期册封琉球使陈侃与萧崇业等人所争取来的谕祭妈祖礼仪依然出现了波折，改朝换代使得清初册封琉球使张学礼无法因循传统。直到康熙二十二年（1683）汪楫出使琉球，上奏"请谕祭海神。海神天妃灵感最著，已蒙皇上敕封。臣见万历四年使臣萧崇业所刻《使琉球录》一书，《诏敕》之外，即载有谕祭祈海神文、报海神文二道，确然可考。皇上怀柔百神，万灵效顺，似当照例祈报，以迓神庥，伏候上裁"[1]。经过康熙皇帝的御批，清廷礼部才批准恢复："一请谕祭海神。查得《会典》，凡往封外国并无谕神之例，但航海往琉球不比寻常差使，其所请谕祭海神之处，应行致祭，俟命下之日，祭文内阁撰拟，祭品交与地方官员备办。汪等至闽致祭起身。"[2] 汪楫的琉球使团有惊无险地从琉球顺利完成王命归来后，对于琉球的海上风险以及妈祖的海上庇佑神功有了更深一步的体会。于是，他们拟进一步提升册封琉球使谕祭妈祖的规格："伏乞敕下礼臣，议举春秋二祭，着令地方官敬肃奉行，则海疆尽沐神庥，履坦无非圣泽矣。"[3] 可惜清廷礼部以事无前例加以拒绝。等到海宝与徐葆光出使琉球，他们又积极上奏《春秋祀典疏》，请求清廷对于册封琉球使所谕祭的怡山院天妃宫进行春秋二

① 转引蒋维锬、郑丽航辑纂《妈祖文献史料汇编》（第一辑）《档案卷》，中国档案出版社，2007，第 16 页。
② 同上书，第 17 页。
③ 同上书，第 19 页。

祭。"臣等于康熙五十七年六月初一日奉旨册封琉球国王……臣等祈祷天妃，即获安吉。自前平定台湾之时，天妃显灵效顺，已蒙皇上加封致祭。今默佑封舟，种种灵异如此。仰祈特恩许着地方官春秋二祭，以报神庥。"① 礼部复文："钦惟皇上德周寰宇，化洽海隅；诏命所经，神灵协应。兹以册封琉球国王，特遣使举行典礼；往返大海绝险之区，官兵从役百人皆获安吉，固由天妃显灵，实皆我皇上怀柔百神、海若效顺所致也。查康熙十九年臣部议得将天妃封为'护国庇民、妙灵昭应、弘仁普济天妃'，遣官致祭等因具题，奉旨依议，钦遵在案。今天妃默佑封舟种种灵异，应令该地方官春秋致祭，编入《祀典》。候命下之日，行令该督、抚遵行可也。"② 康熙皇帝与其时礼部对待汪楫与徐葆光的两次奏请给的答案迥异。可能汪楫奏请之时，正处康熙皇帝平定台湾之年，康熙皇帝更多着眼于台湾事宜，估计还顾不上从册封琉球使奏请这个角度来考虑提升妈祖谕祭规格的事。徐葆光奏请已然到了康熙五十八年(1719)，清廷对妈祖的加封已经到了相当高的规格，春秋二祭似乎是徐葆光所能争取到的更高祭祀规格。徐葆光在《中山传信录》中于此奏请之后有一段自己的按语，可以佐证：

> 至元中，以护海运有奇应。加封天妃神号，积至十字。庙曰"灵慈"。直沽、平江、周泾、泉、福、兴化等处，皆有庙。皇庆以来，岁遣使斋香遍祭，金幡一合，银一铤，付平江官漕司及本府官，用柔毛酒醴，便服行事。祝文云：……则岁时之祭，自元已有之矣。前明嘉靖中，册使陈侃使还，乞赐祭以答神贶；礼部议：令布政司设祭一坛，报可。此又特祭一举行者也。万历三年，册使萧崇业始请秩祭海神，合举祈、报二祭。至今封舟出海，因之。康熙二十二年，册使汪楫还，具疏请照岳、渎诸神，着地方官行春秋二祭；礼部议未准行。今臣等在海中祈神佑庇，窃计封号尊崇已极，惟祀典有缺，故专举为词，神应

---

① ［清］徐葆光：《中山传信录》卷一，《台湾文献史料丛刊》第 9 辑，台湾大通书局，1987，第 29—30 页。

② 同上书，第 30—31 页。

昭格。今果蒙恩特赐允行，典礼烜赫，以答神庥，超越千古矣。①

　　据李献璋考证，因平台神功，妈祖已于康熙二十三年（1684）被加封为天后，当时有可能因避讳"天启后张氏"而隐而不宣，至嘉庆敕撰的《大清会典》事例卷三百六十二《礼部》"群祀"的"直省御灾捍患诸神祠庙条"解禁，妈祖首次正式登上记录：康熙二十三年，加封天妃为天后。②如此看来，上述徐葆光的按语"窃计封号尊崇已极，惟祀典有缺"，无形中证实了李献璋的看法。可能也因为这层考虑，康熙皇帝终于同意把册封琉球使谕祭海神的天妃宫纳入祀典，行令福建督、抚负责遣官赴之春秋二祭。

　　有清一代，诸如汪楫、徐葆光这样为了提升妈祖谕祭的规格费尽心血的册封琉球使大有人在。乾隆二十二年（1757）四月二十一日，琉球册封正副使全魁、周煌回程后即上《请加封号谕祭疏》：

　　　　臣等蒙皇上天恩，简使海外，陛辞之日，训诲周详……今得趋赴行在，瞻仰天颜，皆由我皇上再造之鸿恩，故能使天妃效灵，更生有庆。所有微臣等感激之私，有不得不陈请于圣主之前者……康熙二十一年，前使臣汪楫等奏请谕祭海神，其略云："海神天妃，灵感最著。"是以海神为天妃矣。臣等兹役遵例于怡山院致祭，按其地有天妃宫，仅一拈香；而谕祭之典，则又设位于江岸，实望祭也。伏读祭文内所引事实，似指天妃；然但云致祭于海神，未明著天妃之号。臣等窃疑海自有神，岳渎载于祀典，似不得即以天妃为海神，明矣……臣等于万迭惊涛之中，赍奉节诏、赐物登岸。实皆荷我皇上洪福，恩同覆载，履险终平；而天妃呵护之灵，尤其彰明较著者。是用殚竭愚忱，仰恳皇上天恩，敕部议加封号。更请于册封之年，别颁谕祭文二道，与海神

①［清］徐葆光：《中山传信录》卷一，《台湾文献史料丛刊》第 9 辑，台湾大通书局，1987，第 30—31 页。
②［日］李献璋：《妈祖信仰研究》，郑彭年译，刘月莲译校，澳门海事博物馆，1995，第 136 页。

并举；抑或于谕祭海神文内，明著天妃之号：庶崇报益隆，名实允称。①

　　全魁与周煌在此奏折里提出对怡山院天妃的加封是在之前汪楫所奏请敕封规格基础之上，即进入祀典后，更高的规格即加封字号。其中，还提出清代在怡山院谕祭海神，名义上祭祀对象是海神，与前朝无异，但祭祀场所显然与明代不一样。明代在广石天妃宫内谕祭海神，显然有专指天妃的意思，而清代则是在怡山院天妃宫拈香而已，要另外在怡山院附近岸边高处设置祭坛谕祭海神，用的是望祭，由此产生疑问。全魁与周煌以退为进，实是暗地里逼着清廷礼部乃至乾隆皇帝承认册封琉球使谕祭海神，就是谕祭天妃，因为在历次册封琉球使来回琉球航海过程中最依赖的神明即天妃，每次显应的也是妈祖，他们断发立誓的神明对象也是妈祖，因此必须得在《谕祭海神文》里明确注明天妃名号；要不然必须让朝廷礼部给所谓的《谕祭海神文》中的海神找出具体的对象名号来，不能再模棱两可下去。

　　清廷礼部的反应也很干脆："该臣谨按《会典》，四海龙神，各有封号：……南海称昭明龙王之神……有司以岁时秩祭。《会典》内开载，天后亦称海神……（康熙）五十九年，翰林院检讨海宝等奏称：'奉旨册封琉球，于怡山院祭天妃。'……是向来册封琉球使臣所祭，实系天后而非南海昭明龙王之神，已确有可据……应如所奏，恭请加封……嗣后谕祭祈、报文二道，书明天后封号，即于怡山院天后宫举行祭事，于礼乃为允协；并请别颁谕祭南海龙神祈、报文二道，于江岸望祭：庶礼仪咸备，而祀典逾隆矣。"②

　　至此，册封琉球使谕祭天妃的规格达到顶点，谕祭海神的对象比明代还要明确。清代后期的册封琉球使几乎无法可想，除了李鼎元请奏加封天妃的父母兄弟姐妹外，基本都是请奏加封字号或赐额，以至于清同

① ［清］周煌：《琉球国志略》卷七，王有立主编《中华文史丛书》第十二，清乾
　隆二十二年刊本，台湾华文书局，1969，第396—401页。
② 同上书，第402—409页。

治五年（1866）琉球册封正副使赵新、于光甲用于致祭天后的《谕祭天后文》中，天后的封号多达 60 个字：护国庇民、妙灵昭应、宏仁普济、福佑群生、诚感咸孚、显神赞顺、垂慈笃祜、安澜利运、择覃海宇、恬波宣惠、道流衍庆、靖洋锡祉、恩周德溥、卫漕保泰、振武绥疆。①

明清册封琉球使可谓官方信奉妈祖的仕宦代表群体，因为横渡大洋，风险备至，亲身的体验使得他们极其信赖妈祖，进而在官方渠道努力推动妈祖祭祀的规格，由此形成了程式化的谕祭妈祖的礼仪，在官方与民间方面，都对妈祖信俗在海内外的影响与传播产生了巨大的作用。

3. 册封琉球使封舟上的妈祖香火供奉情况

在海舶上供奉妈祖，在宋代似不多见。目前仅见南宋绍兴八年（1138）《有宋兴化军祥应庙记》载："泉州纲首朱纺，舟往三佛齐国，亦请神之香火而虔奉之，舟行迅速，无有艰阻。往返曾不期年，获利百倍。前后之贾于外番者，未尝有是，咸皆归德于神。自是商人远行，莫不来祷。"②《天妃显圣录》中关于宋代妈祖灵应故事《平大奚寇》载有："戊午秋，大奚寇作乱，调发闽省舟师讨之。众惧，各请神香火以行。"③ 宋代丁伯桂的《顺济圣妃庙记》则载有："开禧丙寅，虏寇淮甸，郡遣戍兵，载神香火以行。"④ 可见泉莆本地人供奉妈祖香火更多是在船上，如刘克庄《枫亭新建妃庙》所载"心响默祷"⑤，即永乐皇帝朱棣《御制弘仁普济天妃宫之碑》所概括的"扶危救济俾屯亨，呼之即应祷即聆"⑥。

北宋宣和四年（1122）徐兢出使高丽，一路所祈祷的神灵对象十分

① ［清］赵新：《续琉球国志略》首卷，光绪壬午桂林镌于黄楼。

② ［宋］方略：《有宋兴化军祥应庙记》，《宋代石刻文献全编》，北京图书馆出版社，2003，第 646—649 页。

③ 蒋维锬、周金琰辑纂《妈祖文献史料汇编》（第二辑）《著录卷》（上编），中国档案出版社，2009，第 94 页。

④ 蒋维锬、郑丽航辑纂《妈祖文献史料汇编》（第一辑）《碑记卷》，中国档案出版社，2007，第 3 页。

⑤ 蒋维锬、郑丽航辑纂《妈祖文献史料汇编》（第一辑）《档案卷》，中国档案出版社，2007，第 6 页。

⑥ 同上书，第 43 页。

御制弘仁普济天妃宫之碑

多元，"申刻，风雨晦冥，雷电雨雹欻至，移时乃止。是夜，就山张幕，扫地而祭，舟人谓之祠沙，实岳渎主治之神，而配食之位甚多"①。东海神、风伯、观音菩萨、演屿神等等都是徐兢一行所祈祷的神明，妈祖信俗虽说由此发迹，但徐兢对此表述模糊。这也证明妈祖信俗在宋代处于初步发展期，在诸多海神之中尚未脱颖而出。元代漕运一如宋代，更多地依赖漕运前后的祈、报祠祀，大多由元廷官方直接掌控，将妈祖香火供奉在船上尚未成为一项普及化的行船惯习。但是，入明以来，尤其是永乐年间郑和下西洋之后，官方海外活动日趋淡漠，并不时执行海禁政策，然而东南沿海广大民众为应对"稻粱谋"的巨大压力，纷纷破禁下海，民间海外商业贸易因此大为兴盛起来。于是，无论官方还是民间，将妈祖直接奉祀在船的习惯也就随之盛行。《天妃显圣录》所收录的明代中琉官方往来的妈祖灵应事迹《琉球救太监柴山》，就有"洪熙元年(1425)四月，钦差内官柴山往琉球，载神香火以行"的简要记载。到了嘉靖年间的陈侃，相关记录就开始详细起来了，其《使琉球录》载："飞航万里，风涛叵测，玺书郑重，一行数百人之生，厥系匪轻。爰顺舆情，用闽人故事，祷于天妃之神，且官舫上方，为祠事之。舟中人朝夕拜礼必虔，真若悬命于神者。""舟后作黄屋二层，上安诏敕，尊君命也；中供天妃，顺民心也。"② 其后的萧崇业出使琉球，亦有陈侃一般的记载。成书于万历四十五年（1617）的张燮《东西洋考》对于海船上供奉妈祖香火有更细微的表述："协天大帝……天妃……舟神……以上三神，凡舶中来往，俱昼夜香火不绝。特命一人为司香，不他事事。舶主每晓起，率众顶礼。每舶中有惊险，则神必现灵以警众，火光一点，飞出舶上，众悉叩头，至火光更飞入幕乃止。是日善防之，然毕竟有一事为验。或舟将不免，则火光必扬去不肯归。"③

① [宋] 徐兢：《宣和奉使高丽图经》卷三十四"沈家门"条，朴庆辉标注，李澍田主编《清实录·朝鲜史料摘编》，吉林文史出版社，1991，第72页。

② [明] 陈侃：《使琉球录》，《台湾文献史料丛刊》第287种《使琉球录三种》，台湾大通书局，1984，第35页、第9页。

③ [明] 张燮：《东西洋考》，陈正统主编《张燮集》（第四册），中华书局，2015，第1627页。

入清以后，对于封舟供奉妈祖有了更细致的描述，且已经发展到了以妈祖为主，诸水神并供的程度。清康熙二年（1663）首任册封琉球使张学礼出使琉球时，正值清初兵荒马乱之时，对于封舟供奉妈祖叙述一如明朝册封使那么简洁："桅舱左、右二门，中官厅，次房舱，后立天妃堂，船尾设战台。……择吉于五月初四日登舟。初八日，迎供天妃像。"① 其后汪楫《使琉球杂录》的相关记述则多了福建本土神明拿公的内容："使臣登舟，必先供迎请天妃，供船尾楼上。而以拿公从祀。拿公者，闽之拿口人，常行贾舟。卧舟中，夜闻神语曰：'某日某时，将行毒某处。'公谨伺之。至期，果见一人抛毒物水中。公投水收取，竟食之，遂卒，面作蓝靛色以此。后为土神。明兵攻闽不即下，出牌誓曰：'入闽不留一人。'公化为耆老，进说曰：'若改留字为杀字，当献城迎王师耳。'从之。请以水灯为号。时荻芦门水深不设，而居民以神诞日，于此放灯。明师望灯入，公壅沙助之，遂克城。果不杀一人。后封'宣封护国天下兵马司协佑尊王'。海船必奉之以行者，以海港多礁，必借神力导引云。"②

相对于前朝，清初不但增加了登舟前"迎供天妃"的程序，还增加了供奉明代成神的福建本土水神拿公。据徐晓望考证，拿公系起源于唐末闽江上游邵武的一位河神，五代时即著灵异，因福州与上游的商业往来而传播到福州，是闽江上游商人所信仰的神祇，在福州台江一带很有影响。③ 供奉拿公也与清代册封琉球使出海航线由水面宽阔水流平缓但已经淤积严重的闽江南岸，改为水深但水道曲折狭窄、礁石多的闽江北岸有很大关系。但汪楫的记载仍没有涉及到琉球后封舟上的妈祖香火如何安置的问题，回程亦看不到如何迎请天妃上船的描述。康熙五十九年（1720），册使徐葆光《中山传信录》则有了出使琉球到岸后，封舟上的妈祖香火

① ［清］张学礼：《使琉球记》，《台湾文献丛刊》第 292 种，《清代琉球记录集辑》（上），台湾银行经济研究室编印，1971，第 3 页。

② ［清］汪楫：《使琉球杂录》卷二，《故宫珍本丛刊》第 273 册《史部地理类外纪》，海南出版社，2001，第 33—34 页。

③ 徐晓望：《妈祖信仰史研究》，海风出版社，2007，第 235 页。

如何安置的记录："入馆后，涓吉鼓乐，仪从奉迎船上天妃及拿公，诸海神之位供于上天妃宫内，朔、望日行香。"[1] 嘉庆五年（1800），李鼎元作为册封琉球使副职所撰《使琉球记》则有了全面的描述：

十六日（戊辰），晴。黎明，至冯港，恭请天后行像并拿公登舟祭，用三跪、九叩首礼。命道士举醮祭桅，行一跪、三叩首礼；道士取旗祝之，噀以酒，合口同言"顺风吉利"。余与介山默祷于天后，以笅卜两舟吉凶：……拿公者，闽之拿口人，常行贾舟；卧闻神语："某日当行毒某地！"公谨伺之。至期，果见一人抛毒水中；公投水收取，尽食之，遂卒，以故面作蓝靛色。土人感其德，祀之；以为拿口人，故曰拿公。或曰公卜姓，以业拿舟得名……初五日（丙戌），晴……辰刻，至怡山院，奉谕祭文致祭于天后海神……初十日（辛卯），晴……有大鱼二，夹舟行……余闻大鱼夹舟，若有神助，行海最吉；因令人视大鱼，尚附舟未去。意者风暴将起，鱼先来护舟；因与介山潜焚藏香，跪祷于天后曰："使者闻命，有进无退；家贫亲老，志在藏事速归！神能转风，当吁请于皇上加封神之父母。鼎元自元旦发愿，时刻不忘；想蒙神鉴！"祷毕，不半刻，霹雳一声，风雨顿止。申刻，风转西南，且大；合舟之人举手加额，共叹神力感应如响……十三日（甲午）晴。恭谒先师孔子庙……次谒天后关帝庙。庙在久米村，三楹；中祀天后，西祀关帝，其东以居人。是日，即恭请天后、拿公行像登岸，安奉庙内……

初五日（甲寅），晴。恭请天后、拿公登舟……今复预请天后登舟，从人亦无敢观望者……十六日（乙丑），晴。南风，不能开帆。晨起，祷于天后并求笅，仍得第一；合舟皆喜……二十八日（丁丑），晴。寅刻，风转辰巳，舟不能行。急于焚藏香，祷于天后……二十九日（戊寅），辰卯风微，大雾……见温州南杞山，舟人大喜。少顷，见北杞山，有船数十只泊焉；舟人皆喜曰："此必迎护船也！"雾渐消，山渐近；守备登后艄以望，惊报曰："泊者，贼船也！"余曰："舟已至

① ［清］徐葆光：《中山传信录》卷二，《台湾文献史料丛刊》第9辑，台湾大通书局，1987，第44页。

此，戒兵无哗！速食，备器械！"余亦饱食。守备又报贼船皆扬帆矣；与介山衣冠出，先祷于天后，伤吐者、病者悉归舱；登战台，誓众曰："贼众我寡，尔等未免胆怯。然贼船小、我船大，彼络绎开帆，纵善驾驶，不能并集，犹一与一之势也。且既已遇之，惧亦无益！惟有以死相拼，可望死中求活。此我与汝致命之秋也，生死共之！"众兵勇气顿振，皆曰"唯命！"……惟时日将暮，风甚微；恐贼乘夜来袭，默祷于天后求风……初三日（辛巳），雨，微风。卯刻，乘潮行……制军遣人以小舟来迎，当道皆坐候舍人庙；遂令小舟奉节登岸，奉安天后行像、拿公于故所。同致祭毕，即于舍人庙宴胙。因语制军，以天后灵威、助风击贼，欲具摺奏闻，请加封天后父母，并恭报回闽日期。①

在李鼎元的亲身经历中，如何在封舟上供奉妈祖已经具备完整的礼仪程序，甚至具备了很高的礼仪规则，用三跪九叩首，还专门请道士设醮祭祀，并让道士一跪三叩首，可谓隆重之极。李鼎元不但明记来回程的迎供、辞供，还记录了封舟上妈祖与其他水神的神像都有固定的妈祖庙安置，在福州时原供奉在南台冯港天后宫，到琉球时则寄放在久米村上天妃宫。至于在海中遇险时如何再三祷告妈祖等诸神庇护，也都一一记明。有清一代最后一次遣派册封琉球使为同治五年（1866），正使赵新撰有《续琉球志略志》，载：

> 臣新等幸膺斯役，于到闽日，遵照旧章，迎请天后、尚书、拿公各行像在船保护诏敕。于五年六月十九日舟抵姑米外洋……午后墨云骤起，海色如墨，一舟皆惊。臣等谨焚香默祷天后、尚书、拿公，并本船所供苏神各神前……
>
> 又于十一月初十日，自球返棹放洋，是夕复遇暴风巨浪山立……臣等复于神前虔祷，化险为平。此皆圣主洪福，而来往保护。诏书、龙节亦资神力。臣等溯查历届册封事竣，例得为天后、尚书、拿公请

① ［清］李鼎元：《使琉球记》，《台湾文献丛刊》第 292 种《清代琉球记录集辑》（下），台湾银行经济研究室编印，1971。

加封号或赐匾额，此次仍请照旧颁发。惟本船所供苏神未列祀典，臣等查询闽省士民，据云："神苏姓，名碧云，系福建同安县人，生于明季天启年间。读书乐道，不求仕进。晚年移居海岛，洞悉海道情形，海船均蒙指引平安。殁后，于海面屡著灵异，兵商各船，均祀香火。每岁闽省巡洋，偶遭危险，一经吁祷，俱获安全。"此次复屡叨护佑，可否按照海神之例，一并颁给匾额，用答神庥？寻得旨允行。①

赵新所载封舟供奉妈祖诸神的内容一照旧章，唯多了福建本地水神水部尚书与苏神。而水部尚书其实在清嘉庆十五年（1810）齐鲲、费锡章为正副使出使琉球时就已经出现了。齐鲲《续琉球志略》载有："国朝册封琉球向例请天后、拿公神像供奉头号船。请尚书神像供奉二号船。"② 由此可见，拿公、水部尚书、苏神是伴随着历届清代册封琉球使的出使活动逐渐增加的。这些新添水神与驾驭封舟的福建本地船工息息相关，他们身上所背负的民间信俗的特点便颇具福建区域性且奉行多神崇拜，只要有利于他们航海安全，来自福建各地的神明自然多多益善。而总是到了福州才临时使用本地船舶的清代历届册封琉球使才会屡屡用"爰顺舆情""遵从旧俗""顺民心也""国朝向例""遵照旧章"等词语来解释迎请妈祖等海神上船这一现象，他们无法反客为主，唯有入乡随俗。除此之外，封舟上供奉妈祖的核心内容并无多少改变，一项习俗惯制的形成与成熟，不外乎于此。

（二）明清册封琉球使信奉妈祖对琉球的影响

1. 对于琉球进贡与接贡使团的影响

横贯历时五百多年的琉球册封活动的妈祖信俗，对于琉球影响甚大。以至于到了最后，琉球的接贡使团照搬清代册封琉球使的全套活动，这一点可从琉球本地人士程顺则所撰《指南广义》中得到印证。程

①［清］赵新：《续琉球国志略》卷二"灵异"，光绪壬午桂林镌于黄楼。
②［清］齐鲲：《续琉球国志略》，《故宫珍本丛刊》第 274 册《史部地理类外纪》，海南出版社，2001，第 72 页。

顺则在《指南广义》自序中有言：

> 昔周公作指南，越裳氏赖以归国；制器利用，万世宗之。中山僻处东滨，代膺封典，任土作贡，往返无虞，皆荷天朝福泽远庇，所以海不扬波，如期至止。悟是过洋之与行路，彝险迥殊。余四抵闽，三入京师，南北间关，舟车劳瘁，惟以奉简书、尊天子为拳拳，虽风霜扑面，心不为动。至渡海时，上雾下潦，万里苍茫。有风则浪头高并于山，无风则船脚攲摇如簸。崩崖裂石之声，弗绝于耳，未尝不心胆为之俱碎。因思匠用规矩，射凭彀率。古人成法，均不可废，何况指南，圣人所造，变化无穷，更当研究也。乃取曩者封舟掌舵之人所遗针本及画图，细为玩索。觉天之下、地之上，显而易见、微而难知者，一一在目，不啻犀燃烛照。但文有繁冗，字多差讹，悉为参考改正，以作度世津梁。虽然，此舟人事也。余忝从大夫之后，职在修贡典、勤使命；区区桅柁木节，似非吾所当务。殊不知赍贡物而来，捧玺书而返，皆于船乎是赖；倘司针失人，用神不定，大典攸关，是亦予辈之责也。夫书成授梓，因颜之曰：《指南广义》。时康熙四十七年（1708），岁次戊子，麦秋既望，琉球国中山王府进贡正议大夫程顺则，书于琼河之古驿。①

这本针谱除了大量吸收中国历代航海针谱经验外，对于历代册封琉球使的妈祖供奉活动亦一一加以效仿。这一方面为琉球国的进贡与接贡官员提供了供奉妈祖的礼仪模板，另一方面则为进贡与接贡船上的火长、舵工提供航海技术指导，同时也势必加深他们对于妈祖的信仰。程顺则《指南广义》将祭祀妈祖的程序分为两套，一套为进贡，一套为接贡。因为《指南广义》为程顺则于康熙二十二年（1683）间撰修而成，因此他所面对的就是康熙二十二年前后中琉官方往来的内容。在明代的册封琉球使里，尚无接贡的描述，入清以后，接贡则成为琉球国官方接

---

① 程顺则：《指南广义·自序》，《传世汉文琉球文献辑稿》第 1 辑，鹭江出版社，2012，第 437—440 页。

待礼仪的前奏。

《指南广义》开篇即为《天妃灵应记略》，犹如微缩版的《天妃显圣录》，但叙述截止的时间为康熙二十三年（1684）天妃敕封事宜，比后者略早。由此也印证程顺则确实如他自己在开篇所说的那样，是以康熙二十二年汪楫担任册封琉球使那次封舟主掌罗经的匿名舵工所授的那本航海针法为主要依据，参考明洪武二十五年（1392）所遣闽人三十六姓所传的残缺针本，撰修而成的。那么，按照清代册封琉球使启行前必须谕祭海神，有相应祝文，琉球国作为藩属国，无论接贡还是进贡，都不具备谕祭的资格。因此，程顺则相应地将之改为《请天妃安享祝文》，以达到启程前祭祀妈祖、祈祷妈祖庇佑的作用。其文曰：

> 维康熙几年，岁次干支某月朔越有某日干支。琉球中山王府，某官姓名等敬昭告于敕封护国庇民妙灵昭应弘仁普济天妃，曰：神秉正气，得坤之贞。湄洲诞降，山川钟灵。泽及河海，舟楫无惊。历膺封典，福国佑民。兹当进/接贡，将次至闽。请享安位，卜日启行。陈词荐酒，来格来歆。尚飨。

紧接着另有小字注明："此祝文用纸书，粘于祝板上，临祭置于酒桌上，读毕置于案上香炉左，祭毕，揭而焚之。"[1] 程顺则依样画葫芦，但他所特别注明的这行小字则对于了解明清中国册封琉球使谕祭天妃的仪式内容显然很有帮助。

紧接着，《指南广义》显示琉球国的进贡与接贡船也采纳了迎请天妃登舟仪式，并有《请天妃登舟祝文》。程顺则在此祝文开始即注明"维康熙起至护国佑民并陈词荐酒以下皆同"字样，后接"兹奉国命进/接贡入闽，请驾登舟，用保安宁""兹奉圣旨，返我王庭，请驾登舟，

① 程顺则：《指南广义·自序》，《传世汉文琉球文献辑稿》第 1 辑，鹭江出版社，2012，第 474—475 页。

第一章 『世界妈祖』及其东亚播迁

用保安宁"①。显然是琉球国的使者去程与回程迎请天妃的祝文大样。如此，整个供奉妈祖的仪式还不够周全，尚有《请天妃入庙祝文》："（起结同前）维兹进/接贡，舟已至闽。敬请法驾，就位驿庭。""兹从闽返，已抵东溟。请就原位，敬谢慈仁。"② 可以说，程顺则把中国历届册封琉球使疏于记录的细微仪式内容一一补充到位，具有很强的操作性，以供琉球国人实际运用，并且与册封琉球使们所执行的天妃祭祀仪式一一对应。

程顺则还记录了天妃诞辰与节序祝文。也就是说，无论是在琉球，还是已经到达闽地的琉球使者，关于妈祖的官方日常祭祀都十分周全。其中，有正月初四接神日、三月初三上巳日、三月廿三神诞日、五月初五端午节、九月初九重阳节、冬至日、腊月二十四送神日，都需要祭祀天妃，相应的也就需要祝文。除了祝文，程顺则还唯恐国人忘记如何隆重而又不失礼节地祭祀天妃，还附有《祭天妃仪注》：

> 前一日斋戒，沐浴更衣。不饮酒，不茹荤。不吊丧问疾听乐。凡凶秽之事，皆不可预。执事者，陈器具馔，厥明行事。（腊月廿四送神，正月初四接神，皆用昏时）是日，预祭大小官员，各着冠服盥洗，就位上香。参神，四拜。初献爵读祝文。（祝跪，主祭左读）亚献爵。终献爵。辞神，四拜。焚祝文并楮纸，众皆移神视焚纸。班首执爵，祭酒于纸炉中。讫，一揖。各复位引福酒。礼毕。③

"礼失求诸于野"，程顺则《指南广义》对于妈祖祭祀的记述十分全面，一如中国册封琉球使实际操作那般周全。作为针谱，这本《指南广义》主要还是提供给琉球国进贡与接贡舟上的主掌罗经者使用。作为船上的仪式专家，俗称"火长"的掌罗经者，在启行时与他们的中国同行

---

① 程顺则：《指南广义·自序》，《传世汉文琉球文献辑稿》第1辑，鹭江出版社，2012，第475页。

② 同上。

③ 同上书，第477页。

一样，需要一套极具个人化的"开洋下针请神祝疏"，其中依然以"护国庇民明著天妃娘娘"为主神①。"火长"在封舟上的地位处在官民中间，在船上扮演着操舟仪式的主导者，有效影响了上至进贡与接贡的使者官员，下至一般的船工水手。"火长"所扮演的角色可从《殊域周咨录》中转录的郭汝霖出使琉球海上遇险时封舟上"火长"的作用，而得到验证："是年闰五月初四日，至赤屿，无风。舟不能行……百户舵工等俱得异梦。六日辰刻，伙长舵工请余二人拜风，且谓有所爱之物可施之。余思出京时曾有人惠《金光明佛经》，又舵工陈性能作彩舟以禳。余曰：'事无害于义，从之可也。'余二人官服以拜，口为文以告。道人等用经与彩舟升之舱口祈之，而风忽南来。诸从者尚未回谢天妃之前，咸仰呼曰：'风到风到。'遂满蓬而行。至初九日，登岸。神明之贶显矣。"②

在中琉交往过程中，琉球国积极学习中国的造船技术，并吸收了日本船的特点，打造出有自身特点的大型船舶。清朝康熙末年册封琉球使徐葆光《中山传信录》即有记载："（琉球）贡船，式略如福州鸟船，船掖施橹，左右各二。船长八丈余，宽二丈五、六尺。前明洪、永中，皆赐海舟；后使臣请自备工料，于福州改造。今本国舟工，亦能自造如式。"③ 这些琉球自造的大型船舶频繁往来于中琉、日琉之间的海域，船尾也都设有祭祀妈祖专用的神龛，名为"菩萨御殿"。据《进贡船仕出日记》（1844）记载：缆绳仓等处和蓄水池上下、盆上、菩萨御殿左右等处以及法令规定的其他位置，因返航时船载货物很多，上述地方又须通行、使用，严禁堆放货物。④ 不仅如此，船上还设有"总官（管）"之职，专门负责船上祭祀。《琉球国旧记》对"总官（管）"有解释："自

① 程顺则：《指南广义·自序》，《传世汉文琉球文献辑稿》第 1 辑，鹭江出版社，2012，第 481 页。

② ［明］严从简：《殊域周咨录·琉球国》，余思黎点校，中华书局，2000，第 163页。

③ 徐葆光：《中山传信录》卷二，《台湾文献史料丛刊》第 9 辑，台湾大通书局，1987，第 239 页。

④ ［日］琉球王国评定所文书编集委员会编《琉球王国评定所文书》第一卷，红树社，1988。

往昔，王遣使中国时，必奉安天后菩萨于船内，以便往还。即设立此职，令他朝夕焚香。此或有叙筑登之位者。或有生员任此职。康熙年间，授此职时，必擢通事、叙里之子也。"① 那么，这些活跃在琉球国大型船舶上的火长、总官（管），势必对琉球国的航海产生不小的影响。而琉球国也已逐渐消化了中国的造船与航海技术，包括继承了妈祖在海上的重要保护作用的理念，从而推动妈祖信俗在琉球社会的传播与内化。

2. 对于琉球社会的影响

林国平在《琉球的观音信仰》一文中谈道，反观琉球的妈祖信俗，她和观音信俗一样也是外来的神灵，同样得到了琉球国王的扶植，建造了上天妃宫、下天妃宫、姑米岛天后宫，定期祭拜。每逢册封使来琉球时，必定要举行隆重仪式，祭拜妈祖，真是风光无限。但是，妈祖信俗在琉球民间的影响并不大，不能与观音信俗相比拟，如今冲绳人已经很少人知道妈祖信俗了。琉球的妈祖信俗与观音信俗为什么会有如此之大的反差呢？林国平认为，妈祖信俗是册封制度的产物，主要通过册封舟传入琉球，其来源比较单一，随着中国册封琉球活动的终止，妈祖信俗在琉球走向衰落也在所难免。另外，妈祖的信仰群体局限于久米村三十六姓后裔，未能在更大的范围内融入琉球的民俗活动中；虽然妈祖的主要职能是保护航海平安，非常适应琉球社会的客观要求，但只得到册封使和久米村三十六姓后裔的认同，琉球渔民和航海者并没有多少人奉妈祖为海神。②

此文对于妈祖信俗在琉球的传播与影响程度的把握较为准确。妈祖作为长达五百余年册封琉球使活动的海上保护神，对于琉球社会的影响居然如此之有限，实在令人诧异。因为这篇长文主要聚焦于琉球的观音信俗，妈祖信俗只是作为观音信俗研究内容的简单参照而提了一笔。因此，这里有必要结合明清时期中、琉、日关系的历史，来阐述妈祖信俗在琉球无法与观音信俗相媲美的根本原因。

---

① ［日］伊波普猷、东恩纳宽惇、横山重编《琉球史料丛书》卷三《琉球国旧记》，井上书房，1962。

② 林国平：《琉球观音信仰研究》，《海交史研究》2010 年第 1 期，第 119—120 页。

其一，中国琉球册封制度对于妈祖信俗在琉球的传播产生巨大影响，毋庸置疑。然而，琉球国自身存在着固有的信仰体系与传统，除了海上庇护之外，王公贵族对于妈祖信俗的其他神职功能的认知与推广缺乏动力。久米村闽人势单力薄，得不到祖籍地新鲜血液的持续补充，又以中华文化自矜，这都在很大程度上限制了妈祖信俗往琉球民间社会纵深发展的可能性。

明清时期，琉球著名的三座大妃宫都与中国册封琉球国活动紧密相连。《天妃显圣录》记录了明代洪熙元年（1425）内官柴山出使琉球时载妈祖香火以行，遇险时得到妈祖显灵庇佑的故事。另据萧崇业《千佛灵阁碑记》可知，从洪熙元年到宣德八年（1433），柴山先后奉命四次出使琉球①，并以其特殊的太监身份在琉球留下了他的佛教信仰痕迹，对于妈祖信俗在琉球的传播亦有不小的影响。明代内官太监奉佛成风，柴山也不例外，其崇佛好善，他将出使琉球能够化险为夷，归因于崇佛而得果报及天妃的庇佑，其后万历七年（1579）册封琉球使萧崇业《使琉球录》中的《大安禅寺碑记》，记载了宣德五年（1430）柴山再次出使琉球时在琉球修建了大安禅寺，以酬报其崇佛之心；并在宣德八年出使琉球时重修了琉球的弘仁普济天妃宫，在天妃宫南侧凿井并添建大安千佛灵阁。② 据李献璋考证，此弘仁普济天妃宫当为琉球唐营的上天妃宫。③《球阳》载"尚巴志王三年（1424）创建下天妃宫。杜公录云：'天尊庙，昔闽人移居中山者创建祠庙，为国祈福。以此考者，上天妃庙、龙王殿亦此时建之欤。'又曰：'龙王殿，旧是建在于三重城，经历即久，移建于唐荣上天妃庙前矣。'"④ 很显然，琉球久米村上天妃庙与明初明太祖朱元璋赐琉球闽人善操舟者三十六姓有直接关系，即洪武二十五年（1392）明廷遣送福建晋江、南安、龙溪、长乐及福州河口人三十六姓至

① ［明］萧崇业：《使琉球记》，《台湾文献史料丛刊》第 287 种《使琉球录三种》，台湾大通书局，1984，第 134 页。

② 同上书，第 133 页。

③ ［日］李献璋：《妈祖信仰研究》，郑彭年译，刘月莲译校，澳门海事博物馆，1995，第 127 页。

④ ［日］球阳研究会：《球阳》，日本角川书店，1974，第 169 页。

第一章 『世界妈祖』及其东亚播迁

71

琉落户，负责操舟入贡。[1] 航海接贡十分依赖闽人三十六姓的琉球国王廷自然也十分支持上天妃宫的妈祖信俗。据李献璋考证，景泰五年（1454）即位不久的琉球国王尚泰久便与下天妃宫一起为上天妃宫敬献梵钟一口：

> 琉球国王，大世主，（庚寅）庆生，兹现法王身量，大慈愿海，而新铸洪钟，以寄舍本州上天妃宫。上祝万岁之宝位，下济三界之群生；辱命相国安灜，为其铭。铭曰："华钟铸就，挂着珠林。撞破昏梦，正祷天心。君臣道合，蛮夷不侵。彰兔氏德，起追蠡吟。万古皇泽，流妙法音。"
>
> 奉行（与那福中西）大工卫门尉藤原国光[2]

时至清康熙二十二年（1683），汪楫《使琉球杂录》载：

> 天妃宫有二：下天妃宫与天使馆邻并，门外即馆垣之左。地宽平可数十亩，前有大石池，那霸居民向以此为市易之所，今徙马市街。宫亦就圮。国之案牍多储于此。上天妃宫在孔子庙之右，深行曲巷……宫外后埠矗起，墙壁巍然……使臣朔望必肃谒。香火视下天宫较盛。[3]

其后徐葆光《中山传信录》对于上、下天妃宫有更详细的描述：

> 琉球天妃宫有二：一在那霸，曰"下天妃宫"——天使馆之东。门南向，前广数十亩，有方沼池。宫门前，石神二。入门甬道，至神堂二十步许。堂内有崇祯六年册使杜三策、杨抡"慈航普渡"匾，顺治六年招抚司谢必振"普济万灵"匾，康熙二年（癸卯）册使张学礼、

① 吴壮达：《琉球与中国》，《台北研究院近代史研究所集刊》，1985，第76页。
② ［日］李献璋：《妈祖信仰研究》，郑彭年译，刘月莲译校，澳门海事博物馆，1995，第224页。
③ ［清］汪楫：《使琉球杂录》卷二，《故宫珍本丛刊》第273册《史部地理类外纪》，海南出版社，2001，第15页。

王垎"普济群生"匾；大门上书"灵应普济神祠"，则万历二十四年册使夏子阳、王士祯所立也。两旁皆民居，国中案牍多储于此。有钟一架，刻云："琉球国王大世主庚寅庆生，兹现法王身量，大慈愿海，而新铸洪钟，以寄舍本州下天妃宫。上祝万岁之宝位，下济三界之群生；辱命相国安灄为其铭。铭曰：'华钟铸就，挂著珠林。撞破昏梦，诚（'汪录'误作'正'字）祷天心。君臣道合，蛮夷不侵。彰兔氏德，起追蠡吟。万古皇泽，流妙法音。'……"

上天妃宫，在久米村。夏给谏子阳"使录"云："此为嘉靖中册使郭给事汝霖所建。"他无碑记可证。宫在曲巷中，门南向，神堂东向。门旁亦有石神二。进门上甬道，左右宽数亩，缭垣周环。正中为天妃神堂。右一楹为关帝神堂，左为僧寮。阶下钟一所。大门左有神堂，上飨供龙神。天妃堂内，有崇祯六年册使杜三策、杨抡立"德配玄穹"，康熙三年（癸卯）册使张学礼、王垎"生天福灵"，二十二年册使汪楫"朝宗永赖"三匾；副使林麟焻二十三字长联，后称"裔侄孙麟焻敬题"。盖天妃为莆田林氏，闽中林姓多作此称。梁上有"灵应普济神祠"之额，乃万历中册使夏中阳、王士祯所立也。始至馆第二日，先诣孔庙行香，次至天妃宫。①

显见，下天妃宫为琉球尚巴志王所创建的王家宫庙，后兼王家档案馆，管理必然比上天妃宫严格，普通信众难以入内自由奉祀妈祖。门前大埕原为琉球民众交易之所，本有助于下天妃宫香火旺盛，后来出于某种考虑，干脆迁徙，因此香火不如上天妃宫，但好处在于，只要王家眷顾，下天妃宫香火必然能够得以长久延续。

上天妃宫则与下天妃宫有所差异，其基础信众还多了闽人三十六姓及其后裔，多了常人祭祀的气息，上天妃宫香火自然旺盛一些。但上天妃宫香火在琉球的推广也存在很多问题，久米村作为闽人三十六姓的固定居住地，其固定的职责是为中琉的册封朝贡制度提供航海技术与相关

---

① ［清］徐葆光：《中山传信录》卷二，《台湾文献史料丛刊》第 9 辑第 306 种，台湾大通书局，1987，第 44 页。

礼仪服务，以及为琉球王室提供各种政治文化服务，在琉球本土相当于一个十分特殊的外来阶层，受到王家持续的眷顾；久米村闽人及其后裔亦以此为荣，以自身中华文化为荣，因此极力保留其文化传统，并独立成村；这虽然有利于其文化传统的保留，但对于其融入琉球社会及影响琉球民间社会却相当不利。这些因素显然对于妈祖在琉球航海世界里的影响具有很强的推动作用，但也造成了妈祖香火在琉球民间社会的推行原动力不足，后续也乏力。更大的问题在于，闽人三十六姓入琉球，只是阶段性的。谢必震认为："'明洪武二十五年赐闽人三十六姓'是对此前闽人移居琉球的正式认可，是其后逐年移居琉球的法律依据……是明朝以前的历史上绝无仅有的一次由政府派遣的大规模中国移民移居海外的活动。"① 明代以闽人三十六姓为代表的福建沿海移民持续进入琉球是情理之中的事情，对于文化相对落后的琉球社会的持续影响也是毋庸置疑的，尤其是对于琉球上层文化的影响可谓全方位。但是，这种持续性的大规模移民并没有维持很久。据明万历三十四年（1606）册封琉球使夏子阳《使琉球录》记载："余闻诸琉球昔遣陪臣之子进监者，率皆三十六姓；今诸姓凋谢，仅存蔡、郑、林、程、梁、金六家，而族不甚番，故进监之举，近亦寥寥……三十六姓者，昔所居地曰'营中'，今强半丘墟，过之殊可慨焉。"② 可见闽人三十六姓入琉后自立成村，享受特殊社会地位的同时，亦容易孤立于琉球社会之外，并不容易融入琉球其他阶层之中。更严峻的是琉球并非明代中后期中国移民的主要落脚地，也就是说地小人贫的琉球，一旦转口贸易失败，就很难与广袤且自然资源丰富的南洋相媲美，对于后续源源不断出洋的福建沿海移民来说，很难有吸引力。据夏敏考证，《历代宝卷》载：万历三十五年（1607）琉球尚宁王上奏请求朝廷"照洪永年间恩例，再赐拨三十六姓入球，仍效劳差役"。远非雄图大略的洪武、永乐朝可比拟的万历朝礼部

---

① 谢必震：《明赐琉球闽人三十六姓考述》，《华侨华人历史研究》1991年第1期，第36页。
② ［明］夏子阳：《使琉球录·下卷·群书质疑》，《国家图书馆藏琉球资料汇编》（上册），北京图书馆出版社，2000，第487—489页。

婉拒了此事:"善良之族重去他乡,欲强中国以就外邦,必非民情之所乐从者。若沿海奸民营谋投入,始贪货卖之利,渐咨交构之端,事情叵测。"① 明廷官方不允许,对于民间的中国沿海移民又没有什么吸引力,久米村唐营显然缺乏福建祖籍地移民对其后续新鲜血液的持续注入,外加久米村唐营长期独立于琉球社会,自然难以维持长期性的兴盛发达,其逐渐凋零是历史的必然。那么他们所供奉的妈祖,自然也就无法全面推广到琉球社会的各个角落。

其二,日本对于琉球的影响,亦是妈祖香火难以在琉球推广的重要原因之一。

就明代而言,自洪武朝伊始,琉球册封制度建立,赐闽人三十六姓入琉,对于琉球社会产生了空前的影响。琉球以此为契机,以明廷朝贡制度"薄来厚往"的特性,频繁进贡,获取巨大的赏赐物资,进而利用这些物资从事海外转口贸易,获取双重财富,大大提升了琉球的经济发展速度,政治文化上依赖"闽人三十六姓",努力向明廷看齐,亦陆续完善自身政治社会体系的建构。故琉球国在抵抗日本吞并时有言:"交通服属中国,有如前述,五百年来,受彼册封,向彼进贡,在彼处设置官邸,以至于今,绵绵不绝。受彼之恩德,蒙彼之爱顾,原本为天朝所洞知、万国所观察者。""尊用中国年号、历朔、文字,惟国内政令,许小国自治。"主张琉球"废藩改县"的日本人松田道之亦认为:"(琉球)其政治以文教人伦为主要……有敬神信佛之风……文学以讲究孔孟之道为主,门阀子弟及久米村人(闽之人种),学习清国书法。"②

然而,对于妈祖信俗在琉球的传播问题上,学界还是低估了日本入侵,乃至最后吞并琉球的一系列影响。

日本庆长十四年(1609),萨摩藩岛津氏在德川幕府的默许下悍然入侵琉球,米庆余认同宫城荣昌氏的观点,即"特别是由于萨摩岛津氏参

---

① 转引夏敏:《寻找琉球"闽人三十六姓"》,《民族艺术》2017年第4期,第165页。

② 转引米庆余:《琉球历史研究》,天津人民出版社,1998,第164页、第166页、第169页。

加文禄、长庆之役和关原之战，支付了大量的军费，苦于填补。为了解决这一危机，除了将琉球置于领国之下，使之作为对明贸易的中介而自由颐使之外，别无他策"①。对明贸易的巨大利润足以吸引已经被明朝明令禁止进行朝贡活动，其后又奉行锁国政策的日本德川幕府的注意力，与琉球毗邻的萨摩藩岛津氏更是对此垂涎欲滴。此次军事入侵，对于几乎不设防的琉球王国而言是致命的。琉球王家的金银财宝乃至典籍文物被洗劫一空，琉球尚宁王等贵族一百多人被掳。尚宁王被拘押在敌营长达两年多，被迫出具"誓文"才被放回，从此纳贡称臣并定期遣送质子，还被迫割让北方五岛。更致命的是，岛津氏开始控制琉球对明进贡等海外贸易事宜，并于日本宽永九年（1632）在琉球那霸设置"在番奉行"，直接监控琉球内政与督厉进贡贸易。据称琉球尚宁王被放回之时，还被要求执行十五条规定，可能与妈祖信俗在琉球传播有关的内容有："（一）非萨摩之命，禁止购买他国商品；（二）不可使用者，虽旧勋也不可予禄……（四）不可私约主从；（五）不可多设寺庙；（六）商人不带萨摩印契，不许市易……（八）岁税及其他公物，必遵我官吏所定，据法收纳；（九）禁止不经由三司官而任用他人……（十二）农商定税之外，有非理征收者，可告发于鹿儿府；（十三）不可自琉球向他国发（遣）商舶；（十四）斗升用京量，不可用他量……"② 即使这些规定最终没办法完全落到实处，琉球国的治理自主性亦大打折扣。以萨摩藩为代表的日本德川幕府对于琉球的宗主国——明朝一向既恨又爱，恨其强大，爱其富有。日本庆长十四年（1609）后，萨摩藩岛津氏以琉球为踏板，借助明廷册封琉球与琉球进贡明廷等活动实现商业贸易利润的赚取，进一步控制了琉球国。那么，萨摩藩岛津氏对于很明显从明朝传播过来，与明朝册封琉球活动紧密相关的妈祖信俗肯定十分警惕。因此，"不可多设寺庙"等规定虽然并非专门限制天妃宫，但妈祖信俗在琉球进一步传播的可能性大降。而对于琉球普通老百姓而言，"县官不如现

① 米庆余：《琉球历史研究》，天津人民出版社，1998，第70页。

② ［日］岩仓公旧迹保存会：《岩仓公实记》下卷，1900，第569—570页。转引米庆余：《琉球历史研究》，天津人民出版社，1998，第78—79页。

管"，从此增加的进贡给萨摩藩的巨额赋税就足够影响到他们日常社会生活的各个方面。在琉球两属清朝与萨摩藩时期，相对于明清不定期举行一次册封琉球使及两年一次的进贡、接贡等琉球王家行为，萨摩藩岛津氏对于琉球国的现实影响要大得多，地缘又相对于中国更近，使得日本庆长十四年以后日本文化对于琉球社会的渗透必然将逐渐超过以久米村闽人为代表的中国文化对他们的影响。譬如清康熙年间徐葆光《中山传信录》载有："前明琉球人，皆不剃发……至本朝，始剃顶发。自国王以下，皆遵时制留外发一圈，绾小髻于顶之正中；首里与久米人，皆无异。夏子阳'录'云：'首里人髻居偏，久米人髻居中。'今不然也。剪唇上髭令齐者，间有之……国中惟三种人，皆剃发如僧。一为医官……"[①] 一如乾隆年间寓居日本长崎的徽商汪鹏《袖海编》所描述其时长崎日人发式："……至长成，将顶发削去，只留两鬓及脑后者，只梳一角……惟医人、瞽者净发如阇黎。"[②] 清乾隆年间出使琉球的周煌《续琉球国志略》载有："门窗皆无户枢，上下限俱刻双沟道，设门扇，其中为方格，以纸糊之，左右推移以为启关。"[③] 这些皆是日本文化逐渐影响琉球社会生活的具体表象。黄兰翔认为："自1609年萨摩藩入侵琉球以后……羽地朝秀（向象贤：1617—1675）于1666年，当上琉球国王的辅佐摄政职位，进行了各项改革，才恢复了国家秩序……鼓励各种日本文艺……或许是因为要与萨摩藩打交道时必须具备日本文化的教养才需要学习日本文艺，但是对冲绳文化影响很深的向象贤，在萨摩藩的支持下进行了大胆的亲日政治改革。"[④] 从此也就可以初步看到为什么主要

① ［清］徐葆光：《中山传信录》卷六，《台湾文献史料丛刊》第9辑第306种，台湾大通书局，1987，第222页。

② ［清］汪鹏：《袖海编》，《丛书集成续编》二二四，台湾新文丰出版公司，1988，第461页。

③ ［清］周煌：《续琉球国志略》卷七，王有立主编《中华文史丛书》第十二，清乾隆二十二年刊本，台湾华文书局，1969，第306页。

④ 黄兰翔：《冲绳群岛与澎湖群岛传统建筑聚落形态之比较》，福建师范大学中琉关系研究所编《第九届中琉历史关系国际学术会议论文集》，海洋出版社，2005，第243—244页。

依托日本佛教传播过来的观音信俗与从中国册封活动传播过来的妈祖信俗，性质相差无几，但深入琉球民间的效果却反差如此之大。

另外，琉球国除了明代建立的上、下天妃宫，在清代也仅创建一座天妃宫，即姑米岛天后宫，为清乾隆年间册封琉球使周煌、全魁倡建，得到琉球国王的配合才得以建立起来。周煌《续琉球国志略》载：

> 臣等姑米遇飓风，仰借皇上威灵，神光护佑，全船二百余人，无一亏损。易舟到港，谒庙（上天妃宫）行香。臣煌谨安"愿大能成"匾一；"神为德其盛乎，呼吸回天登彼岸。臣何力之有也；忠诚若水证平生"联一；敬抒微忱，稍答神贶。有钟一，镌文与下天妃宫同。一在姑米山，系新建。兹役触礁，神灯示见；且姑米为全琉门户，封、贡海道往来标准；臣煌谨同臣魁公启国王代建新宫，崇报灵迹。中山王尚穆，现在遴员卜地鸠工。臣煌使旋有日，恭制匾、联各一：匾曰"玉山仙姥"；联曰"凤舸灿神光，一片婆心扶泰运；龙津标圣迹，万年福曜镇安嘉"。米、姑各地更为立碑，以纪其事。①

姑米岛天妃宫的创建依然经官方渠道，是清代妈祖信俗传播在琉球的新突破，得到了琉球王室以及姑米岛岛民的信奉，姑米岛岛民俗称妈祖为"船菩萨"。清代的妈祖信俗在清朝历代统治者的重视下，康乾时期敕封"天后"称号，香火兴盛达到新高点。在此背景下，册封琉球使周煌等人在琉球创建这座天妃宫，应该也是受此潮流的影响。那么，对于琉球妈祖信俗而言，新妈祖庙的创建本是妈祖香火在琉球进一步兴盛的机会，可惜没有迹象显示其时妈祖信俗突破了前两座天妃宫存在时期的香火境地，这不得不考虑到当时琉球两属清廷与日本萨摩藩的尴尬境地。

但是，这三座天妃宫的香火依然顽强地延续到1879年日本政府强制"废琉改县"之后。日本明治末年，姑米岛天后宫破败不堪，神像被毁，

---

① [清] 周煌：《续琉球国志略》卷七，王有立主编《中华文史丛书》第十二，清乾隆二十二年刊本，台湾华文书局，1969，第389页。

对联等剥落，香炉等佛具被偷，战后更是荒废不堪。[1] 至于上、下天妃宫，"至大正年间，两宫终于随着时代的要求而被废弃，上天妃宫的遗址用于建立学校。下天妃宫成为那霸邮政局的用地，其遗址只留在地名上了。但是妈祖信俗由久米村系统的人保存下来，迄今仍收纳于家庭的神柜"[2]。日本正式吞并琉球后，根据1951年琉球那霸人蔡璋《琉球亡国史谭》的回顾，其时琉球实质上成了日本军国政府的殖民地，日本人除了全面控制琉球的军政大权，还残酷榨取琉球经济，并在琉球实行"皇民化运动"，尤其强调"去汉民族文化"，全面钳制琉球人。[3] 由此可见，彻底同化琉球才是日本的根本目标，对于琉球社会文化的破坏也就可想而知。中琉朝贡制度也从此停止，外加其后多年战乱等因素，久米村闽人后裔与其他琉球人一样陷入困境，处境甚至更加悲惨。失去双重支撑的琉球上、下天妃宫以及姑米岛天后宫被废弃是迟早的事。1879年琉球被迫改县，被日本正式吞并后，琉球三座声名显赫的天妃宫注定走向颓废，标志着妈祖信俗在琉球的传播与影响转入低潮期，但其影响分子依然存在琉球民间社会之中，近些年再次修复的琉球天妃宫多少还能看出当年的影子。

二、日本长崎港的"唐人"妈祖信俗

在中国民间信俗海外传播历史上，日本与琉球一样，亦是十分特殊的国度。明清时期，因为册封制度的长期存在，使得以妈祖信俗为核心的中国民间信俗凭借着强势的官方渠道传播到了琉球国，在琉球产生了持续性的影响。同是在明清时期，因为倭寇、海盗以及朝贡制度建立得不顺利，明清两朝与日本在官方交往方面一直很不顺畅，明廷甚至长期

① ［日］仲原善秀：《册封使的遭难与天后宫》，见《历代宝案研究》第6、7合并号，第62页。转引林国平：《琉球观音信仰研究》，《海交史研究》2010年第1期，第120页。

② ［日］李献璋：《妈祖信仰研究》，郑彭年译，刘月莲译校，澳门海事博物馆，1995，第232页。

③ 蔡璋：《琉球亡国史谭》，台湾正中书局，1951，第30页。

严禁与日本通商，而到了清朝时期，日本德川幕府则长期奉行锁国政策。但是，中日之间又存在着经济互补的巨大空间，这就导致了明清时期中日民间海上商业贸易的兴盛。作为海上保护神，妈祖必然随着这些商舶来往于中日之间的海域，从而促进妈祖信俗在日本的传播与影响。与琉球的官方传播渠道不一样，妈祖信俗在日本的传播趋向民间化。在广袤的南洋，缺少中国官方保护的中国移民及其宗教信仰，虽然本地化十分鲜明，历史的延续也比琉球与日本更加悠久，但是对于妈祖这样的民间信俗如何具体通过商舶一路传播到南洋各处，显然缺乏实证性的史料。而日本具有强而有力且十分健全的社会政治制度，历史上又与中国交流密切，对于中华文化十分尊崇，因此日本当政者在密切监控中日贸易的同时，也因自身的经济需要，给中国商人预留了足够的活动空间，使得中国商人在日本能够得到比较稳定与安全的社会空间，从而建构他们的信仰空间，直至 1895 年中日甲午战争爆发。

（一）明清对日贸易的中国商舶上的妈祖信俗

1985 年，杜文凯编纂了《清代西人见闻录》①，其中收录了日本学者松浦章的《中国商船的航海日记》② 一文，一时引发诸多学者的关注，其文末所附陈吉人著《丰利船日记备查》尤其引人注目。明清时期，基于中国人的传统航海习惯，无论官方还是民间，都不喜欢西欧式航海日记的琐碎与细致，他们只记录自己所感兴趣的精英叙事或者涉及他们生死的东西，譬如针谱、游记、诗歌等内容。《丰利船日记备查》明显有仿效西欧航海日记的痕迹。该日记记录于咸丰年间，已经是鸦片战争以后了。或许经过西学东渐的熏陶，近现代中国商人发现，西欧式的航海日记无论对于公司财东还是船主，其实都是一种有益的习惯，至少可以起到对与此商舶活动相关的各个方面的监督与备查的作用。当然，松浦章认为："《丰利船日记备查》是由丰利船开出乍浦，驶入和离开长崎港

① 杜文凯编《清代西人见闻录》，中国人民大学出版社，1985。

② ［日］松浦章：《中国商船的航海日记》，冯佐哲译，吕昶校，杜文凯编《清代西人见闻录》，中国人民大学出版社，1985，第 218—268 页。

及作者陈吉人停留长崎期间的记录组成，航海方面的记载非常少，没有形成现代航海日记那样的体裁，反而使人感到它类似企业经营日记。作者陈吉人记有一些私事，不过，是从丰利船副财副的角度记录的，所以我才把《丰利船日记备查》看作一艘商船的航海日志进行了论述。"① 无论如何，有清一代中国此类西欧式的商舶航海经商日记还是极为罕见，更遑论前朝。

《丰利船日记备查》记录时间始于咸丰元年（1851）十月初三，止于咸丰二年十二月十九日。日期虽然超出古代海上丝绸之路活动的截止时间 1842 年，但是丰利船行驶的目的地为日本长崎。日本其时尚处于德川幕府锁国政策的最后时期，长崎为其唯一开放的对外港口，依然可视为古代海上丝绸之路末期东亚海域的代表性港口。一直到日本安政五年（1858），日本幕府才准许开放下田、函馆、横滨、新潟等新港口，实行自由贸易。因此，《丰利船日记备查》关于妈祖祭祀活动的记录，是明清时期中国民间信俗海外传播不可多见的个案之一。从中可以看到，中国商舶从出发地到目的地以及航海过程中，如何一路操持着妈祖祭祀的一系列内容，再加上长崎供奉妈祖的"唐三寺"的具体情况，反观琉球妈祖信俗的官方传播，可以窥见中国民间信俗在官方与民间两方面，通过商舶向外传播的方式与具体内容。

《丰利船日记备查》关于妈祖祭祀活动的记载具体如下：

> 辛亥冬帮，丰利船日记备查。十月初三，派生意……丰利船主项把珊，财副颜亮生、徐熙梅，副财副杨友樵、陈吉人。初四日……下午至公司……初三日未刻，领本子，候船主。领簿毕，同至楼上，拜天上圣母。下楼，拜关帝毕，即向诸东翁拜辞……十三日巳刻，两船主、副乘轿同往各庙拈香，趁轿拜客，回到公司……十八日清晨，西局主、副来拜。午后，本局主、副往答彼局，两船今日应吉，拈香，拜客……二十四日晴。乾戌风。黎明，由花鸟放洋……二十七日晴，

① ［日］松浦章：《中国商船的航海日记》，冯佐哲译，吕昶校，杜文凯编《清代西人见闻录》，中国人民大学出版社，1985，第 246 页。

第一章 『世界妈祖』 及其东亚播迁

81

巳刻，见五岛山。其时，乾戌风，微雪。即至尾楼，拜天上圣母。是晚，天色昏黑，船行甚速，甚恐……二十八日晴……至午刻，收进白沙岙……未刻开针，晚间拜仙人，送金箱，十四付……十二月初一日晴。辰刻，至将台，拜圣母。初二日晴，巳初至尾楼拜迓福……初六日阴。小雨。丑刻，仍旧开炮。寅正，起纤。酉刻，进港，交办。即至将台，拜圣母。初七日辰刻，收针，同伙总舵，拜圣母……未刻，上番，在梅溪上岸……初八日晴，辰初，本馆各殿焚香，并拜西局两库，两在总管、两伙、两总、四老大王先生毕，至二番库吃饭，亦需一拜……十五日立春……巳刻，先在本库烧香毕，即一揖拜春。然后馆内各殿拈香，至公堂各番皆一揖道喜。十六日晴。……晚膳迓福酒，慎甫来，同饮……二十日晴……业已洗舱。两老大同总管请香位一并上番……二十一日晴。巳刻，到大船色蓬……到大船先见头目，后到水门拜奠毕，自同小公司、公司兄弟先行上岸……二十四日阴，晚间送灶，预将梅单一张写东厨司命……二十八日晴。子初过年，同至扶梯头，先拜圣母，用三牲一付、猪头一枚、素果十碗，并羔元宝仙茶、酒等，随后到各殿拈香。回到本库，在圣母前奠酒，再拜毕……未刻，本库祭先，二门库亦要祭先……大除夕雨……晚膳大年夜饭……吃毕接灶一拜。随后至二番辞岁，一拜。咸丰二年正月。元旦晴。丑初，在扶梯头拜圣母后，即在各殿拈香，并至各番弟兄棚子拜年。回到本库，各友团拜贺岁……辰刻，同熙翁再到各殿，自烧年香毕，然后一同至二番拜年……初二雪。辰刻，在扶梯头拜迓福，至二番吃点毕……元宵晴。辰正，各殿拈香毕，竟出公堂……十六日巳初，本库拜迓福……二十日晴。二番船做上番好事，至东明山拈香。出公堂与回来皆须一揖恭喜……二十六日，四艘主、副往圣庙拈香，轿去……二十七日晴。三番船做好事。辰刻出公堂，见三番主、副总管需一揖。道喜毕，同至崇福寺拈香……廿九日雨，大风。辰初同剃头去邀四船大总管、四船伙长、二番船主副、两在留同本船老大、王先生。今晚吃上番好事酒……船至福济寺拈香……午后本库祭。先把翁因寒热不退，卧床不起。晚间，陪上番好事酒并拈香一切公干，亮二叔代之。丑初，馆内各殿拈香毕，伙总舵同回本库……二月初一日……辰刻出去，见头目在外照应，故未能拈香……初二日阴，大风。巳刻，扶梯头拜迓福，出去土地堂拈香。今日乃福德正神诞……晚间，土地堂撒羹，亮、友两公往。初三日晴。辰至公堂……随后至兴福寺拈香……十四日晴。清晨各番同至悟真寺春祭拈香……十五日清明节，雨。清晨先至扶梯头拜圣母，再往馆内各殿拈香……十六日阴。巳初，拜迓福……十九日，大士诞。巳初，至观音殿拈香毕，即出公堂……二十日晴。巳初，出馆至大德寺拈香，乃天满宫菩萨九百五十诞辰，系僧人来请，四番皆往……二十二日晴。四、一番下头番，卯刻在扶梯头拜圣母毕，即至一番本船老大处送行。至公堂一切并送老大顺风与昨天同……友大叔去，自同伙长公小总管至大船，俟值库香供请菩萨到船。值库驶神棍毕，与长老奠酒拜完后，上岸时同老大一揖，道其拜托费心，仍同伙长小总管坐小船归馆……未刻，写隆福庵缘，捐钞三两，当付……三月初一日晴。巳初，馆内拈香……初三日阴。巳初，四船主、副至稻荷社拈香……初四日晴。辰刻，本局两船主、副同钮梅峰、汪吟舫至祇园社拈香毕……初九日晴……辰刻，把翁送来酬仪钞一百五十两，内扣天后宫提缘十五两……十五日雨。巳刻，各殿拈香……二十八日阴，小雨……巳刻至墙外稻荷社拈香，回船同往，此亦老例，在出货后去。二十九日晴。寅刻，馆中各殿拈香毕……未刻，本库祭先……四月初一晴……辰刻，馆内各殿拈香毕，出公堂……十五日清晨，各殿拈香……

　　子清和月二十日在留崎阳。日记备查……五月初一日阴，小雨。巳刻，馆内各殿拈香毕，即至公堂乘轿往金毗罗山拈香……初八日晴。巳刻，同杨二叔至若宫社拈香……十三日阴。巳刻，先在馆内圣帝殿拈香毕，至公堂同两在留总管往梅崎下船，到圣福寺拈香，乃年例关帝诞也……十五日晴。午初，馆内各殿拈香毕，至公堂抄米价……今日水神诞，馆内每有水处，夫子敲锣祭之……二十一日晴。五点出馆，乃卢醉苑请往福济寺上面看花炮，两在留船主、总管同自五人皆往。二十三日晴，巳初，两在留船主、总管同自五人至文广寺拈香……六月初四日阴。六点半至爱岩山拈香，轿去。和尚因钟楼竣工心欢，即唤附近串戏人演剧一出，以为恭敬谢谢之意。杨二叔赏花红钞七两……十六日晴。巳初，出公堂，至九赛庙拈香……十九日晴。巳初，同杨二叔至馆内观音殿拈香……二十八日晴。六点半至公堂，三人乘

轿往金毗罗山拈香……（金毗罗山问船卦，两艘到船日七月初四、十一、十二，三日内）……十三日晴。巳初，出公堂并至土地堂、仙人堂拈香，乃中元佳节，和尚进馆诵经，……十五日，饭后，本库同独脚、二门库祭先。二十三日晴。巳初同杨二叔、江十叔梁总管至福济寺拈香，船去。乃年例天上圣母诞也……九月初九日晴。馆内拈香……十六日晴。巳初，新王家进馆……随即至三庙拈香，需两局总管在前领路……十九日晴。辰至观音殿拈香……二十三日晴。年例天上圣母诞。出馆至兴福寺拈香……二十五日晴。辰正至悟真寺拈香，船去……十月初一晴。辰刻馆内拈香。饭后。本库、独脚库、二门库祭先……初五日阴。九点半出至石宫寺拈香……补初八日晴。和尚进馆，因初一不暇耳。土地堂、仙人堂拈香皆用三牲……十一月初一日晴。巳刻，馆内各殿拈香……十一日阴。午后仙人堂拈香、本库祭先……十二月初一日晴……辰刻，馆内各殿拈香……①

上述引文内容可分为两部分。其一，陈吉人于咸丰元年（1851）十月初三伊始，以丰利船副财副的身份随船到达日本唯一对外贸易港口长崎。一路上的点滴记录显示，丰利船开船前主要祭祀的是其所在公司楼上供奉的妈祖与楼下供奉的关帝，另有至各庙拈香，但没有明载具体神名。丰利船尾楼将台上供奉的主要是妈祖与土地公，行船过程中陈吉人等曾多次祭拜妈祖与土地公。拜开针仙人则是适逢重要开船时刻所固有的祭祀仪式，这在中国目前能够见到的各版本的针谱里都有记载。到长崎后，直到丰利船回航，陈吉人等人除了奉迎船上的妈祖与土地公上、下岸外，还严格遵照中国传统岁时节日，对上岸后安放在长崎"唐人坊"丰利船商驻点即本库扶梯头的妈祖与土地公，以及"唐人坊"里原有的妈祖殿、关帝殿、观音殿等进行拈香祭拜，出馆则前往兴福寺、福济寺、崇福寺等长崎著名的"唐三寺"拈香，另外还不时祭祀馆内土地

---

① 陈吉人：《丰利船日记备查》，附录于［日］松浦章：《中国商船的航海日记》，冯佐哲译，吕昶校，杜文凯编《清代西人见闻录》，中国人民大学出版社，1985，第247—268页。

堂、仙人堂，并前往悟真寺与大德寺等馆外寺庙拈香各一次。其中，出发地与目的地所祭拜的神明重叠的有妈祖。关帝与土地公，尤其以拜妈祖与迓福次数最多，也最为日常。譬如每个月的初一、十五祭拜妈祖，初二、十六迓福祭祀土地公，无论是在船上还是在陆上，都一样执行无误，显示这是他们最重视的信仰内容，这也正是他们所从事的海外贸易最重要的两大职业神。王荣国认为："扶梯头安放的'天上圣母像'与'福德正神像'应是丰利船船员抵长崎时将船上的神像请上岸临时供奉该处的神龛中。"① 中国商人不再将船上的妈祖与土地公临时安奉在传统的长崎"唐三寺"，而是安奉在"唐人坊"本库扶梯头，这显然是因地制宜之举。此次航行丰利船顺风顺水，快捷异常，船上的航行日记也就显得平淡无奇。尽管如此，船上依然祭拜了四次妈祖，一次迓福祭祀土地公，一次祭拜开针仙人，显示了海上保护神妈祖独一无二的祭祀地位。丰利船此次航行的顺利一方面固然得益于丰利船对于乍浦至长崎此固定航线的熟稔，另一方面也显示了古代海上丝绸之路晚期中国大帆船航海技术的成熟。因此，也就见不到海上保护神妈祖大发神威的记录。长期奔赴长崎开展海外贸易的中国商人，可视为古代海上丝绸之路晚期的中国商人的代表，他们无论在起始地，还是目的地，抑或是途中，祭祀海上保护神妈祖的活动依然十分活跃且日常化，对于妈祖信俗的依赖一点儿都不逊色于明清时期的册封琉球使。相对于那些科举出身，一般都远离海洋社会生活的册封琉球使，这些商人显然更加习惯于惊风骇浪的海上生活，当然对于妈祖信俗的认识也非册封琉球使们可比。此外，陈吉人等人在船上以及到达长崎"唐人坊"后，对于土地公的频频祭祀和对于长崎"唐人坊"内关帝爷诸神的祭祀，表明了"明清时期海商在海洋商业活动过程中举行频繁拈香祭祀以追求商业利润的普遍心态"②。对于海上安全的重视以及对于商业利润的追逐是中国商人从事海外贸易自始至终所关心的核心要素。那么，根据海上商业贸易需要较长周期的

---

① 王荣国：《清咸丰年间"丰利船"祭神活动分析》，《中国社会经济史研究》2001
年第 1 期，第 90 页。

② 同上书，第 92 页。

特性，在异乡重塑原乡社会生活也就成为一种很有必要的需求。日本德川幕府两百多年闭关锁国政策下的长崎港，恰好为中国商人提供了一个社会环境相对稳定的侨居空间。因此，咸丰年间陈吉人所呈现的长崎"唐人坊"社会生活，即是一处成熟的中国商人海外侨居地，围绕着岁时节日展开的祭祀活动正是中国传统社会生活的核心内容。由此可以想象，早期在南洋那些港口出入的中国商人如何在上岸后构建他们的社会生活。

其二，陈吉人留在长崎等待再次回航的记录。这部分记录恰好反映了中国海商在长崎侨居地"唐人坊"的异地社会生活。咸丰二年（1852），日本长崎依然是日本幕府对外开放的唯一港口。不同于南洋诸岛较为宽松的社会政治环境，日本幕府于1688年专门建立"唐人坊"安置中国商人，进一步严格限制他们的日常出行。除了参加"唐三寺"等寺庙的祭祀活动外，中国商人无论公私出坊活动都必须详细报备日本管理"唐人坊"的专门官员"院使"批准，方被允许。因此，"唐人坊"才是中国商人的主要活动范围。这里面祭祀本库扶梯头妈祖与土地公依然是陈吉人日常祭祀的支点，由此向外延伸，次及"唐人坊"里所设妈祖殿、关帝殿、观音殿，亦是中国商人祭祀的重点，兼顾本库祭先以及坊内的土地堂、仙人堂等祭祀活动，最外圈则是以"唐三寺"为核心的坊外寺庙拈香活动。这就构成了侨居长崎的中国商人的基本社会活动空间。陈吉人这部分留崎记录纯粹展现了一个职业商人侨居在长崎"唐人坊"里的日常社会生活。除了围绕丰利船回程后留下的商业贸易收尾的处理，并为下一次丰利船上番与回航做商务准备，剩下生活内容的核心即祭祀。这里除了依照中国传统岁时节日的习惯祭祀"唐人坊"各殿诸神外，缺少了对本库扶梯头妈祖与土地公的祭祀活动，可证此处确实为丰利船安奉船上妈祖与土地公的神龛所在。馆外的拈香活动大体与此前丰利船上番时众人拈香的内容一致，但增添了个人借助前往"唐人坊"馆外各处寺庙拈香的机会多次散心游玩，并借机进行私人拜访等社会生活内容，但活动范围显然没有超出长崎的地理空间。相对于"唐人坊"初建时期的严控，此时的管理似乎会宽松一些，但也没有陈吉人等人在"唐人坊"外留宿的记录。由此可见，在日本德川幕府严控之下的唯一对外贸易港口建立"唐人坊"集中安置中国商人的情况下，中国商人在长崎"唐人坊"里早已建立起了相对完整的职业神明体系，基本满足了他们为了商业贸易而临时侨居长崎期间的精神需求。除此之外，明末清初中国商人的先辈们在长崎"唐人坊"外建立起来的信仰空间，诸如"唐三寺"，为后来者所继承，成为他们在长崎期间非常重要的社会生活内容，借此才能更好地了解日本社会。但是，也正是因为日本德川幕府如此严格的人身限制，使得长崎"唐人坊"建立后，被集中安置的中国商人对于长崎乃至日本社会的民间信仰空间的拓展再也无法超越前辈，而只能守成而已。

（二）长崎"唐三寺"的由来及其影响

清乾隆二十七年（1762）汪鹏《袖海编》有言："唐馆香火有三大寺，曰兴福、崇福、福济，皆唐山僧主之。江浙人则隶兴福寺，福州则隶崇福，漳泉则隶福济。凡有建醮酬愿及天后圣诞，例得游览竟日。亦有看花之请。"[1] 长崎著名的"唐三寺"并非一蹴而就。基于倭寇的侵扰以及明廷与日本朝贡制度建立不顺畅，有明一代一直严禁中国海商对日贸易，哪怕隆庆元年（1567）海澄月港开港，亦无所松动。而日本对于中国商品孜孜以求，这种不对等的态势造就了中国海商对日贸易存在着非常丰厚的商业利润，因此商人们经常不惜铤而走险，私下从事对日海上贸易。日本战国时代（1467—1615）各大名因应战争需求，对于海外贸易需求格外旺盛，吸引了更多的中国海商前往日本进行商业贸易，他们的足迹遍布日本的五岛、平户、长崎诸港口，早有所谓的中国海商临时侨居地即"唐人町"出现。只不过进入江户时代，日本德川幕府因为西方天主教传教泛滥问题实行"禁教"，深感西方殖民势力的渗透危机，乃至于1636年颁布"锁国令"，实行全面闭关锁国政策。又因为日本德川幕府统治阶层的消费需求以及了解外界的需要，最终选择驱逐欧洲其他海上势力，而将中国海商与荷兰海商集中限制到长崎一港，建立两处

---

[1] ［清］汪鹏：《袖海编》，《丛书集成续编》二二四，台湾新文丰出版公司，1988，第462页。

安置地，分别进行商业贸易，长崎的"唐三寺"就是在这一历史背景之
下产生的。

日本学者西川如见《华夷通商考》记载：

> 唐人叫船菩萨的，第一是妈祖……航来长崎的唐船，必在港口放石
> 火矢，抛锚必鸣金鼓祝贺……又在同一港中，当一货船装卸完毕之后把
> 船菩萨从船上卸下，或返航让菩萨乘船的时候，沿途始终鸣金鼓吹喇
> 叭。到达其船则港中同类船只鸣金鼓三三九遍……这是唐土的风俗。①

这一习俗在《丰利船日记备查》里也可以看到相关记录，只不过陈
吉人对此仪式熟视无睹，没有仔细描述而已。由此可见，明末清初，中
国海舶出海贸易上、下岸迎请妈祖神像已经蔚然成俗。李献璋认为：
"从船上卸下来的妈祖，作为临时的便法，我觉得是拿到旅店或贸易对
方的家，二者取一。若航来者增加，结成乡帮，在他们的集会所设立神
龛存放。庆长十五、十六年（1610—1611），航来长崎的人激增，按其言
语习俗结成地缘性集团，分为三江、闽、粤三帮。庆长（1596—1615）、
元和（1615—1624）之交，这三帮各自设立集会所。"② 也就是说，李献
璋认为"唐三寺"设立前，中国海商在长崎供奉妈祖经历了临时寄放贸
易所在地到乡帮会馆的历史过程。那么妈祖神像如何从寄放在乡帮会馆
转而专门供奉在"唐三寺"？这则与日本幕府"禁教"有关。《袖海编》
有记载："客或携书而至者，必由司铎检阅然后发还，恐溷天主教邪书
故耳。天主教化人，昔以其教行于东国，东人惑焉，举国若狂，有潢池
之思。后事发，扬帆将逝，觉而追之，从者过半矣。乃以矢石分击，尽
歼其类，今永禁化人。唐山船至，例有读告示、踏铜板二事。告示中大
略叙天主邪说之非，煽人之巧，恐船中或有夹带而来，丁宁至再。铜板

---

① 转引［日］李献璋：《妈祖信仰研究》，郑彭年译，刘月莲译校，澳门海事博物
  馆，1995，第250页。
② 同上。

则以铜铸天主像，践履之以示摈也。"① 16 世纪中叶伊始，西方天主教在日本传播十分迅猛，日本达到了"举国若狂"的地步。"1550 年，西方传教士开始在日本传教，到 1610 年，日本全国的天主教徒已达到 70 万人"②。日本幕府已经认识到天主教并不适合他们的政治理念，甚至威胁到了他们的统治。于是，日本天正十五年（1587）丰臣秀吉发布传教士驱逐令；日本庆长元年（1596）颁布禁教令；1612 年日本幕府颁布禁教法令，并于 1613 年在日本全面推行，强迫天主教徒改宗；1622 年爆发了"元和大殉教"事件；1637 年日本幕府坚决镇压九州南部岛原、天草两地多是天主教徒的农民与浪人武士的起义，史称"岛原天草起义"，随后实行了"踏绘制"等制度，也就是上文汪鹏在《袖海编》里提到的"践履铜铸天主像"，转而扶持日本佛教。面对如此复杂的排外浪潮，长崎的中国商人为了避嫌，转而创立了"唐三寺"，以混迹于江户时代得到日本幕府扶持的日本佛教。其中，迎请唐僧隐元隆琦及其徒子徒孙东渡主持"唐三寺"，无形中为创建影响日本深远的"黄檗宗"贡献了力量。

1. 兴福寺

东明山兴福寺，又称南京寺，创建于日本元和九年（1623）。长崎君舒《寺崎图志》记载："兴福寺，在医王山右，古皆吉民废宅。元和初，欧阳氏买为（别）庄。明江西人真圆来航坐事，因自髡为僧。元和九年始隐于此。宽永中，僧默子募建，傍奠天妃，以便市舶祝祷。"③ 李献璋认为欧阳别庄就是当时三江帮的会所，那么兴福寺前身必然就是三江会所供奉唐船妈祖的地方。毫无疑问，这座寺庙主要由江苏、浙江、江西等三江帮出身的商人集团集资创建的，因应日本德川幕府"禁教"的便宜之举。兴福寺里面的妈祖堂还供奉有关圣帝君、三官大帝等神祇，俨

---

① [清] 汪鹏：《袖海编》，《丛书集成续编》二二四，台湾新文丰出版公司，1988，第 462 页。

② 王新生：《日本简史》（第三版），北京大学出版社，2019，第 103 页。

③ 转引 [日] 李献璋：《妈祖信仰研究》，郑彭年译，刘月莲译校，澳门海事博物馆，1995，第 255 页。

日本长崎兴福寺妈祖堂

然保持着三江帮会所妈祖堂的祭祀内容。其后，兴福寺更因迎请隐元隆琦而名声大噪。《丰利船日记备查》记载三江帮出身的陈吉人等船商在长崎上岸后，首次出馆拈香即往圣庙兴福寺，可能不是偶然。

2. 福济寺

福济寺，又称泉州寺或漳州寺庙，创建于日本宽永五年（1628）。得益于明代海澄月港开港，漳泉海商有近水楼台先得月的天然优势，海上势力空前庞大。明末清初，郑芝龙海上集团发迹于日本长崎，使得漳泉海商在长崎占据着相当重要的地位。那么，在长崎供奉妈祖香火为必然趋势，福济寺即为此结果。日本延宝二年（1674）合十撰《重兴分紫山福济禅寺》记载："本朝正保间，有道人缚茅以居，奉天妃圣母香火。诸夏商人罹难者，祷祝于此，辄有神应。"李献璋据此认为，一直到日本正保年间（1647），福济寺仍然是主祭妈祖，并未完全佛寺化，[1] 这一点有别于其他两座唐寺，也证明了漳泉海商主祀家乡海上保护神妈祖观念之重。《名胜图

---

[1] 转引 ［日］李献璋：《妈祖信仰研究》，郑彭年译，刘月莲译校，澳门海事博物馆，1995，第252页。

绘》记载："封锁天妃坛的左傍，另辟一殿，唐船在港期间把船上礼拜奉祀的天妃像（叫作寄存菩萨）存放于此，其上有匾额'海甸维宁'四字，系戒琬和尚之笔。"[①] 戒琬和尚是日本庆安二年（1649）卓锡于福济寺，此时依然保留着漳泉商船到长崎后奉安船上妈祖等神像于福济寺的传统。此传统可能延续到日本幕府于1688年专门建立"唐人坊"安置中国商人为止。

3. 崇福寺

崇福寺，又称福州寺，创建于日本宽永六年（1629）。明清时期对日贸易，位于中国东南沿海朝着日本这一侧的福州帮与三江帮一样，具有先天的地理优势，一个主走渤海湾北航线，一个还可贴着琉球群岛走南航线。就此而言，漳泉帮还稍逊一筹，只不过明代海澄月港开洋对漳泉帮商人的带动实在太大，自然资源更为逊色、生存压力更大的漳泉帮商人也只能背水一战，挟着月港开洋的经验优势，南下与广州港竞相下南洋，北上则与福州帮、三江帮一道走日本市场。长崎君舒《长崎图志》记载："崇福寺，在火光寺左仑，名圣寿山。宽永九年，明王、何、林、魏诸大商，施僧超然建。即祀天妃。正保元年重建。"[②] 福州在长崎的大商人聘请福州籍僧人超然主持兴建崇福寺似乎最显自然。福州自唐五代以来，佛教氛围非常浓，明末清初，福州一带更是高僧辈出，借日本幕府"禁教"扶持佛教之机，迎请家乡僧人前往长崎主持创建佛寺十分便利，因此福州帮的妈祖堂转化为佛寺最为直截了当。《长崎图志》还记载："其祠妈祖如兴福寺，左九鲤湖八（衍）仙，右大道公。又有关圣祠。"[③] 崇福寺祭祀妈祖的内容非但与兴福寺一样，与福济寺也一般无二。

无论如何，"唐三寺"皆为明末清初中国奔赴长崎的历代商人与船主所合力创建的，用以安奉他们船上所供奉的海上保护神妈祖等神像，以及营造他们在长崎侨居时能够随时祭祀他们所信仰的职业神——妈

---

① 转引〔日〕李献璋：《妈祖信仰研究》，郑彭年译，刘月莲译校，澳门海事博物馆，1995，第254页。

② 同上书，第259页。

③ 同上书，第260页。

日本长崎崇福寺大雄宝殿

祖、土地公、关帝、观音等神明的主要场所。只不过，作为外来商人，只能积极因应日本幕府"禁教"政策的变化，转变乡帮会馆的妈祖堂为佛寺。其后，随着日本幕府闭关锁国政策的进一步推行，中国海商原本较宽松的社会活动空间突然被限制到"唐人坊"一隅，出入实行严格的登记审查制度。因此，他们只能在"唐人坊"重新营造所信仰的职业神的祭祀空间，即重新创建"唐人坊"里的妈祖殿、关帝殿、观音殿、土地堂、仙人堂等祭祀场所，以供他们日常祭祀之用，甚至连迎奉船上的妈祖等神明神像都不得不转移到了"唐人坊"。而"唐人坊"外的"唐三寺"等寺庙，则成为他们世代继承的信俗资源。一方面，"唐三寺"依然是他们在长崎祭祀妈祖的传统信俗空间，得到了日本官方的承认，并不因为改变为佛寺而转化此功能。中国海商亦始终保持不时布施香火钱，以承担供奉"唐三寺"妈祖香火的责任，类似于《丰利船日记备查》里提到的"辰刻，挹翁送来酬仪钞一百五十两，内扣天后宫提缘十五两"的供奉形式。从"唐三寺"的角度而言，崇福寺住持即非和尚在《镇山门法度六则》中的第一条就宣布三宝的伽蓝与妈祖的香灯并列，要继续供养不可怠慢；第四条是关于檀越的布施，朝晚和朔望要祈求商业繁荣和往来（海上）平安；第五条"本寺诸檀越、内外护，当竭力卫护"①。也就是说，"唐三寺"与长崎的中国海商是相互依存的，相互维护的，谁也离不开谁。另一方面，"唐三寺"是中国海商与日本幕府乃至日本民间社会打交道的窗口。作为商人，获取贸易地的各种信息同样十分重要，尤其是当他们被局限于"唐人坊"时；另外，奔赴"唐三寺"等寺庙拈香也成了他们侨居日本时散心休闲的最佳选择。

然而，妈祖信俗与中国其他民间信俗内容是一样的，他们并没有像儒释道那样拥有深刻缜密的理论体系，能够脱离具体的神祇指向而在世人通用的知识体系中得到进一步的阐释与流传。因此，他们的传播极度依赖信仰人群，而非文字体系。长崎"唐人坊"对于中国海商活动空间的限制其实也是对于妈祖信俗在日本传播的限制。因此，在日本幕府闭关锁国期间，妈祖信俗除了在长崎，在日本其他地方的影响也就比较有限了。

① 转引 ［日］李献璋：《妈祖信仰研究》，郑彭年译，刘月莲译校，澳门海事博物馆，1995，第 262 页。

第一章 『世界妈祖』及其东亚播迁

第二章
郑和的宗教信仰观及其下西洋的影响

第一节　兼容并蓄：郑和下西洋的
宗教信仰观

　　自 1904 年梁启超发表《祖国大航海家郑和传》[1] 一文伊始，百余年来，海内外对郑和的研究不曾中断过，涌现了大量的研究成果。黄慧珍、薛金度在《郑和研究八十年》[2] 中对前八十年的研究成果有过很好的总结。改革开放以来，尤其是随着 2013 年习近平总书记关于共建"一带一路"倡议的提出与推进，郑和研究再次在海内外掀起了新的热潮。近些年最引人注目的研究内容，包含关于郑和下西洋所秉持的宗教信仰观的研究，主要关注点在郑和与伊斯兰教的关系[3]、与佛教的关系[4]，以及在下西洋过程中郑和如何处理伊斯兰教、佛教、道教、印度教等宗

---

[1] 梁启超：《祖国大航海家郑和传》，引自纪念伟大航海家郑和下西洋 580 周年筹备委员会、中国航海史研究会编《郑和研究资料选编》，人民交通出版社，1985，第 20 页。

[2] 黄慧珍、薛金度：《郑和研究八十年》，引自纪念伟大航海家郑和下西洋 580 周年筹备委员会、中国航海史研究会编《郑和研究资料选编》，人民交通出版社，1985，第 1 页。

[3] 吴海鹰主编《郑和与回族伊斯兰文化》，宁夏人民出版社，2005；［新加坡］陈达生：《郑和与东南亚伊斯兰》，海洋出版社，2008。

[4] 邵磊：《对郑和佛教信仰质疑的驳议——兼述郑和佛教信仰的新发现与新认识》，《南京晓庄学院学报》2016 年第 3 期。

教信仰的问题①。学界诸多专家学者纷纷从自身学科背景出发，深刻诠释郑和多元和谐的宗教信仰观，并在下西洋过程中不断加以实践的历史事实。我们认为，郑和之所以呈现"既信奉伊斯兰教，亦自称佛家弟子，同样也敬奉道教与民间信俗，同时尊重印度教等域外宗教信仰"这一兼容并蓄、和而不同的宗教信仰观，与他独特的人生境遇有很大关系。而他所处的元明交替历史时期，正是以儒家思想为主，释、道等宗教信仰为辅，"三教合流"思想日趋成熟，以及"以儒释伊"伊斯兰教本土化的关键时期，这些因素结合，造就了郑和"兼容并蓄"的内在宗教信仰观，外显则为"和而不同"的下西洋宗教信仰观。

一、儒、释、道"三教合流"思想的涵化

（一）以儒家思想为根基的郑和佛教信仰

佛教自汉代传入中国，儒、释、道三教彼此交融、互鉴从未停止过，然而"三教合流"是一个漫长的过程，经过唐宋元时期的进一步发展，到了明代，"三教合流"呈现出很高的成熟度。明朝开国皇帝朱元璋《三教论》即言"夫三教之说，自汉历宋，至今人皆称之……于斯三教，除仲尼之道祖尧舜，率三王，删诗制典，万世永赖。其佛仙之幽灵，暗助王纲，益世无穷，惟常是吉。尝闻：天下无二道，圣人无两心。三教之立，虽持身荣俭之不同，其所济给之理一。然于斯世之愚人，于斯三教，有不可缺者。"② 朱氏以一国之尊明确提出以儒为主，释、道为辅，三者缺一不可的"三教合流"治国思想，并作为"祖训"影响了整个明代。

---

① 陈尚胜：《中国传统文化与郑和下西洋》，《文史哲》2005 年第 3 期；王元林：《天妃、南海神崇拜与郑和下西洋》，《暨南学报（哲学社会科学版）》2005 年第 6 期；马经：《郑和下西洋与多元和谐宗教文化的传播》，《回族研究》2014 年第 4 期；何孝荣：《佛教抑或伊斯兰教？——也论郑和的宗教信仰》，《古代文明》2018 年第 3 期等。

② ［明］朱元璋：《明太祖集》卷十《三教论》，胡士萼点校，黄山书社，1991。

明初儒、释、道"三教合流"思想在郑和身上体现，其中最鲜明的为佛教。何孝荣认为："郑和无论在行动上，还是思想深处，无论是日常生活状态，还是死后丧葬处理，都表现出浓厚的佛教信仰。"[1] 但仔细研究有关郑和的史料，可发现郑和在佛教信仰活动中，又常以儒家思想为指导。他信奉佛教一方面是自身需求，另一方面深受其时明成祖皇宫内信佛潮流的影响。但郑和所表现出来的具体言行，反映出他十分清楚自身处境，时刻不忘世俗身份及职守，务求先公后私、公私兼济。这也是"三教合流"的基本文化底色，即以儒家思想托底其中，佛、道辗转两侧。譬如永乐七年（1409）在锡兰岛所立的"郑和布施锡兰山佛寺碑"汉文部分："大明皇帝遣太监郑和、王贵通等昭告于佛世尊曰：仰惟慈尊，圆明广大，道臻玄妙，法济群伦。历劫河沙，悉归弘化，能仁慧力，妙应无方。惟锡兰山介乎海南，言言梵刹，灵感翕彰。比者遣使诏谕诸番，海道之开，深赖慈佑，人舟安利，来往无虞，永惟大德，礼用报施。"[2] 这方"布施碑"是奉大明皇帝朱棣之命而立，郑和作为臣下，旨在忠实执行大明皇帝的旨意。很显然，大明皇帝朱棣信奉佛世尊，"布施碑"上的泰米尔文与波斯文部分则显示明成祖朱棣"入乡随俗"，亦敬奉西洋最重要的两大宗教信仰的神——印度教主神之一湿婆与伊斯兰教真主安拉。郑和等人作为七下西洋的实际执行者，是明成祖朱棣旨意的传达者与贯彻者，在异邦文化交流中"入乡随俗""和而不同"，充分显示了此时明王朝统治者兼容并蓄的宗教信仰观念。又据《优婆塞戒经》卷七后刻郑和《题记》记载："大明国奉佛信官内官太监郑和，法名速南吒释，即福吉祥。切念生逢盛世，幸遇明时，谢天地覆载，日月照临。感皇上厚德，父母生成。累蒙圣恩，前往西洋等处公干，率领官军宝船，经由海洋，托赖佛天护持，回往有庆，经置无虞。常怀报答之恩，于是施财，陆续印造《大藏尊经》，舍入名山，流通诵读。伏愿皇

① 何孝荣：《佛教抑或伊斯兰教？——也论郑和的宗教信仰》，《古代文明》2018年第3期。

② 郑鹤声、郑一钧编《郑和下西洋资料汇编》（上册），齐鲁书社，1980，第37—38页。

图永固，帝道遐昌。凡奉命于四方，常叩恩于庇佑。次冀身安心乐，福广寿长，忏除曩劫之愆，永享现生之福。出入起居，吉祥如意。四恩等报，三有齐资，法界群生，同成善果……"① 另有永乐十八年（1420）郑和施印《大藏经》给云南五华寺，里面有其自撰《五华寺大藏经发愿文》："大明国奉佛信官郑和，法名福吉祥，谨发诚心，施财命功，印造《大藏尊经》一藏，计六百一三函，施舍于云南五华寺，永远长生供养。以此殊勋，上祝皇图永固，帝道遐昌，佛日增辉，法轮常转，海晏河清，民康物阜。所冀福吉祥，凡奉命于四方，经涉海洋，常叩恩于三宝，自他俱利答报，四恩均资，三有法界，有情同缘种智者。"② 这两则发愿文显示，上至天下社稷、皇帝、父母、佛法僧，下至民物河海，都被郑和囊括在其佛教信仰的"四恩等报"中，中间则以郑和自己下西洋等事业作为承接点，大有中国传统儒士"穷则独善其身，达则兼济天下"的气质，儒、释思想在郑和身上的密切交集，在此一目了然。而早在永乐元年（1403）八月二十三日有姚广孝题记的《佛说摩利支天经》，言说："今菩萨戒弟子郑和，法名福善，施财命工，刊印流通，其所得胜报，非言可能尽矣。福善一日怀香过余请题，故告以此。"③ 这表明郑和在下西洋之前即皈依了佛教，甫一被明成祖御赐郑姓，一旦显达即感报佛恩。宣德七年（1432）九月初三有郑和《铸造镀金舍利塔发愿文》："大明国奉佛信官郑和，名福吉祥，发心铸造镀金舍利宝塔一座，永远长生供养。所冀见生之内，五福咸臻。他报之中，庄严福寿。"④ 郑和在其最后一次奉旨下西洋时依然不忘奉佛。因此，郑和经历过大起大落的人生波折，同时肩负艰苦卓绝又充满成就感的七下西洋历史使命，在此跌宕起伏的生命历程中，自称佛弟子，不断施印佛经，修建佛寺，诸如此类报佛之恩的举动，也就显得十分自然。

① 郑鹤声、郑一钧编《郑和下西洋资料汇编》（上册），齐鲁书社，1980，第35页。

② 同上书，第36页。

③ 同上书，第34页。

④ 何孝荣：《佛教抑或伊斯兰教？——也论郑和的宗教信仰》，《古代文明》2018年
第3期。

（二）郑和对"三教合一"的妈祖信俗的敬奉

妈祖信俗到了明代，已经趋向儒、释、道"三教合流"，但依然保持着原有的民间信俗底色。作为民间信俗出身的妈祖，在受到朝廷不断尊崇与敕封的同时，亦先后被纳入道教与佛教的神明体系，这也是三教融合从民间信俗吸纳养分的一贯做法。妈祖信俗产生于北宋莆仙地区，宋徽宗宣和五年（1123）赐额妈祖庙"顺济"，到明清达到了信仰兴盛的顶点，被加封圣母、天后，信众遍布海内外。可见，儒家顺势而为，首先把妈祖信俗纳入了朝廷祭典，以为资政之用。释、道接踵而至，先后把妈祖信俗纳入其中。据谢重光考证，南宋初年道教就对妈祖的出生加以附会道教的色彩，到明初则把《太上老君说天妃救苦灵验经》收入正统道藏，其后崇祯皇帝又加封妈祖为"青贤普化感应碧霞元君"，把妈祖纳入道教神名系统。[1] 佛教比道教晚一点，元代莆田黄渊《圣墩顺济祖庙新建蕃厘殿记》已有妈祖"即普陀大士千亿化身"之说，明代更出现《观音大士说天妃娘娘经》，从而把妈祖纳入佛教神明体系。[2] 而三教在妈祖信俗中的糅合在郑和敬奉妈祖过程中亦得到体现，最具代表性的莫如福建长乐太平港天妃宫的碑刻《天妃灵应之记》：

> 皇明混一海宇，超三代而轶汉唐，际天极地，罔不臣妾……皇上嘉其忠诚，命和等统率官校旗军数万人，乘巨舶百余艘，赍币往赍之，所以宣德化而柔远人也。自永乐三年，奉使西洋，迨今七次……神之灵，固尝著于昔时，而盛显于当代……由是海道清宁，番人仰赖者，皆神之赐也。神之感应，未易殚举，昔尝奏请于朝，纪德太常，建宫于南京龙江之上，永传祀典。钦蒙御制纪文，以彰灵贶，褒美至矣……若长乐南山之行宫，余由舟师累驻于斯，伺风开洋，乃于永乐十年奏建，以为官军祈报之所，既严且整。右有南山塔寺，历岁久深，

---

① 谢重光：《妈祖信仰与儒、释、道三教的交融》，《汕头大学学报（人文科学版）》1997 年第 5 期。

② 同上。

荒凉颓圮，每就修葺，数载之间，殿堂禅室，弘胜旧规。今年春……
复修佛宇神宫……而又发心施财，鼎建三清宝殿一所于宫之左，雕妆
圣像，粲然一新……佥谓如是庶足以尽恭事天地神明之心，众愿如斯，
咸乐趋事……神安人悦……人能竭忠以事君，则事无不立；尽诚以事
神，则祷无不应。和等上荷圣君宠命之隆，下致远夷敬信之厚，统舟
师之众，掌钱帛之多，夙夜拳拳，惟恐弗逮，敢不竭忠以国事，尽诚
于神明乎？师旅之安宁，往回之康济者，乌可不知所自乎？是用著神
之德于石，并记诸番往回之岁月，以贻永久矣……宣德六年岁次辛亥
仲冬吉日，正使太监郑和、王景弘……都指挥朱真、王衡等立。正一
住持杨一初稽首请立石。

　　这是郑和最后一次下西洋临出发前所立的天妃功德碑，带有很浓的
总结意味。核心内容当然是报答妈祖等神明在浩瀚渺茫、波谲云诡的西
洋上的屡次护佑，兼记录与纪念七次下西洋的伟大功绩。但是，细读此
碑文可以发现，供奉者以正使太监郑和、王景弘等为首，其他副使、都
指挥等一并立石，道教正一派住持杨一初负责具体的立石工作。可以
说，这块碑刻既是郑和个人的意志体现，也是所有下西洋参与者的意志
体现。其中，神明以妈祖为主，南山塔寺、三清宝殿等释、道神明都一
并供奉，他们所在宫庙被一再维修或干脆新建，初衷即郑和等人向以海
上保护神"妈祖"为代表的儒、释、道诸神祈愿第七次下西洋顺利进
行，报答护佑前六次下西洋平安往回之恩，而这恰恰是中国儒、释、道
"三教融合"在现实社会生活中最直接的体现之一。这种儒、释、道诸
神一并加以信奉的理念一直影响至今，尤其以民间信俗最具代表性。值
得注意的是，碑文一再强调"人能竭忠以事君，则事无不立；尽诚以事
神，则祷无不应"。竭忠事君为体，释、道，乃至民间信俗为用，忠君
与事神，一体两面，不可分割。明太祖朱元璋对"三教合流"有非常清
晰的认识，"假如三教，惟儒者凡有国家不可无。夫子生于周，立纲常
而治礼、乐，助国家洪休，文庙祀焉……释迦与老子……暗理王纲，于

国有补无亏……"①。明成祖朱棣对此也不含糊，他于永乐十四年
（1416）"钦蒙御制纪文"《南京弘仁普济天妃宫碑》写道："仰维皇考太
祖高皇帝，肇域四海……中外怀柔，幽明循职，各得其序。朕丕承鸿
基，勉昭先志，罔敢或怠，抚辑内外……恒遣使敷宣教化于海外诸番
国，导以礼义，变其夷习……虽然，君国子民，其任在朕，而卫国庇
民，必赖于神。阴阳表里，自然之道……"② 朱棣作为朱元璋的皇位继
承者，郑和作为明成祖最为倚重的亲信，儒、释、道三教合一，以儒为
主，以释、道等宗教信仰为辅的兼容并蓄的宗教信仰思想在这三者身上
一脉相承，如出一辙。

二、"以儒释伊"：伊斯兰教本土化的熏陶

（一）元明交替期伊斯兰教走向本土化的历史背景

元代蒙古人西进，随之迁来大量的色目人，他们被安插在全国各
地，而不再局限于唐宋时的"番坊"里。他们中间有大量信仰伊斯兰教
的回民，外加活跃于海、陆丝绸之路上的众多回族商人等，伊斯兰教传
播亦随之普遍起来。白寿彝先生认为："（元代）这时外来的伊斯兰人差
不多完全在中国境内定居下来，认为中国就是他们的家。在这里，他们
娶妻生子，置产立业。他们不能或不肯再回老家去，他们慢慢地变成了
中国人。"③ 元明交替，伊斯兰教面临的最大问题，即不得不本土化。朱
元璋以恢复汉室统治为己任，推行一系列的高压政策："洪武元年
（1368）二月壬子，诏复衣冠如唐制，禁胡服、胡语、胡姓名。"④ "洪武
五年（1372），令蒙古色目人氏，既居中国，许与中国人家婚姻，不许与

---

① ［明］朱元璋：《明太祖集》卷十《释道论》，胡士萼点校，黄山书社，1991。

② 郑鹤声、郑一钧编《郑和下西洋资料汇编》（上册），齐鲁书社，1980，第40页。

③ 李兴华、冯今源编《中国伊斯兰教史参考资料选编（1911—1949）》（上册），宁
夏人民出版社，1985，第55页。

④ ［明］谈迁：《国榷》卷3，续修四库全书本。

本类自相嫁娶，违者男女两家抄没，入官为奴婢。"① "百有余年胡俗，悉复中国之旧。"② "在这样的大社会大背景下，伊斯兰教走本土化道路成为唯一和必然的选择。"③

　　早在元明以前，伊斯兰教与儒、释、道之间的互相体认就已经开始了，"如果说以儒家的'天'之观念比附伊斯兰教'安拉'始于唐代，那么，在中国历史上最早'以佛释伊'则起源于宋代"④。进入元明时代，"以儒释伊"成为伊斯兰教本土化最为重要的表征之一。元代穆斯林的政治地位受到元朝统治者的优待，许多精英分子进入元朝的统治阶层。元朝虽然是蒙古族建立的政权，但其文化环境表现出兼容务实的特征⑤。与元代统治者信奉的其他宗教相对比，儒学"修身治国"独特的入世功用不可或缺。因此，在元代中后期统治者积极提升程朱理学的政治地位，并对科举制进行了实用性改革。这显示了儒学在元代虽非独尊，但已潜移默化于元朝政权具体的社会治理实践之中。由此可见，回族人熟悉儒家思想势在必行，这也必然进一步引发伊斯兰教与儒学之间的对比、互斥与互融。其中，郑和的六世祖赛典赤·赡思丁是元代初年回族大政治家，"行省云南……赛典赤教之拜跪之节，婚姻行媒，死者为之棺椁奠基，教民播种，为陂池以备水旱，创建孔子明伦堂，购经史，授学田，由是文风稍兴"⑥。赛典赤·赡思丁对云南采用儒家式的治理，不但显扬于元代，还得到明太祖朱元璋等明朝最高统治者的一再肯定。这对其后裔的本土化影响亦极其深远。清乾隆四十三年（1778）《皇明敕封世袭锦衣卫纳公讳永阶之墓》记载："数传至赡思丁，生而神灵，元世祖以平章政事，命辅云南……滇民戴之，朝廷隆之，敕封咸阳

---

y

① 《明会典》卷二十二《户部七》，四库全书本。

② 《明太祖实录》卷三十，据广方言馆本补用嘉业堂本校。

③ 高占福：《从外来侨民到本土国民——回族伊斯兰教在中国本土化的历程》，《世界宗教研究》2013年第1期。

④ 马娟：《元代伊斯兰教与佛道之关系初探》，《世界宗教研究》2015年第4期。

⑤ 熊世豪：《元代文化统治的特征及影响初探》，《黑龙江史志》2014年第7期。

⑥ ［明］宋濂等：《元史》卷一百二十五《列传第十二·"赛典赤·赡思丁"》，中华书局，1976。

第二章　郑和的宗教信仰观及其下西洋的影响

王……明洪武定鼎，稽伟绩于前朝，建咸阳庙于省会，命有司春秋崇祭。洪武三年，命访咸阳王后裔，授武略将军之职。宣德七年，又升授掌印世袭锦衣卫。连续八代……积德累功……于是后裔迭兴……或明经典而教铎攸关，或肄业诗书而胶庠得意。"① 另外，明清回族儒学者主张二元效忠（对真主和世俗统治者效忠）的理论基础即来自元代所设立的"回回哈的司"的哈只（集宗教领袖、社区首领和地方政府于一身），哈只也要为非穆斯林的皇上祈祷祝福②。面对元、明政权的强势统治，回族要融入本土，主动向儒、释、道中非宗教的、更具包容性的儒家靠拢是一种更自然的选择。元代一直到明中期，以实行家庭教育为主的伊斯兰教宗教教育实际上已经陷入了困境，"这种教育缺乏组织性与系统性，其教育作用和社会效果远不能适应中国伊斯兰教形成与发展的需要"③。更重要的是随着回族的本土化，阿拉伯语与波斯语等读经语言日渐消逝，汉译经籍活动又没跟上来，传统的家庭宗教教育难以为继，"宗教衰微、对信仰和宗教生活日趋淡漠的现象日趋严重"④。"以儒释伊"、明中期陕西咸阳渭城人胡登洲（1522—1597）首倡经堂教育与后续汉译伊斯兰教经籍的兴起等举措，成为伊斯兰教有识之士应对伊斯兰教本土化的智慧选择。而郑和（1371—1433）一生所处的明前期，正是伊斯兰教走向本土化的关键时期，由此对郑和的宗教信仰观产生潜在影响是不言而喻的。

（二）郑和特殊的人生际遇

《明史·郑和传》："郑和，云南人，世所谓三保太监者也。初事燕王于藩邸，从起兵有功，累擢太监。"⑤ 郑和出身于云南昆阳回族马氏巨姓，"故马公墓志铭"显示了他的祖辈与父辈都是朝觐过圣地麦加的伊

---

① 通海县民族事务委员会编《通海县少数民族志》，云南人民出版社，1994，第234页。
② ［新加坡］陈达生：《郑和与东南亚伊斯兰》，海洋出版社，2008，第34页。
③ 米寿江、尤佳：《中国伊斯兰教》，五洲传播出版社，2004，第58页。
④ 同上。
⑤ ［清］张廷玉等：《明史》卷三百四《列传第一百九十二·宦官一"郑和"》，中华书局，1974。

斯兰教虔诚信徒——哈只①，"从伊斯兰教传入中国到明（1368—1644）中叶，穆斯林的宗教教育主要依靠家庭教育，以家传口授的方式进行"②。可见郑和从小深受家庭式的伊斯兰教信仰教育的熏陶，直至洪武十四至十五年（1381—1382）朱元璋派遣傅友德、蓝玉、沐英平定云南，郑和被俘到南京为止③。"我国学者的推测，大致主张这位三宝太监郑和，生于洪武四年（1371）"④，也就是说，郑和在十岁出头就被俘虏，后随侍燕王朱棣左右，适逢"靖难之役"，从龙有功，被明成祖朱棣赐姓为郑，进而成为七下西洋的首要人选，深得明成祖的信任与倚重。显然，在永乐三年（1405）郑和奉命第一次下西洋之前的二十几年里，他主要随侍在明成祖朱棣身边，受其直接影响。众所周知，元末朱元璋以"驱除胡虏，恢复中华。立纪陈纲，救济斯民"为起义口号，推翻了元朝的统治，建立明朝。立朝后，他的施政特点有着鲜明的儒家色彩，标榜恢复汉室统治，奉行以儒家思想为主，释、道等宗教为辅的传统治国理念。朱棣自诩为朱元璋的嫡子，继承了皇位，为了洗刷篡位的痕迹，其治国理念一向尊奉其父朱元璋所立下的"祖训"为圭臬。明成祖从来都不是一名伊斯兰教教徒，因此，"郑和进入燕王府后，在 20 多年间所接受的文化教育和熏陶，主要是儒、佛、道文化"⑤ 并非虚言，《郑和家谱》称郑和"才负经纬，文通孔孟"⑥ 亦非夸饰之语。但是，十岁出头的郑和已经完成了伊斯兰教信仰的启蒙教育，后续教育虽然突然中断，

---

① 袁树五：《昆阳马哈只碑跋》，引自纪念伟大航海家郑和下西洋 580 周年筹备委员会、中国航海史研究会编《郑和研究资料选编》，人民交通出版社，1985，第29—30 页。

② 米寿江、尤佳：《中国伊斯兰教》，五洲传播出版社，2004，第 58 页。

③ 向达：《试说郑和》，引自纪念伟大航海家郑和下西洋 580 周年筹备委员会、中国航海史研究会编《郑和研究资料选编》，人民交通出版社，1985，第 292 页。

④ 徐鳌润：《郑和墓与琉璃瓦》，引自纪念伟大航海家郑和下西洋 580 周年筹备委员会、中国航海史研究会编《郑和研究资料选编》，人民交通出版社，1985，第351 页。

⑤ 马经：《郑和下西洋与多元和谐宗教文化的传播》，《回族研究》2014 年第 4 期。

⑥ 李士厚：《影印原本郑和家谱校注》，晨光出版社，2005，第 22 页。

但这并不妨碍伊斯兰教信仰犹如一颗种子深埋在他内心，一有机会便能生根发芽。

明成祖择选郑和为下西洋的首脑人物因素很多。郑和幼时所受的伊斯兰教家庭教育在不在明成祖的考虑范围之内不得而知，但可以肯定的是，元代灭亡不久、明军里大量穆斯林将领的存在以及"朝贡制度"的执行，使得明成祖对海内外伊斯兰教的存在并不陌生。郑和七下西洋（1405—1433），前后近 30 年，其时正是东南亚诸土邦伊斯兰化的关键时期。尤其是郑和下西洋所经过的东南亚诸多港口正逐渐走向伊斯兰化，在外交事务上，受过伊斯兰教信仰教育与否还是具有一定优势的。邱树森认为："郑和既是朱棣'倚信'的心腹，对郑和的身世一定十分清楚，作为赛典赤后代的郑和又是那么精明干练，这两者……便是朱棣选中郑和下西洋的原因。"[①] 在七下西洋过程中，郑和曾前往泉州灵山圣墓行香，不止一次参与清真寺修缮，择选伊斯兰教信徒与精通伊斯兰教宗教事务的阿訇为随从，显示出郑和对伊斯兰教的敬奉以及对伊斯兰教宗教文化的熟稔。其中，郑和在被明成祖御赐"郑"姓后，第一次奉命下西洋之前，就请礼部尚书兼左春坊大学士李至刚撰写其父马哈只墓志铭，在第二次下西洋回来论功行赏后请假回乡祭祖，并在其父墓志铭碑后特意增刻文字一行"马氏第二子太监郑和奉命于永乐九年十一月二十二日到祖宗坟茔祭扫追荐至闰十二月吉日回还记耳"。在伊斯兰教的斋月里"衣锦还乡"，进行扫墓祭祖，"无论从我国传统封建伦理道德，还是从伊斯兰教本身原理教义来看，此举正表明他绝非'哈只'名门的不肖子孙"[②]。从中也可以看到郑和身上"儒伊并举"的思想特质。由此可见，功成名就的郑和成功复苏了沉淀在他内心的启蒙宗教。而伊斯兰教事务更是郑和在七下西洋过程中最经常应对的宗教事务，无形中又促使郑和对伊斯兰教信仰进一步回归与阐扬。陈达生博士甚至认为"郑和下西洋

① 纪念伟大航海家郑和下西洋 580 周年筹备委员会编《郑和下西洋论文集》（第二集），南京大学出版社，1985，第 111 页。

② 林松：《从回族特殊心理意识综观郑和宗教信仰的复杂性》，吴海鹰主编《郑和与回族伊斯兰文化》，宁夏人民出版社，2005，第 101 页。

催化了东南亚地缘政治的新秩序，并带来了东南亚伊斯兰化的新时代"①。从郑和舰队重整东南亚地缘政治的秩序效果来看，该行为树立了明王朝在东南亚的政治权威。作为这一秩序的整顿者与维护者，郑和及其将士的伊斯兰教信仰对东南亚产生一定影响是必然的，尤其是儒家善于利用宗教达到其治理目的，即"神道设教"，外加自身的宗教感情，郑和必然善加贯彻。这也就是陈达生博士所说的郑和下西洋对东南亚伊斯兰化的主要贡献之一：催生了一个有利于东南亚伊斯兰化的大环境，加速了阿拉伯、印度、中国与马来穆斯林商人及阿拉伯传教士传播伊斯兰教的活动。② 尤其是郑和第四次至第七次下西洋，远及伊斯兰教的中心地带——印度洋与阿拉伯海，甚至在第七次下西洋过程中特地分派船队前往伊斯兰教圣地麦加朝觐，完成了他内心深处最后的宗教朝圣。至此，伊斯兰教信仰在郑和心中不但生根发芽，而且开花结果。此为郑和下西洋的宗教信仰观最终形成的最后一块拼图。

郑和下西洋的宗教信仰观的形成并非一蹴而就，而是几乎贯穿了郑和的一生。在把郑和放回到他所处的那个年代中去考察的同时，要正视他的特殊人生际遇。郑和下西洋能够秉持兼容并蓄、和而不同的宗教信仰观，很大一部分原因取决于他个人特殊的人生境遇。林松先生把郑和的一生划为三个阶段："（一）出生至童年（1371—1381），启蒙阶段，在云南昆阳和代村……（二）少年至青年（1382—1404），成长阶段，主要在北平燕王藩邸……（三）青壮年至逝世（1405—1433），贡献阶段，主要在往返频繁的航海生涯中……"③ 十岁出头被掳入明军，不久后成为燕王朱棣的内侍，是郑和一生最重要的转折点之一。其时正是中国儒、释、道"三教合流"日趋成熟，伊斯兰教走向本土化的关键时期。郑和从童蒙时期所受色彩浓厚的伊斯兰教家庭教育，转入以燕王朱棣为代表的儒、释、道"三教合流"的明代皇室文化熏陶，又经过作为首脑人物

---

① ［新加坡］陈达生：《郑和与东南亚伊斯兰》，海洋出版社，2008，第77页。

② 同上书，第99页。

③ 林松：《从回族特殊心理意识综观郑和宗教信仰的复杂性》，吴海鹰主编《郑和与回族伊斯兰文化》，宁夏人民出版社，2005，第97页。

七下西洋前后二十几年的外交历练与实践，最终塑造了郑和以信奉其时明皇室内宫盛行的佛教信仰为主要表征，以儒家竭忠事君、尽诚事神思想为根基，兼容道教与民间信俗，不忘其初始信奉伊斯兰教信仰并加以回归的兼容并蓄的宗教信仰观。这一兼容并蓄的宗教信仰观，使得郑和在七下西洋的伟大航程中如鱼得水，面对东南亚的佛教、伊斯兰教、印度教、原始宗教等多种宗教信仰形式，充分展示了"和而不同"的多元和谐宗教信仰观智慧。这为明代中后期我国东南沿海先民大规模移民到东南亚谋生提供了与域外宗教信仰和睦相处的理想模式，这也是我国广大华侨在异国他乡能够获得巨大成功与美誉的文化根基所在。

第二节　和而不同：郑和下西洋的影响

《明史·郑和传》载："郑和，云南人，世所谓三保太监者也。初事燕王于藩邸，从起兵有功，累擢太监。成祖疑惠帝亡海外，欲踪迹之，且欲耀兵异域，示中国富强。永乐三年六月，命和及其侪王景弘等通使西洋，将士卒二万七千八百余人，多赍金币。造大舶，修四十四丈、广十八丈者六十二……宣德五年六月，帝以践阼岁久，而诸番国远者犹未朝贡，于是和、景弘复奉命历忽鲁谟斯等十七国而还。和经事三朝，先后七奉使，所历凡三十余国……自和后，凡将命海表者，莫不盛称和以夸外番，故俗传三保太监下西洋，为明初盛事云。"明永乐三年（1405）直至宣德五年（1430）郑和七下西洋，在海内外所形成的影响是空前绝后的。清末梁启超撰有《祖国大航海家郑和传》，亦对此倍加推崇："及观郑君，则全世界历史上所号称航海伟人，能与并肩者，何其寡也。郑君之初航海，当哥伦布发现亚美利加以前六十余年，当维哥达嘉马发现印度新航路以前七十余年。"梁启超还对郑和七下西洋的壮举之于南洋华人社会的影响作出了公允的评价："即吾民自殖于彼者，当不下五百四五十万人，加以与土人种杂婚者，当及七百万人。其间若群岛之矿业，暹罗、越南、缅甸之农业，群岛及暹罗之森林业，乃至全部之商业、工业，其在我国人手者，十而八九，故此诸地于实际上，盖吾外府也。吾国以何因缘而能致此？推原功首，吾思郑和。"[1] 梁启超在清末民初如此推崇郑和下西洋之举，固然有其特定的历史背景与用意，但饮水思源，郑和七下西洋对于海外华人社会的影响之深远，确实罕见。

一、"万邦来朝"的大明帝国

陈达生曾分析过郑和下西洋前夕西洋诸国的政治秩序，他认为元世祖派兵远征爪哇，"加速了岛屿东南亚政权的分裂，动荡的政局对区域商贸产生非常不利的影响。室利佛逝的解体和满者伯夷的衰弱导致政治真空，苏门答腊北海岸诸小邦……乘机纷纷摆脱区域政权的掌控而发展成商贸土邦。在无强大政权维持海上交通安全的情况下，香料之路、南中国海、马六甲海峡以及爪哇海域海盗猖狂，劫掠来往的商船和商人"[2]。这必然对南洋诸国与明廷所建构的朝贡制度的顺畅运行产生影响。《明太祖实录》对此记载亦不含糊，洪武三十五年（1402）八月丙午，"礼部奏：诸番国使臣，客旅不通"。明成祖显然知道怎么回事，"上曰：洪武初，海外诸番与中国往来使臣不绝，商贾便之，近者安南、占城、真腊、暹罗、爪哇、大琉球、三佛齐、渤尼、彭亨、百花、苏门答腊、西洋邦哈剌等，凡三十国。以胡惟庸谋乱，三佛齐乃生间谍，诒我使臣至彼。爪哇国王闻知其事，戒饬三佛齐，礼送还朝。是后使臣、商旅阻绝，诸国王之意遂尔不通……我待诸番国之意不薄，但未知诸国之心若何？今欲遣使谕爪哇国，恐三佛齐中途阻之。闻三佛齐系爪哇统属，尔礼部备述朕意，移文暹罗国王，令遣人转达爪哇知之。于是，礼部咨暹罗国王……皇上一以仁义待诸番国，何三佛齐诸国背天恩，而失君臣之礼？据有一蕞之土，欲与中国抗衡？倘皇上震怒，使一偏将将十

① 梁启超：《祖国大航海家郑和传》，引自纪念伟大航海家郑和下西洋580周年筹备委员会、中国航海史研究会编《郑和研究资料选编》，人民交通出版社，1985，第28页、第21页。
② ［新加坡］陈达生：《郑和与东南亚伊斯兰》，海洋出版社，2008，第80页。

万众越海问罪，如覆手耳，何不思之甚乎？……尔暹罗王独守臣节，我皇上眷爱如此。可转达爪哇，俾其以大义告于三佛齐，三佛齐系爪哇统属，其言彼必信，或能改过从善，则与诸国咸礼遇之如初，勿自疑也"①。引文提到的"胡惟庸谋乱"大概发生在 1380 年，三佛齐几乎解体，被爪哇亦即满者伯夷所羁縻。《东西洋考》记载："永乐初年，三佛齐竟为爪哇所破，废为旧港。是时南海豪民梁道明窜泊兹土，众推为酋，闽广流移从者数千人。"②"洪武三十五年九月戊子（初八），使臣有还自东南夷者，言诸番夷多遁居海岛，中国军民无赖者，潜与相结为寇。"面对这种情况，明成祖先礼后兵，"上遣使赍敕谕之。敕曰：'好善恶不善，人之同情，有不得已而为不善者，亦非本心。往者，尔等或避罪遣，或苦饥困，流落诸番，与之杂处，遂同为劫掠，苟图全活。巡海官军既不能矜情招抚，更加侵害。尔等虽有悔悟之心，无由自遂，朕甚悯焉。今特遣人赍敕往谕。凡番国之人，即各还本土，欲来朝者，当加赐赍，遣还中国之人逃匿在彼者，咸赦前过。俾复本业，永为良民。若仍恃险远，执迷不悛，则命将发兵，悉行剿戮，悔将无及'"③。明成祖的怀柔策略收到了一些效果。"廷议遣行人谭胜受往招之。道明随胜受来归。留副酋施进卿代领其众。"④ 但是，西洋十分广袤，明廷朝贡之路受阻者也远非旧港一处，海外军民无赖亦在在皆是。明成祖朱棣系篡位成功，一甫即位，就十分迫切地想得到海内外的共同认可，以渲染他继位的正统性。一方面，明成祖朱棣特别优待朝贡者，据《明太宗实录》记载："洪武三十五年九月丁亥（初七），遣使以即位诏谕安南、暹罗、爪哇、琉球、日本、西洋、苏门答腊、占城诸国。上谕礼部臣曰：太祖高皇帝时，诸番国遣使来朝，一皆遇之以诚，其以土物来市易者，悉听其便，或有不知避忌而误干宪条，皆宽宥之，以怀远人。今四海一家，

①《明太祖实录》卷二五四。

②［明］张燮：《东西洋考》，陈正统主编《张燮集》（第四册），中华书局，2015，第 1488 页。

③《明太宗实录》卷十二上。

④［明］张燮：《东西洋考》，陈正统主编《张燮集》（第四册），中华书局，2015，第 1488 页。

正当广示无外，诸国有输诚来贡者听，尔其谕之，使明知朕意。"① 另一方面，以明成祖雄才大略的个人风格，自然是主动出击，化被动为主动。明成祖朱棣实在难以打消怀疑其侄子孝文帝遁迹海外的念头，同时也需要有可靠之人替皇室搜罗日常所需数量庞大的香料、珠宝等海外奇珍。于是，明成祖的心腹大将，从龙有功的郑和，率领着两万多名将士，乘坐大船六十二只，小船无数只，奔赴西洋。

从现存郑和及其将士所立的娄东刘家港天妃宫《通番事迹碑》与长乐南山天妃宫《天妃灵应之记碑》等碑刻材料来看，实力雄厚的郑和舰队在西洋所向披靡，首次下西洋便擒获陈祖义，"五年，中贵郑和奉使西洋还，过旧港，遇流贼陈祖义。祖义诈降，潜谋要劫。和料贼无归顺意，整兵以待……大破之……械祖义至京伏诛。诸夷闻之震慑，曰：'真天威也。吾曹安意内向矣。'是年，施进卿遣婿朝贡，诏命进卿为旧港宣慰使，赐印诰、冠服及文绮"②。当然，此次擒杀陈祖义，主要震慑的还是旧港一带的"流贼"。但是，将旧港纳入明廷的有效控制之下是十分重要的。旧港原主人三佛齐正是凭借掌控马六甲海峡靠近南海这一头的要冲——旧港而发达起来的。而马六甲海峡另一头的要冲控制者满剌加酋长抓住郑和强大舰队到来的时机，乘势摆脱了暹罗国的控制，转而内附明廷而称国。如此，马六甲海峡基本被郑和舰队打通了两头，南洋这一头诸番国纷纷向明廷朝贡，政治社会也就趋于稳定。但是，印度洋这一带的政治社会还有些问题，毕竟马六甲海峡是南海与印度洋转口的要冲，宋元以来中国各封建政权大部分的进贡国都在南海一带，马六甲以西的进贡国则较少。郑和第三次与第四次下西洋所面临的都是印度洋周边诸国的政治问题。首先，郑和第三次下西洋时，锡兰国王"亚烈苦奈儿，负固不恭，谋害舟师"③，郑和船队遂擒其王归献明廷，后其王被明成祖恩宥回国，

① 《明太宗实录》卷十二上。

② ［明］张燮：《东西洋考》，陈正统主编《张燮集》（第四册），中华书局，2015，第1488页。

③ 纪念伟大航海家郑和下西洋580周年筹备委员会、中国航海史研究会编《郑和研究资料选编》，人民交通出版社，1985，第104页。

但锡兰也因此更换了国王。至此，郑和舰队在印度洋周边国家，乃至非洲东海岸，都没有再碰到这一类兵戎相见的问题。其次，郑和第四次下西洋过程中，遇到苏门答腊岛西北部的苏门答腊国内乱。郑和应其王宰奴里阿比丁的求救，率兵生擒伪王归献明廷。此事促成了一件很重要的事，即"是年满剌加国王亲率妻子朝贡"①。满剌加国与苏门答腊国隔着马六甲海峡遥遥相对，实际上都对马六甲海峡有着相当强的控制力。此事过后，苏门答腊原来的当政者得以回归，而满剌加则彻底臣服明廷。郑和舰队至此才算彻底打通了马六甲海峡。满剌加也成为郑和舰队前往印度洋的可靠的中转站，使得郑和舰队可以放心前往印度洋各地完成他们的历史使命，构建更为庞大的朝贡体系。《明史》对于明成祖通过郑和下西洋所建构的朝贡体系评价颇高："至其季年，威德遐被，四方宾服，受朝命而入贡者殆三十国。幅员之广，远迈汉唐。成功骏烈，卓乎盛矣。"②

郑和七下西洋，实质上打通并维护了海外诸国前往明廷的朝贡与贸易之航线。此举无论在南海还是在印度洋，皆是空前绝后之壮举。此举重塑了因为元朝一度派兵进攻爪哇失败而受损的王朝形象，并对马六甲海峡周边地区政权动荡进行了一定的整顿，建立起以强大的明廷为中心，海外诸国名为朝贡，实为博取高额贡品利润的朝贡制度，在某种程度上实现了西洋区域性的稳定与和平，并有效促进了彼此之间的商业往来与文化交流。与此同时，郑和七下西洋的豪迈气魄，在西洋造就的历史性影响，以及郑和船队在航海与造船等技术上的创新与发展，鼓舞了无数在其之后赶赴南洋谋生的华人。他们世代深受其惠，乃至于将其神化，融入海外的日常社会生活里，并持续至今。

二、南洋"三保公"与"三保庙"

郑和七下西洋的壮举为南洋华人社会留下了丰厚的历史文化遗产。

---

① 纪念伟大航海家郑和下西洋580周年筹备委员会、中国航海史研究会编《郑和研究资料选编》，人民交通出版社，1985，第104页。

②《明史》卷七《本纪第七·成祖三》。

根据孔远志、杨康善等人的实地考察，"东南亚至少有 15 个郑和寺庙和近 30 个有关郑和的传说"①。当然还有数不清的历史遗迹。就郑和下西洋对于南洋华人社会民间信俗的影响而言，南洋华人社会根据原乡所遵循的《礼记·祭法》的祀典原则，奉郑和及其将士为神，建庙奉祀，至今还留存着众多的郑和寺庙，具体如下表。

东南亚郑和寺庙一览表②

国　名	郑和寺庙	备　注
印度尼西亚	三宝垄三保庙	建于 1450—1475 年间
印度尼西亚	泗水三保庙（拉都庙）	约建于 17 世纪末、18 世纪初
印度尼西亚	雅加达安卓尔地区三保厨师庙	建于 1450—1475 年间
印度尼西亚	井里汶威勒斯·阿茜庙	
印度尼西亚	巴厘巴都尔村三保厨师庙	
印度尼西亚	泗水郑和清真寺	建于 2002 年
马来西亚	马六甲宝山亭（宝山寺、三保庙）	建于 1795 年
马来西亚	槟州巴都茅三保宫	建于 1995 年
马来西亚	登嘉楼（丁加奴）诺来村三保公庙	建于 1942 年
马来西亚	砂拉越古晋三保公庙	建于 1872—1875 年间
泰国	阿瑜陀耶（大城）府三保公庙	初建于 1324 年，1617 年前当地华人将原帕南车寺改称为三保公庙
泰国	吞武里三宝公佛寺（弥陀寺）	建于 1765 年
泰国	北柳三宝公佛寺	建于 1868—1910 年间
菲律宾	苏禄（郑和随从）本头公庙及其茔墓	墓碑建于 1792 年
柬埔寨	磅湛市东古城三保公庙	

上表显示，南洋最早的三保公庙在印度尼西亚三宝垄，于郑和最后

第二章　郑和的宗教信仰观及其下西洋的影响

一次下西洋 20 年后创建，可谓相当久远，为郑和下西洋在当时南洋华人社会产生的具体效应的体现；马来西亚槟州巴都茅的华人于 1995 年创建了三保宫，则可见郑和下西洋的余泽影响至今；郑和寺庙分布范围遍及南洋各地，显示了郑和在南洋华人社会的影响无处不在，其中当然也包括他所率领的将士。以下以最早创建的印度尼西亚三宝垄三保庙为例，观察郑和下西洋到底赋予南洋华人社会什么样的精神遗产，使得他们如此念念不忘，崇奉有加。

印度尼西亚三宝垄三保庙位于三宝垄郊外的三保洞，三保洞外有三保井，传说是郑和亲手挖掘的；三保洞口的三保墩传说是郑和船队一船只沉没之处；另有三保墓，传说是郑和副手王景弘之墓；三保洞还供奉着一个大铁锚，传说是郑和留下来的；另有福兴庙、船舡爷庙等，共同组成了三宝垄三保庙。三保庙现存最古老的匾额为雍正二年（1724）林泽敬献的"寻玺流芳"匾，道出了郑和下西洋公认的理由之一，即寻找明成祖朱棣的侄子孝文皇帝及其玉玺，也道出了郑和下西洋的流风余泽对于当地华人的历史价值。乾隆三十三年（1768）有甲必丹陈文焕与众信士答谢的"三保大人缘店"石碑一方，乾隆五十九年（1794）陈基润、陈基松分别敬立"圣心""慧眼"匾额各一块。嘉庆十年（1805）三保洞重修，立有石碑《重修三保洞亭榭基址》，其中囊括了六七位华人甲必丹以及信众六七十位，可见三保庙在印度尼西亚三宝垄影响不小，此阶段当为三保庙香火旺盛之时。道光二十九年（1849）甲必丹陈敬麟偕缙绅庶士重修了三保庙。光绪五年（1879），望山主人黄志信立有《买时望安地碑记》，道出了印度尼西亚华人社会敬奉三保大人的基本缘由与曲折：

> 时望安为王公三保大人归真之地，山明水秀，树水葱茏，麓有石门，天然成洞，三保圣神著灵于此，俗称三保洞者，以神得名也。我唐人旅居鸦地者，咸叨庇祐。而航海经商，尤资保护。切在民庶，口悉为碑。是以每逢朔望，善男信女，诣洞恭神，用申悃愫，肩摩踵接，车辙马嘶，诚盛迹也。是山向为宋仔故业，岁索路金五百，我公馆征诸铺户，以供斯款，虽为数无多，而慢神害理，历代相沿，宁有既耶？

信目击情殷，杞忧徒切，乃己卯夏月拍卖嚓哗，赖神默助，竟遂初心。于是除路赀，修废圯，新洞亭，浚沟浍，庶士女得尽虔诚，馨香永荐，借以翼荫，阖境康安，炽昌勿替也。窃恐后人不体此意，爰述所由，勒诸坚石，俾后之承吾业者，遵守勿违，且以明吾之所以得是地。革陋规者，皆出圣神默助致然也。①

黄志信通过向三保庙许愿还愿的形式，从"宋仔"犹太人后裔乔哈纳斯手中买下了三保洞这块地皮，② 这是典型的华人民间信俗酬神之举，更多的起因在于地皮所有者"宋仔"每年向当地华人征收"路金"，影响了三保洞一带华人传统民间信俗的日常运行。为了一劳永逸，黄志信发达后，捐金买下了这块地皮用以感恩，以及确保当地华人社会民间信俗活动不被打扰。从碑文字面意思来看，黄志信未必十分熟悉郑和下西洋的伟大历史事件，因此也并无大张旗鼓地铺叙郑和下西洋的丰功伟绩，但是道出了南洋华人奉三保大人为神后，三保大人最主要的神职功能，即在于庇护华人的航海经商，这倒是郑和下西洋主要的历史内容之一。三保大人在信士黄志信眼里，与他原乡中国的民间神祇并无二样，这也是印度尼西亚三宝垄华人社会对三保大人敬奉已久的必然结果。如何在异国他乡确保自己的传统信俗文化得到有效传承，是当地华人始终面对的一大问题。对于神明，则只问灵验与否，而不问英雄出身。

日本明治卅六年（1903），日本人岛津元很清楚郑和下西洋的历史及其对南洋一带的持续影响，向三保庙敬谢撰有"三才冠益华夏永仗神威而保万姓，宝器藏聚蛮夷长借灵应以惠一方"③ 字样的对联一副。有意思的是，"前东三省筹边使"章炳麟也于 1916 年向三保洞献对联一副："民国五年十月过三保洞书，此神若有之，庶其昭鉴。寻君千载后，而

---

① ［法］苏尔梦、萧国健合编《印度尼西亚华文铭刻汇编》（第二卷·上册·爪哇），
　　［德］傅吾康主编，南洋学会、法国远东学院、群岛学会，1997，第 319 页。

② 综合整理于孔远志：《印尼三宝垄的三保庙》，《华人华侨历史研究》1990 年第 3期，第 54 页。

③ ［法］苏尔梦、萧国健合编《印度尼西亚华文铭刻汇编》（第二卷·上册·爪哇），
　　［德］傅吾康主编，南洋学会、法国远东学院、群岛学会，1997，第 323 页。

我一能无。"① 章炳麟对三保大人在此成神半信半疑，但对于郑和下西洋的壮举是认可的，只恨后继无人，十分符合清末民初有识之士家国堪忧的心态。

20世纪五六十年代，印度尼西亚社会十分动荡，华人在排华浪潮中不断寻找自己的定位，力求自保。郑和下西洋这一历史事件有助于增强他们身为华人的自豪感。郑和下西洋秉承的各国各民族和谐共处、平等交流的外交原则也有助于缓和海外华人与当地人之间的关系。因此，三宝垄三保庙的华人信众对于郑和下西洋的历史认知逐渐清晰了起来。1958年，印度尼西亚中华商会联合会理事长郭美丞敬献"航海成名有荣在史古洞徘徊歌仰止，立功异域吾道其南世人膜拜奉为神"② 对联一副。此后林清志立有《三保洞三保庙三保大人简略碑》，其文如下：

> 明永乐年间，有郑和者，是中国云南人氏。奉命特派为钦差大臣，周游各国，故七下西洋，兹如爪哇、苏门答腊、孟加拉、亚拉伯等国，都是必经之地。受命以来，怀抱绥抚政策，宣扬文化为主旨。所到之地，备受各国欢迎。且派有使臣往来，借作□报之谊。五百年来，邦交弗替。故吾侨来此谋生者络绎不绝，几如过江之鲫。问有生斯、食斯、长于斯者，瓜瓞绵绵，数以百万计。推厥原委，非郑公功德之赐，而云何公七下西洋，先后到爪哇两次，始于一四〇六年，继后一四一六年，登陆地点是垅川海滨、西蒙安，行营驻扎于西蒙安之阳，逝世于一四三五年。后之人追念其丰功伟绩，特于是地辟一洞，建一庙，以奉祀之。通称为三保洞、三保庙、三保大人。③

海外华人在异域谋生从来大不易，尤其是西方殖民列强进入南洋之后，海外华人面对的生存环境愈加错综复杂，时常受到排挤与迫害。近

① ［法］苏尔梦、萧国健合编《印度尼西亚华文铭刻汇编》（第二卷·上册·爪哇），［德］傅吾康主编，南洋学会、法国远东学院、群岛学会，1997，第325页。

② 同上书，第326页。

③ 同上书，第327页。

现代民族国家意识诞生以后，南洋各地通过反殖民主义解放运动，纷纷独立，海外华人亦厕身其间，贡献了自己的力量。但是，历史上海外华人多只管谋生，不关心政治，又受西方殖民统治者的挑拨，使得南洋各地的排华浪潮一浪高过一浪，已经在南洋生根发芽、开花结果的华人该如何自处？其时渴望祖国的强大而不得。1949 年，中华人民共和国成立；1955 年，万隆会议之后，中国实行单一国籍制度，海外华人要么回国，要么入籍当地。入籍当地的华人只能自强不息，那么从自身所背负的中华传统文化中寻求具体的精神支撑是极其重要的。郑和下西洋的壮举及其平等互惠的交往交流原则，给了他们莫大的信心与慰藉。因此，对于郑和下西洋的历史认知自然也就上了一层楼，而这一切大多被糅在他们对于郑和及其将士的崇拜与奉祀之中。

郑和下西洋所秉承的"兼容并蓄""和而不同"的"三教合一"的宗教信仰观实际上就是中国民间信俗的精神内核。这是以郑和为代表的中国明代官方对于南洋社会复杂的宗教与信仰的态度。无论是在南洋经营已久的当地华人，还是后续源源不断南下的华人，他们在南洋创建自己的社区时，并无多少需要改变自身宗教信仰的忧虑；而在面对南洋当地原有的佛教、印度教、伊斯兰教与原始信仰，乃至面对欧洲殖民者强行要求改变宗教信仰，华人也能够拥有更好的心态加以适应。

郑和七下西洋的壮举对于南洋社会的影响是十分深远的，不仅重构了以明廷为中心，覆盖面广大的朝贡制度，稳定了其时南洋的政治局势，而且为华人在南洋谋生创造了良好的社会环境。对于后世数以百万计的南洋华人而言，郑和及其将士不但在南洋留下了无数的历史遗产可供人瞻仰，时刻鼓舞着他们在南洋奋力拼搏，还身体力行地示范如何与他国他族和睦相处。海外华人很早就将郑和及其将士尊奉为自身的保护神，并建庙祭祀加以传承，将郑和下西洋的物质财富与精神财富转化为自身的文化传统，由此形成了海外华人在异国他乡谋生赖以生存的一笔巨大的精神财富。

第三章
越南：中国民间诸神"下西洋"第一站

第一节　中越历史渊源

在海上丝绸之路上的诸多域外国度里，越南与中国的关系最为密切。就越南历史而言，迄968年丁部领平定"十二使君之乱"，在花闾创建大瞿越国为止，越南有长达一千多年的"北属时期"，深受中国文化的影响。北宋时期，大瞿越与宋廷建立了藩属关系，其后的政权与元、明、清的关系皆是如此。只不过随着历史的发展，越南往南部发展，逐渐吞并了占城以及真腊的一部分，大致形成了如今的疆域。本章节所关注的更多是在"海上丝绸之路"上越南所扮演的历史角色，进而探索中国民间信俗随着中国东南沿海海外移民如何进入越南，以及发生了什么程度的影响。

一、交趾的历史

关于越南的"北属时期"，可以从南宋淳熙五年（1178）周去非所著《岭外代答》卷一《地理门》"百粤故地"条找到大致的历史脉络。

> 自秦皇帝并天下，伐山通道，略定扬粤，为南海、桂林、象郡。今之西广，秦桂林是也；东广，南海也；交趾，象郡也。汉武帝平南

海，离秦桂林为二郡，曰郁林、苍梧；离象郡为三，曰交阯、九真、日南。又稍割南海、象郡之余壤，为合浦郡。乃自徐闻渡海、略取海南，为朱崖、儋耳二郡。置刺史于交州。汉分九郡，视秦苦多，其统之，则一交州刺史耳。至吴始分为二，于是交、广之名立焉。时交治龙编，广治番禺。唐太宗分天下为十道，合交、广为一，置采访使于番禺，其规模犹汉时，唯帅府易地也。高宗始置安南都护府于交州。本朝皇祐中，置安抚经略使于桂州，西道帅府始于此。至今八桂、番禺、龙编，鼎峙而立，复秦之故云。①

周去非随后在《岭外代答》卷二《外国门上》的"安南国"条提到了大越国建立之事。

国初，其部内乱。有丁部领者，与其子琏率众讨平之。众立为帅，三年而私命琏为节度使。开宝六年，琏遣使贡方物，制以琏特进检校太师、充静海军节度观察处置等使、安南都护兼御史大夫上柱国济阴郡开国公，仍赐推诚顺化功臣。八年又封交阯郡王。琏死，黎桓篡立。太平兴国中，桓以交州叛，朝廷因以抚之。桓死，子至忠立。大中祥符三年，至忠卒，有子才十岁，李公蕴冒姓黎，杀之，自称留后，遣使请命，授以黎氏官。公蕴死，子德政立，来告哀，自称留后。天圣六年，授安南都护交阯郡王。宝元初，进南平王。德政死，子日尊立，自称大越国李氏第三帝。日尊死，子乾德立，自号明王。乾德初立，权移臣下，大臣李上吉首建叛议，而广西白州进士徐伯祥者，有功于州不得官，导以犯边，陷邕、钦、廉三州。朝廷遣郭逵致讨，几覆其国。乃以表乞降。会王师大疫，逵受表班师，时熙宁八年也。乾德死，有遗腹子在占城，奉而立之，曰天祚。绍兴二十六年入贡。乾道癸巳，朝旨符广西帅司下交阯买驯象，天祚因乞以象贡，许之。未入贡而天祚死，嗣子龙翰不以闻，而冒天祚名称贡，封为安南国王。既受封，乃以天祚名乞国印及上天祚遗表。朝廷命广西提刑廖蘧为使，至钦州

吊祭，复立龙翰为安南国王。其国僭伪自李日尊始。伪谥其祖曰太祖神武，自号曰大越国，伪年曰天贶，继以十八字尊号。①

南宋宝庆元年（1225）《诸蕃志》有更日常化的记载："交趾，古交州。东南薄海，接占城。西通白衣蛮。北抵钦州。历代置守不绝，赋入至薄，守御甚劳。皇朝重武爱人，不欲宿兵瘴疠之区，以守无用之土。因其献款，从而羁縻之。王系唐姓。服色饮食略与中国同，但男女皆跣足差异耳……岁时供佛，不祭先。病不服药。夜不燃灯。乐以蚺蛇皮为前列。不能造纸笔，求之省地。土产沉香、蓬莱香、生金、银、铁、朱砂、珠贝、犀象、翠羽、车渠、盐、漆、木绵、吉贝之属。岁有进贡。其国不通商。以此首题，言自近者始也。舟行约十余程抵占城国。"②

其中，"岁时供佛，不祭先"表明其时交趾国尚未全面推行儒家治国思想。到了元代，交趾全面推行儒家文化，取得较大进步，海外商业贸易也崭露头角。元代安南人黎崱所著《安南志略》大约成书于14世纪30年代，记载可相印证：

安南，古交趾也。唐虞三代，中国声教所暨；西汉以来为内郡。男耕贾，女蚕绩；言善欲寡，见远人漂至其国，数相存问，此其常性。交、爱人偶傥有谋；骥、演人淳秀好学，余皆愚朴。民文身，效吴越之俗……暑热好浴于江，故便舟善水。平居不冠，立叉手，席坐盘双足。谒尊贵者，跪膝三拜。待客以槟榔。嗜（咸）酸海味，饮过度，多羸弱……年节前二日……先是夕，僧道入内驱傩。民间，门首鸣爆竹，杯盘祀祖。贫家男女，无媒婚礼者，则自相配……仲秋重九，贵族赏之。良月朔，具馔祭先，曰荐新……腊月祀祖，如上家礼。立春，命其宗长鞭土牛毕，臣僚簪花入内宴会。婚娶礼者，春月，媒氏奉槟榔匣，诣女家通问。或财物，以百至千，庶民以至百为数，好礼家不

① ［宋］周去非：《岭外代答校注》，杨武泉校注，中华书局，1999，第56—57页。
② ［宋］赵汝适：《诸蕃志校释》，杨博文校释，中华书局，1996，第1页。

论多寡。丧制，宫室器用，与中国略同。①

同时期的汪大渊《岛夷志略》亦有记载：

> 交趾，古交州之地，今为安南大越国。山环而险，溪道互布。外有三十六庄，地广人稠，气候常热。田多沃饶，俗尚礼义，有中国之风。男女面白而齿黑，戴冠，穿唐衣，皂褐、丝袜、方履。凡民间俊秀子弟，八岁入小学，十五入大学，其诵诗读书、谈性理、为文章，皆与中国同，惟言语差异耳。古今岁贡中国，已载诸史。
>
> 民煮海为盐，酿秫为酒。酋长以同姓女为妻。地产沙金、白银、铜、锡、铅、象牙、翠毛、肉桂、槟榔。贸易之货，用诸色绫罗匹帛、青布、牙梳、纸扎、青铜、铁之类。流通使用铜钱。民间以六十七钱折中统银一两。官用止七十为率。舶人不贩其地，惟偷贩之舟，止于断山上下，不得至其官场，恐中国人窥见其国之虚实也。②

其时，交趾虽然建国，但尚未大规模开拓南部区域，其北部红河流域土地肥沃，以农业为根本，惯受华风，对于海外贸易需求远不如其土地贫瘠的中部邻居占城。

二、越南的新疆域及其文化构成

南宋周去非所著《岭外代答》亦有"占城国"的记录，表明占城相较于交趾而言，其在中外商舶上下南洋必经之路及在海上丝绸之路上的交通位置比交趾重要得多：

> 占城，汉林邑也。境上有马援铜柱。在唐曰环王，王所居曰占城，以名其国。地产名香、犀、象。土皆白砂，可耕之地绝少，无羊豕蔬

---

① ［越］黎崱：《安南志略》，武尚清点校，中华书局，2000，第40—42页。
② ［元］汪大渊：《岛夷志略校释》，苏继庼校释，中华书局，1981，第50—51页。

第三章　越南：中国民间诸神「下西洋」第一站

119

茹，人采香为生。国无市肆，地广人少，多买奴婢，舶舟以人为货。北抵交阯，南抵真腊，臣事交阯，而日与真腊为仇。乾道癸巳，闽人有以西班到选，得官吉阳军都监者，泛海之官，飘至占城，见其国与真腊乘象以战，无大胜负，乃说王以骑战之利，教之弓弩骑射。占城王大悦，具舟送至吉阳，厚赏。随以买马，得数十匹，以战则克。次年复来，人徒甚盛。吉阳军因却以无马，乃转之琼管，琼管不受，遂怒而归，后不复至也。异时诸国舶舟，类为其所虏，盖其俗本好剽掠。其属有宾㣚胧国、宾陁陵国。目连舍基在宾陁陵，或云即王舍城。建隆二年曾贡方物，三年八月又来贡。哲宗元祐元年十二月又进贡，有诏赐钱二千六百缗，其慕化抑可嘉也。①

赵汝适《诸蕃志》所载"占城国"，内容主要出自出入南洋的舟师商人之口述，相对于《岭外代答》而言，无论是对于占城的地理位置，还是海上贸易都记述得更加详备：

占城，东海路通广州，西接云南，南至真腊，北抵交阯，通邕州。自泉州至本国，顺风舟行二十余程。其地东西七百里，南北三千里。国都号新州，有县镇之名；甃砖为城，护以石塔。王出入乘象，或乘软布兜，四人舁之……唐人被土人杀害，追杀偿死。国人好洁，日三五浴，以脑麝合香涂体，又以诸香和焚薰衣。四时融暖，无寒暑候。每岁元日，牵象周行所居之地，然后驱逐出郭，谓之逐邪……定十一月望日为冬至。州县以土产物帛献于王。民间耕种，率用两牛，五谷无麦，有粳、粟、麻、豆。不产茶，亦不识酝酿之法，止饮椰子酒。果实有莲、蔗、蕉、椰之属。土地所出，象牙、笺、沉速香、黄蜡、乌樠木、白藤、吉贝、花布、丝绞布、白氎簟、孔雀、犀角、红鹦鹉等物。官监民入山斫香输官，谓之身丁香，如中国身丁盐税之类。纳足，听民贸易。不以钱为货，惟博米、酒及诸食物，以此充岁计。若民入山为虎所噬，或水行被鳄鱼之厄，其家指其状诣王，王命国师作

---

①［宋］周去非：《岭外代答校注》，杨武泉校注，中华书局，1999，第77页。

法、诵咒书符，投民死所，虎、鳄即自投赴请命，杀之……买人为奴婢，每一男子鬻金三两，准香货酬之。商舶到其国，即差官摺黑皮为策，书白字，抄物数，监盘上岸，十取其二，外听交易，如有隐瞒，籍没入官。番商兴贩，用脑、麝、檀香、草席、凉伞、绢扇、漆器、瓷器、铅、锡、酒、糖等博易。旧州、乌丽、日丽、越里、微芮、宾瞳龙、乌马、拔弄、容蒲罗甘兀亮、宝毗齐皆其属国也。其国前代罕与中国通。周显德中，始遣使入贡。皇朝建隆乾德间，各贡方物。太平兴国六年，交趾黎桓上言，欲以其国俘九十三人献于京师，太宗令广州止其俘，存抚之。自是贡献不绝，辄以器币优赐，嘉其向慕圣化也。国南五七日程至真腊国。[1]

元代《岛夷志略》有"占城"条，其记录似乎并没有突破前人的范围，但是占城妇女善于交际与经商由此可见端倪。

地据海冲，与新、旧州为邻。气候乍热。田中上等，宜种谷。俗喜侵掠。岁以上下元日，纵诸人采生人胆，以鬻官家。官以银售之，以胆调酒，与家人同饮，云通身是胆，使人畏之，亦不生疵疠也。

城之下水多洄旋，舶往复数日，止舟载妇人登舶，与舶人为偶。及去，则垂涕而别。明年，舶人至，则偶合如故。或有遭难流落于其地者，则妇人推旧情以饮食、衣服供其身，归则又重赆以送之，盖有情义如此。仍禁服半似唐人。日三四浴，以脑麝合油涂体。以白字写黑皮为文书。煮海为盐，酿小米为酒。地产红柴、茄蓝木、打布。货用青瓷花碗、金银首饰、酒、色布、烧珠之属。[2]

鉴于1744年越南南部阮氏政权侵吞了真腊国位于湄公河下游一带的广大区域，并在此设置镇边营、藩镇营与龙湖营进行经营镇守，拼凑起越南现代的南部版图，因此有必要了解历史上真腊的地理交通与贸易等

①［宋］赵汝适：《诸蕃志校释》，杨博文校释，中华书局，1996，第8—9页。
②［元］汪大渊：《岛夷志略校释》，苏继庼校释，中华书局，1981，第55—56页。

情况。据元初周达观所著《真腊风土记》记载：

> 真腊国，或称占腊，其国自称曰甘孛智……自温州开洋，行丁未针，历闽广海外诸州港口，过七洲洋，经交趾洋，到占城。又自占城顺风可半月到真蒲，乃其境也……按：《诸蕃志》称其地广七千里，其国北抵占城半月路，西南距暹罗半月程，南距番禺十日程，其东则大海也。旧为通商来往之国……国人交易，皆妇人能之，所以唐人到彼，必先纳一妇人者，兼亦利其能买卖故也。每日一墟，自卯至午即罢。无铺店，但以蓬席之类铺于地间，各有常处，闻亦有纳官司赁地钱。小交关则用米谷及唐货，次则用布；若乃大交关，则用金银矣。往年土人最朴，见唐人颇加敬畏，呼之为佛，见则伏地顶礼。近亦有脱骗欺负唐人，由去人之多故也……其地想不出金银，以唐人金银为第一，五色轻缣帛次之；其次如真州之锡镴、温州之漆盘、泉州之青瓷器，及水银、银朱、纸札、硫黄、熖硝、檀香、草芎、白芷、麝香、麻布、黄草布、雨伞、铁锅、铜盘、水朱、桐油、篦箕、木梳、针。其粗重则如明州之席，甚欲得者则菽麦也，然不可将去耳……唐人之为水手者，利其国中不着衣裳，且米粮易求，妇女易得，屋室易办，器用易足，买卖易为，往往皆逃逸于彼。[①]

很显然，真腊国相对于占城国，在海上丝绸之路的地理位置更加重要，宋元以来中国从事海外贸易的商人与水手视此为乐园，因此周达观才能如此绘声绘色地对其进行描述。

上述为中国民间信俗向越南传播的历史背景。进入明代，因缘际会，既有明前期郑和七下西洋的伟大壮举，一举扫平了海上丝绸之路的各种障碍，为其后的中国海商开辟了良好的海外经商环境。又有中国封建王朝发展到明代中后期，社会生活市民化趋势空前加强，手工业发达，货币经济兴盛。朝贡制度的建立，使得中国商品跟随着诸番国朝贡

---

① [元] 周达观：《真腊风土记校注》，夏鼐校注，中华书局，1981，第15页、第146—148页、第180页。

使者的脚步而广为人知，且在海外一直有着很强的吸引力，海内外商业贸易变得格外活跃。又因为欧洲殖民者的海外扩张，他们一方面实地殖民亚、非、拉美等地的落后地区，另一方面派遣大量的武装商船涌入各个海域，竞相向仍然保有相当武装力量的亚洲封建王国寻求商业贸易机会，其中最重要的商业贸易对象即为中国。他们在实行各种掠夺的同时，也有效地充当联通欧亚拉美各洲的经济桥梁，由此推动大航海时代的到来。明清时期，中国东南沿海移民因改朝换代、海上贸易、生活压力等原因而被迫出洋谋生，第一站往往赶赴越南，由此形成了南洋社会距离中国最近的第一块海外华人聚居地，中国民间信俗内容随着这些移民的人生境遇而载浮载沉，终于在此扎根，甚至留存到今日。其中，比较具有代表性的有越南中部的广南会安港与南部的原为古代真腊的郡城"堆棍"，被吞并后安南国阮氏政权将其更名为"柴棍"，大致在西贡—堤岸一带，今名胡志明市。

第二节　广南会安港与明香社澄汉宫关圣庙

一、"潮涨万国商"：17—19 世纪的会安港

对于越南会安开港历史，李庆新简明扼要地总结过："会安（Hoian，Faifo）位于越南中部广南——岘港省秋盆河（Thu Bon River）即柴江的入海口，历史上是占婆（Campa）人的故乡。16 世纪初叶会安开埠后，各国商人纷至沓来，竞逐商业利益，亚洲的中国人和日本人，以及暹罗人、马来人，其后欧洲葡萄牙人、荷兰人、西班牙人、英国人接踵而至。在会安，日本人、中国人不仅最早来到会安，而且人多势众，实质性地主导着会安贸易，对会安的繁荣贡献最大。随着越来越多清朝商民的迁入，中国语言文字、典籍文献、民间信仰、佛教等也传播到会

安，中华制度和风俗习惯深刻地影响地方社会与文化。"①

我国历史文献对会安亦早有记载。明万历四十五年（1617）张燮所撰《东西洋考》记载：

> 贾舶既至，司关者将币报酋。舶主见酋行四拜礼，所贡方物具有成数。酋为商人设食，乃给木牌于廛舍，听民贸易。酋所须者，辇而去，徐给官价以偿耳。
>
> 广南酋号令诸夷，埒于东京，新州、提夷皆属焉。凡贾舶在新州、提夷者，必走数日程诣广南入贡。广南酋亦遥给木牌，民过木牌，必致敬乃行，无敢哗者，斯风棱之旁震矣。
>
> 顺化多女人来市，女人散发而飞，旁带如大士状。入门以槟榔贻我，通殷勤。
>
> 士人嗜书，每重资以购焉。②

广南一带地窄土薄，农业耕作不足，但是其他自然资源倒是很丰富，历代当权者一直有着仰仗海港商业贸易以补充自身经济的历史习惯。南阮北郑对峙时期，尤其"当1570年阮潢被同时任命为顺化与广南镇守时，广南迎来了阮主的统治。然而，阮氏明确对这一地区进行开发是在1602年广南营建立以后。不久会安很快变成了一个对外贸易，尤其是对中国与日本船贸易的港口"③。明隆庆元年（1567），月港开洋，海澄县本土士人张燮对近在咫尺的交趾再熟悉不过，甚至清楚地知道与月港对口贸易的交趾有几大主要港口。而在月港开洋不久后，鉴于明朝政府严禁对日贸易，日本当政者丰臣秀吉与后续政权德川幕府因应国内经济需要，亦广遣"朱印船"奔赴南洋进行官方海外贸易，交趾亦成为他

① 李庆新：《17—19世纪会安的华人、唐帮会馆与华风》，《华人研究国际学报》创刊号，2009年6月，第97页。
② ［明］张燮：《东西洋考》，陈正统主编《张燮集》（第四册），中华书局，2015，第1438页。
③ 陈荆和：《会安历史》，李庆新主编《海洋史研究》（第九辑），社会科学文献出版社，2016，第134页。

们落脚的重要一站。17世纪初，天时、地利、人和无一不备的广南会安很快就成为远近有名的大港口。1620年在此传教的法国传教士保尔里曾描述："此镇称为会铺；因其地甚为宽阔，几可令人认出两街：一为华人街，另为日人街，各街分置头领，根据各自的习俗生活；华人依照中国固有之法律及风俗，日人则依照其固有者。"① 被王士桢称为妖僧的大汕曾于清康熙三十四年（1695）应其时越南阮主邀请前往顺化弘法，在其《海外纪事》亦称："盖会安各国客货码头，沿河直街长三四里，名大唐街。夹道行肆，比栉而居，悉闽人，仍先朝服饰，妇人贸易。凡客此，必娶一妇，以便交易。街之尽为日本桥，为锦庸。对河为茶饶，洋艚所泊处也。人民稠集，鱼虾蔬果，早晚赶趁络绎焉。药物时鲜，顺化不可购求者，于此得致矣。"②

如果按照常规的发展，业已建立唐人街的会安无疑会成为源源不断奔赴此地的中国海商与水手的海外侨居地，从而构建起他们在海外的日常社会生活秩序，民间信俗便自然而然地镶嵌其中。然而，明清的改朝换代，致使一大批明朝武装遗民携家带口，以船队的形式纷纷涌入越南。其中，对会安影响最大的为明郑政权礼武镇总兵官杨彦迪等将士率领的船队。《嘉定通志》载："已未三十二年（黎熙宗永治四年，大清康熙十八年）（1679）夏四月，大明国广东省镇守龙门水陆等处地方总兵官杨彦迪、副将黄进，镇守高、雷、廉等处地方总兵陈胜才、副将陈安平等，率领兵弁门眷等三千余人，战船五十余艘，投来京地思容、沱囊二海港。奏报称大明国逋播臣，为国矢忠，力尽势穷，明祚告终，不肯臣事大清，南来投诚，愿为臣仆。"③ 无论这支大明船队是想在越南避难，还是拟在越南找机会发展，对于广南阮主而言都是烫手山芋，接也不

---

① John Pinkerton, *A General Collection of the Best and Most Interesting Voyages and Trade in All Part of the World*, London, 1811, Vol. 9 pp. 795—797. 转引陈荆和：《会安历史》，李庆新主编《海洋史研究》（第九辑），社会科学文献出版社，2016，第134页。

②［清］大汕：《海外纪事》，余思黎点校，中华书局，1987，第80页。

③［越］郑怀德：《嘉定城通志》，《岭南摭怪等史料三种》，戴可来、杨保筠校点，中州古籍出版社，1991，第121页。

是，不接也不是。但是，其时广南阮氏政权对于明王朝的认可远远超过从山海关打进来的清军，于是趁势打发他们去开发阮主窥视已久的南方高蛮国土地。"时以北河屡煽，而彼兵远来，情伪未明，又异服殊音，猝难任使。然他穷逼投奔，忠节款陈，义不可绝。且高蛮国东浦（嘉定古之地）地方，沃野千里，朝廷未暇经营，不如因彼之力，委之辟地以居，斯一举三得矣……龙门将杨等兵弁船艘，使进枚腊（今名燶腊）大小海门（今属定祥镇），驻扎于美湫处（在今定祥镇莅所）。高、雷、廉将陈等兵弁船艘，使进芹澧海门，驻扎于全犯处盘辚地方（在今边和镇莅所）。辟地开荒，构立铺市，商卖交通，唐人、西洋、日本、阇婆商舶凑集，中国华风已渐渍，蔚然畅于东浦矣。"① 虽然其后杨彦迪与黄进出现内讧，但是这批大明将士及其家属终究还是留在广南，成为后来明香社的主要成员。"显尊孝明皇帝戊寅八年（1698）春……以农耐地置为嘉定府，立全犯处为福隆县，建镇边营，柴棍处为新平县，建藩镇营……斥地千里，获民逾四万户，招募布政州以内流民以实之。设置村社坊邑，分割地分，征占田地，准定租庸，缵修丁田簿籍。于是唐人子孙居镇边者，立清河社，居藩镇者，立为明乡社，并为编户。"② "阮主给与明末难民之最大特典为准许其设立特殊之村社，称为明香社；顾名思义，'明香'不外为维持明朝香火之意。广南最初之明香社为广南之对外商港会安铺之明香社，其设立之年代，在 1650 年左右。"③ 这些明乡人扎根当地后，一方面常常被阮氏任命为负责当地对外商业贸易的头目，另一方面为了生计需要，亦根据自身原有的社会生产生活习惯，往往迁向附近港口以从事商业贸易，这在会安的相关历史记载中亦能够得到体现。也因此，会安的华人民间信俗实际上体现了明香社与之前之后源源不断而来的中国海商及其他移民相结合的综合特点，而历史悠久、

---

① ［越］郑怀德：《嘉定城通志》，《岭南摭怪等史料三种》，戴可来、杨保筠校点，中州古籍出版社，1991，第121—122页。

② 同上书，第123页。

③ 陈荆和：《承天明乡社陈氏正谱》，《东南亚研究专书之四》，香港中文大学新亚研究所东南亚研究室，1964，第6页。

史料丰富的会安明香社澄汉宫关圣庙正可作为观察此特点的个案。

二、"翁寺"：明香社澄汉宫关圣庙

澄汉宫关圣庙位于今会安明安坊陈富街 24 号，俗称"翁寺"。该庙现存最早的匾额撰有"敕封三界伏魔大帝、神威远振天尊。庆德癸巳年季冬吉旦书，明香员官各职全仝立"等字样。据此，澄汉宫创建不晚于1653 年。17 世纪末，大汕在顺化弘法时路过会安，卓锡弥陀寺时清楚记得关圣庙的方位，并应庙方主事人写了一篇祝文。记录在其《海外纪事》里，即"寺之右有关夫子庙，崇祀最盛，闽会馆也。主会预乞祝文，漫为走笔：乃圣乃神，允文允武，读书明大义，具法眼于一部麟经；报国尽孤忠，抱遗恨于三分鼎足。但知有汉，岂肯受孟德寿亭之封；业已无吴，不妨爽子敬荆州之约……某等躬逢上寿，叩拜下风，同志二百六十余人献爵五月十三吉日，圣其降耳，凛凛犹生；神则飨之，洋洋如在。伏愿河清海晏，长浮苹藻之香；世足家丰，共沐岁时之庆。微情敢告"[①]。1695 年，大汕经过会安时与澄汉宫的有限接触表明，关圣庙香火鼎盛，意味着当时会安的海外贸易繁荣，而福建商人携着月港开洋及后续明郑政权在海上的商贸优势，一直在其中扮演着早期先遣军的角色，因此关圣庙吸引众多闽商前来祭拜，进而成为闽商的临时会馆似乎也不是不可能。当然，作为关圣

越南会安明香社澄汉宫

① ［清］大汕：《海外纪事》，余思黎点校，中华书局，1987，第 83 页。

庙的创建者——会安明香社人对于广南海外贸易的有力掌控也有助于促成关圣庙成为闽商临时会馆，毕竟他们的主要贸易对象是中日两国，由此吸引最大的中间商即福建海商的贸易人脉也是完全有可能的。

鉴于17世纪阮氏政权对于中国海商的宽容与优待，一方面，那时候中国海商完全有可能被吸收成为明乡人；另一方面，会安发展初期，明乡人在当地海外贸易方面的势力相当大，中国海商在会安更多是从事商业贸易，对于在当地的停留更多是商业需要，定居并非初衷，要在当地形成有影响力的势力也需要时间积蓄人力与物力。据会安福建会馆现存乾隆丁丑年（1757）端月谷旦福建泉州府晋江县沐恩弟子施泽宏敬立的《会安福建会馆石碑》记载："……中困苦年余，娘娘焉得何罪受此之厄，无他，为弟子求财故也。午时，请从水中扶抱金身，登山到占城锦安之地，就此重建六十年。因茅庙不能长久，于兹年二月遗□□庙灵慈，扬名济世，非图财求利而至此也。陈此。"[1] 陈荆和与张侃等人据此判断供奉妈祖的金山庙创建于1690年或前后。会安福建会馆前身即为此金山庙。

会安福建会馆创建的模式与中国海商在日本长崎等港口创建会馆的经验几乎一致，都是先前为安奉商船上所供奉的海上保护神妈祖等神像而上岸创建临时祭神场所，等到在当地积攒了足够的人力物力，便在此基础上创建会馆。会安福建会馆的创建当迟于金山寺的创建。由此可知，会安明乡人创建澄汉宫至少早于福建会馆50年左右，由此也佐证大汕所言非虚。大汕在《海外纪事》中还记载了他在弥陀寺时撰文倡议创建义冢的事情，文曰：

> 窃为庆生悼死，乃亲友之常情；掩路埋骴，实仁人之厚德。近见遗骸遍露，多闻旅梓无赀，背井离乡，置身何地，不由代白，莫可相成。兹大越国会安府，百粤千川，舟楫往来之古驿，五湖八闽，货商络绎之通衢。间有财并陶米，岂无义同鲍叔。悲填沟壑，惨踏牛羊，

---

[1] 碑文综合整理于陈荆和：《会安历史》，李庆新主编《海洋史研究》（第九辑），社会科学文献出版社，2016，第167页；张侃、[越]壬氏青李：《华文越风：17—19世纪民间文献与会安华人社会》，厦门大学出版社，2018，第149页。

越南会安福建会馆

如其祖居山左，难返太行；设或产自河南，焉回衡岳。经年浪迹，惟余两眼含酸；一旦危亡，顿尔四肢落寞。值眷绝亲疏之日，况天遥海阔之方。秋与怨俱深，砧断杵残孤魄泪；梦随家共远，风吹雨打湿磷灯。骨尚暴于烟郊，信何传于闾里。利名兴尽，岁积体庬劳；腐朽谁埋，路穷童仆散。孰料半途捐馆，堪怜绝域栖魂。雁断长空，那得寻声遥赴；闺中有待，还思满载归来。忆昔欢歌，慷慨之音，竟同流水；只今侠气，周全之谊，须借路人。顾范希文麦舟之助，古道犹存；想徐孺子束刍之仪，遗风可续。即一粒一钱之乐赠，亦再生再世之弘慈。得葬高原，招回故国之魂，当图结草；但求坯土，纵作他乡之鬼，亦赖脱骖。非徒惠于无名，胜矣素车白马；若施恩而不报，悲哉芳草王孙。欲举义坟，必需善士。缘应首倡，愧糠秕在前；事必合光，颂功德无量。谩比鹤归华表，相将牛卧介山。挂剑延陵，埋琴子敬，勿辞协力，布告同心。①

————————

① ［清］大汕：《海外纪事》，余思黎点校，中华书局，1987，第80—81页。

大汕通篇都在陈述他在广南弘法时所见家乡商旅之人亡故他乡的悲情，会安尤甚，"客居既繁，因之旅梓无归，而遗骸暴露者，在在都有"①。会馆作为中国海商在异国他乡上岸后处理生死与商贸诸事的场所，设立义冢往往是首要任务。甚至很多时候，义冢的设立可能还早于会馆，与上岸后临时安置商船上所供奉的神明之举并行不悖。然而，1695年大汕经过会安的时候，会安的中国海商尚未设置义冢以安置羁旅亡魂，遂大汕"嘱国师语闽客为倡首者，募义冢地，收掩孤骨"②。由此可见，其时中国海商力量还不够强大，但闽商在其中独树一帜。因此，大汕嘱咐阮氏政权的国师指定闽客为创设义冢的首要负责人，依靠会安弥陀寺，玉成此事。当然，弥陀寺为明乡人所创建，因此，明乡人也势必参与此次创立义冢事宜。会安福建会馆重修委员会于20世纪70年代所立《本会馆重修及增建前门碑记》，对于会安福建会馆历史有比较详尽的描述。福建会馆确实成立较晚，明乡人在会安开港初期扮演的角色远超我们的想象。

尝闻守望相助，贵乎合作无间，联络乡情，务宜时相团叙，此会馆之设所由来也。溯吾会馆，创立于康熙年间，距今已垂二百七十余载，最初丕基，祇编茅为庙，供奉天后圣母，颜曰金山寺，历经六十余年，因茅庙难以久持，遂于乾隆丁丑年（1757）同人酿资兴建瓦房，再名闽商会馆。唯时馆舍湫隘，乃于道光己酉年（1849）增建后殿，供奉六姓王爷公，而前殿亦同时重新修建。从兹以后，至光绪乙未年（1895）又将会馆分段大加修葺，惟工程蔓延，殆光绪庚子年（1900）全面重修，次第完成。而"福建会馆"名称至斯遂告奠立，遂有今日规模之馆址，皆赖历代乔贤周详擘剖，其功永垂不朽也。③

再看会安澄汉宫现存最早的碑刻1753年《会安明乡关圣庙重修碑

---

① ［清］大汕：《海外纪事》，余思黎点校，中华书局，1987，第80页。

② 同上。

③ 转引张侃、［越］壬氏青李：《华文越风：17—19世纪民间文献与会安华人社会》，厦门大学出版社，2018，第149页。

记》的记载：

> 事之创成于始，而能垂□之，缵美于前，而克□昌德，望胜龙先□□□可谓全盛久而弥□。关圣帝庙、观音佛寺，本乡鼎建百有余年矣。地占山川旺气，灵钟河岳精英，护社稷以匡盛，佑商旅以休征，遂有希求如响之应。然而岁久不如初，蠹蚁毒穿栋柱，成空洞之腹，瓦缝历落，堂房有蝛漏之湿，神像如不豫之颜，乡党有翻构之议，然而动当数千之费，待三厘以何年。幸有冼国祥、吴廷宽、张弘基，性行素怀，植德济资，不慕扬名，乡里推为俊士，力量杖作檀越，三公慷慨，自出囊金以应用，不辞繁费。本社欢协着实董事以谋，为望速成。念先人乐善构始，规模壮丽，今□历□重兴，制度轩然。记姓名，昭世代，□硕德。及云仍落成，神人齐庆鼎新，远近俱瞻，兼有本社公钱充入应用，俾成厥事。兹纪。
>
> 明香社乡官各职设补增□伯乡老：郭自明、陈惟馨、柯国瑞、陈惟德、张弘道、谢光弼、陈元善、孙天瑞、康达瑜、李有德、邵天杨、徐天焕、郑兆铨、陈世良、马甲训、陈能安、徐耀爵、吴国柱、吴淑兰、李廷耀撰序
>
> 龙飞岁次癸酉年（1753）仲春旦[①]

此次重修时间与前述匾额时间刚好相距一百年，亦印证了澄汉宫确实于1653年前业已创建，且一直把持在会安明香社精英分子的手里。碑文亦提到关圣庙的主要神职功能"护社稷以匡盛，佑商旅以休征"，显见明香社众即使被编户齐民，并非一味从事农耕，而是在阮氏政权的统治阶层及对外商业贸易中扮演着十分重要的角色。

会安澄汉宫关圣庙东侧有明香社萃先堂，始建于1820年，系明香社的祠堂与乡亭二合一的公共祭祀与议事场所。

---

① 碑文综合整理于谭志词：《越南会安"唐人街"与关公庙》，《八桂侨刊》2005年第5期，第46—47页；张侃、［越］壬氏青李：《华文越风：17—19世纪民间文献与会安华人社会》，厦门大学出版社，2018，第50页。

越南会安明香社萃先堂

　　维新二年（即清光绪三十四年，1908）立有重建碑刻，碑文很好地
回顾了明香社及其先辈的历史，可以辅助观察明香社在会安扮演了什么
样的角色，又如何影响到澄汉宫的关帝信俗等历史内容。碑文具录
如下：

"吾乡祠奉祀魏、庄、吴、邵、许、伍等十大老者，前明旧臣也。明祚既迁，心不肯贰，遂隐其官衔名字，避地而南，至则会唐人在南者，冠以明字，存国号也。卅六省皆有所立，而广南始焉。""初居茶饶，寻迁会安，相川原之胜，井里画焉，阛阓设焉，以永千年于兹者，皆其所贻也。十大老既往，三大家续之，曰冼国公、吴廷公、张宏公，皆能修前人之功，为桑梓计，始建地簿，辟闲土，益之以新培，而民居以广，商旅以聚，神祠寺观营造壮丽，而祀事以修。辰有郑门吴氏发愿捐资买田地附之，惠鸿大师供祠广之，人和事举，俗厚风淳，天宝物华，为南州都会，自黎朝迄于国初，皆别格待之，与著异乡篆用牙政也。"[1]

碑文显示，明清更替之时，不愿意臣服新政权的十老者率众南迁越南后，与先前已经在越南的其他唐人一起创建了明香社。广南最早，其他明香社遍布越南三十六省。据陈荆和考证，17世纪的会安不仅有十老集团，还有一些其他明人，他们构成了早期中国定居者的主体。他甚至在会安当地的林氏祠堂找到了一块标有纪年"大明天启辛酉年"（1621）的"林氏祠堂"的匾额。[2] 会安的明香社原来在茶饶，后来一路迁到会安才作为千年基业稳定下来，原因就在于当年碑文所述"相川原之胜，井里画焉，阛阓设焉"，农耕与商贸，缺一不可。而这些明香社的先辈正是乘坐着几十上百艘海舶集体而来，他们对于海外贸易的依赖程度是与生俱来的。陈荆和还找到了前述《会安明乡关圣庙重修碑记》中三檀越之一张弘基的详细出身，张弘基为会安张氏家族从泉州府中左所移居广南的第四代，陈荆和引用的1912年张氏族谱如此描述：

凭借自己的商业才智，可敬的弘基将其商业推向顶峰，家境变得

---

① 碑文综合整理于陈荆和：《会安历史》，李庆新主编《海洋史研究》（第九辑），社会科学文献出版社，2016，第152页；张侃、[越] 壬氏青李：《华文越风：17—19世纪民间文献与会安华人社会》，厦门大学出版社，2018，第343页。

② 陈荆和：《会安历史》，李庆新主编《海洋史研究》（第九辑），社会科学文献出版社，2016，第153—154页。

殷实。因为我们的祖先已经建立起这个村庄，他被登记为明香社居民。在丁丑年武王阮福阔统治期间（1757），弘基在会安建造了一个祠堂，我们那已经去世的父亲曾陪同弘基往返内地（即中国）从事商贸。另外，他在广南省奠盘府延福路的安仁社也建造了一个祖先祠堂，并在那定居。他们在茶乔社山旁购买了一片土地，并邀请一位中国风水师住居这里，以便为他们挑选一块祥地做宗族坟地。结果，属于这个宗族的每一个坟墓都迁到了茶乔。还有一个祠堂建在丘陵地区，他们在祠堂里立了一块大石碑，石碑上刻有每一个已故成员的头衔与名字，祠堂的建立者西泉公被作为核心人物，以此方式供其后代崇拜。①

引文显示，张弘基延续着其广南开基祖西泉公的生计习惯，将祖业即中越海上商贸发扬光大，并努力延续着中国祖籍地的社会文化生活模式。从张氏族谱中所描述的他一系列有计划地建造祠堂与祖坟墓地的行为，以及他对于会安关圣庙等公共社会活动的积极参与来看，张弘基无论从心理上还是从物质条件上，无疑都已经做好了扎根广南的充分准备，不复北上，而越南阮氏政权允许明香社的创建等一系列优待条件，也确实给了他们足够宽松的生存空间。张弘基的一生，被陈荆和谓为"明香社人口形成过程中华人模式的代表"②。那么，随他们而来的民间信俗随即在当地扎根，譬如会安澄汉宫关圣庙，与在同一历史阶段里其他中国海商扎根当地后发展出来的民间信俗大为不同。这一点笔者也将会在其他南洋社会的华侨聚居地一一进行验证。

（一）会安澄汉宫关圣庙的本地化特点

叶少飞曾于2015年到会安做现场调研，发现会安澄汉宫关圣庙正殿门首悬有三块诗匾，为1775年后黎朝高级官员、政治家阮俨及其同僚汪士璂、阮令宥等人围绕着褒扬澄汉宫关圣庙主祀神关夫子的忠义精神而

---

① 陈荆和：《会安历史》，李庆新主编《海洋史研究》（第九辑），社会科学文献出版社，2016，第160页。
② 同上书，第161页。

相互唱和之作。第一块横匾是"时景兴三十六年（1775）乙未端阳节"《题关夫子庙诗》，落款"赐辛亥科进士、特进紫金荣禄大夫、奉参左将军、入侍参从户部尚书、知东阁兼知中书、兼国史总裁、大司徒致仕起复、□军营□□、春郡公、阮俨希思甫书"。第二块横匾为《奉随平南茂务经会安庙题关夫子庙诗》，落款"赐庚戌科进士、奉侍日讲添差知侍内书写工番东阁大学士汪士琠庚和左将军参尊贵台元韵"；同一块横匾还题有另一首诗，落款"赐癸未科进士翰林院侍读粤轩阮令宥左将军参□尊贵台元韵""皇越景兴三十六年（1775）乙未夏孟敬题"。第三块横匾题为《关夫子庙赞》："天眷西谷，笃生神武。炎祚式微，匪躬之故。桃园一叙，兄弟君臣。左周右旋，历坎履屯。北魏东吴，三分鼎足。匹马单刀，帝汉于蜀。赤精一线，冲漠可回。高光旧物，唾手重恢。匪直也勇，匪直也智。忠义流光，千秋仰止。阙宫有侐，遗像有严。默扶我越，赫赫炎炎。"落款"景兴乙未（1775）之夏左将军鸿鱼居士题"。①

"西山之乱"时，北方郑主趁南阮内有权臣张福峦擅权，外有西山起义军作乱，便派遣大将黄五福率兵南下进攻阮氏政权的领地，随后又与南阮合谋讨伐西山起义军，曾一度占领广南会安一带。②《大越史记全书》续编亦记载景兴三十六年（1775）十月："先是，王还，留俨协赞五福征南，寻以病召回，卒于所居里，年六十八。"③阮俨正是在此乱世期间在会安澄汉宫关圣帝庙里与同僚相互唱和，显示出他们对三国历史、关公身世及其忠义精神有着深刻的认识与认同感。至于是否在当时就留下牌匾，则应存疑。因为澄汉宫关圣庙还留存一块1783年立下的重修碑刻，其中并没有提到此事，其碑文如下：

> 盖闻事创始而垂后，□缵美以继前，先后并美，诚为尽善矣。我本乡关圣帝自昔贤鼎建，后继重兴，由来久矣。地把群山之秀，灵钟

① 叶少飞：《越南会安关圣帝庙——澄汉宫碑铭初探》，《形象史学》2017年第2期，第144—145页。

② [越] 陈重金：《越南通史》，戴可来译，商务印书馆，1992，第255页。

③ [越] 吴士连：《大越史记全书（校合本）》，陈荆和编校，东京大学东洋文化研究所，1984，第1183页。

环水之英。神明响格，远近咸沾。后竟罹兵革，诸庙塌毁，而公庙犹初，益见神明显赫，庙食千秋也。然而日久年湮，圣容冠衮悉为蛛网尘封，殿宇窗楹尽被烟熏，雀穴登堂，顶祝奚安英灵？同人祈答，圣许修容。乡里共推缘首许献瑞，素怀植德，自倡出以囊金，社内欢欣，共聚衷于指日，将见圣颜威赫，同瞻冠服焕文。堂庙貌规模，共仰英风昭日月。从此神人胥和，遐通欣瞻，聊继前人之乐，志俾书后，胤之芳名，是为志。

龙飞岁次癸卯年季春月穀旦
明香社员官乡老□□□乡长□□□同志①

碑文显示，到了 1783 年，澄汉宫关圣庙虽然侥幸躲过"西山之乱"在会安的战乱，但是也已破败不堪，甚至达到了"雀穴登堂"的境地。而此时距离阮俨及其同僚在此庙雅兴唱和之时也才过去区区八年，如果当时庙里挂有这三块新诗匾的话，按照常规推断，碑文应该有所提及。更重要的是，为什么与南方阮氏政权有敌对关系的西山起义军和北郑政权唯独没有毁坏会安澄汉宫关圣庙呢？唯一的解释就是，当时整个越南上下对于关帝的忠义精神已经有比较深入的理解，对其信奉颇为虔诚。《越南通史》记载："庚申年（1740），郑楹建武庙，正位奉祀武成王姜太公、孙武子、管子等，后面奉祀兴道大王陈国峻，并另建一庙奉祀关公。春秋二季均行祭礼。"② 很明显，北郑政权全面效仿其宗主国中国明清两代政权对于武庙的建设内容，以及对关公的日益尊崇。清廷后来索性把关公抬升至与孔夫子对等的重要地位，以此利用关公的忠义精神来进一步实践儒家治国的理念，北郑政权显然亦步亦趋地追随宗主国的步伐，后黎官员对关公忠义精神耳熟能详也就不意外了。南阮政权也不甘人后，继任者阮朝嘉隆帝与明命帝于 1802 年统一越南后，对于中国儒家文化的学习更是不遗余力，那么尊奉关公势在必行。《大南实录》正编

① 原碑拓文末端两处数个人名俱模糊难辨，参见张侃、［越］壬氏青李：《华文越风：17—19 世纪民间文献与会安华人社会》，厦门大学出版社，2018，第 337 页。

② ［越］陈重金：《越南通史》，戴可来译，商务印书馆，1992，第 229—230 页。

卷五十七载："嘉隆十七年（1818）五月，建关公祠、天后祠。"① 明命三年（1822），"奏准关圣帝君、九天玄女给敕旨各一道，又辅国都督将军胜才侯右府宋国公吏部议正侯各给予赠敕一道，列在嘉定城会同庙奉事"②。阮朝甚至重新修订了国家祭祀体系，阮翼宗于越南阮朝嗣德八年（1855）纂定的《钦定大南会典事例》载："南郊、列庙、社稷"为大祀，"历代帝王、先师孔子和先农"为中祀，"风伯、启圣、雨师、先医、周尚父姜太公、关公、天妃、都城隍、南海龙王、占城国王、真腊国王、炮神、邰阳夫人、河伯、后土、司工、开国功臣、中兴功臣、忠节功臣、山神、胡神、岛神、祀典诸神祇、诸祠堂"为群祀。③ 上行下效，外加《三国演义》的文学作品、戏曲等在越南的流传，越南老百姓对于关公亦是熟悉有加，敬重异常。另据谭志词统计，时至今日"在越南全国 59 个省、5 个中央直辖市中，至少有 22 个省、3 个直辖市共 40 多个宗教建筑（包括庙、亭、祠、寺等）供奉关公"。④ 可见关公忠义精神及其信俗在越南影响之大。

无独有偶，郑怀德《嘉定城通志》亦有记载"西山之乱"后南圻边和镇关帝庙独存的情形："关帝庙在大铺洲南三街之东，面瞰福江，殿宇宏丽，塑像高长余。后观音观，外包砖墙，石麒蹲于四隅，与大街西头福州会馆，东下之广东之会馆为三大祠。经西山乱，人民离散，三祠毁废，惟此是本铺公共之庙，竟得独存。"⑤ 有意思的是，《嘉定城通志》的编撰者郑怀德（1765—1825）还由此记录牵扯出了越南阮朝嘉隆十六年（1817）他自己参与重修此座关帝庙的轶事。"世祖己未二十二年

① 转引宇汝松：《道教南传越南研究》，齐鲁书社，2017，第 139 页。

② ［越］阮朝国史馆：《钦定大南会典事例》卷一百二十二《礼部·登秩·封赠神祇》，西南师范大学出版社，2015，第 1931 页。

③ ［越］阮朝国史馆：《钦定大南会典事例》卷八十五《礼部·祭统》，西南师范大学出版社，2015，第 1355 页。

④ 谭志词：《越南河内历史上的关公庙与华侨华人》，《南洋问题研究》2005 年第 2 期，第 45 页。

⑤ ［越］郑怀德：《嘉定城通志》，《岭南摭怪等史料三种》，戴可来、杨保筠校点，中州古籍出版社，1991，第 218 页。

（1799）秋，镇边大水，像被浸坏，而栋梁檐瓦以经年，多所朽弊。丁丑嘉隆十六年（1817），乡人会谋重修而力不逮，恳臣做主，以臣旧贯之所在也。初臣口勉许诺，姑以悦之，而心犹未果。及其撤下正梁，上有附钉一板，虽虫蠹，并已侵蚀，而字刻犹然，止为香灯烟霉久所熏黑，令轻加洗刷，仔细观之，其漆縻坚厚，字刻分明，前列主会八人，间有臣显祖姓名，余人甚多，俱不认识。后刻岁次'甲子正和五年（1684）四月吉日'。左梁一板，刻主会者十一人，间有臣显考姓名，后刻岁次'癸亥景兴四年（1743）仲春谷日'。臣彷徨久之，而众争观其板，寻自坏烂。爰向庙前祝而焚之，窃念神与臣三世既有宿缘，臣如何敢不成先世之善愿？故毅然募众共襄事焉。新其庙，塑其像，修理祭事，今获粗备，并此志之。"①《大南正编列传初集》有《郑怀德传》："郑怀德，一名安，字止山，号艮斋。其先福建人，世为宦族。祖会，清初留发南投，客镇边。父庆，少好学，善大字、象棋，擅名于辰。世宗皇帝朝，以捐纳为安场该收，历迁归仁、归化、把耕三场该队。卒，德年甫十岁，笃志好学。辰值忧攘，母迁于藩镇，令事处士武长缵，业益进。岁戊申，世祖克服嘉定，遂与黎光定等应举，授翰林院制诰。"② 郑怀德祖孙三代明显都是边和镇清河社明乡人，郑怀德更是土生土长的明乡人。其父祖亦为明朝遗民，清初南迁镇边营，显然是有备而来，到此后与其他明香社精英分子一样，优先从商从政，成为边和镇明乡人中的精英人物。因此，父子俩才能作为会首连续参与边和镇关帝庙的重修。郑怀德凭借着父祖辈打下的基业与人脉，自己"笃志好学"，虽早年失怙，但母贤子孝，又得名师教导，很快就青出于蓝而更胜于蓝。郑怀德进入阮朝政坛后，深受历代阮主重用，在阮朝嘉隆、明命二朝可谓位极人臣，自然也成为边和镇明乡人中最出色的精英分子，主持社里关帝庙的重修也就成为他责无旁贷的责任。郑怀德的犹豫在于少小离家，又长期在朝为官，对于边和镇清河社的归属感会弱一些。但一旦发觉此事本为其父

① ［越］郑怀德：《嘉定城通志》，《岭南摭怪等史料三种》，戴可来、杨保筠校点，中州古籍出版社，1991，第218页。

② ［越］阮朝国史馆：《大南正编列传初集》卷十一《郑怀德传》。

祖相承之事，郑怀德感同身受，立刻承担起他的责任。由此可见，明乡人自身所保留的文化传统。鉴于有许许多多像郑怀德这样出仕于阮朝并获得重用的明乡人，明乡人在南阮以及阮朝的特殊地位可见一斑。政治上不受歧视，甚至深受重用，商业上又受重视与优待，农耕亦被鼓励，甚至免徭役，因此明香社本地化并无多少障碍，被认同乃至融入当地是迟早的事。

1783 年这次重修的缘首许献瑞，张侃等人找到了他的出身，会安《许氏家谱》记载："一世显高高祖考，中大夫户部侍郎兼知饷务禄进候谥温良许献瑞公行三神位，生于癸亥年（1743）九月十一日卯刻，卒于己未年（1799）十二月初二戌刻，葬在（青霞社）澜桥处。"[1] "西山之乱"中，许献瑞既是明乡人，也是一名饷务官，重修会安澄汉宫关圣庙，既可收聚明乡人人心，又有重振海外贸易事务，恢复原有社会生产生活信心的作用。但在兵荒马乱之下，碑文中也找不到会安闽商为之捐款的任何信息。

越南阮朝明命八年（1827），澄汉宫关圣庙再次重修。此次重修所立的碑刻，充分显示了阮朝一统越南以后，明香社上对阮朝的归属感，下对自己身归何处有了更明晰的认知。

> 宇宙间开辟以来，惟周□素王孔夫子为师表百王，有国家者则崇祀之。及汉，帝君□□□为□神灵，□古普天下□□仰奉之，一作春秋，一治春秋，先圣后圣，其揆一也。本乡香□之东有澄汉宫焉，乃祀关圣帝之庙，□后梵宫连所，奉事□□□，乃古时前哲所创也。其地则土凭高垲，位向正阳，江涵秀水罗前，浪涌明沙拥后，如砥通衢交接，可封比屋周旋，诚□□□也。其形则梁栋森严，洞窟耸峻，堂陛不壮而丽，廉隅不□而□。□回廊道，坦平中外，重门洞达，诚□度之□中也。一方□□□，兹然伊昔，规模犹存，朴略竟无文华之饬焉。□□屡更，百余年矣。嗣后□前诸公相继有兴，曾经修造而后奂

---

① 张侃、［越］壬氏青李：《华文越风：17—19 世纪民间文献与会安华人社会》，厦门大学出版社，2018，第 52 页。

第三章 越南：中国民间诸神「下西洋」第一站

伦□□□，今计其年，将一百矣。夫人以时过而代谢，物经年久而朽坏，兹则神祠不如前之□，圣像非复古□，墙皆倾□，□□□沉。思以□新之，然动以千计，非朝夕之所能谋□，□□隐忧未妥，□伸□然启有。

迨于皇朝明命六年（1825）乙酉夏五月，圣驾南巡省方，驻□镇城。十六日□□，御舟抵庙前津次，圣天子幸临庙宇，□□□□□感慕，旨着赏银三百两，为□庙香火□用，以示神人其庆，圣恩优渥。神祠愈得显名，远近闻风，莫不倾心仰慕。是银□□□□买土庸一所，在香胜邑罗，为帝有香油常例。乃从本年乡老黄栋观、乡长蔡庄观、林香观、李鸿观、张联观、杨陶观、屈□□、余宝观同先□□捐赏，及出题缘，募化诸善信，以助其费。于是以夏六月起工，换其旧而更新，随其缺而补正，丹护粉□□，又增构后堂，连□垣墙，以周广玄武。粤季冬□功告竣，既落成，将勒石以识事。然窃念彼修营补葺，乃当职分内事也。□□□碑，未兑物议，颇近好名。第以前贤始之难而终以继之，欲使后之视今亦犹今之视昔，所以不嫌于此举。是正□筏进览斯碑而兴起，仍旧贯而重修，则关帝庙愈以而愈新，长留穹壤间，工垂不朽，云是为记。

皇朝明命万年之间丁亥冬十二月吉日

明乡社乡官、乡老、乡长、员职同记，本乡墅堂居士张正鹄谨撰①

此次澄汉宫关圣庙重修，距离上次重修已过去四十几年，已进入土砖木瓦结构房屋需要周期性整修的年份，但迟迟未能动工，主要原因在于资金不足。适逢明命帝南巡，御舟经过会安，抵庙行香，并赐银三百两作为澄汉宫关圣庙香火之资，由此掀起了明香社重修关圣庙的热情。此次重修半年内就已完成。《大南一统志》对此赐银事件有记载："关公祠，在会安铺，明乡人建，规制壮丽。明命五年（1824）南巡过其祠，

---

① 原碑模糊，断句难以清晰，幸大意明了，碑文参照谭志词：《越南会安"唐人街"与关公庙》，《八桂侨刊》2005年第5期，第47页；张侃、[越]壬氏青李：《华文越风：17—19世纪民间文献与会安华人社会》，厦门大学出版社，2018，第52—53页。

赐银三百两。"① 明命帝莅临澄汉宫关圣庙本身就代表了一种"中国式"儒学治国的高姿态，敬奉山西关夫子正是主要表征之一，此举对于明香社与关圣庙都是有百利而无一害，一方面达到了收拢明香社以及在越华人的人心的客观效果，另一方面加强了明乡社等远近民众对于关帝信俗的尊奉；微观而言，澄汉宫关圣庙从此有了香油常例，确保关圣庙日常香火的延续。因为这笔御赐的银两并不好轻易花销，明乡人用来购买田产房屋，以其衍生的资金作为关圣庙日常的香火之资，一方面是遵循故乡习俗惯例，另一方面也算是老于世故的处理方式。然而，此次重修依然是明香社独力张罗，看不到前来会安经商的中国海商的捐资痕迹。越南阮朝嗣德十七年（1864）有碑刻记载："本社澄汉宫，以奉祀（关）公也。实而像之，神所凭依也，人所具瞻也。像土质日久有飞淡坠落者，乡人同出血本谋诸名匠而修之。"② 明香社众人集资请能工巧匠修复了土质剥落的澄汉宫关公神像，并非重修整座澄汉宫。碑文内容多为描述集资修复关公神像以及重申关公来历及其道德教化作用，捐款者无一明示为中国海商者。越南阮朝成泰十六年（1904）澄汉宫再次重修，立下碑刻：

> "成泰十六年六月吉日，本社重修汉澄宫，所有本省大人、官员、乡职员、商社内续供银钱，敬列芳名于左：太子少保、协办大学士、管领吏部充机密大臣、经筵讲官、国史馆副总裁、安长子致仕鹤亭阮述，大银十元；太子太保南义总督胡第，十五元；进士，领布政邓如望，五元；按察使丁有馨，五元；领兵陈文事，三元；进士侍讲学士范□，十元；知县陈嘉征，三元；知县陈德懿，十元；进士，知府陈文统，四元；进士，同知范燦一元；副榜，知府潘珍，一元；领知县尊室旦，五元；知县陈玉琇，二元；知县胡德□，十元；正营陈玉华，

① 《大南一统志》卷五《广南·关公祠》，第32页。转引陈荆和：《会安历史》，李庆新主编《海洋史研究》（第九辑），社会科学文献出版社，2016，第161页。

② 此碑文辨识于叶少飞：《越南会安关圣帝庙——澄汉宫碑铭初探》，《形象史学》2017年第2期，第140页，"图7嗣德十七年重修澄汉宫碑"。

四元；解元，通判阮瑰，一元；经历黎文□，二元；著作充助教阮汛，一元；使座通判陈大宝，三十元；公孙□鹏，五元；七品阮春芳，一元；帮佐吴越，三元；帮佐陈伯燸，二元；翰林典薄阮祥圻，二元；秀才记录阮品藻，一元五毛；锦铺秀才潘春圻，四元；化闰秀才武弘毅，一元；荷蓝秀才阮俊，二元；蒙养秀才刘葵，一元；锦铺秀才潘沂，二元；清州秀才阮敏，一元；巡城卒队张廷槐，十元。""举人张同冶二十元、秀才苏子坦二元、秀才会式八元、秀才苏子光四元、秀才张玉潘十五元、八品文阶范文玮五元、九品文阶黄玉珪三元、九品文阶李举桂三元、九品文阶曾宁伦一元。试生以下：王友仕二元、王庭揭三元、蔡日升五元、庄琛二元、张怀璪二元、陈鼎二元、曾□□二元、张庭璙五元、王佐十元、曾炟二元、蔡规二元、□□陈纲十元、□□陈力十元、吴登第二元、□吴笠二元、黄光□二元、苏翠一元、苏琰二元、杨启善一元、杨玉衡二元、邱炟二元。"①

碑文显示，此次澄汉宫重修，捐款人上至太子太保，下至秀才、试生，从中可以看出明乡人在阮朝担任各级官员，意味着阮朝明乡社人才辈出，这既有利于明乡人进一步融入越南当地社会，亦有利于明乡人保持自身中国传统文化。因此，澄汉宫关圣庙对他们才有如此之大的吸引力。既然捐资人权贵云集，上下齐心，重修资金充裕，当然也就不需要吸收额外的商人捐款了。

保大十八年（1943），会安明香社对于社内的澄汉宫、萃先堂等三座庙宇进行了统一全面整修，立有碑刻：

为之前者，既宏创造之功；为之后者，须尽栽培之责。吾乡自诸先公南来以后，三百年余。建立祠宇多所，历世重修，各有碑志。今兹三所地址相连，处都会之中，立文物之美，而岁月既久，随辰损益，又不容缓。庚辰年秋，本社唱户鸠工。佛寺则增兴正寝殿，新筑三关

---

① 碑文综合整理于张侃、［越］壬氏青李：《华文越风：17—19 世纪民间文献与会安华人社会》，厦门大学出版社，2018，第 129—130 页。

门。澄汉官则丹涂漆饬之，并修厦轩以为碑室。萃先堂前，撤取瓦庸一间，又迁明文旧庙于堂之西隅，取其原地建造左右洋式二房为会同办事之所。垦治后园，包围外墙，此其大要也。外此而横廊曲径，别占深幽，花坞闲庭，培增爽垲，而气象焕然一新矣。于兹竣工，共需银六千余元，半由乡本摘发，半由社内绅豪、士女暨五帮城铺所乐供也。且吾乡本无公田，祠宇既多，规制宏大，修筑之费□需巨款，辙能数载而告成，若非乡人和衷共济，好义急公，能如是乎？故吾人今日绍前人之功，以垂于后，亦欲后之人善继乡风，因辰进展，发扬而广大之，则乡运日隆，而功业将绵衍于无穷矣。爰将社内值事之官员、乡职，并有心乐供者□之于石，以识同□，并五帮城庸绅豪信女乐供，芳名列刻二碑，树于澄汉官之厦轩。

顾问：翰林院侍读丁造，十五元；从八品文阶陈纲，五十元；从八品文阶黎莹，五十元；正督工：（中圻）议院商表周丕基，廿元；从九品乡长张玉瑜，十元；正九品文阶周光溥，十元；从九品乡长尤有德，廿元；副督工：从九品乡长黄传杰，三元；从九品乡长谢廷兰，三元；从九品乡长张廷笔，廿元；从九品乡长李春生，十元；理财：翰林院侍诏黄声，四十元；翰林院侍诏张怀瑶，五元；督买物项：从八品队长陈至和，五元；从九品乡长黄传铿，五元；旧乡长杜仲，三元；司书汉字：正乡簿史有诵，三元；司书国语赏正总张玉莲，十五元；检项：赏副总汤如东，二元；上副总杨□辉，十元；理□白灰：饶老招进芝，十元；专修新房：初学文凭黎桢，十元；修补祀器赏副总李必得，十五元；轮番助事：赏正副总乡职；青年新学班；当川助事：乡本枚春阳，三元；乡目陈荣，三元；乡役庄桂，三元；乡役蔡良□，三元；乡目林元惠，二元；当次甲首搜首。

保大十八年岁次癸未正月十六日，本社同敬志。□九品百户曾金鍊，奉书①

另有题捐名单：

---

① 碑文整理于张侃、［越］壬氏青李：《华文越风：17—19 世纪民间文献与会安华人社会》，厦门大学出版社，2018，第 130—132 页、第 339 页。

承天府尹张春梅，卅元；鸿胪寺卿曾莹，五元；嘉莱管道丁文永，十五元；光禄寺少卿冯语，十元；侍读学士曾煜，十元；侍读学士蔡志，十元；侍读学士曾贶，十元；侍读学士王德馨，十元；侍读招广信，十元；侍读蔡矩，五元；侍读蔡员，五元；侍读王树海，卅元；侍读陈如璧，十元。

正九书吏、乡政公同曾耀科，三元；医科博士张廷梧，廿元；医科博士张嘉数，十元；医科炮制张春楠，廿元；著作蔡芳，五元；著作周光洵，五元；修撰曾生贤，五元；六品文阶李掌，廿元；六品文阶范兰，十元；编修王光，五元；检讨康有用，五元；如西游学举人黎献，廿元；本队黄鸿，二元；七品吏目许文源，十元；八品文阶张春恒，十元；八品队长张廷焰，一元；供奉蔡本，五元；供奉蔡敬，五元；待诏范雁，五十元；正九文阶黎五魁，五元；正队长李喜。①

从澄汉宫关圣庙历次重修的碑文来看，无论是 1753 年、1783 年、1827 年、1864 年、1904 年，还是此次晚近的 1944 年，明香社所处的社会环境相当宽松，其精英分子的权力结构相当稳固。明香社的官宦士绅始终牢牢把持着澄汉宫的所有权与管理权。直到这次三宫庙重修，才出现"五帮城庸绅豪信女"这样非明乡社人、带有中国海商名称的捐资者。

由此可知，明乡人与中国海商还是有区别的，尤其是与清商。1802年阮朝建立及之前的阮主政权，中国始终是他们海上贸易的主要对象，优待中国海商成为一种传统。另外，更因明朝遗民几次大规模的军事移民对于南阮政权的南扩以及阮朝的建立立下汗马功劳，"嘉隆心德之，常厚视唐人"②。因此，阮氏当政者对于明乡社与唐人管理较为宽松，给予他们的身份转化留下了很大的操作空间。而随着阮朝统一越南，一方面考虑到稳固政权的需要，另一方面是与清廷建立宗藩关系后，阮朝皇

① 张侃、［越］壬氏青李：《华文越风：17—19 世纪民间文献与会安华人社会》，厦门大学出版社，2018，第 132 页。
② ［清］蔡廷兰：《海南杂著·越南纪略》，《台湾文献史料丛刊》第八辑《台湾文献丛刊第四二种》，台湾大通书局，1987，第 33 页。

帝不得不考虑到清廷忌惮明朝遗民，且清人又属于宗主国治下之民。1811年，嘉隆帝有意识地对南来清人进行了细化管理，"诏所在讥察唐客，即北客住寓者，亦谓明乡，系有商贩往来，须领章迹凭"[①]。1827年，明命帝诏令改"明香社"为"明乡社"，加强了对明乡人的管理，明乡人不得加入清商帮会或越人村落，成为越人与清商之间的一个特殊阶层，享有特殊的免税、仕宦与经商以及相对独立的村社居住与管理等待遇。紧接着，又下诏令"凡明乡人夫妇及其家族，不得复返中国"[②]，欲使其彻底扎根于越南本土。越南阮朝绍治二年（1842），朝廷议准："凡诸地方如有清人投来，即遵例定，登入帮籍，受纳税例。该帮人所生之子若孙，均不得剃发垂辫，系年到十八者，该帮长即行报官，著从明乡簿，依明乡例受税，不得仍从该祖父著入清人籍。除何省者原有帮人，又有明乡社民者，其该帮人之子孙，即由明乡社登籍。外余何省只有清人帮而无明乡社者，其该帮人之子如孙，一辰登续，现得五名以上，即听别立为明乡社。"[③] 面对为谋生而源源不断南来的清人，在对明乡人与清人成功分类管理后，对于其中产生的模糊区域，阮朝采用了相对变通的政策，即保证分类管理制度的稳定，又保证了吸纳清人后裔扎根越南的制度弹性。当然，阮朝优待明乡人是不言而喻的，如此明乡人才能利用这些制度优势，保持明香社长久兴盛的可能，明香社也才能几百年如一日很好地延续澄汉宫关圣庙的香火，甚至胜过故土村社的关圣庙。那么，作为外来的清商，想染指其中，也就难上加难。

（二）中国海商对澄汉宫关圣庙的敬奉

明末清初中国海商对于澄汉宫关圣庙的祭祀，可能是因为明乡人与唐人的身份可以在某种程度上进行灵活转换，或许都以明乡人身份进行，因此在19世纪之前皆见不到明显的记录。阮朝建立后，在重修澄汉

---

① [越] 潘叔直辑《国史遗编》，香港中文大学新亚研究所，1965，第72页。
② [越] 阮朝国史馆：《大南实录正编》第一纪《世祖高皇帝实录》卷五十。
③ [越] 阮朝国史馆：《钦定大南会典事例》卷4《户部九·杂赋·清人》，顺化出版社，1993，第311页。

宫的历史过程中也罕见清商的身影。但是，清商以另一种方式表达了对澄汉宫关圣帝君的尊崇与信仰。

早在阮朝建立之前，阮世祖庚戌十一年（1790）二月谕令："令凡广东、福建、海南、潮州、上海各省唐人之寓辖者，省置该府、记府各一，仍照见数。或为兵，或为民，另修簿二，由兵部、户部批凭。"① 南阮政权对唐人进行编户，但税课各有不同，对于有些初来者，并无征税。"西山之乱"后，随着阮朝的建立，南来唐人不断增加，人数甚至超过了明乡人。明命七年（1826）七月，阮朝就唐人税收与管理等问题，始定《唐人税例》：

> 嘉定城臣奏言："属城诸镇别纳唐人，或纳庸钱，或纳搜粟，或纳铁子，税课各有不同。又有始附者至三千余人并无征税。且城辖土地膏腴，山泽利溥，故闽、广之人投居日众，列肆布野，为贾为农，起家或至巨万，而终岁无一丝一粒之供。视之吾民，庸缗之外更有兵役，轻重殊为迥别。请凡别纳及始附唐人岁征庸役钱人各六缗五陌，其始附之人未有产业者为穷雇免征。"帝谕之曰："在籍唐人例有一定则可矣，若始附之人尚未着落而檗征之，将责之所在里长，抑在城镇府县自为之乎？况始附者不无空手固宜将为穷雇，然适我乐土，岂有长穷之理而可终免税乎？……"城臣寻奏言："前者唐人投居城辖民间铺市，业令所在镇臣据福建、广东、潮州、海南等处人，各从其类，查著别簿，置帮长以统摄之，其有产业者请征如例，至于穷雇，常年察其已有镒基者征之。"帝允其奏。②

《唐人税例》虽因对新来唐人收税问题而产生，但是明命帝对于南来唐人的优待亦一以贯之，诸如对初来乍到的唐人，警示臣下不得滥征税金，长期发展后有产业则征之。另一附带的客观效果则是无形中强化了其臣下此前依据方言分类设立帮长以管理新来唐人的行为。

---

① ［越］阮朝国史馆：《大南实录正编》第一纪《世祖高皇帝实录》卷四。
② ［越］阮朝国史馆：《大南实录正编》第二纪《圣祖仁宗帝实录》卷四十。

随着阮朝与清朝各自政局的稳定，以及阮朝对于中越宗藩关系的顾虑，尤其是 1802 年阮朝建立，后续南来的清人已非单纯的海商，而是各种各样为谋生而来的移民，其心态与所面临的处境也已经和明清更替时期大为不同。阮朝有意识地淡化明香社对于明朝的认同以及对清廷的反感，并进一步增强了明香社对于阮朝的认同。这可能是阮朝皇帝诏令改"明香社"为"明乡社"的初衷。而此后南来的清人，已经是处在康乾盛世的清朝臣民，对于清廷的认同大为加深，与明香社对于清廷的认知大为不同。而在阮朝建立之前，早期中国海商早早就创建了自己的会馆，譬如以 1690 年左右创建的供奉天后娘娘的金山寺为基础，进而于 1757 年创建瓦房并更名的闽商会馆；创建于 1715 年之后、同样是祭拜天后娘娘的洋商会馆；还有在 19 世纪后半期因应阮朝分帮管理政策而创建起来的祭祀伏波将军马援的潮州会馆、祭祀天后娘娘的广肇会馆、祭祀一百零八兄弟的琼州会馆。这些会馆使得明乡人与各色唐人各有所归，各有所依。这也可能是明香社澄汉宫关圣庙与各个会馆不插手彼此重修事务的原因之一。但是，对于会安澄汉宫关圣庙而言，它地处会安港口码头闹市，并非单纯只是会安明香社的社庙，同时还扮演着阮朝推行儒学治国理念的表征，以及开放给会安港所有中越商人的共同财神爷的角色。而各会馆的诸神对于明乡人而言，既是他们所熟悉的故乡神明，亦是能够庇护他们日常社会生活的神明。譬如福建会馆便悬挂有一块明乡人敬献的匾额："嗣德四年（1851）辛亥季春恭祝，德配天，天圣庙重修的庆典，由明香社善男信女捐赠。"[1]

澄汉宫除了存有多块重修碑刻，还保存了多块匾额与对联，这里面能够清楚地看到明乡人与清人对关圣帝君的共同信奉。前文曾提到，悬挂在澄汉宫门首正中的撰有"敕封三界伏魔大帝、神威远振天尊。庆德癸巳年（1653）季冬吉旦书，明香员官各职全社立"字样的竖匾，这是澄汉宫留存下来纪年最早的一块匾额，标榜着澄汉宫与明香社悠久的历史，明香社深以为荣。另有一块信息比较全面的匾额为"忠义至神，沐

---

① 陈荆和：《会安历史》，李庆新主编《海洋史研究》（第九辑），社会科学文献出版社，2016，第 168 页。

恩弟子李泰鹤张鸣泰同敬献，嘉隆元年（1802）季冬吉旦”，很明显应该是明香社众还愿之举。另有"绍治□□□□（1841—1847），沐恩举人现任大安县知县张增演拜"的对联"一点丹心存北史，千秋义气壮南疆"。"嗣德辛未年（1871）春，广南省臣"为感谢在广南省向关圣帝君祈晴求雨灵应而集体敬献的对联"达旦扶炎忠贞自古，祈晴祷雨灵应至今"。这些都是明乡人敬奉关圣帝君的日常信仰行为。

而清人也积极以敬献匾额与对联的形式，表达他们对于关圣帝君的庇护的感恩。属于个人敬献的牌匾有"同治十三年（1874）季冬月吉旦，沐恩广东琼州府文昌县□□□□州分州邓仁山敬酬"的"两间正气"匾；在澄汉宫中从祀的天后画像正上方悬有"乙酉年（1885）冬月，叶和利敬奉"的"有求则应"匾；"光绪十二年（1886）季冬吉旦，沐恩弟子谢和记敬奉"的"忠义圣神"匾；"丙戌年（1886）春王吉旦，广东潮州府澄邑商船户陈合财敬奉"的"帝德广恩"匾；"光绪二十一年（1895）岁次乙未季夏谷旦，广东帮东邑沐恩弟子郑德就敬酬"的"帝德广运"匾。①

另有以帮会或会馆名义敬献的对联与匾额。最早的有清乾隆四十五年（1780）"粤东联庆会弟子"等敬奉的"景仰桃园"匾；②澄汉宫前殿的正中位置挂有"协天宫"匾，为"光绪甲辰年（1904）夏月吉旦，五帮会馆敬奉"，五帮会馆同时又敬奉对联一副："存信义神恩广大，乐春秋浩气流光"；"光绪甲辰年夏月吉旦，福建帮众商敬奉""万古精忠"匾；"光绪甲辰年夏月吉旦，琼府帮众商敬奉""义气"匾；"甲辰年季夏月，协合公司敬立""存心丹诚"匾，"协合公司"当是五帮之外有实力的商号。③

从以上匾额与对联的敬献时间来看，明乡人对于澄汉宫关圣庙的祭

---

① 叶少飞：《越南会安关圣帝庙——澄汉宫碑铭初探》，《形象史学》2017 年第 2 期，第 141—142 页。

② 李庆新：《17—19 世纪会安的华人、唐帮会馆与华风》，《华人研究国际学报》创刊号，2009 年 6 月，第 113 页。

③ 叶少飞：《越南会安关圣帝庙——澄汉宫碑铭初探》，《形象史学》2017 年第 2 期，第 141—142 页。

拜呈现了更多本地化的特点，与前述阮俨及其同僚咏叹关公忠义精神，祈求关公庇佑大越的主旨基本相符，并显露出当地官民向关公祈晴求雨这样极富农耕文化色彩的一幕；澄汉宫不知道什么时候已经在正殿关公神像右侧殿祔祀孔夫子，这也多少反映了这种迹象；左侧殿祔祀天后娘娘，则多少能折射出明香社与生俱来的商业贸易气息。而清商则在阮朝中后期突然活跃了起来，这可能与阮朝中后期社会环境较为动荡以及法国入侵越南等因素有比较大的关系，与同时期中国人口增长过快生存压力巨大也有必然的关系。中国东南沿海一带尤甚，"农田分配指数与粮食供应指数无法与之相配合，于是造成人多米贵、万物奇昂、人民难以维生的社会病象"①。包括清商在内的各色唐人纷纷前往会安，因此亟须关圣帝君等家乡神明的庇佑，从而展现出比较活跃的祭祀活动。但这一切，无论对于明乡人，还是对于唐人，都是为谋生而开展的日常社会生活与商业贸易活动，已经无关乎明清交替遗留下来的那些事了。

第三节　堤岸"唐人"会馆与"明乡人"会馆

一、后起之秀：阮朝堤岸

柴棍地处南圻，旧属真腊，《真腊风土记》载："郡属九十余，曰真蒲，曰查南，曰巴涧，曰莫良，曰八薜，曰蒲买，曰雉棍，曰木津波，曰赖敢坑，曰八厮里。其余不能悉记。各置官属，皆以木排栅为城。"② 其中的"雉棍"就是柴棍。柴棍的开发晚于会安。在 17 世纪我国华侨移居南圻之前，南圻多是"沟渎纷杂，林薮葱郁，旷无居民"。1679 年大

---

① 罗尔纲：《太平天国革命前的人口压迫问题》，吴相湘等编纂《中国近代史论丛》（第二辑第二册），台湾正中书局，1957，第 47 页。

② ［元］周达观：《真腊风土记校注》，夏鼐校注，中华书局，1981，第 172 页。

明总兵官杨彦迪、副将黄进，总兵官陈胜才、副将陈安平等将士家属入越避难，后奉阮主之命南下，筚路蓝缕，胼手胝足，分别开发了龙湖与盘辚等地。18世纪前叶，郑氏父子率领族人南下，开发位于柴棍西部的河仙一带，其《家谱》记载："初，明末大乱，我郑太公玖［于明永历九年乙未五月初八（1655年6月11日）生］，雷州县人，因不堪胡虏侵扰之乱［于辛亥年（1671）17岁］，越海南投真腊为客，乡居而有宠，国王信用焉。凡商贾诸事，咸委公理。无何，公自思曰：'我孤身远去乡国万里，犯波浪而投蛮，欲久依靠人荣宠，以图利禄而终身。倘一旦势弱宠衰，或被谗言中伤，祸害倏至，悔之何及，不若先机自为保全之策焉。'遂用财贿赂国王宠姬及其幸臣，使说许公使治忙坎地（河仙），所以招四方商旅，资益国利。王悦而许之，署为屋牙。于是招徕海外诸国，帆樯连络而来。其近华、唐、獠、蛮，流民丛集，户口稠密，自是公声德大振。"① 后因暹罗与高棉纷争，郑氏不得已投靠了阮主。郑天锡子承父业，"承太公先绪，德业日盛，四方流氓，咸归云集……建招英阁，以奉先圣。又厚币以招贤才，自清朝及诸海表俊秀之士，闻风来焉，东南文教肇兴自公始"②。"显尊孝明皇帝戊寅八年（1698）春，命统帅掌奇礼成侯阮（有镜）经略高蛮，以农耐地置为嘉定府，立全犯处为福隆县，建镇边营，柴棍处为新平县，建藩镇营。斥地千里，获民逾四万户，招募布政州以内流民以实之。设置村社坊邑，分割地份，征占田地，准定租庸，缵修丁田簿籍。于是唐人子孙居镇边者，立清河社，居藩镇者，立为明乡社，并为编户。"③ 其后数经波折，河仙与柴棍等南圻地块，连成一片，成为阮朝最富庶的地区之一。故陈荆和先生有言："（这些明末遗民军事移民开发南圻）导致阮主领属湄公河前江与后江全部沃土，并奠定了今日西贡堤岸及南圻各埠商业繁荣之基础，于南越华

---

① 武世营：《河仙镇叶镇郑氏家谱》，《岭南摭怪等史料三种》，戴可来、杨保筠校点，中州古籍出版社，1991，第231页。

② 同上书，第232页。

③［越］郑怀德：《嘉定城通志》，《岭南摭怪等史料三种》，戴可来、杨保筠校点，中州古籍出版社，1991，第123页。

侨史实占不朽地位。"①西贡堤岸的地理优势在于："位于广阔的高地……以东部的同奈江和西部的九龙江之位；除了交叉纵横、分布周密的河渠系统，四方相连直接可抵高棉的南荣和北往顺化的千里街系统以外，还有芹耶、同争、雷腊三个深水港流通到雅贝河口，直入同奈江和新平江（后改西贡河），西贡（即堤岸、柴棍）成了全南方水陆两路的主要枢纽。"②因此，"盖嘉定为诸国商舶都会，故百货于是乎聚焉"③。

1820年编撰而成的《嘉定城通志》载：

> "而土人常谈，则只称边和地曰同狔、婆地，藩安地曰滨牺、柴棍，定祥地曰溇虬、美湫，永清地曰龙湖、沙沥，河边地曰哥毛、沥罙者，乃举其荟所也，或大集，或地头也……婆地者，为边和镇界首有名之地，故以北诸府谚有之曰：'钳狔地斺哩烂。'盖以同狔、婆地为首称，而包滨牺、柴棍、美湫、龙湖在其中也。其地背山面海，密林修竹，上有巡场以招徕蛮貊之互市，下有关津以盘结船舶之出海。水陆驿站之交接，山林土产之供给。"④

> "柴棍铺距镇南十二里。当官路之左右，是为大街。直贯三街，际于江津，横以中街一、下沿江街一，各相贯穿，如田字样。联檐斗角，华唐杂处，长三里许。货卖锦缎、瓷器、纸料、珠装。书坊、药肆、茶铺、面店，南北江洋，无物不有。大街北头，本铺关帝庙。福州、广东、潮州会馆分峙左右。大街中之西天后庙，稍西温陵会馆。大街南头之西漳州会馆。凡嘉晨良夜，三元朔望，悬灯设案，斗巧争奇，如火树星桥，锦城瑶会，鼓吹喧阗，男女簇拥，是都会闹热一大铺市。大街中古井甘水洋溢，四时不竭。横街小区架大板桥，两廊瓦店列构

① 陈荆和：《清初郑成功残部之移植南圻》（上），《新亚学报》1968年第5卷第1期，第435页。
② ［越］陈廷遵：《西贡从开发到繁荣的历史考察》，广西师范大学硕士研究生学位论文，2005年5月，第35页。
③ ［越］郑怀德：《嘉定城通志》，《岭南摭怪等史料三种》，戴可来、杨保筠校点，中州古籍出版社，1991，第191页。
④ 同上书，第218—219页。

其上，帷幕蔽日，街路阴凉，如行高堂之下。铺中大街东平安市，海错山肴，地产土货，夜犹烧烛以买卖。"①

郑怀德所描述的柴棍铺应是阮朝成立前后的情景。根据我们目前所掌握的堤岸各唐人以及明乡人会馆的相关历史资料，已经很难回顾阮朝成立之前关于堤岸唐人和明乡人确切的历史信息。但是，"西山起义"对于西贡堤岸的影响是不言而喻的。前后12年的战乱，嘉定城乱成一锅粥，堤岸更是几易其手，无论是唐人还是明乡人都不可避免地卷入其中。阮朝能够一统全越南，实际上是以嘉定城起家的，与之前南阮从顺化一带起家的发家史是不一样的。而"西山起义"的中心就在越南中部一带，也就是说南阮的老巢早早就被西山三阮给"端"了。嘉隆皇帝早年一路逃难，几度死里逃生，后借助暹罗、法国以及唐人等力量的帮助，几经波折才重新确立阮氏政权，进而由南向北统一越南。这也使得嘉定城较早就成为阮朝的大本营，西贡堤岸一带作为阮朝早期的政治与商业中心，率先恢复了元气，强有力地吸纳了远近的人力与物力。对于擅长商业贸易的唐人与明乡人来说，堤岸本来就是他们原有的商业驻扎点之一，因缘际会，战后也就顺势承接了远至会安以及更北的唐人、明乡人的商贸资源，近则吸附了嘉定城其他镇营的唐人与明乡人的商贸资源。

"农耐大铺在大铺洲西头。开拓初，陈上川将军招致唐商，营建铺街。瓦屋粉墙，岑楼层观，炫江耀日，联络五里。经画三街，大街铺白石甃路，横街铺蜂石甃路，小街铺青砖甃路。周道有砥，商旅辐辏，洋舶江船收风投碇，舳舻相衔，是为大都会。富商大贾，独此为多。其通国驰名，如臣外族祖林祖观……臣显祖师孔，福州长乐人。以祖妣王氏仪，俗名婆仪。与四丰府周，俱称巨擘。自丙申（1776）以后，西山入寇，撤取房屋砖石财货，输载归仁府，而其地鞠为丘园矣。中兴以来，

① [越] 郑怀德：《嘉定城通志》，《岭南摭怪等史料三种》，戴可来、杨保筠校点，中州古籍出版社，1991，第213页。

人虽归复，究未抵千百之十一云。"① 郑怀德本身就是边和镇农耐大铺出身。引文中，他回忆"西山之乱"前后农耐大铺先胜后衰的情景，以及本是当地很有影响力的他的父祖因此逃难的场景。农耐大铺附近洋船停泊处的商业贸易亦随之萧条，印证了"西山之乱"后，外来洋船与明乡人大量南移至西贡堤岸的事实："巨碛石亦曰石滩，在福江中游，大庸洲之南，距镇四里许……碛北深渊为诸国洋船稳泊之所。从古商艚到来，下碇既定，借铺居停，必向行家地主，计开通船货财，役递交关，其行主订价包卖，粗好相配，无有留滞。于返帆之日，谓之回唐，要用某货，亦须先期开明，照合约单，代为收买，主客两便，账目清楚。客人止弦歌游戏，既得甘水洁静，又无虫虾侵蚀船板之患。待至程期，满载荣归而已。适自西山变乱，官军大会于潘安镇，商艚亦从之而徙泊于新平江，今沿之。艚既至止，本无大主揽窝，止得抬向街市零星出卖，及其采办土货，东寻西访，为力徒劳。又有土棍巧装殷实之人，诓骗买取，竟自逃匿。若其失本数少，犹且强耐而归，设或过多，不得不遮船留冬（凡唐船，必以春天东北风乘顺而来，夏天南风亦乘顺而返。若秋风久泊，过秋到冬，谓之留冬，亦曰压冬）四下追寻，而远商日愈苦矣。"② 后续而来的唐船与唐商犹能春来夏回，但是农耐大铺以及碛北港的商业贸易根基已经被破坏，资源随即南移，昔日兴盛已不在，原有的港口管理秩序亦崩溃，坑蒙拐骗之事亦随之出现。"1778 年，农耐大铺清河社的华人纷纷离开此地迁往西贡市（即金堤岸）的明乡社，跟这里的华人集合居住。所以明乡社当年的人口突然增加几倍。农耐大铺逐渐消失。从此以后，史记只提到明乡社的华人而少提到农耐大铺的清河社的华人。"③

繁华一时的美湫大铺市亦在"西山之乱"中毁于一旦，其后元气大

① ［越］郑怀德：《嘉定城通志》，《岭南摭怪等史料三种》，戴可来、杨保筠校点，中州古籍出版社，1991，第 220 页。
② 同上书，第 65 页。
③ ［越］陈廷遵：《西贡从开发到繁荣的历史考察》，广西师范大学硕士研究生学位论文，2005 年 5 月，第 31 页。

伤，人力与资源亦大部分流向相对安全的西贡堤岸。"（定祥镇）治南为美湫大铺市，瓦屋雕甍，高亭广寺，洋江船艘，帆樯往来如织，繁华喧闹，为一大都会。自西山寇乱，经为战场，焚毁殆尽。戊申（1788）中兴以来，人渐归复，虽云稠密，视古犹未其半。"① 1788 年，阮福映基本稳固了嘉定一带的情势，并实施了一系列稳定政策，以此为基地开始北攻，完成他的统一大业。1802 年，阮朝建立后，嘉隆帝与明命帝都很注意对于明乡人与唐人的管理，对明乡社政策没什么大改变，对唐人进行分帮处置是最主要的手段。随着 1856 年法国人的入侵，西贡堤岸很快就置身于法国人的殖民统治之下，法国殖民政府除了对唐人分帮管理政策进一步强化之外，倒是与阮朝的政策几乎一致。对处于半独立管理情况下的明乡人和唐人而言，阮朝与法国殖民政府前后连接的政治经济社会大环境的稳定，比较有利于他们的发展。

现有的西贡堤岸唐人与明乡人的会馆正是在此历史背景之下或重修，或创建而成的。而这些会馆又无一例外都是以供奉随船而来的故乡神明为起点，这些民间信俗活动再次凝聚起经历过无数艰难险阻的明乡人与唐人的生活信心，也成为后来的唐人得到家乡人帮扶的主要精神凭借。

二、"唐人""明乡人"会馆与神明

（一）堤岸广肇会馆天后宫的创建模式

19 世纪初阮朝建立之前，嘉定一带战乱频仍，对于堤岸一带的破坏严重。因此，堤岸一带的唐人与明乡人对于其会馆的创建时间要么含糊不清，要么清楚无误。1974 年，堤岸广肇会馆重修时所树立的《西贡天后宫重修落成碑记》载："我西贡广肇天后庙之建也，始清季光绪四年

---

① ［越］郑怀德：《嘉定城通志》，《岭南摭怪等史料三种》，戴可来、杨保筠校点，中州古籍出版社，1991，第 222 页。

（1878）十二月吉日。"① 因为创建相对晚近，又没有经过什么大的变乱，因此西贡广肇会馆会众对此记忆犹新。根据《南澳时报》2013 年 1 月 13 日《谈往日堤岸华侨的故事》一文记载："据悉早期，150 年前他们之中有四艘商船来到越南堤岸做生意。某一年，四艘货船来到堤岸，因生意不景气，仅三艘船驶回中国去，一艘就停留在堤岸河边，如此也没什么不当之处，他们的货由此也可以存下、留下来年再卖。这样留在河边的日子久了，木船也会损坏。那时每艘船都供拜着'天后娘娘'神像木偶，俗称'阿婆'。他们就将'阿婆'搬上岸来，找一个地方安置。'找一个地方安置'的想法，就是将'阿婆'停留、生根下来的问题。后来找到那个地方，就是堤岸阮豸街的'天后娘娘庙'了，又叫'婆庙'。为了盖'婆庙'及管理，大家有钱出钱、有力出力，华人互助精神，为自己生根，为后代子女发展，又不能忘记自己是华人，因此'婆庙'就建立起来了。'婆庙'香火非常鼎盛。善男信女特别多，后来除了堤岸婆庙，远在 5 公里外的西贡也有'婆庙'建立。"② 根据耿慧玲推算，此婆庙创建约在清同治（1862—1875）初期。③ 这与前述《西贡天后宫重修落成碑记》所提到的创建时间即光绪四年（1878）是大致相符合的。西贡广肇会馆天后宫的创建模式与中国海商在日本长崎、越南会安港口创建妈祖庙的模式是一致的，只不过我们很难找到很多确切的史料记载，上述《南澳时报》所刊登的这则新闻算是提供了一段"现代式"回忆。

（二）堤岸其他唐人会馆创建及其供奉诸神的情况

在堤岸，越古老的唐人会馆，其创建年代越有趋于模糊的情势，至于何时开始上岸供奉会馆诸神也就更加模糊不清了。

---

① ［澳大利亚］李塔娜、［越］阮锦翠合编《胡志明市华人会馆中的汉字石碑》，社会科学出版社，1999，第 357 页。

② 耿慧玲：《西贡埠广肇帮圣母庙初探》，李庆新主编《海洋史研究》（第七辑），社会科学文献出版社，2015，第 171 页。

③ 同上。

堤岸霞漳会馆何时开始上岸建庙奉祀天上圣母，不得而知。越南阮朝嗣德元年（1848）《重修霞漳会馆碑记》载："盖闻：圣母殿宇之建由来久矣。前此贸易斯土者共倡建而奉祀焉。"① 清同治十年（1871）《重修霞漳会馆碑记》载："伏为南都我霞漳会馆之设者，创造有年，名虽借为议事公所，实则祇奉圣母璇宫。"② 作为具有最便利条件和时机与越南进行海商贸易的中国商人之一，漳州海商最早进入广南会安，乃至西贡堤岸，由此集众创建了霞漳会馆，因此该会馆重修碑记才会记载"前此贸易斯土者共倡建而奉祀焉"，强调是纯粹的海商倡建行为。嗣德元年重修霞漳会馆主事者尚且回忆不起来他们的前贤何时创建天上圣母殿宇，可见至少在"西山之乱"之前，供奉天上圣母的庙宇应该已经创建了。只不过由于战乱，外加海商逐利而居的习惯，使得漳州海商在堤岸的传承出现了断代的情况。因此，霞漳会馆虽犹存，但历史的传承显然出现了断层。

温陵会馆相对好一些，至少在清同治八年（1869）的《温陵会馆碑记》有比霞漳会馆更早一些的记载。"我温陵之建在南郡，未知肇自何时，由来莫考，但其初失立一碑，遂致前人之芳名弗彰。迨至我中邦道光戊子年（1828）蔡源兴号董事偕郡人等嗣而修葺之，计捐南钱万贯载在木匾，惜缺分明，无真可诵。"③ 泉州海商与漳州海商在中国海外贸易史上，属于同一经济文化方言区，总是如影随形地出现在海外各大港口。但是在堤岸，1869年重修温陵会馆的主事者也只听说道光戊子年蔡源兴号董事及郡人一起重修过会馆，至于之前的历史，也是一概不知。由此可见，温陵会馆的创建亦在"西山之乱"之前，他们所供奉的观音菩萨亦在此之前就在堤岸早早上岸了。

三山会馆的最早记录能够明确是在清嘉庆元年（1796）之前，然而对于之前的创建史亦毫无记录。1796年，在嘉定城遭受"西山之乱"之

① ［澳大利亚］李塔娜、［越］阮锦翠合编《胡志明市华人会馆中的汉字石碑》，社会科学出版社，1999，第123页。

② 同上书，第131页。

③ 同上书，第149页。

越南堤岸温陵会馆

后，三山会馆与霞漳会馆一样强调"系前此贸易斯土之先侨所倡建者"。可以肯定的是，福州海商来堤岸从事商贸不迟于漳泉二郡的商人，那么他们创建会馆的时间自然也就相差无几。1954年，《旅越三山会馆重修碑记》载："旅越三山会馆系前此贸易斯土之先侨所倡建者，一八七一年因同胞众多曾成立福州帮，历十有五稔，且为西堤七府之列。足见先侨在南越之地位与夫会馆历史之悠久矣。至于会馆创立年代，因代远年湮，殊难稽考，其递嬗有足以征者厥惟前清嘉庆元年岁次丙辰之建筑前

座，与光绪十三年（1887）岁次丁亥之重修而已。"① 1993 年，《三山会馆癸酉重修碑文》载："溯夫吾三山会馆肇始于清嘉庆年间（1796—1820），阅经二百余载。历史绵长，信仰深重，悉以天后之安澜利济，菩萨之慈航普渡，在在胥楷模表率，百代馨香也。"②

清光绪二十八年（1902）《重建义安会馆碑记》载："会馆之建久矣。其初为潮客两帮诸商董协力同心创成基址。凡吾两帮人等来南者皆得赖以联络乡情，会议商务。即今左右门楣悬挂公所，潮客两帮相对辉映，所以壮会馆之观瞻也！……溯自同治年间曾经重葺，迄今阅时已久，为风雨飘摇，觉瓦垣之颓废。"③ 1969 年，《重修义安会馆碑记》载："我堤岸义安会馆……创始何时，文献无征，虽未易考而根据碑记则初期坐东朝西。同治五年首次重修，仍其旧制。至光绪二十七年，由西堤潮客两帮

越南堤岸义安会馆

---

① ［澳大利亚］李塔娜、［越］阮锦翠合编《胡志明市华人会馆中的汉字石碑》，社会科学出版社，1999，第 180 页。

② 同上书，第 197 页。

③ 同上书，第 219 页。

先贤重新改建，移易分金俾正南面……"① 以上碑文显示，义安会馆首次重修在清同治五年（1866），之前历史不明，由来自义安的潮客两帮人合伙创建。

相对而言，穗城会馆的创建历史比较清楚。清道光十年（1830）《重修穗城会馆碑记》载："尝闻建设会馆者，是谓借神恩而酬报答，叙乡里以笃情谊也。溯前众艘自北南来，风帆顺利，瞬间可到，兴商利贾，同为相友相助之谊，益豫同人，公举克勤克俭之志，捐买吉地，爰筑新基。始欲创连三座，因其后地相违，以至造成两进并右辅廊而已。既而设立条规，抄资三厘，俟后来接鼎力者，此前人之善举也。善者起于前，而继美者应乎后，以五厘之抄资日积月累，历至三十有年，聚寡益众。兹为宇貌暗颓，集众义举，建造后座，可知画栋之辉煌，重修前进，亦见雕梁之闪烁……择于大清道光八年三月念五甲子日好时间开工建造，续连三进，并左辅廊以及包墙，修前两进。"② 咸丰九年（1859）《重修穗城会馆碑记》载："然：溯鼎建于朱刘二公之手，创始者独具匠心。迨斧修于道光辛丑之年（1841），继美者增煌矩度。"③ 1970年，《穗城会馆第三届董事会·穗城会馆重修序》载："溯堤岸穗城会馆之天后宫创立于前清乾隆年间（1736—1796），神灵显赫，香火鼎盛，复经嘉庆五年（1800）、道光廿一年（1841）、咸丰九年（1859）、光绪八年（1882）重修多次，而历届董事前贤实多所建树购置尝业。"④ 也就是说，堤岸穗城会馆创建于清乾隆年间，复修的时间与三山会馆差不多，在嘉庆五年（1800）左右，那么意味着穗城会馆亦在"西山之乱"之前就已经创建。

"西山之乱"极有可能是包含柴棍（即堤岸）在内的嘉定城唐人代际传承断层的分水岭。《嘉定城通志》记载："世祖高皇帝壬寅五年（1782）春三月，西山贼阮文岳水步兵入寇，嘉定失守。四月，贼步兵自

① ［澳大利亚］李塔娜、［越］阮锦翠合编《胡志明市华人会馆中的汉字石碑》，社会科学出版社，1999，第240页。
② 同上书，第259页。
③ 同上书，第287页。
④ 同上书，第303页。

边和镇由上道往藩安镇。时官兵节制外右掌营裕郡公阮率北河别将绪述侯、和义道将军璋美侯陈公璋回图恢复，遇贼前行，兵适至芙园地方，遂伏于林中掩击之。绪、璋杀贼大将伪护驾彦，贼大兵继至，官兵退却。报知伪岳，惜彦之死，如失左右手，以和义兵系唐人，乃迁怒。凡唐人，不问新旧兵商，胜万余人，皆尽杀之。自牛新至柴棍，横尸枕藉，抛弃江河，水为之不流。经二三月，江之鱼虾，人不敢食。其货北纱、彩、茶、药、香、纸，一切唐物者，人家所有，亦尽投于路而不敢取。次年粗茶一斤至钱八贯，针一个钱一百，他物类似，人皆苦之。"①嘉定城此次失守，又因西山军大将护驾范彦被和义道等有唐人参加的阮氏军队的将士所袭杀，导致西山军首领阮文岳迁怒，在这一带谋生已久的唐人被其不问青红皂白地屠杀一空，损失极其惨烈。从1776年到1788年，嘉定城几度在阮氏政权与西山军之间交战易手，其后暹罗军队还曾一度进入嘉定城。当然，1782年的这次屠杀是对唐人影响最大的一次，一直到1788年嘉定城才重归阮氏政权掌控。长达十几年的战乱，足以造成嘉定城唐人传承呈现真空状态，后来的唐人对此讳莫如深，在后续的会馆碑刻里亦毫无体现。

"西山之乱"后不久，阮世祖庚戌十一年（1790）二月下达谕令："令凡广东、福建、海南、潮州、上海各省唐人之寓辖者，省置该府、记府各一，仍照见数。或为兵，或为民，另修簿二，由兵部、户部批凭。"② 在其后较为稳定的社会环境下，嘉定城新旧唐人收拾残局，重新出发。这可能是堤岸唐人早期上岸安置供奉在他们各自船上的海上保护神的场所转向规模更宏伟、功能也更齐全的会馆建设的一个时间关键点。当然，也不排除早有唐人会馆创建在先。迨至越南阮朝明命七年（1826）七月，明命帝制定《唐人税例》，对唐人进行严格的分帮管理以登记收税，使得会馆创建成为堤岸各方言帮势在必行的大事，因此才有下文琼属会馆不得不克服时艰，竭力创建自己会馆的历史记录。

---

① ［越］郑怀德：《嘉定城通志》，《岭南摭怪等史料三种》，戴可来、杨保筠校点，中州古籍出版社，1991，第78页。

② ［越］阮朝国史馆：《大南实录正编》第一纪《世祖高皇帝实录》卷四。

（三）琼属会馆的艰辛创建史及其影响

在堤岸各大唐人会馆中，相对晚来的海南人，因应 1826 年阮朝明命帝颁发《唐人税例》，对唐人进行严格分帮管理，并登记收税之举，在人力物力尚不充分的情况下，齐心协力，勉强创建了自己的会馆。这对于海南帮在堤岸的发展起到了很好的鼓舞作用，并为海南帮后来者及其后裔留下了宝贵的物质财富与精神财富，深为他们所感念，也因此留下了比较明晰的记录。堤岸琼之会馆有未标明纪年的碑刻记载：

> 凡事举之之易则事之始事可以不书；凡事举之之难则其之始事不可以不志。惟然我琼会馆其始设于嘉定也，有不曒其难者焉。盖琼属溟海奇甸，服贾于嘉定者或少其人，即有其人，而容囊告匮，是以欲举而不能。甲申韩公满翼、苏公合利、陈公德成、郑公世法邀集各船与商共八十余人，按名勒捐仅获白金六百余两。盖其难也。夫壮庙宇之观使之规模恢廓炫耀于人者，动以数万计，今乃以毫末之金而欲创华丽之举，势必不能，而诸公不愿也。惟是力集同人，即安定名区买地一所。佥曰："地山清水秀设圣母之庙于此，可以答神恩，联乡情，答友谊者，莫善于斯。"乃为之命工师度其势，鸠其材，经之营之，而庙于是成正室三间，廊屋一间，规制肖然。事之难举者忽然举之，不诚与列邦之会馆相辉映于南国也。
>
> 裁虽蒸尝之事未及图维，而其始基固已立之矣。今者庙成已久，而诸公创始之名苟不勒之以石，将传数世也，又谁知此庙之成始于何年？始于何日？始于何人？且始何为而难？始之何为而易？不几湮灭而无传乎。是为记。
>
> （以下为捐款情况，节略）……
> 八十八名共捐银一千九百五十五贯三寸
> 申银六百五十一两七钱①

---

① ［澳大利亚］李塔娜、［越］阮锦翠合编《胡志明市华人会馆中的汉字石碑》，社会科学出版社，1999，第 371 页。

　　根据堤岸琼之会馆现存最早有纪年的、时间为越南阮朝嗣德十一年（1858）的碑刻往前推导，其后海南会馆于光绪元年（1875）重修时明确提到"吾琼向无会馆，自韩公满翼始好义奖捐，邀众创造，遂道光丁亥年（1827）卜基于嘉定之区，南向前堂后殿，周以垣墙，其中主以天后，厥功伟如，赫赫然在人耳目"①。由此推断，上述这块碑刻所提到的甲申年应为道光甲申年（1824），为琼之会馆筹建时期，道光丁亥年为建成日期。海南人赶赴南洋各地或经商或做其他谋生的时间，一般都晚于中国沿海其他省份的移民。海南人能够在阮朝初建时期就在越南堤岸建立会馆，实属不易。因为缺少前人的历史积淀，一时之间，确实难以筹措数以万计的银两建设能够与广肇帮、广府帮、福建帮等老牌方言帮相媲美的会馆。但是对于海南人来说，在阮朝对唐人进行严格的分帮管理并登记征税的制度下，与其依附于其他方言帮，受人牵制，不如自己建设方言帮，更有助于自身的发展。海南人毫不气馁，哪怕筹措的首笔资金只有600多两白银，后续又筹银1900多贯，总算把会馆建立起来。而通篇碑刻都是以天上圣母之庙来代称会馆，建起供奉他们的海上保护神妈祖的场所，会馆的根基也就树立起来了，也就是碑刻里所说的"裁虽蒸尝之事未及图维，而其始基固已立之矣"的意思。

　　其后，海南会馆会众又掀起了一波建设高潮，分别在道光辛卯年（1831）、咸丰甲寅年（1854）集资购买会馆东、西边地块各构建正室两间、廊房三间的大、小土铺，出租以作会馆天后香火之资。更有越南阮朝嗣德十一年（1858），"安南国安定村王举基员同母氏将己地在会馆土铺之后横直四丈有余送入会馆以为香烟之资"②。短短二三十年，堤岸海南会馆从无到有，乃至繁盛，实属不小的奇迹。而他们所供奉的天上圣母无疑发挥了精神感召与凝聚的作用，甚至感染了有可能是明乡人的当地人为之捐地。若干年之后，海南会馆会众依然感念前贤之艰辛创造、恩惠后代之举。1963年，《琼府会馆重建正屋暨廊房碑记》载："西堤琼

① ［澳大利亚］李塔娜、［越］阮锦翠合编《胡志明市华人会馆中的汉字石碑》，社会科学出版社，1999，第385页。
② 同上书，第377页。

府会馆创建于逊清道光三年甲申，距今百有四十年矣。溯由先贤于嘉定名区□就地灵人杰之福地一区，即现精华萃集之同庆大道，新编二百七十六号，创建正屋三楹，廊房一列。其时琼属滇海奇甸，服贾此间者尚少，惟先侨毅力，不因艰巨而卒底于成，良可佩矣。迄道光十一年辛卯，同治十年辛末，光绪元年乙亥……经五度扩建或重修，始缔成庙宇之宏规既为今日西堤数逾五万琼侨琼裔沐神恩，联乡谊，叙乡情，敦友好之中心，进而为宏敷教泽、乐育侨英之场所，则更感前贤之贻谋孔远矣。"①

（四）堤岸明乡人会馆及其民间信俗

从堤岸明乡人会馆现存的碑刻内容来看，堤岸与会安明乡人所展现的气质是一脉相承的，体现了很浓的本土化风格。堤岸明乡会馆虽然也被称为会馆，更多是因应当政者管理制度而设立，与堤岸唐人的会馆区别较大，具有一定的封闭性，其核心功能实为明乡社之"乡亭"，前堂后祖，其主要社会功能也就不以商业贸易与神明祭祀为中心，而是议事与祭先。根据蒋为文的现场调研，堤岸明乡嘉盛会馆位于今胡志明市第五郡陈兴道路380号，入口处碑文介绍明乡嘉盛堂于1789年由81位明乡人共同创立，以纪念陈上川、郑怀德、阮有镜及吴仁静等人。明乡嘉盛堂分为整殿与后殿，正殿中央供奉"龙飞""五土尊神""五谷尊神""东厨司命""本境城隍"等神牌位；正殿右侧祭祀郑怀德与吴仁静，左侧祭祀陈上川及阮有镜，其神位两侧有对联如下："耻作北朝臣纲常郑重，宁为南国客竹帛昭垂。"② 由此可见，南圻明乡人在堤岸明乡嘉盛会馆同样营造出了明朝故国的政治氛围，加上南迁后的历史内容，俨然成为阮朝成立前后嘉定城明乡人的大本营，与会安的萃先堂毫无二致，只不过萃先堂阐述的是越南中圻明乡人的历史而已。可以说，嘉定明乡社

---

① ［澳大利亚］李塔娜、［越］阮锦翠合编《胡志明市华人会馆中的汉字石碑》，社会科学出版社，1999，第410页。

② 蒋为文：《越南的明乡人与华人移民的族群认同与本土化差异》，《台湾国际研究季刊》2013年第9卷，第97—98页。

的历史在此一目了然。而这一点，也成为堤岸明乡嘉盛会馆区别于堤岸其他唐人会馆的最为特殊的标志。

越南堤岸明乡嘉盛会馆

堤岸明乡会馆现存最早的碑刻为越南阮朝明命岁次己亥年（1839）《重修旧宦科缘碑记》，其文如下：

社内诸宦名榜：

前勤政殿大学士协办领吏部尚书——郑文恪公

前钦差嘉定城协镇工部尚书——吴肃简公

前神策军右营副都统制——王威勇公

前中奉光王抚、义知兼都察院右副都御史南义抚院——王有光

前广义布政使乩嘉定黍追赠忝知御——潘靖

前吏部侍郎——张好合

前兵部郎中——朱继善

前福隆知府——郑其如

前兵部清史司额外务——黎进德

前光禄寺额外司务——张光海

前工部郎中——郑怀恨

前弘治知府——王进用

前广田知县——张怀瑾

前建和知县——枚瑞芳

前钦差左直几权充剿抚使——黄柏祯

社人诸科各榜：

乙卯科解元张好合　　乙卯科举人朱继善

乙酉科举人王有光　　戊子科举人阮谦光

辛卯科举人张怀瑾　　戊申科举人王进用

壬子科举人枚瑞芳　　乙卯科秀才郑其如

辛巳科秀才黎达道　　辛巳科秀才施声磬

乙酉科秀才王有仪　　乙酉科秀才詹履泰

乙酉科秀才武怀仁　　壬寅科秀才枚瑞芳

壬寅科秀才黎辰敏　　癸卯科秀才黄玉润

丁未科秀才张经济　　丁未科秀才张义明

戊申科秀才陈攸叙　　戊申科秀才李进辉

戊申科秀才王胜礼　　己酉科秀才李逢彬

壬子科秀才邱书文　　乙卯科秀才邱书香

乙卯科秀才潘　屏　　乙卯科秀才黄启泰

壬午科秀才池有凤　　甲子科秀才潘辰敏①

　　具备仕宦资格，尤其是可以参加科举考试，可能是阮朝明乡人与唐人最大的区别。对于阮氏政权来说，吸纳比较有文化的明乡人进入其仕宦阶层不乏其人。这种破格任用在阮朝前后亦不乏先例，上述《重修旧

① ［澳大利亚］李塔娜、［越］阮锦翠合编《胡志明市华人会馆中的汉字石碑》，社会科学出版社，1999，第469—470页。

宦科缘碑记》中的名宦郑文恪公即郑怀德，吴素简公即吴仁静，都是阮朝建立之前在嘉定的从龙之臣，临阵破格提用，后皆位极人臣，在《大南实录》皆有传。郑怀德前文有叙，不再赘补。兹有吴肃简公传，可为二者之代表：

> 吴仁静，字汝山，其先广东人，南投嘉定。静有才学，工于诗，起家为翰林院侍学。戊午年，阮文诚、邓陈常建议请遣人北使，表言静操守端正，学问优长，可当斯选。其年复迁兵部右参知，奉国书从商船如广东，探问黎主消息。闻黎主已殂，乃还。庚申驾援归仁，与阮奇计等分司兵饷，寻暂行福安公堂事，收支钱粟以给军需。嘉隆元年，充如清甲副使，及公回，领职如故。六年充正使，与副使陈公檀赍敕印往罗壁板城锡封匿祯为真腊国王。十年出领乂安协镇。静居官清约，严斥蠹吏，民安之。寻疏请来京面陈民间疾苦。许之。既至，极言乂安凋耗情状，因请缓征壬申以前类欠钱粟，又别纳诸税有逋欠者，请令民以钱代纳。帝皆从之。月余还镇，静公暇阅骧州话意不满，因令督学裴杨瓛做乂安风土记。十一年升工部尚书领嘉定协总镇。其年秋与户部参知黎曰义检覆诸营钱粮文案。十二年与黎文悦护送真腊国王匿祯还国。及迁，或言静受私货悦，信之以闻，帝以无状置之。静心不自安，终无以自明。尝叹曰："画蛇添足，谁使我负不白之冤乎？"性疏旷耿介，不善事上僚，卒以此得谤。是年冬病卒。郑怀德为之奏追赐，不许。明命元年追给墓夫。嗣德五年补祀中兴功臣庙。静文学该博，好吟咏，尝与郑怀德、黎光定相唱和，有嘉定三家诗集行世。①

堤岸明乡嘉盛会馆将陈上川、郑怀德、吴仁静等人供奉在堂，以及将郑、吴二人郑重纳入本社名宦录卷首，证实了西山之乱后，南圻的明乡人确实大多迁往嘉定城，往原有的堤岸明乡社避难，在嘉定堤岸形成了更为庞大的明乡社群。明乡嘉盛会馆甚至有喧宾夺主之嫌，一举成为堤岸明乡社的中心。譬如郑怀德与吴仁静先后都担任过嘉定城协镇，无

---

① ［越］阮朝国史馆：《大南正编列传初集》卷十一《吴仁静》。

论他们是不是把家迁到堤岸明乡社，这对于促进堤岸明乡嘉盛会馆成为当时阮朝南圻明乡社人政治文化中心都有着明显的驱动作用。一时之间，群英荟萃，这对于堤岸明乡社的文教事业兴起起到了很好的表率作用。

当然，全面允许明乡人参加科举考试则是在阮朝成立之后。虽然找不到确切的文献记载阮朝具体何时允许明乡人参加科举，但是上述榜单中的解元张好合，于越南阮朝嘉隆十八年（1819）中举。由此可见，阮朝成立不久便这么做了。而阮朝这样的优待，激励了深受故土儒家思想影响的明乡人，"学而优则仕""商而优则仕"，直至《重修旧宦科缘碑记》于1839年树立之时，堤岸明乡社涌现了7位举人、21位秀才，张好合甚至高中解元。这对于堤岸明乡人来说，哪怕是从阮朝成立伊始就可以参加科举考试，也是取得了非常了不起的成绩。再加上15位取得高低不等官职的乡贤，堤岸明乡人深以为傲。也因此，堤岸明乡嘉盛会馆将这些官宦士人的情状勒石成碑，以表彰当代，激励后来。对于汉文化圈历朝历代的封建政权而言，政治特权恰恰是最核心的社会价值之一。与明乡人相比较，阮朝时期的唐人就完全没有这方面的权利。当然，明乡人为阮朝建立和发展所付出的代价与所取得的优待是成正比的。

正因为明乡人对于阮朝有着"无复北上"的先天归属感，因此重修会馆所展现的诉求也就迥异于唐人会馆。但堤岸明乡嘉盛会馆1839年和1901年的两块重修碑刻上都只有捐款人姓名、钱款数额，没有按照惯例留下纪念先贤以及会馆重修过程的相关文字，让人颇有些诧异。诚如后面一块1901年的重修碑刻，因为1856年以后法国人入侵与殖民南圻六省，使得仕宦云集的明乡嘉盛会馆为避免不必要的麻烦而噤若寒蝉，或许还说得过去。1839年这块碑刻也仅仅只有捐款人姓名与钱款数额，多少就有点不符合会众中仕宦云集的会馆重修的立碑传统，因缺乏相关的历史背景材料，无法解疑，留待方家指正。

幸而同属于堤岸明乡社群的义润会馆还留存着龙飞己卯年（1879）《义润会馆崇修》碑刻，可以管窥堤岸明乡社众在奉祀他们家乡神明之时的内心世界。其文如下：

兹仰见，天心启泰，盛德有临。画堂隆而奎壁联辉，华构起而江

山并立。会等诚惶诚忭，谨奉表称贺者。伏以鼎其新也：九天之景庆，增光萃以聚之，遍地之文章，呈露春生泰宇，喜溢凡情。窃惟夫大厦非一木之支，基址之兴未易致众，理合此心之愿，经营之效，不期然仰凭神力余徽，允副人心载粉。钦惟：关圣帝君座前：海河挺异，山岳标奇。浩气贯霓虹，磅礴并两间而不息，忠贞悬烈日，鉴临终万古而常新。俨衣冠若汉衣冠，隆庙貌焕南庙貌。金龙腾紫气，几重之栋宇春生，彩凤映丹霞，一簇之楼台瑞霭。大勋用集，振古有光。星罗俎豆馨香，渐复泰和之象，云集衣冠对越，咸孚兑悦之情。乐不可支，盛何加此。会等遥瞻玉陛，倍切舆情。新宇沛以新恩，谅莫状雨施云行之泽，盛德永膺盛眷，愿重赓山增川至之章！

　　会主：潘春山

　　总理：潘文榴　陈祥瑞　阮文源　阮如岗　黄有庆　黄文源

　　协理：范文山　陈有勇　邓玉璋　刘进财　武敏惠　阮至善

　　首事：刘文第　黎致祥　潘文田　杨公定

　　（以下题银节略）……①

　　1879 年的越南南圻六省业已被法国殖民者侵占，西贡堤岸成为法国殖民者的政治经济中心，法国人采用"以越治越""唐人治唐"的政策，使得堤岸的明乡人与唐人尚能在法国殖民者眼皮底下勉强维生。此碑文通篇都是套话，唯"俨衣冠若汉衣冠，隆庙貌焕南庙貌"似乎对于其时法国人的入侵与殖民统治稍有影射。其他内容完全是一篇深受儒家思想熏陶的为官祀关帝庙重修所撰写的官样文章。龙飞甲午年（1894），担任前次重修会主的潘春山再次以会主的身份倡导为义润会馆的关帝庙添置庙产，留下了一块碑刻：

　　　　忠义贯天，吾人咸仰，经会同志崇建庙祠祀我关夫子，聊伸景仰之忱。前年殿宇既成，而四时之需未有常供，无从取给，恐非贻久之

① ［澳大利亚］李塔娜、［越］阮锦翠合编《胡志明市华人会馆中的汉字石碑》，社会科学出版社，1999，第 483 页。

谋。而属祠尚剩旷土，乃集会人拟各出贷银资，建造瓦铺八间在此闲土，许人雇居六载，于兹收值颇充贷数照讨各已还清。兹剩下此铺应置为本祠香火，递年交值事员照管，出贷取值以供四时祀事。神安人乐百福骈臻，庶几长沐洪恩于无既矣。爰行命笔历叙原由，勒石为铭，用垂永世。其乐贷人姓名银数等于左备一览云。

会主潘春山贷银三百七十员　　知县陈祥瑞贷银二百五十员　　总理阮文源贷银一百员　　总理刘文第贷银一百员　　视事刘文名贷银五十员

视事陈有勇贷银五十员　　守事阮文艾贷银三十员　　总理吴敏惠贷银二十员　　协理吴文礼贷银二十员　　协理阮文燕贷银二十员　　乡会潘文仁贷银二十员　　会副蔡洪兴贷银二十员　　总理潘文田贷银一十员　　协理陈公平贷银一十员　　乡乐阮文娄贷银一十员　　陈陆记贷银一十员

视督功　　总理范文山　　总理阮玉色

龙飞甲午年五月吉日

义润会馆同敬识①

上述碑刻中，义润会馆明乡人所担任的越南阮朝官吏职位名称再次出现，譬如知县陈祥瑞，亦是前次重修义润会馆的主力，曾题银二百大元，此次贷银二百五十元，位居贷银三百七十元的会主潘春山之后。从贷银者的排序来看，是按照贷银数的大小排序，似乎不再严格按照官吏身份来排尊卑先后了。以会馆主祀神庙替代会馆的称谓，虽为惯习，但也可以看出义润会馆在堤岸明乡社群的地位远比不上嘉盛会馆，最多也就作为普通明乡社的"乡亭"之用，因此对于关帝信俗的供奉内容大为提升。抑或只是强调此次仅为关帝香火而置产，与义润会馆日常管理事务无涉？

知县陈祥瑞还作为会主主持了龙飞丙午年（1906）义润会馆义祠的重建工作，留有两块碑刻，其一：

义祠由来久矣。然而几经岁月，集辰梁栋虫雕，屡度风霜，画处

①［澳大利亚］李塔娜、［越］阮锦翠合编《胡志明市华人会馆中的汉字石碑》，社会科学出版社，1999，第489页。

丹青花落。会等窃念前人功业如山之高水之长，而后代经营惟春恩祈秋恩报，神依人以享，人赖神以安，岂无关情奋然改作。于是乐出捐银重建义祠，文采向日月而增辉，墙壁轩昂并山陵而益固。美哉轮焉，美哉奂焉。

义润会等员职姓名银数具列于后

……

会主：陈祥瑞　视事：阮有豆

总理：吴敏惠　刘文第　总理：潘文田　软玉色

协理：武成珠　阮玉燕　协理：吴有庆　段文泰

协理：陈文龙　黄文前　守事：陈有茗　阮庭盛　阮文兴

……（以下题银者略）①

其二碑刻专为义润信女会与商号题银者而立：

神宫兴替亦关乡党之盛衰，人事和平不失岁辰之荐享。窃念前人开垦，恢宏德业难描，后代开基，浩荡功劳莫状。于是会出捐银重建义祠。蛟腾凤舞是杰构之惊人，鸟韦翚飞此壮图之悦目，栏杆体势俨松柏之排行，墙壁高标若云霄之凌耸。此会中之大有资补者也。

……

义润信女会并别恩贵号姓名银数其列于后

上议院总督府夫人陈氏题银二十五员

……

大董理吴有庆督功

龙飞丙午年八月吉日立

西一九〇六年②

此次重建义润会馆义祠，已然看不出任何的中越文化差异。能够不

---

① ［澳大利亚］李塔娜、［越］阮锦翠合编《胡志明市华人会馆中的汉字石碑》，社会科学出版社，1999，第493页。

② 同上书，第497页。

再怀念故土与过去，就事论事，本身就是明乡人本地化的最大标志。无论是 1879 年的会馆重修，还是 1894 年的添置庙产，抑或是 1906 年的义祠重建，义润会馆的碑文撰写者都已经将目光转内，一心一意经营自己的一亩三分地，曾经的家国情怀付之东流，唯有"龙飞"字号还作为纪年习惯保存了下来，不过很快也就被其后的公元纪年所替代了。而无论是关帝圣君，还是义祠诸神，也都一并扎根当地，"神依人以享，人赖神以安"，斯言称是。

越南作为中国海上丝绸之路西向的第一站，深受中国商人与其他移民的青睐。更因为中越文化有着很深的历史渊源，因此产生了"明乡人"这样的特殊移民。明乡人作为明末遗民的军事移民，在改朝换代的情况之下南迁越南，一开始就有了破釜沉舟的决心，也因为南阮政权以及后续阮朝统治者的优待，使得明乡人牢牢扎根当地。明乡人也没有封闭自己，除了努力塑造自己的传统文化之外，亦不一味排斥融入当地，尤其是通过从商、从政以及与当地女性通婚等方式，为自身的本土化积累了大量的人力与物力。与此同时，早期明乡人掌控了南阮的海外商业贸易大权，趁机也吸纳了不少前来经商或做其他营生的"唐人"，壮大了自己的血脉。直至阮朝建立，对于明乡人与唐人的管理日趋严格，明乡人也就顺势本地化。即便如此，明乡人依然竭力保存来自故土中国的传统文化，亦将他们父祖辈带来的民间诸神加以本地化，尤其像得到阮朝大力推行的关帝、土地公等信俗，俨然成为越南本土的高等神灵。这种情态至少延续到海上丝绸之路的最后阶段。

越南的"唐人"其实也得益于中越之间深厚的历史渊源。他们在越南如鱼得水，并没有多少面对异文化的困窘，甚至还享受了几乎同明乡人一样的优待。当然，他们有可能被破格提用，但是无法参加阮朝的科举考试。他们可以说是越南海外贸易的主要对象与承接者。当他们依照阮氏政权的政令而分帮治理后，有了相对独立的管理空间，会馆也就应运而生。他们在会馆所供奉的诸神也就成为他们精神凝聚力的象征，无论是在海上逐浪跑船，还是上岸后的生老病死、买卖谋生，都需要家乡诸神的庇佑。明清时期在中国最为盛行，也最受敬奉的海上保护神天上圣母，成为他们供奉频率最高的神祇，当然还有来自他们家乡的诸神。

第四章
马六甲海峡的中国民间信俗

　　从古至今，马六甲海峡都是中国海上丝绸之路必经之地，亦是衔接太平洋与印度洋的咽喉要地。中国历史文献很早就有了相关记载，尤其是马来半岛，中国商舶无论南下前往爪哇，还是西向进入印度洋，都无法绕开马来半岛的诸多港口国家，而东来的南洋诸国商船亦是如此。而控制马六甲海峡，则成为马来世界历史上诸多港口国家兴盛的必备条件之一。历史上的室利佛逝，乃至明代兴起的满剌加，无不如此。位于马六甲海峡南北两端，拥有一定内陆农耕资源支撑的暹罗与爪哇，亦对马六甲海峡虎视眈眈，不时染指其中。

　　根据我们目前所掌握的研究资料显示，能够比较清楚地勾勒中国民间信俗在新加坡与马来西亚的传播态势，最早也只能追溯到明末清初，再往前则几乎无迹可寻。之所以如此，有几项先决条件需要在这里阐明。

　　其一，马来半岛等地，在地理上已经远离中国本土，这与中国接壤的邻邦越南大为不同，依靠最便利的陆路交通已经无法直接到达，若借助海路交通，则经济与技术成本太高，常规移民一般难以实现。而中国历朝历代封建政权均为"儒家治国""以农立国"，老百姓也奉行"安土重迁"，只要没有严重的生存危机则轻易不会离开自己的家园。与中国文化、自然环境差异较大的马来半岛对普通老百姓并没有足够的吸引力。

　　其二，中国与马来半岛有着历史悠久的海上商业贸易往来。处在波斯、印度与中国等文明古国中间的马来半岛，起到了商业桥梁的作用，并以其丰富的热带自然资源加入其中，因此中国与马来半岛间产生人员往来是不可避免的。但是在进入明代之前，尤其是隋唐时期，番客来的多，唐人去的少；宋元时期，局面有所扭转，间有中国商人"住蕃""压冬"之举，亦属于海上贸易商业周期的需要，其时在那些热带异邦谋生还是远不如挣一笔就回家来得自在。除了经商，赤手空拳径直奔赴马来半岛诸地谋生几乎不可能发生。历朝历代由于躲避战乱，抑或因为战争滞留在南洋诸地，亦不少，但这属于偶然发生的因素，并非可持续的移民方式，结果就是很快地同化于当地，自身的文化则消失殆尽。

其三，明代及之后是比较特殊的年代。一方面，"十四世纪中叶到十七世纪中叶，即明朝统治时期，是中国历史发展进程的一个重要转折。明朝把专制主义中央集权的官僚政治推到了一个新的高度，社会经济恢复和超过宋元时期的最高水平，并从中酝酿着新旧交替的冲动"①；另一方面，"中世纪的欧洲发生革命性的变革，向资本主义社会转变。早期西方殖民主义势力与中国航海势力在东南亚和中国东南沿海的相遇，使中国的历史发展进程再也不能孤立于世界历史发展之外了"②。简而言之，有着蓬勃生命力的中西方商品经济终于通过马来世界进行了联系，中国商品凭借着先天的产品优势，一如既往地在南洋进行强势的销售、交换，并转口印度洋、大西洋；但西来的殖民者凭借着举国体制，带着武装船队千辛万苦绕过了好望角，一旦寻求正常贸易不成，便以更先进的火药武器进行强买强卖，并以更先进的造船与航海技术、军事武器，以及资本管理理念，逐步征服印度洋沿岸，进而征服太平洋沿岸，最大限度地实现了他们在印度洋与太平洋沿岸实行进一步殖民掠夺的可能性。马来半岛扮演的角色日益吃重，从马六甲的衰落到新加坡的兴起，印证了西方殖民主义已经将重心放到太平洋沿岸。英国更是带着最早完成工业革命的光环，将矛头直指太平洋沿岸最大的封建王国——大清帝国。其后 1842 年鸦片战争的爆发，中国很快沦为西方列强肆意侵略的半殖民地半封建社会。至此中国传统的海上丝绸之路亦告一段落，中国商品以及在南洋的市场优势也就逐渐消失殆尽。近现代意义的"下南洋"应运

① 杨国桢、陈支平：《明史·前言》，傅衣凌主编，人民出版社，2006，第 1 页。
② 同上。

而生，为商贸而移民退居次要位置，为谋生而移民占据了首要地位。

其四，明初郑和七下西洋的壮举，以重构明朝与西洋诸番国的朝贡制度为名目，重新打通了一度混乱不堪的太平洋与印度洋之间的海上商路。这不仅使得偏重于追求经济利益的西洋诸番国重新认识到明代中国军事力量的强大及其商品经济的巨大吸引力，实际上也为后续中国海商在传统海上丝绸之路上提供了稳定的经商环境与先进的航海技术；同时，也为即将到来的"月港"开洋、明清政权更替以及随着社会经济发展持续而导致的生存压力与人口膨胀架设好了移民宣泄口。

其五，有明一代，海禁政策不断，但明代隆庆元年（1567）漳州"月港"开洋影响巨大，拥有悠久的海上贸易传统的闽南漳泉民众近水楼台先得月，在天时地利人和无一不备的情况之下，实现了中国海上丝绸之路最后的商业辉煌。而明清更替，尤其是明末明郑政权的存在与消亡，在某种程度上遏制了西方殖民者的武装侵袭，也进一步强化了闽粤移民走向南洋的信心。其中，明郑政权垂败之际部分将士携家带口退往南洋，对于南洋一带各个华人社区的形成与稳定影响不小。

在此历史背景下，本章节选择了马来西亚的马六甲、槟榔屿以及新加坡，以此观察海上丝绸之路晚期中国民间信俗在马来世界的传播态势与影响。之所以选择马来半岛这三处港口城市，一方面，"马六甲在十五世纪至十六世纪早期成为马来世界的中心。在这一地区，各种文化汇流交织。中国、占婆、文莱和麻喏巴歇的外交使节和商人来自东方；波斯、阿拉伯、土耳其、印度和葡萄牙的文化从西方飘然而至"①，显见马六甲在马来世界具有历史代表性；另一方面，在帆船时代，"马六甲是一个为商品而设的城市，比世界上任何城市都适宜：季风的终点，信风的起点……千里外各方不同民族都必定来马六甲做生意买卖……任何主宰马六甲的人就能控制威尼斯的咽喉，而从马六甲到中国，从中国到摩鹿加，从摩鹿加到爪哇，从爪哇到马六甲（和）苏门答腊，都在我们

---

① ［马来西亚］穆罕默德·哈支·萨莱：《〈马来纪年〉：版本、作者、创作理念及其他》，罗杰、傅聪聪等：《〈马来纪年〉翻译与研究》，北京大学出版社，2013，第245页。

（特指葡萄牙人，笔者注）的努力范围内"①。自1511年伊始，来自葡萄牙、荷兰、英国的西方殖民者相继占领此地，由此深入南洋世界，可见马六甲在南洋交通地理位置的特殊性与重要性。其后，后起之秀英国殖民者更是以这三个港口组成英属海峡殖民地。英国殖民者对这三个港口的占领与开发有明显的递进关系，华人同样以最早开发的马六甲为根基，随着英国殖民者的招徕而渐次进驻槟城与新加坡，在这三个港口城市形成了许多大小不一的华人社区，其中人际脉络错综复杂。英国殖民者更以此海峡殖民地为跳板，进而征服了马来半岛，从而为挑战大清王朝做好了准备；在早期英属马来殖民地，英国殖民政府因为介入亚洲的军事与行政力量都不够，大多以商贸自由港的政策吸引商贸资源、积攒力量，殖民政策相对于葡萄牙人与荷兰人来得宽松，高度依靠早已在此如鱼得水多时的华人力量，对华人施行方言帮自治管理，客观上促进了华人在英属海峡殖民地创建的社区的进一步固化与发展。那么民间信俗作为华人日常社会生活核心内容之一，也才有可能随着诸多的华人社区的创立与发展而得以进一步传播与发展，展现出不同于越南、日本、琉球等与中国相邻国家的民间信俗传播与发展的特点。

第一节　马六甲

一、曾经的马来世界中心：马六甲

马六甲最初的崛起，与明成祖朱棣重建中外朝贡制度有直接的关系，并以郑和七下西洋作为具体的制度保障。《明史·满剌加传》记载："永乐元年十月遣中官尹庆使其地，赐以织金文绮、销金帐幔诸物。其地无王，亦不称国，服属暹罗，岁输金四十两为赋。庆至，宣示威德及

① ［葡］多默·皮列士：《东方志——从红海到中国》，何高济译，江苏教育出版社，2005，第220页。

招徕之意。其酋拜里迷苏剌大喜，遣使随庆入朝贡方物，三年九月至京师。帝嘉之，封为满剌加国王……五年九月遣使入贡。明年，郑和使其国，旋入贡。九年，其王率妻子陪臣五百四十余人来朝。"① 明万历四十五年（1617）张燮《东西洋考》载："马六甲，即满剌加也。古称哥罗富沙，汉时已通中国……盖所部瘠卤，尚未称国云。永乐三年，酋西利八儿速剌遣使上表，愿内附，为属郡，效职贡。七年，上命中使郑和封为满剌加国王，赐银印、冠服，从此不复隶暹罗矣……成化末，给事中林荣、行人黄乾亨奉使，溺海死，以故罢遣云……男女椎髻，肌肤漆黑，间有白者，华人也。后佛郎机破满剌加，入据其国，而故王之社遂墟。臣吏俯首，无从报仇，久乃渐奉为真主也……古称旁海人畏龟龙……山有黑虎……或变人形，白昼入市，觉者擒杀之。今合佛郎机，足称三害云……本夷市道稍平，即为佛郎机所据，残破之，后售货渐少。而佛郎机与华人酬酢，屡肆钭张，故贾船希往者。直诣苏门答腊必道经彼国，佛郎机见华人不肯驻，辄迎击于海门，掠其货以归。数年以来，波路断绝。然彼同澳夷同种，片帆指香山，便与粤人为市，亦不甚借商舶彼间也。"② 上述记载表明，明初马六甲尚属暹罗国羁縻的土邦，正是因为明成祖所派遣的使者尹庆积极招徕，马六甲酋长拜里迷苏剌乘机响应，从而获得明王朝的青睐，被明成祖敕封为马六甲国王，终于从其早已与明王朝建立藩属关系的宗主国——暹罗国摆脱出来。而彼时马六甲也早有不少华人在那生活。郑和船队屡屡以马六甲为中转站，前往印度洋等处公干。《瀛涯胜览》即载："宝船到彼则立排栅，城垣设四门，更鼓楼夜则提铃巡警，内又立重栅，小城盖造库藏仓廒，一应钱粮顿在其内，去各国船只回到此处，取齐打整番货装载船内，等候南风正顺，于五月中旬开洋回还。"③ 16 世纪初，马六甲被西来的葡萄牙殖民者所侵占，明王朝亦熟知这一情形，只是已经没有明初那样的宏大气魄去兼顾这一远

---

① 《明史·满剌加传》，中华书局，2007。

② ［明］张燮：《东西洋考》，陈正统主编《张燮集》（第四册），中华书局，2015，第 1495—1500 页。

③ ［明］马欢：《瀛涯胜览》，中华书局，1985，第 36—37 页。

邦属国了。而佛郎机的强势东进，实际上截断了阿拉伯海、印度洋穆斯林商人传统东向的商路，也必然与早已在南洋经营多时的华人海商产生冲突。鉴于佛郎机等西来殖民者咄咄逼人的武力威胁，华人海商只能将贸易的主要地盘退至马六甲海峡以东，或有继续穿越马六甲海峡往西的，也不复从前了。而类似于佛郎机这样的西来殖民者的恶名也早早在中国海商中传开了。由此看来，其时马六甲确实是中西方出入印度洋与南海的必争之地。

"1509 年 9 月 1 日，马六甲海港驶入了第一支在马来亚海水中破浪前进的欧洲舰队。"① 而这支舰队正是由热衷于传教，寻找香料、黄金，乃至建立海上商业殖民帝国的葡萄牙人组成。"伟大的阿丰索·德·亚伯奎于 1510 年 11 月 25 日占领果阿后，获得了一个设防的根据地，使葡萄牙能够更向东面冒险，从穆斯林诸国夺取对香料群岛和中国的贸易。"② 葡萄牙人在拿下印度西海岸的果阿之后，终于有足够的力量于 1511 年攻占马六甲，掌控出入马六甲海峡的主导权。随后，葡萄牙人在马六甲实行了一系列有碍于自由商业港发展的压榨政策，譬如强买强卖、高税收、吏治不严等，使得马六甲的港口商业贸易大为削减，外加与荷兰人、穆斯林商人以及周边马来土邦战争不断，相信其时停留在马六甲的华人不会很多。张礼千《马六甲史》根据荷兰官员蒲脱等人的相关记录，认为"1641 年时，马六甲至少有华侨一千多人也"③。今人在马六甲发现的最早的华文碑刻唯有"甲寅年（1614）明故妣汶来氏墓"与"皇明壬戌年（1622）黄维弘与谢寿姐夫妇合葬墓"④，其他一无所见。传说中的秦砖汉瓦可能在葡萄牙人到处寻找砖石建造要塞时，连同马六甲地下数个王者之墓一并给毁掉了。

① ［英］理查德·温斯泰德：《马来亚史》（上册），姚梓良译，商务印书馆，1974，第 101 页。

② 同上书，第 115 页。

③ 张礼千：《马六甲史》，郑成快先生纪念委员会编印，商务印书馆，1941，第 221—222 页。

④ ［马来西亚］黄文斌：《马六甲三宝山墓碑集录（1614—1820）》，华社研究中心，2013，第 44 页、第 46 页。

17 世纪初，后发制人的荷兰殖民者组建了东印度公司，随后拿下雅加达，并以此为基地在爪哇、苏门答腊一带站稳了脚跟，进而于 1641 年成功赶跑了死对头葡萄牙人，其后还几乎摧毁了葡萄牙人在印度洋与南海沿岸所侵占的殖民地。"荷兰人来到此地，与葡萄牙人大不相同，他们容许伊斯兰教存在，只顾商务，不问其他，精明干练，较为忠于职守。"① 也正是由于荷兰人太专注于商业利润，以至于他们采取了西方殖民者惯用的伎俩——强制垄断，走私成风，外加后来者英国殖民者的有力竞争，荷兰人的势力很快也就衰弱了。18、19 世纪，英国人开始在东南亚一带活跃起来。荷兰人在商业贸易与税收上比较依赖华人，并有着爪哇与苏门答腊等殖民地与马六甲相连接，采用甲必丹制度实行不同民族的自治原则，给马六甲的华人留下了一定的生存空间。谢清高（1765—1821）《海录》载："闽粤人至此采锡及贸易者甚众。"② 因此，马六甲华人社区有所稳固与扩大，民间信俗才能够有效地存续下来。

英国殖民者早已对马六甲虎视眈眈，只不过大不列颠群岛游离在欧洲大陆之外，相对于欧洲大陆而言，历史底蕴稍差，最开始的海外扩张一般是寻求投资较小的商业贸易，但是借助工业革命的威力，其后续在海外的扩张很快就带有明显的殖民色彩，在 18 世纪逐渐赶上其他欧洲列强。英国人于 1795 年终于把马六甲从荷兰人手中夺过来，其后受欧洲战局影响，马六甲一度又从英国人手中转回荷兰人手中。1824 年，为了避免内耗，马六甲又再度转回英国人手中，英国人则把苏门答腊岛上的商站明古连移交给荷兰人，从此划定了英荷在南洋的大致势力范围。与此同时，英国殖民者把马六甲与于 1786 年、1819 年巧取豪夺来的槟城和新加坡，组成英属海峡殖民地，基本控制了马来半岛西南侧，即马六甲海峡东北一侧的沿海狭长地带，只要有足够的军事力量，则完全可以控制马六甲海峡的进出口，进而积蓄力量，蚕食吞并整个马来半岛，谋取

---

① ［英］理查德·温斯泰德：《马来亚史》（上册），姚梓良译，商务印书馆，1974，第 110 页。

② ［清］谢清高口述《海录注》，杨炳南笔受、冯承钧注释，中华书局，1955，第 16 页。

在南洋与东亚的进一步殖民掠夺。英国殖民者在早期的海峡殖民地实行战略商站与自由港相结合的殖民模式，对于华人的依赖一如既往，亦实行各族自治的方式，将华人细化为方言帮进行管理，并保持了一定的政策稳定性，使得这个时期的英属海峡殖民地的华人社区有比较大的发展，民间信俗也就能够扎根其中。

二、马六甲的华人及其信俗生活

在马六甲现存诸多华人民间宫庙发展史中，青云亭不仅最为古老，留存的历史文物也最为丰富。甚至在整个新马社会，马六甲青云亭也都是独一无二的历史存在。明末清初，青云亭的创建以及后续发展，预示着在整个新马社会，它是最早接受东、西方两种不同文明交叉洗礼而产生的华人民间宫庙，并坚韧不拔地发展延续至今。就海上丝绸之路晚期的时间节点来看，首先，青云亭的华人群体历经明末遗民时代、马六甲土生华人为主导清商为辅的时代，哪怕鸦片战争爆发前后清人大量涌入也没有明显改变此格局；其次，1511 年伊始，马六甲先后被葡萄牙人、荷兰人与英国人殖民统治，西方殖民者的管理体制与文化形态势必对青云亭的创建与发展产生不可小觑的影响；最后，不能忽略马六甲原有的马来文化的影响。而这三者的综合，恰好就是海上丝绸之路晚期，亦即"大帆船时代"到来后，南洋华人民间信俗传播与发展所要面对的主要历史情况。

（一）青云亭的创建及其明末遗民色彩

"青云亭坐落在马六甲的甲板街，内奉主神观音大士，故亦称观音街，香火很盛。"① 可能因为草创期的仓促，早期南洋一带华人民间宫庙的创建记录一般都是缺失的，青云亭也不例外。根据道光二十五年（1845）时任亭主的薛佛记重修青云亭时所立下的碑刻《敬修青云亭序

---

① ［新加坡］林孝胜：《青云亭与十九世纪新华社会》，［新加坡］柯木林、林孝胜：《新华历史与人物研究》，南洋学会，1986，第 51 页。

碑》记载：

> 粤稽我亭，自明季间，郑、李二公南行，悬车于斯。德尊望重，
> 为世所钦，上人推为民牧。于龙飞癸丑岁，始建此亭，香花顶盛，冠
> 于别州。民丰物阜，共仰神灵之所庇，猗欤休哉，皆赖先代之善作者
> 也。厥后曾、陈诸公，相踵莅任，仁义居心，化行俗美，芳声丕著，
> 政绩可嘉，兼不惮劳捐金鸠工，营盖兰若，尊崇佛国……①

针对碑文中的青云亭创建日期"龙飞癸丑岁"，主要分歧在于17世
纪共有两个癸丑年，分别为1613年与1673年。林孝胜、叶华芬等根据
青云亭现存创始人之一郑公芳扬的神主牌，与其父郑公贞淑的神主牌相
对比，认为郑父生于万历丙戌年（1586），卒于隆武戊子年（1648），则
郑芳扬神主牌上的壬申年应为1632年（崇祯五年），殁于丁巳年应为
1677年（清康熙十六年）。他们得出的结论是青云亭的创建应在1673
年②，即明永历二十七年，清康熙十二年。另一有力的佐证，即青云亭
依然保存着另一创建人李公为经的神主牌，其生卒纪年比较明确，其文
曰"父讳为经，字宏纶，号君常，行二，孝男肇城奉祀""生于万历四
十二年甲寅八月初十日辰时，卒于康熙二十七年戊辰七月初一日午
时"。③亦即李为经生于1614年，殁于1688年。李为经的生卒年月符合
今人对于青云亭创建于1673年的推断。

在青云亭现存的碑刻史料中，我们注意到青云亭的创建具有非常浓
厚的明末遗民的历史色彩。首先是青云亭后续重要主持者之一第四任甲
必丹曾其禄，其神主牌亦完整保存在亭里，其文曰"故明显考避难义士
伯中曾公神主""公讳其禄，字伯中，行六，神位，原籍福建银同禾浦，
生于崇祯癸未年十月二十日寅时卯时……避难马六甲，卒于戊戌年二月

---

① ［德］傅吾康、陈铁凡合编《马来西亚华文铭刻萃编》（第一卷），马来亚大学出
版部，1982，第245页。
② ［新加坡］林孝胜：《青云亭与十九世纪新华社会》，［新加坡］柯木林、林孝胜：
《新华历史与人物研究》，南洋学会，1986，第51—52页。
③ 同上书，第52页。

马六甲青云亭

十二日"。① 生于 1643 年，卒于 1718 年的曾其禄，横贯了 1644 年清军入关，明清更替，1683 年施琅从明郑政权手中收复台湾的整个时间段。可能在明郑政权以金厦为基地对抗清军的那一段时间，曾其禄见势不妙，为彻底躲避近在咫尺的战乱，携家带口避走闽南人所熟悉的南洋一带，一直到马六甲才安顿下来。青云亭还保存龙飞丙戌年（1706）所立的"大功德主曾公颂祝碑"，文曰：

> 闻之，乾父坤母，人生其间，胞与相属，所谓仁也。世之乘权利济者无论己。次则轻财乐施，拯危救国，苟存心于爱物，于事必有所济，又何间乎州闾与四裔也。晚近世风少伦矣，以余所闻，曾公有足称者。公讳其禄，号耀及，吾同之鹭岛曾家湾人也。邑距岛尚一水，

---

① ［德］傅吾康、陈铁凡合编《马来西亚华文铭刻萃编》（第一卷），马来亚大学出版部，1982，第 231 页。

余未熟悉公之生平。客自甲来者，沐其惠，思垂永久，求所以文之，因具为余言。公少有大志，卓荦不群，遭沧桑，故避地甲邦，解纷息争，咸取平焉，以故华裔乐就之。遂秉甲政，章程规划，动有成绩，未易更仆数。请言其加惠我人者：我人之流寓于甲也，或善贾而囊空，则资之财；或务农而室罄，则劝之力；或赌博而忘返，则设禁为之防；或死葬而无依，则买山为之藏。至于甲为西洋所经，舟楫往来，不征其苛，商旅说而出其涂，东西朔南暨矣，宁特吾乡戚属为然哉。余闻之，瞿然曰：有是哉，公之仁也。夫仁者必有寿。客从而祝曰：愿公饮食宴衎，万寿无疆。且仁者必有后，客又祝曰：愿公芝兰挺秀，奕叶蝉貂。余笑而应之曰：此皆公之仁所取之若券者，何足以颂公？然吾得子之言，而知公之德而入人深矣。因纪之付于贞珉，以传于后，俾旅斯土者，咸以为劝云。

赐进士吏部观政年家眷弟陈大宾顿首拜撰

蔡期昌　郭士俊　林中萃　赵时　郭天桂　吴维聪　辛廷机　林元仁　黄肇瑞　张惠连　陈瑞完　吴廷麟　曾以忠　黄愈　陈开霁　郭维诚　吴协观　谢渐鸿　吴时恩　曾立博　杨廷撰　陈世相　僧真辉　郑际龙　曾经国　陈恋玉　曾继荣　曾文定①

为青云亭亭主立颂德碑，此举在青云亭创立伊始就有先例，前有龙飞乙丑年（1685）所立第二任甲必丹李为经的"甲必丹李公济博懋勋颂德碑"可供比照，文曰：

公讳为经，别号君常，银同之鹭江人也。因明季国祚沧桑，遂航海而南行。悬车此国，领袖澄清。保障著勋，斯土是庆。扶绥宽慈，饥溺是兢。捐金置地，泽及幽冥。休休有容，荡荡无名，用勒片石，垂芳永久。

林芳开　黄显春　谢士俊　丘兆奇　陈远魁　郑全吉　林惠　陈王豪　吴宝　黄光福　曾寅　陈鉴　林瑞犀　曾继荣　洪盘庚　龚伟

---

① ［德］傅吾康、陈铁凡合编《马来西亚华文铭刻萃编》（第一卷），马来亚大学出版部，1982，第228—229页。

周冬　郑士杰　陈珀　陈瑞鸿　曾是贤　曾新颖　郑登贵　康待　曾钦让　陈敬瑞　李弘锡　曾廷锦　郑伟莩　张沛　王全　黄士　林中秀　徐德胜　曾朝　李长茂　黄国球①

　　从立碑人来看，前碑有 28 位，后碑共有 37 位，间隔 21 年的两批立碑人中有交会的姓氏为 8 个，分别是林、吴、黄、张、陈、曾、谢、郑，没有交会的姓氏多达 11 个。这两块碑刻中，曾姓人最多，多达 11 人，其次为陈姓 10 人、林姓 6 人、黄姓 6 人、吴姓 5 人、郑姓 5 人，其他两个姓氏都为 2 人，且唯有曾继荣同为两块碑刻的立碑人。另外，按照中国传统取名习惯，前后立碑人林中萃与林中秀、陈瑞鸿与陈瑞完可能为兄弟关系。这些数据显示青云亭早期的中坚信众或管理人员变动巨大，尚未显示出成熟社区的人员延续性，符合青云亭草创期的历史事实。

　　另外，从这两块颂德碑来看，除了碑文明确撰明"遭沧桑，故避地甲邦""因明季国祚沧桑，遂航海而南行。悬车此国，领袖澄清"之外，明末遗民的色彩还体现在碑文末端落款的"龙飞"纪年上。荷属马六甲第一任甲必丹郑芳扬现存的墓碑，碑文亦以"龙飞"为纪年："文山显考甲必丹明弘郑公之墓，孝男文玄奉祀，龙飞岁次戊午年仲春吉旦立。"② 龙飞岁次戊午年亦即 1678 年。第三任甲必丹李正壕的神主牌干脆省略了能够体现具体朝代的纪年，而单纯以天干地支来表示："显考甲必丹仲坚李公神主，考讳正壕，字仲坚，行二，生于壬寅十一月十八日午时，卒于戊子葭月十六日亥时。"到了第五任甲必丹曾应葵，依然还是用"龙飞"纪年。2015 年左右，黄文斌等人在青云亭对面的杂物间发现了两块青云亭亭主薛佛记复制的木匾，内容为曾应葵任甲必丹时候的事情。因都没有题名，庄钦永称第一块木牌为《鸠募重修青云亭慈济宫捐缘银录》，龙飞岁次丙午（1726）仲冬立，称第二块（其为合匾）为《观音佛祖华诞及岁事奉祀规例》，龙飞岁次丙午端月立；《募建大众祠暨

① ［德］傅吾康、陈铁凡合编《马来西亚华文铭刻萃编》（第一卷），马来亚大学出版部，1982，第 224 页。
② 同上书，第 369 页。

春秋二祭公约》于龙飞岁次丁未（1727）瓜月立。①

与此同时，我们发现曾其禄的第五个儿子曾应芸过世后所立的神主牌开始用皇清纪年："皇清故考仲植曾公之神主，君名讳，字仲植，讳应芸，行第五，生于康熙癸未年正月廿八日未时，卒于雍正辛亥年十二月廿四日寅时。"② 但一直到 1801 年，甲必丹蔡士章重修青云亭所立的《重兴青云亭碑记》，落款为龙飞辛酉年，仍用"龙飞"纪年，其后才少见此纪年的出现。再横向比较同个时期越南会安明乡人的形成历史及其采用"龙飞"纪年的具体情况，可以肯定青云亭确实为明末遗民所创建，只不过，史料记载越南明乡人明确是以 1679 年杨彦迪、陈胜才等明郑政权将士为代表的军事移民为班底，而马六甲的明末遗民更多是来自历史文献记载不甚明晰的闽南地方宗族乡绅的集体移民。2013 年，法国汉学家苏尔梦教授送《福建省泉州府同安县嘉禾里二十二都曾溪保绥德乡港口社光裕堂李氏族谱》回厦门曾厝垵李氏光裕堂。③ 苏尔梦根据该族谱，考证了李为经家族于 17 世纪 40 年代末 50 年代初迁徙到马六甲，其女儿李成金嫁给了后来的甲必丹曾其禄。④ 该族谱有《送马六甲功佫宏编序》一章记载其族人青云亭创建人之一甲必丹李为经在逃至马六甲后，曾派遣家族成员回厦门，以商讨返乡大计。⑤ 另据黄文斌到厦门曾厝垵现场考察，发现李为经所在的李氏家族在明朝末年曾经是地方上有影响力的大族。⑥ 由此可想而知，走避马六甲的曾厝垵光裕堂李氏族人应不在少

---

① ［新加坡］庄钦永：《记马六甲青云亭刚发现的两块雍正初年木牌》，张禹东、庄国土主编《华侨华人文献学刊》（第六辑），社会科学文献出版社，2018，第 29 页。

② ［德］傅吾康、陈铁凡合编《马来西亚华文铭刻萃编》（第一卷），马来亚大学出版部，1982，第 233 页。

③ 龚小莞：《终于知道了祖先的名字》，《厦门晚报》2013 年 11 月 14 日 A18。

④ ［法］苏尔梦、罗燚英：《马六甲施善华商与公众记忆——以甲必丹李为经（1614—1688）为例》，李庆新主编《海洋史研究》（第十一辑），社会科学文献出版社，2017，第 95 页。

⑤ 转引［越］阮湧俰：《东南亚明朝遗民使用"龙飞"之动机考证》，《马来西亚人文与社会科学学报》（第六卷第一、二期合辑）2017 年 12 月，第 10 页。

⑥ ［马来西亚］黄文斌：《明末清初马六甲华人甲必丹事迹探析》，《南洋问题研究》2018 年第 2 期，第 79 页。

数。外加同样来自厦门曾厝垵（亦称曾家湾）的曾其禄家族等避难群体，足以在马六甲形成一个中国传统式的村社聚落。根据荷兰驻马六甲总督蒲脱于1678年所作的调查报告，当时华人有四百廿六人，其中男性有一百廿七人，女性有一百四十人，儿童计有一五九人，分住瓦房八十一所，亚答屋五十一所。① 虽然荷兰人统计的这些华人并不一定都是明末遗民，但是有了见识较广、打算较为长远、财力较为雄厚的明末遗民牵头，才能一举在马六甲依照原乡模式，积极创建具有健全社会功能的华人社区，并有意识地既不采用已经灭亡的明朝纪年，更不采用清朝纪年，以表明自身的明末遗民姿态。

对于明末清初南洋各地出现众多"龙飞"年号的现象，前人研究成果很多，可谓众说纷纭。阮湧俰综合了前人的多种研究，并收集了中国历朝历代关于"龙飞"年号的相关文献记录，与南洋社会进行了比较，认为："发展至明末清初时期，确有一帮为保全汉民族的正气的明朝遗民，逃至海外各个国家。其中，他们在马六甲及越南等地方，除了服饰上保存着汉族的特性，还在一些文物的年份记载上，选择放弃记载当下朝代与皇帝年号，只记载'龙飞某年'的形式。从而观之，明朝遗民使用'龙飞'的动机已出现变化，其意思已不再像中国传统社会对皇帝的德行给以赞扬，而是体现出在面临国破家亡的情况，抱有'期待'的心情，以期不久的将来当地能有一个具有刚健中正之德的汉族皇帝，平定天下。"② 与此前王琛发发表的"遗民'龙飞'：唯愿前朝出新君"的观点如出一辙。王琛发纵观南洋华人社会的发展历史，对明末清初南洋大量出现的"龙飞"纪年有更深一层的思考："由'龙飞'意涵可知，原来从越南到马六甲再到缅甸，当然包括现代的果敢，曾经有过大批明朝遗民衣冠南渡，分散聚居在昔日明朝诸藩各地，又是声气相通、连成一片，采用着相同的年号，将反清复明作为理想。从他们开始，历代子孙

① 转引［新加坡］林孝胜：《草创时期的青云亭》，［新加坡］柯木林、林孝胜：《新华历史与人物研究》，南洋学会，1986，第44页。
② ［越］阮湧俰：《东南亚明朝遗民使用"龙飞"之动机考证》，《马来西亚人文与社会科学学报》（第六卷第一、二期合辑）2017年12月，第10页。

在南洋开拓新故乡，无疑就是在当地重建中华，在开拓异域与四海贸迁的过程中，神圣化也合理化先民陆续下南洋的生存意义。"[1] 马六甲青云亭的创建明显有上述的明朝遗民心态在起作用，在南洋社会具有一定的代表性。

（二）青云亭的发展与变化

1. 青云亭的初始模样及其扩建

青云亭的创建，与南洋其他由中国海商创建的华人民间宫庙不太一样，规模相对较大。1689 年远赴中国，途经马六甲观光的法国使节团团员弗罗吉著有《第一个法国使节团出使中国的航海日记》，其中记录了其游览马六甲青云亭时的情况。林孝胜根据巴黎大学乐伯教授及其太太萨蒙研究员提供的资料与英译内容，翻译成汉语，具体如下：

因为鲜有人描述过这些华人难民的庙宇及其宗教概况，所以我对这间华人庙堂感到很新奇，兹愿记下我所看到的一切。这间庙堂很小，结构简单，外观一点都不富丽堂皇。当我进去参观时，恰逢该庙和尚正在举行祭祀仪式。（于是）我对一切都细心观察。一进大厅，见到两边各放置了五张用上好木料做的大桌子，桌上放满了水果及糖果等甜品，再进入是一处高出大厅约二尺的地方，有几个华人正在以冥纸折成金银财宝以供祭祀之用。他们以茶水和糖果招待我们。内殿在末端，是举行仪式的所在。有间隔物将内殿和前殿及大厅隔开，里面很暗，须点燃很多蜡烛来照亮。中间有神坛，左右两边各置三个神坛，和我们教堂一样各个神坛前面都有复饰，在香炉中间置有檀香木。香炉中点燃着香。在一些小神像之间，我见到一个很大的铜脸，就好像绘画中的明月。

就在内殿，三个和尚在各神坛间穿来插去，走动了约两小时。他

---

① ［马来西亚］王琛发：《17—19 世纪南海华人社会与南洋的开拓——华人南洋开拓史另类视角的解读》，《福州大学学报（哲学社会科学版）》2016 年第 4 期，第 67 页。

们站在每个神坛前念经两次，且不时跪拜。带头的一个以一根用皮包裹着的木棒轻敲手上的小鼓（应当是木鱼），可是声量还是很大。第二个不时摇动右手拿着的铃。第三个用一个大铜盘捧着华文经书。他们以缓慢的步伐走动，并且以悲伤的声调念经，同时（另外二人）以大鼓和笛伴奏。一切是那么庄严，使人起敬及兴起怜悯之心。靠近内殿的地方，设有一个妇女专用的神殿，男人一概不准进入。①

引文及其后附的"青云亭简图"② 显示，1689 年法国人弗罗吉所见到的青云亭是一座相当完备的二进华人民间宫庙，且在正殿两侧还建有藏经室与妇女专用的祭祀场所以作护厝。明末清初南洋许多华人民间宫庙草创时，无论是海商还是其他谋生者，几乎都只能建设亚答屋式的简易祭祀场所，有的甚至只能事先垒个小石龛，或搭个草寮来供奉他们崇祀的神明。他们一开始都势单力薄，所能提供的也都是极其简陋的祭祀条件，而后随着后续移民的不断聚集，才有足够的人力、物力将祭祀场所越建越堂皇。青云亭则不然，它的创建者是为躲避战乱携家带口、有备而来的闽南宗族乡绅，正是引文中弗罗吉所提到的"华人难民"，人力自不用说，财力亦相当雄厚，因此才能够在异地他乡一举建造一座与闽南原乡一样功能完备的民间宫庙以奉祀他们的神明，甚至为了照顾家眷的祭祀需要而建设了偏殿，以践行"男女授受不亲"的儒家规范。第二任甲必丹李为经还购置了三宝墓地，光绪十七年（1891）《重修宝山亭碑记》明确提到"幸有仁人君子李君，发出一片慈悲，乃对众布告，献其葬地，名曰三宝井山"③，一反南洋其他地方的华人社区因人力、物力局限，购置义山墓地与修建功能完备的民间宫庙难以同时兼顾的做法。1689 年，弗罗吉见到青云亭时，距离其创建的 1673 年也才过去 16 年，可以说，这几乎就是青云亭创始时的模样。

① 转引［新加坡］林孝胜：《草创时期的青云亭》，［新加坡］柯木林、林孝胜：《新华历史与人物研究》，南洋学会，1986，第 41—42 页。
② 同上书，第 47 页。
③ ［德］傅吾康、陈铁凡合编《马来西亚华文铭刻萃编》（第一卷），马来亚大学出版部，1982，第 281 页。

在 1689 年弗罗吉考察青云亭之后，据道光二十五年（1845）青云亭亭主薛佛记所立《敬修青云亭序碑》记述，"厥后曾陈诸公……兼不惮劳捐金鸠工，营盖兰若，尊崇佛国"①，"文中之'曾'即曾其禄……据说青云亭的观音大殿就是曾其禄筹建的"②，明证就是现今青云亭主殿上的檩条上有"时龙飞岁次甲申檀越主曾讳其禄穀旦"③ 的字样。按照闽南原乡修殿献匾先后顺序的惯例，曾其禄此次的筹建工作可能在其于乙酉（1705）仲秋敬献匾额"青云古迹"给青云亭之前一年［龙飞岁次甲申年（1704），即康熙四十三年］完成的。另外，曾其禄儿子曾应葵继任甲必丹，其在任期间有重兴青云亭慈济宫（1726）与募建大众祠（1727）之举，陆续健全了青云亭的神明祭祀体系，此举也表明随着历史的推进，青云亭的华人信众数量在不断地膨胀，所需求的精神信仰内容也相应地在不断增加。

2. 甲必丹蔡士章重修青云亭及其观念转型

青云亭的第一次大规模扩建重修在龙飞辛酉年（1801），由甲必丹蔡士章倡修。此次重修的动因，除了青云亭建筑物周期性的年久朽坏之外，还有几方面历史原因应该述及。

其一，此次重修处在 1795 年马六甲已经落入英国殖民者手中，且尚未因"亚眠合约"而转回荷兰人手中的期间，英国人比荷兰人出色的地方在于破除垄断主义、实行自由商业港政策，这对于马六甲港口贸易与人员流动是比较有利的，由此吸引了不少华商前来贸易。

其二，明清更替之后，康熙皇帝于收复台湾次年（1684）开放海禁，设立江、浙、闽、粤四大海关，在某种程度上完善了官方海外贸易政策，掀起了东南沿海民众从事海外贸易的热情。康熙五十六年（1717），

---

① ［德］傅吾康、陈铁凡合编《马来西亚华文铭刻萃编》（第一卷），马来亚大学出版部，1982，第 245 页。

② ［马来西亚］黄文斌：《明末清初马六甲华人甲必丹事迹探析》，《南洋问题研究》2018 年第 2 期，第 80 页。

③ ［新加坡］庄钦永：《记马六甲青云亭刚发现的两块雍正初年木牌》，张禹东、庄国土主编《华侨华人文献学刊》（第六辑），社会科学文献出版社，2018，第 36 页。

有司发现"内地之民……船带米去并卖船""每年造船出海贸易者多至千余，回来者不过十之五六，其余悉卖在海外，赍银而归"。清廷大为紧张，唯恐此为资助南洋明末遗民之举，恐有昔日倭寇海盗之患，因此颁布南洋贸易禁令，"禁止商船往南洋、吕宋、噶喇吧等处贸易，酌定造船印烙结单并船户商人食米额数，其卖船与外国及留在外国者，立法究治"①。此举遭到东南沿海仕宦的强烈反对，漳浦人蓝鼎元还因此禁令写了著名的《论南洋事宜书》，一一力驳禁令之谬：

> 南洋诸番不能为害，宜大开禁网，听民贸易，以海外之有余补内地之不足，此岂容缓须臾哉。昔闽抚密陈，疑洋商卖船与番，或载米接济异域，恐将来为中国患。又虑洋船盗劫，请禁艘舶出洋，以省盗案。迂谬书生，坐井观天之见，自谓经国远猷，以嘉谟入告我后，左矣。圣祖虑患殷深，恐万一或如所言，因询问九卿，下及闲散人等，盖心疑其说之未必是。欲得熟悉海外情形者，一言证之也。乃当时九卿，既未身历海外，无能熟悉，闲散人等，又不能自达至尊，故此事始终莫言，而南洋之禁起焉，非圣祖意也……统计天下海岛诸番，惟红毛、西洋、日本三者可虑耳……南洋数十岛番，则自开辟以来，未尝侵扰边境，贻中国南顾易患，不过货财贸易，通济有无……闽广人稠地狭，田园不足于耕，望海谋生十居五六，内地贱菲无足轻重之物，载至番境，皆同珍贝。是以沿海居民，造作小巧技艺，以及女红针黹，皆于洋船行销，岁收诸岛银钱货物百十万，入我中土，所关为不细矣……既禁之后，百货不通，民生日蹙……今禁南洋有害而无利，但能使沿海居民，富者贫，贫者困，驱工商为游手，驱游手为盗贼耳……开南洋有利而无害，外通货财，内消奸宄，百万生灵仰事俯畜之有资，各处钞关，且可多征税课，以足民者裕国，其利甚为不小……②

①《皇朝文献通考》卷三十三。
②［清］蓝鼎元：《鹿洲全集》（上），蒋炳钊、王钿点校，厦门大学出版社，1995，第54—56页。

清廷很快就认识到南洋之禁的弊端，雍正五年（1727）正式废除了南洋贸易禁令，直至鸦片战争爆发，再没有采取过这类贸易禁令。但是在西方列强的持续侵扰下，18世纪中后期，清廷有意识地将对外贸易归口于广州，广州十三行的崛起在某种程度上预示着清廷依然执行较为保守的外贸政策，而其他三个关口沿海民众的对外贸易活动也因此遭到了严重的挤压。

总的说来，马六甲在此历史阶段吸引了比以前更多的华商新生力量，乃至新的华人移民者。青云亭现存多块匾额都是这一时期的信众敬献的，在蔡士章重修青云亭之前便有三块，分别为雍正乙卯年（1735）鹭江弟子王宗典的"普照祥光"、乾隆丙午年（1786）布政使司官科陈振世的"道济生灵"和现候补分县黄毓秀的"海国安澜"。时任甲必丹蔡士章"卓尔迈众，继秉甲政，广发善心，不惜重赍，义举首倡。爰督海关诸同人，重兴斯亭"①。1801年重修工作完成后，立有《重兴青云亭碑记》：

> 青云亭何为而作也？盖自吾侪行货为商，不惮逾河蹈海来游此邦，争希陶猗，其志可谓高矣。而所赖清晏呈祥，得占大川利涉者，莫非神佛有默佑焉，此亭之兴，所由来矣。且夫亭之兴，以表佛之灵；而亭之名，以励人之志。吾想夫通货积财，应自始有，而臻富有莫大之崇高，有凌霄直上之势，如青云之得路焉，获利固无慊于得名也。故额斯亭曰青云亭。独是作于前者，既有吉士，而修于后者，宁无伟人，历岁月之久远，蠹朽堪虞，经风雨之飘飘，倾颓可虑。览斯亭也，未始不触目兴怀，徘徊而浩叹者矣。幸也而有甲必丹大蔡讳士章在，慨然首倡，爰督同海关诸同人等，诚举重修，择日兴工，不数旬而告竣。噫，微斯人，而青云亭何由俨然巨观也哉！甲必丹大诚哉其英伟人也！不惜重赍鼎力议举，劳心神以董劝，而经始成终。后之览斯亭者，能不幸然高望，追念旧宇之所由新，而相与仰慕夫甲必丹大蔡君等之共乐修此亭耶！宜乎神默而佑之，人颂而美之。自此议问宣昭，将兴青

① ［德］傅吾康、陈铁凡合编《马来西亚华文铭刻萃编》（第一卷），马来亚大学出版部，1982，第245页。

云亭并垂不朽也已。于是乎记。

海关公司开列芳名：

甲必丹大蔡讳士章　邱诰观　李侃观　何要观　邱猛观　苏隆盛
邱赏观　陈赐福

厦门合成洋行题进来鹝、蔡栋观交金一百员

船主叶和观捐金一百员　叶底观捐金三十员

陈沛观　陈三全　陈长观　各捐金二十员

张佛观捐金十二员

板主林桂观捐金十大员

曾一观　邱允漏　蔡瑞富　邱俊明　谢通喜　许士观　李管观
蔡梅观　曾模观　李昂观　各捐金十元

时龙飞辛酉年月日信士邱华金敬撰　僧悦成①

这则碑文除了极力赞颂甲必丹蔡士章捐重资倡修青云亭外，蔡士章利用自己担任甲必丹的权势与威望为青云亭重修募集资金的功劳亦不可小觑。相信碑文提到的海关公司、厦门合成洋行、船主、板主等应该都是应蔡士章的鼓动而来，在他以身作则的感召下，有钱出钱，有力出力。另外，此次重修赋予青云亭新的"立亭"宗旨，开篇即自设问题"青云亭何为而作也？"碑文为此做了充分的解答，反映了以甲必丹蔡士章为首的青云亭信众群体身上鲜明的海商色彩，迥异于青云亭创始阶段强烈的明末遗民色彩。碑文强烈赞颂华人海外行商之志高，通货积财而臻富之崇高犹如青云得路，绝口不谈明末逃难之事。显然，新崛起的海商或明末遗民土生在马六甲的第二代、第三代已经逐渐替代了初始移民而来的父祖辈，在英国殖民者商业至上的观念感染下，以经商致富为荣，以财富与公益事业受尊重，乃至"商而优则仕"，被西方殖民者任命为华人社区领导人甲必丹，不复以原乡"士农工商"的传统理念为皈依。当然，在他们看来，这一切都是因为得到了青云亭观音菩萨等诸神

① ［德］傅吾康、陈铁凡合编《马来西亚华文铭刻萃编》（第一卷），马来亚大学出版部，1982，第238页。

的庇佑，因此兴修青云亭以表达他们对神佛之灵应的酬答。另外，我们也应该注意到碑文中的这一感叹句"噫，微斯人，而青云亭何由俨然巨观也哉！"甲必丹蔡士章之所以有底气在重修后立碑，并被选为马六甲后继甲必丹或青云亭亭主，乃至其他信众不断传颂他此次倡修青云亭的功绩，还在于此次不仅是重修而已，更重要的是扩大了青云亭的建筑规制，"奠定青云亭今日的规模"①，远非法国人1689年所见的一点都不富丽堂皇的样子。当然，蔡士章还做了不少慈善之事，譬如早在乾隆六十年（1795），蔡士章还在三宝山倡修宝山亭，并于嘉庆六年（1801）季春"置厝一座，于把风街，配在冢亭"②。因此，蔡士章于青云亭重修之年敬献的"云山第一"匾额也得以一直高高挂在青云亭正殿大门门楣之上，以昭示他对于青云亭的贡献。

3. 青云亭亭主薛佛记（1793—1847）的历史贡献

从青云亭的历史重构角度来看，薛佛记的作用非常明显，可谓承上启下之人。薛佛记于道光六年（1826）向青云亭答谢了一块刻有"福建漳州府漳浦邑东山社沐恩弟子薛佛记"③ 字样的石碑，这是他在青云亭发展史中第一次亮相。道光十一年（1831），薛佛记为宝山亭墓地除草捐金30盾，仅次于时任青云亭亭主梁美吉的40盾。④ 道光十二年（1832），薛佛记又向青云亭敬献了一口铜钟，刻有"浦邑东山社弟子薛佛记"字样。据林孝胜研究："1826年4月新加坡地政局的档案显示，马六甲闽商在商业区的马六甲街和直落亚逸街拥有22个地段……薛佛记四个……（新加坡）恒山亭是以薛佛记为首的五位大董事及五位总理组成的理事会管理闽帮公冢……新加坡薛佛记又名薛文舟，为新加坡福建帮的开山鼻祖。"⑤ 其时薛

---

① ［新加坡］林孝胜：《青云亭与十九世纪新华社会》，［新加坡］柯木林、林孝胜：《新华历史与人物研究》，南洋学会，1986，第53页。

② ［德］傅吾康、陈铁凡合编《马来西亚华文铭刻萃编》（第一卷），马来亚大学出版部，1982，第273页。

③ 同上书，第242页。

④ 同上书，第276页。

⑤ ［新加坡］林孝胜：《闽帮精神——从恒山亭到福建会馆》，［新加坡］柯木林主编《新加坡华人通史》（上），福建人民出版社，2017，第112页、第113页。

佛记已经身家不凡，且在新加坡华人中拥有很高的社会地位。因薛佛记的外祖父邱兴隆无后，身后香火难以为继，于是薛佛记遵循前人配享青云亭的先例，于道光二十三年（1843）将他外祖父的神位配入青云亭内祭祀，立有《兴隆邱公碑记》：

> 公，邱府之苗裔也。讳兴隆，世居榕城新江。少倜傥有志，贾于呷国，遂族焉，以为源远流长之计。讵意偕妻王氏讳三娘弃世，不得兰孙桂子。绵绵葛垂，森森竹立，竟成伯道之痛，伤如之何？幸有生下三女：长曰鸾娘，次曰凤娘，三曰养娘，即余之母亲也。余虽属外孙，宁不目击心悲！欲从祖祔食，议非其伦。欲等祝以孝告，后恐难继。第为此事，寸衷耿耿，莫可明言。爰请呷中列位诸耆老，共同公议配享之事，蒙其许诺。而外祖考妣之神，有所凭依，实余之厚幸也。余将外祖二位神主，配入青云亭内，与曾讳六官同龛。即备出呷钱一千文银鐥，充公为业，以便上下相承，代为生息，聊备四时祭祀之需，庶乎笾豆钘羹，世世得充其实。禴祀蒸尝，时时勿替其典。因为之序，勒牌以美崇祀，永垂不朽云尔。
>
> ……
>
> 漳郡浦邑东山营社　薛佛记谨立①

薛佛记此举明显受到了道光丙戌年（1826）李士坚配享青云亭之事的启发，又有丰厚的身家和一定的社会地位作为保障，因此顺利成行。李士坚配享之事在青云亭留有木牌碑刻，可供对照：

> 盖闻尊祖敬宗，原属孙子之分，创业垂统，贵为远大之图。惟我考妣谥士坚，经营枌沐，振作家声，贻谋燕翼，灿乎昭垂，则罔极神恩。生前既无涓埃之报，而明禋巨典，身后或少追远之诚。致使岁时伏腊之祭，间或有缺。微特子职多亏，抑且人伦有变，千载之下，犹

---

① ［德］傅吾康、陈铁凡合编《马来西亚华文铭刻萃编》（第一卷），马来亚大学出版部，1982，第244页。

存遗憾焉。第思华夷远隔，往来莫续，虽有志也而未逮。兹有蔡文清官，承内室邱宁娘，前年嘱托父母之禋祀，怀报追远之诔。迩者爱请年老眷戚，公议遵循旧典，原有配享之事，议将考妣神位配入青云亭内，与曾六官同龛祭祀。拨出厝一座，并公班厝字一纸，交值年炉主充公为业。住址和兰街，将逐年所收厝税，抽出呷钱□□文，以供一年祭费，所剩若干，交逐年炉主收存，以为修举之资。上承下接，相延罔替，则东隅已逝，桑榆非晚。庶几亲心可亦慰于九京，而子职可少补于万一。是为序。①

从此碑文看，配享青云亭早已有先例，甲必丹曾其禄的神位即早已奉祀在青云亭里。李士坚配享之事强化了主事人必须捐献重金的默认条件，这既能满足青云亭信众的万一之需求，符合中国传统孝道之举，又不至于因为门槛太低而致使神位配享泛滥成灾，同时又有利于青云亭增置庙产或香火之资，确保青云亭有足够的资金维持香火长久地延续下去。薛佛记所立配享文，以外孙身份置办其外祖父的身后长久祭祀之事，显示其孝道可嘉，且做事稳妥，更是大方地提高了捐赠重金的数额。其后不久，薛佛记便被公众推举为青云亭亭主。

薛佛记被推举为青云亭亭主时，英国殖民者已经废除了葡萄牙人与荷兰人所设的甲必丹制度，但马六甲华人事务依然需要打理。对此，青云亭条规簿有相关记载：

> 原夫兰城青云亭，凡事之掌，皆由甲必丹。盖甲必丹之名，是由荷兰赐爵所以立也。殆旗号既更，政归大英，则革旧律而鼎新法，乃尽去各色人甲必丹，遂致有缺乡党之长。凡排难解纷，宁人息事，将谁为之主宰耶？于是，我先辈诸公，立长而主之，咸为尊号曰亭主。所谓官有正条，民有私约者，此也。②

---

① ［德］傅吾康、陈铁凡合编《马来西亚华文铭刻萃编》（第一卷），马来亚大学出版部，1982，第241页。

②《呷国青云亭条规簿》，《历史的足音——三宝山资料选辑》，华社资料研究中心，1989，第168—172页。

以亭主替代甲必丹符合其时华人社区管理的需要，英国殖民者也给以默认。薛佛记甫一上任，即于道光二十五年（1845）季冬独资重修青云亭，立有《敬修青云亭序碑》：

> ……（道光辛酉年蔡士章倡修青云亭）计今道光廿五年，将有四十余载矣，历多年所，瓦木废颓。舟既推为主治，往来于斯，巡檐趋阶，睹此香界，几化荒庭；触目关心，不能忘怀，舍我谁咎。感佛光之普照攸远，念先贤之创造维艰，一旦任其自倾，深负前哲之功。欲行捐题，殊费周章。舟不忍坐视，愿为仔肩之任，鸠匠仍贯，虽无画栋雕甍之巨观，却免栋折榱崩之贻患。不特舟一人实受其福，定见阖呷降福孔多于无疆耳。[1]

此碑文除梳理与盛赞前几任甲必丹对于马六甲华人以及青云亭的贡献之外，主要表达了薛佛记被推举为青云亭亭主后所产生的责任感。因青云亭到了周期性维修时间，距离蔡士章倡修已经过去了45年，瓦木结构的建筑物难免因岁月久远而朽坏倾颓，薛佛记以募捐太费周折，而决定独立重修青云亭，当然，他也有此财力底气。但又恐众人说他独立修缮青云亭只为独揽福报，因此碑文的最后又特意加了一句"不特舟一人实受其福，定见阖呷降福孔多于无疆耳"，此解释昭示了薛佛记少私利多公义，也可以看到薛佛记在担任亭主之际即有了独立修缮青云亭的决心与定见。

薛佛记担任亭主后，即放开手脚开始加强对青云亭历史的构建，其中最重要的举措就是将此前对青云亭有着重要贡献的甲必丹的神位配享入青云亭。其一，薛佛记于道光丙午年（1846）葭月将第二任甲必丹李为经神位配享入青云亭，留有碑刻，文曰：

> 古之所谓豪杰之士者，必有过人之节。方其少也，既有超世之高

---

①［德］傅吾康、陈铁凡合编《马来西亚华文铭刻萃编》（第一卷），马来亚大学出版部，1982，第245页。

才；及其壮也，又有避世之远见。展如之人兮，邦之彦也。粤稽李公讳为经，别号君常，银同之鹭江人也。因明季国祚沧桑，遂航海而南，悬车于兰城间。尝有族焉，然不自知其容貌端严，温良俭让，言可为表，行可为坊。阖呷之人，咸钦其雅度，堪继郑公之任而主持风化者也。自郑公天禄永终，上人推为民牧，道德齐礼，慈祥恺恻。宏功既创造于前，伟业自垂统于后，故行商坐贾，共乐生平之庆，民胞物与，咸仰雍和之风。猗欤休哉！皆赖李公之承布宣化者也。所谓不竞不絿，不刚不柔，敷政优优，百禄是道，殆可为斯人咏欤。噫！公有是德，宜有是福，则当箕裘罔坠，兰桂联芳，此天所佑善人者然也。孰意承桃延嗣维绳渐微，春露秋霜，左昭右穆，其谁与归千载下？公有余憾焉。舟偶任亭主，概闻政绩，深慕高风，幸得寿图于邂逅，宛见仪型之在目。第考其富有日新，迄今未泯，诚令人感慨系之矣。爰向其盛族佥议，已皆欣然，奉公之禄位，配入青云亭内，与列位先甲同龛。舟愿备元黄二百大员，充公为业，上承下接，代为生息，聊备禬祠蒸尝之需，庶乎勿替长引，乃为之序云尔。①

薛佛记将同样子嗣渐微的青云亭创始人之一甲必丹李为经禄位配入青云亭，"推己及人"，有身为青云亭亭主的大家之风；另外也是由于与前辈李为经同是青云亭的领袖而惺惺相惜，情愿自备重金玉成此事。一个月后，亦即道光丙午年季冬，薛佛记又自备白金二百大元，为"开基呷国，始莅兰城，善政早播于闾阎，芳名久载于史册。斯诚亘古之高风，足慰当今之雅望，则公之禄位，入于祀典，宜矣。惜乎祭业无征，虽有禘尝之义，岂足令公快于九原乎"②的马六甲首任华人甲必丹，亦是青云亭创始人之一的郑芳扬置办祭业之资。从此碑文看，郑芳扬神主似乎已经供奉在青云亭里，只不过没有专门为其置办祭祀产业，薛佛记担心长久以往，郑芳扬神主祭祀会被人们给忽略了。另外，相对于他为祭祀另一位甲必丹李为经神主而专门捐献重金，难免会显得厚此薄彼。

---

① ［德］傅吾康、陈铁凡合编《马来西亚华文铭刻萃编》（第一卷），马来亚大学出版部，1982，第 248 页。

② 同上书，第 247 页。

当然，此举同样是因为郑芳扬与薛佛记同是青云亭领袖，"然舟即任亭主，睹此哲人已往，典型犹在，于心有戚戚焉"①。

更神奇的是，在道光廿六年（1846）腊月，也就是紧邻着薛佛记相继将李为经与郑芳扬二公神主配享入青云亭后一两个月，他午后打盹梦见已逝的第三任甲必丹李仲坚，即李为经的二儿子，随即二者有一番很有意思的对话，引起薛佛记长思。随后，薛佛记将李仲坚神主配入青云亭，同时捐金一百大元给青云亭充为祭祀公业，并留下了一块刻有长文的碑刻，以纪其事，文曰：

> 舟因昼梦，而序其略。
>
> 予方昼而寝，梦见一儒雅之士，玄冠缟衣，轻文尚质，恂恂朴素，威仪堪仰，昂然直入，向予而叹曰：嗟乎，世风之不古也，子其知之乎？予应之曰：未也。今将语汝。夫郑李二公初莅呷政也，化行俗美，家室和平，讴歌弗厌，讼狱无闻。实前辈所不能语，后进靡得而言。故其丰功盛烈，足以垂休光照后世者，莫不由此始矣。第年历悠远，踵起之人其绩屡迁，遂至泯灭，耿介之意莫伸，抑郁之怀靡诉，斯亦九原之遗憾也。幸子之任于斯，则有慈祥恺恻，欲稽古而记今，以成一世之美。故郑李二公，政绩丕显，是皆子之力也。虽冥冥中，亦有少补焉，子其勉之。予恍然问其姓，则曰李；问其名，则俯而不答，飘然顾笑。将束整衣冠，若虚左以待，渺无踪迹。予亦惊醒，但见斜阳将坠，凭几而坐，遂有深思远虑，仿佛予怀，未易形言，殊有结绳系之矣。忽焉，予姻翁李义育官，偶刊门庭，陈乃李为经公令嗣二舍讳芳号仲坚之事，若符所梦。噫！予知之盖为郑李二公之祀典有征，而仲坚公之神牌，独点点不语，故托予梦而将为之安乎？予抚膺自问，诚哉英伟人也。询其来由，亦职授甲必丹。然宏懿明敏，世载其英，故得理呷政。循声远播，为国所器。舟亦概闻其作述，咸著缵绪并驱，盖亦寥寥罕睹矣。故修德行仁之事既设，温恭允塞之道尤备，所以德

---

① ［德］傅吾康、陈铁凡合编《马来西亚华文铭刻萃编》（第一卷），马来亚大学出版部，1982，第247页。

隆业广，令人揄扬不置，岂虚语哉。而今而后，乃知公桥梓，明德惟馨，咸在此。应其神位，再入祀典，同为经公配享，使神各有所凭依，庶乎典祀无荒于昵，是或一道也。舟是以再备一百大员，充为公业，乃依前规，上下相承，如贯珠可也。因梦并记云尔。①

薛佛记煞有介事地将其白昼做梦之事记录下来，并将梦中事化为现实行动，必然有其特殊含义在其中。此梦主要内容为因此前薛佛记将郑李二公配享入青云亭，得到了已逝第三任甲必丹李仲坚的高度赞扬，充分肯定了薛佛记崇古记今，使得青云亭的创始人郑李二公的政绩功勋得到显扬，这是历来所有的甲必丹与青云亭亭主都没刻意做过的事，薛佛记首创其功。这对于同是青云亭亭主的薛佛记而言，是否也存在考虑自己身后事如何处理的问题？问题在于，薛佛记之前还有许多位甲必丹，为什么此次托梦之人是李仲坚？而曾姓甲必丹那么多位，既无配享之事，也无托梦之举，此处值得深思。宋燕鹏曾做过一段很有意思的论述，即薛佛记在任青云亭亭主前后的一系列行为，一是为了从马六甲以陈金声为代表的永春集团手中夺回青云亭亭主之位。② 陈金声（号巨川）曾在第一任青云亭亭主梁美吉于 1839 年过世后短暂接任，道光二十一年（1841）《小吊桥中元普度再捐缘序文》有"亭主陈巨川捐金二十六员"③的记录，可资证明。此处的疑问在于陈金声的二儿子陈明水是薛佛记的女婿，马六甲薛氏宗祠至今保存着一副陈明水以女婿身份恭贺其岳父薛佛记安座之庆的对联。④ 既然陈金声与薛佛记是姻亲，宋燕鹏所论证的二者曾存在争夺青云亭亭主之事，值得进一步商榷。或许林孝胜关于薛佛记于 1839 年回马六甲担任青云亭亭主之后，"毕生致力于福建帮内部

---

① ［德］傅吾康、陈铁凡合编《马来西亚华文铭刻萃编》（第一卷），马来亚大学出版部，1982，第 249 页。

② 宋燕鹏：《马来西亚华人史：权威、社群与信仰》，上海交通大学出版社，2015，第 33 页。

③ ［德］傅吾康、陈铁凡合编《马来西亚华文铭刻萃编》（第一卷），马来亚大学出版部，1982，第 285 页。

④ 同上书，第 427 页。

的团结"① 的说法更为妥帖一些。二是接任青云亭亭主之后，着力重塑青云亭亭主的权威。② 毕竟甲必丹制度已经被英国人废除了，青云亭亭主是马六甲华人自己推举出来的，因此确实存在着薛佛记需要重塑青云亭亭主权威的必要性。薛佛记独力重修青云亭，以及通过梳理青云亭亭主和之前历代甲必丹的历史脉络，自掏腰包配享郑李二公神位入青云亭来强调他们作为甲必丹以及青云亭创始人的历史功绩，并以第三任甲必丹李仲坚的托梦来进一步强化此举，历史与现实并举，知行合一地塑造了身为青云亭亭主的权威。此举也奠定了以后历届青云亭亭主身体力行，以身作则，以多牺牲自己的利益为代价，出钱出力造福马六甲华人大众的做派，这可能也是薛佛记最希望看到的。

现马六甲薛氏宗祠保存有"薛佛记像及像赞"，可以纵观世人对薛佛记一生的感观：

> 慈悲济世，惠及闾阎，婆娑为人，恩溥六甲。退思舟翁，功高德重，当世不可无一，后世不能有二。今虽音容莫睹，形迹渺冥；然其堂堂品格，肃肃神明，自足置高风于千古，而留名于后世耳。
>
> ……
>
> 金浦东山宦乡薛春魁盥手撰书③

像赞文字通常有过誉的嫌疑，但是与青云亭之前的甲必丹及亭主等像赞文字相比较，称薛佛记"恩溥六甲""功高德重""高风千古"应该不为过。郑良树提到了薛佛记的另外两项贡献，即"青云亭六位亭主对青云亭都有贡献，但是崇敬先贤、永拜古圣的孝心，没有一位可以比得上薛佛记……如果没有薛佛记所做的工作，今天有关青云亭早期甲必丹

① ［新加坡］林孝胜、张夏帏等：《石叻古迹·导言》，南洋学会，1975，第17页。
② 宋燕鹏：《马来西亚华人史：权威、社群与信仰》，上海交通大学出版社，2015，第35页。
③ ［德］傅吾康、陈铁凡合编《马来西亚华文铭刻萃编》（第一卷），马来亚大学出版部，1982，第426页。

的史料恐怕会是空白的一片了"①。青云亭存有宣统二年（1910）所立的《梁薛陈陈四亭主及陈副亭主功德碑》（无碑名，此为傅吾康、陈铁凡所取之名），其中提到了薛佛记的主要贡献："薛君文舟，道光二十五年，见斯亭将坏，自输己金修葺，至今轮奂聿臻于善者，公之力也。"② 因此，薛佛记"留名于后世"是应有之事。

4. 青云亭的后续变化及其对民间宫庙的回归

鸦片战争（1842）之后，清廷被迫开放沿海口岸，源源不断有清人下南洋。西方殖民者亦开始因应工业革命对原材料的需要，而着力掠取东南亚丰富的自然资源，不再只是单纯地进行海上商贸资源的抢占与掠夺，因此需要大量的劳工。在此历史背景下，东南亚华人纷纷将投资眼光拓展到了种植、采矿等新领域，同时保持着从事海上运输、贸易的传统习惯与热情，许多人由此而成巨富。这也使得东南亚新兴起许多华人社区，而像马六甲这样的传统华人社区，社区范围进一步扩大，民间宫庙扮演了更为重要的角色。青云亭也从华人主要管理机构的名目掩盖下，显露出作为马六甲华人信俗生活主要场所的面貌。

咸丰二年（1852），锡商许永占因在青云亭大众爷与佛祖座前分别许愿后发大财而前来酬报，特地立了两块碑刻，其一为《许永占酬大众爷神恩碑》：

> 切思求而必应，神之灵也，沐而必报，人之心也。今青云亭大众爷，固我唐人阴灵之所聚也。中间英雄俊杰之魄，聪明知略之魂，累累叠叠，赫赫明明，而其威灵响应，笔难赘举。阖呷蒙恩，通埠赖庇，故往来之祈祷无穷，春秋之享祀不忒。占商斯土，屡沐恩风，时沾化雨，但无以记之。不见神迹灵显，不有以彰之。切占初承锡商，往祷佛祖，联游坛前，见香灯寂寥，触目有感。遂议同人乐从，许以荫份。厥后果获奇利，此皆神力默佑焉。兹值锡伢更易会算。计得利五百大

①［马来西亚］郑良树：《马来西亚华社文史论集》，南方学院，1999，第 201 页。

② ［德］傅吾康、陈铁凡合编《马来西亚华文铭刻萃编》（第一卷），马来亚大学出版部，1982，第 269 页。

元。即交亭主收管生息，以为供奉香灯，永垂久远之需。愿后之人，守而勿替。庶神祇之威灵永著，而吾等亦得以少伸其报答之志。是为序。

……

信商许永占敬立①

其二为《许永占酬佛祖神恩碑》：

窃思锡祥降福，群戴英灵之恩；崇德报功，用著明烟之典。既沐麻于昔日，宜报德于今朝。恭惟佛祖，宝筏宏施，商贾咸沾化日，慈帆广布，士女共沐光天。前因弟子许永占初承锡商，经在案前许下荫分，议知同人，俱皆忻从。数年来获得美利，实赖灵庇，际兹锡侣更易，爰集同人会计，自丙午至壬子春，合得利大银一千六百元，即将此银建置厝屋，交亭主逐年收税，以为佛前香灯之需。厥后之司事，恰守而勿替，则佛祖之威灵永著，而占等亦得无愧于厥衷云尔。

计开：一置鸡场街厝一间银四百九十大元　一置宝锡街厝一间银四百九十大元　一置武望篮厝五间五百十大元　一置厝扣外尚伸银一百十大元　即日将厝宇字共三张并银交亭主收管一百一十元交过

……

沐恩弟子许永占敬立②

这是锡码承包商许永占分别在青云亭大众爷和佛祖面前许愿后的还愿之举。许永占在青云亭的观音佛祖座前许愿是常规之举，但是其时青云亭的神明何止观音佛祖与大众爷？从现在看来，"青云亭的大殿中央正座祀奉观世音菩萨，正座前案台则供奉释迦牟尼佛；观音左侧案座供奉太岁爷、保生大帝、关帝爷、文判、武判、周仓、中坛元帅、关平；右侧案座则供奉妈祖、千里眼和顺风耳。大殿外周围，左侧有祭祀大众

---

① [德] 傅吾康、陈铁凡合编《马来西亚华文铭刻萃编》（第一卷），马来亚大学出版部，1982，第252页。

② 同上。

爷神座及祖先与孤魂灵堂、历任主持和尚的祭堂、创建人与甲必丹牌位之功德堂；右侧有关帝伽蓝、文昌帝君和大伯公、太岁爷、虎爷公等祭堂"①。当然，咸丰年间青云亭未必供奉有如此之多的神明，那么上述那块龙飞岁次丙午年（1726）的《鸠募重兴青云亭慈济宫捐缘银录》，证明其时保生大帝已经被供奉在青云亭，而龙飞岁次丁未年（1727）的《募建大众祠暨春秋二祭公约》则明示大众爷祠就是那时候建成的。② 从青云亭早期信众敬献的匾额亦可证明还有其他神明早已被供奉在青云亭，如嘉庆丙子年（1816）漳郡澄邑石塘谢希明敬献的"水德配天"匾、道光丙戌年（1826）同邑弟子苏起时所立的"义贯千秋"匾，证明天上圣母与关圣帝君其时已经被供奉在主神观世音菩萨的左右。

而许永占有意略过如此多的其他神明，只向主神观音佛祖与正殿外的大众爷祠许愿，值得让人揣摩一番。或许，许永占认为在正殿向主神观音佛祖许愿就足以代表正殿诸神的庇护，而大众爷在中国原乡本身就是那些渴望大发横财或捞偏门的人，尤其是赌徒们最喜欢祈求许愿的众神之一，传说大众爷在这些方面特别灵验。而华人承包锡码，成本投入极大，冒险成分极高，成王败寇在此一举，因此许永占还特别向大众爷许愿。而许永占早就知道"今青云亭大众爷，固我唐人阴灵之所聚也……而其威灵响应，笔难赘举"，于是遵循唐人原乡的大众爷信俗理念，在马六甲青云亭得到一试，结果"许以荫份，厥后果获奇利，此皆神力默佑焉"。因此，许永占获利后特别向大众爷还愿。但是这里要注意到，许永占向青云亭正殿观音菩萨与正殿外的大众祠大众爷许愿的荫份不一样，向大众爷许愿一次，还愿利银五百大元；似乎也是在承包锡码之初向观音菩萨许的愿，只不过将所得利银从道光丙午年（1846）算到咸丰壬子年（1852），最后还愿利银一千六百大元，可见还愿的利银大头还是在正殿观音菩萨这边，青云亭神明的大小秩序在此一览无遗。后

① ［马来西亚］黄文斌：《马六甲青云亭及其观音信仰初探》，张晓威主编《传统与前瞻：马来西亚华人研究的新视界》，拉曼大学中华研究中心，2015，第 36 页。

② ［新加坡］庄钦永：《记马六甲青云亭刚发现的两块雍正初年木牌》，张禹东、庄国土主编《华侨华人文献学刊》（第六辑），社会科学文献出版社，2018，第 29 页。

来，许永占在同治六年（1867）成为重修青云亭的大董事之一。

同治六年，陈金声等人主持重修了青云亭，立有碑刻《重修青云亭记》，里面对于青云亭的表述又为之一变，具体如下：

> ……观音佛祖，列圣尊神，赫厥声而濯厥灵。俾我呷人，春秋享祀，朝夕祈求。农安陇亩，贾安市廛，千祥云集，百福骈集，此青云亭之所由昉也……有此胜地，自有灵神，将见云行雨施，渡苦海而沾甘霖；革故鼎新，蒙慈光而被盛德，孰不从此重修青云亭来哉。①

在青云亭的重修历史中，"农安陇亩"的字眼首次出现，商旅退居其次。这倒不是说马六甲的农业替代了商业，而是因为到同治六年，马六甲的华人人口大大增加。这里可以做人口比较，1801 年曾其禄重修青云亭后 16 年，即 1817 年，马六甲华人人口才 1006 人；到 1845 年薛佛记重修青云亭前三年，即 1842 年，马六甲华人人口为 6882 人；到陈金声重修青云亭前七年，即 1860 年，马六甲华人人口激增到 10039 人，突破万人大关。② 此时，马六甲华人社会发展趋向于功能健全的定居社会，不再以人员来往极其不稳定的海上贸易为主体，士农工商各种职业，无所不包，才能够支撑起马六甲华人社会的正常运转。

此次重修的另一个特点是捐金人数大为增加，不再像从前重修时多为商业巨擘出钱出力，不见普通信众的身影。此次重修捐金名录共有两块，前后拼接在一起，显然是在青云亭重修期间涌现源源不断的捐金群体。前一块捐金碑刻是以福建会馆馆主徐炎泉捐金二千大元、青云亭亭主陈金声捐金三千二百元为首的商业巨擘，最少也捐金十四元；后一块捐金碑刻多为捐金十二到一元的诸多普通信众。由此可见，青云亭已成为马六甲乃至附近华人各色职业群体的精神诉求场所，因此才能激发他

---

① ［德］傅吾康、陈铁凡合编《马来西亚华文铭刻萃编》（第一卷），马来亚大学出版部，1982，第 256 页。

② 此三处马六甲人口统计数据转引张礼千：《马六甲史》，郑成快先生纪念委员会编印，商务印书馆发行，1941，第 327 页。

们为重修捐金的热情。而青云亭作为马六甲华人管理机构的色彩则进一步淡化，此次重修碑文也就不得不全面体现所有捐金群体的职业特点。

青云亭向纯粹的民间宫庙回归，体现在光绪甲午年（1894）陈笃恭牵头重修时所立碑刻《重修青云亭碑记》的碑文里，具体如下：

> 亭以青云名，意有在也。想其青眼旷观，随在寻声救苦，慈云远被，到处拯厄扶危，而因以取之乎。夫自南海飞来，寺亭创建，莲炬长辉，香烟弗替。微论水旱凶荒，有求必应，即疠疫困苦，无祷不灵，猗歟休哉！何神光之浩荡欤。①

19 世纪末，马六甲华人社会终于发展到拥有稳固的形态，士农工商职业齐全，因此也就没必要在青云亭的重修碑刻里强调哪个职业为主导的问题。如果非要强调马六甲曾经的港口商贸传统，碑文捐金名单最后一长串捐金五元的外埠商号可以佐证，但辉煌早已不再。当马六甲华人开始以正常的眼光看待青云亭的诸神信仰时，青云亭诸神的诸多神职功能便一一得到体现，"微论水旱凶荒，有求必应，即疠疫困苦，无祷不灵，猗歟休哉"。至此，曾玲《越洋再建家园》② 的书名很适合套用至此时的马六甲华人社会。

（三）马六甲其他华人民间宫庙

青云亭是马六甲最古老的华人民间宫庙，从创建伊始就是马六甲华人自治机构及精神信仰场所，对马六甲华人社会影响极其深远。青云亭为马六甲首任与次任甲必丹郑芳扬、李为经创设，历任甲必丹当然也就是青云亭的实质领导者，"甲必丹制度废除后，青云亭逐步形成较为严密的组织系统，维系着当地的华人社会"③。马六甲华人实行推选青云亭

---

① ［德］傅吾康、陈铁凡合编《马来西亚华文铭刻萃编》（第一卷），马来亚大学出版部，1982，第 259 页。

② 曾玲：《越洋再建家园——新加坡华人社会文化研究》，江西高校出版社，2003。

③ 袁丁：《马六甲青云亭研究——关于马来西亚华人社会史的一个问题》，梁初鸿、郑民编《华侨华人史研究集》（二），海洋出版社，1988，第 74 页。

亭主制度，一直到 20 世纪初还在有效运行，青云亭也一直是马六甲华人社会的权力与信俗中心。随着马六甲的进一步发展，马六甲华人社会根据自身的需要，创建了诸多民间宫庙。傅吾康与陈铁凡认为，马六甲宝山亭、勇全殿、清华宫、玉虚宫以及位于青云亭左边主祀温府王爷的小庙华德宫，都与青云亭息息相关，皆在青云亭的管理之下[1]，共同构成了马六甲华人社会主要的民间信俗面貌。

1. 宝山亭

三宝山是马六甲第二任甲必丹李为经为当地华人社会购置的公共墓地，马六甲华人身后一般都归葬于此处，青云亭一直掌控着其具体的管理。青云亭与三宝山，一负责生人，一负责死者，基本解决了马六甲华人社会创建与发展所面临的首要问题，即生与死的问题。薛佛记因此盛赞李为经有避世之远见，实非过誉。三宝山原先无祠，甲必丹蔡士章感慨众人前往三宝山祭祀常因风雨所阻，于是在其任内，即乾隆六十年（1795）倡建三宝山宝山亭等祠坛，供奉福德正神，既健全了传统扫墓建筑规制，又给众人提供了遮风挡雨之所，立有《建造祠坛功德碑记》，可以一睹。

> 滨海而城环廓而市者，甲州也。东北数峰，林壑尤美，背城突起，丰盈秀茂者，三宝山也。山之中，叠叠佳城，累累丘墟，因我唐人远志贸易，羁旅营谋未遂，殒丧厥躯，骸骨难归，尽瘗于斯。噫嘻，英豪俊杰魄欤？脂粉裙钗魂欤？值禁烟令节，片楮不挂，杯酒无供，令人感慨坠泪。于是乎，先贤故老，有祭冢之举，迄今六十余载。然少立祀坛，逐年致祭，常为风雨所阻，不能表尽存诚，可为美矣，未尽善也。今我甲必丹大蔡公，荣任为政，视民如伤，泽被群黎，恩荣枯骨，全故老之善举，造百世之鸿勋。义举首倡，爰诸位捐金，建造祀坛于三宝山下，此可谓尽美尽善。[2]

① [德] 傅吾康、陈铁凡合编《马来西亚华文铭刻萃编》（第一卷），马来亚大学出版部，1982，第 223 页。
② 同上书，第 271 页。

生死事大，蔡士章倡建宝山亭等祠坛，进一步完善了三宝山的祭祀条件，解决了马六甲华人社会墓祭困难的问题，得到了马六甲华人社会的认可，因此众人将其禄位配入三宝亭。蔡士章对此也进一步做出了回应，于嘉庆六年（1801）为自己禄位的长久祭祀以及宝山亭的修缮等费用而置办了祭业，自留有《蔡士章奉献市厝碑》，文曰：

> 宝山亭之建，所以莫幽冥而重祭祀者也。余故开扩丕基，缔造颇备，以视向之冒历风雨，存诚难表者，较然殊矣。虽然，亭之兴，由我首倡，亦赖诸商民努力捐资，共成其事。兹幸呷中耆老，及众庶等归功于余，立禄位于亭之右，此事诚为美举！第思创于始者，恐难继于终，予是以为长久之计，预备呷钱一千文，置厝一座，于把风街，配在冢亭，作为禄位私业，将来我亲属及外人不得典卖变易，致负前功。全年该收厝税，议定二十五文，付本亭和尚为香资，二十文交逐年炉主祭冢日另设一席于禄位之前，其余所剩钱额，仍然留存，以防修葺之费。庶几百数载后，可以陈俎豆荐馨香，相承于勿替。①

蔡士章为其后的甲必丹与青云亭亭主做了很好的表率，而随着马六甲华人社会的逐渐扩大，三宝山的作用越发明显。其后的甲必丹和亭主也都对此予以高度重视，甲必丹曾有亮分别在嘉庆甲子年（1804）与己巳年（1809）敬献了"慈悲普及""以承祭祀"两块匾额；② 道光十一年（1831）青云亭首任亭主梁美吉与其妻舅薛佛记牵头，分别捐金四十盾与三十盾，组织众人捐金剪除三宝山的草木，以防野兽害人；③ 同治丙寅年（1866）亭主陈宪章，更是因为英国殖民者修路派人在三宝山取土，亲自与英国人交涉，自愿捐金一千八百元作为英国人另赴他山取土修路的补贴，并另购武格答汝山一座赠送英国人取土之用，最后与英国人立约，不得再妄取三宝山抔土。此事实为不易，充分体现了陈宪章身为青

---

① [德] 傅吾康、陈铁凡合编《马来西亚华文铭刻萃编》（第一卷），马来亚大学出版部，1982，第273页。

② 同上书，第275页。

③ 同上书，第276页。

云亭亭主的责任与能力。而保护好三宝山墓园对于马六甲华人之重要性不言而喻，因此对于马六甲华人社会震动甚大。众人分别于光绪十四年（1888）与光绪二十三年（1897）分别立碑《保三宝井山义冢资助公班衙碑记》与《亭主陈宪章颂德碑》①，以表其功。光绪十七年（1891），亭主陈笃恭因应蔡锡胤目睹宝山亭墙瓦行将萎坏的忧心，牵头组织重修事宜，留有一块追溯三宝山历史及重修缘由与过程的碑刻《重修宝山亭碑记》，值得一录。

> 闻之，古圣王所重，民食丧祭。可知丧亦圣王所重，而后人所当继述者也。粤稽呷地，依古以来，历有年所，养生送死，实繁有徒。其祭磨减而不兴者，擢发难数。或鱼沉雁杳，子孙不知其何之，或亲远戚分，桑梓莫得其所考，此祭之所以磨减不兴者，所由来也。洎乎清初年间，幸有仁人君子李君，发出一片慈悲，乃对众布告，献其葬地，名曰三宝井山，尚难如愿。迨后蔡君竭力捐赀，建其祭所名曰宝山亭。斯时也，自西自东，自南自北，无思不服，此之谓也。流及戊子年，蔡锡胤往往过此，见夫宝山亭瓦桷就萎，墙壁将坏，四顾尽是凄凉景，目击心伤。突思古人，既有始创之钜公，后人何无再造之微力也。爰请亭主陈笃恭之命，同堂参议，佥举董事李桂林、蔡锡胤鼎力捐题，重兴修葺。则熙来攘往，斯人有地可焚香；而八节四时，灵魂亦得所以享祀矣。自是生者安而死者宁，佑启我后人，咸以正无缺。②

丧葬与祭祀一直是海外华人最重视的问题之一，尤其对于单身出洋的华人而言，往往难以面对与解决。此碑文显示，马六甲华人社会首先认为这是个现实难题，重要的是能让生者尽孝，死者安心，而对于解决丧葬问题之后的邀福之举，即祈求祖灵的庇佑，提之甚少。当然，这也是一个发展相对成熟的海外华人社区精英分子的见识，尤其受到中国传

---

① ［德］傅吾康、陈铁凡合编《马来西亚华文铭刻萃编》（第一卷），马来亚大学出版部，1982，第 263 页、277 页。

② 同上书，第 281 页。

统儒家思想影响甚深的情况之下，"怪力乱神"的成分就会降低很多，外加青云亭观音佛祖等诸神的光环笼罩，宝山亭所设的福德正神连半句都不见在碑文里提及。当福德正神只是纯粹被看作是守护三宝山墓园的土地公而已，也就没有什么神奇可讲了。但这一切都不妨碍三宝山与宝山亭构成了马六甲华人社会信俗的有机组成部分，此山此亭真正解决了马六甲华人社会面对身后事及其祭祀的诸多问题。

2. 怡力勇全殿池府王爷庙

勇全殿位于马六甲怡力区域，主祀池府王爷。据今堀诚二的说法，"此地是由东街蚋、和兰街、怡力、吉宁街、宝锡街、小吊桥、铁巴刹七区所合成，是马六甲的商业街"①。"此地"指的便是青云亭的传统势力范围，怡力显然是青云亭管理的华人核心区域之一。洪莹发在勇全殿现存的神龛内找到了"嘉庆廿三年戊寅荔月朔日吉置"② 字样，将勇全殿的创建历史提前至1818年。从道光十七年（1837）沐恩弟子蔡秀卿敬献"昭明有融"匾额伊始，道光二十一年（1841）霞阳弟子杨音□答谢撰有"勇往行仁巡狩人间无剩志，全完立德尊称殿下有余荣"字样的门联一副，道光二十四年（1844）漳郡澄邑谢仓蔡延庆敬立"有感必应"匾额，到同治十一年（1872）有弟子李文英、文玉、文昆、文心同奉的"濯赫千秋"匾额以及同年弟子李龙海敬献的"英灵千古"匾额。这35年里，勇全殿的信众一共敬献了四块匾额和一副门联，勇全殿的香火还算不错。光绪二十二年（1896），勇全殿出现了第一块重修碑刻《重修勇全殿碑记》，对勇全殿历史与信仰概貌有一定梳理。

　　　　刚勇秉性，见义必为，自始至终，不忧不惧，此之谓勇全。故赫
　　　赫厥声，濯濯厥灵，使诸国人皆有所称式焉。我呷国人民日盛，居室
　　　云连，凡有所求，如意而获。兴言及此，遂成庙宇，名曰勇全殿，以

---

① [马来西亚] 郑良树：《大马华族史早期文献——青云亭条规簿》，《马来西亚华社文史论集》，南方学院，1999，第 4 页。

② 洪莹发：《威显南邦：马来西亚马六甲勇全殿的王醮》，《民俗曲艺》2014 年 6 月第 184 期，第 61 页。

崇祀乎香烟。洎自暂颓，日缓月，月缓年，陈若淮集同人重修茸，一
切克壮雄观者，皆此重修之力也。①

从碑文里尚看不出勇全殿创建的特殊目的，属于马六甲华人社区发
展到一定程度后常规的民间宫庙建设。"参与勇全殿祭祀的族群与管理
成员，只知道早期是由峇峇娘惹管理，应是由其先祖自中国带来，后来
迁入的华人陆续参与祭祀与管理。"②洪莹发的调研结果符合马六甲华人
社会历史发展的进程，除了青云亭与宝山亭，18世纪马六甲尚未发现还
有比此二者更早的华人民间宫庙建设。勇全殿于19世纪初创建，属较早
的华人民间宫庙建设。当然，在整个19世纪，也看不到今人苏庆华与洪
莹发所调研的勇全殿"送王船"仪式的举行。倒是每年的"中元普度"
成为勇全殿很重要的祭祀内容。光绪三十一年（1905）立有青云亭亭主
陈敏政带头捐金一百元的《万怡力地头碑记》，其文如下：

> 盖闻鬼者阴之灵也，神者阳之灵也。鬼神之事，虽不可知，而其
> 为德，可云盛矣。是故世之人每当节届瓜秋之期，会开兰盂之候，地
> 官宥罪，鬼门闭关，特设普度以祭孤魂，甚盛典也。我怡力本地头，
> 昔曾公项生息，以为普度之费，于兹有年矣。而每当炉主之人，往往
> 开费不敷用者，因公项不足故也。兹特集众公同妥议再捐，将项置万
> 怡力砖厝一间，门牌三十七号。议将厝契字及所伸之银并前存公项，
> 均一齐交青云亭主收存掌理。每年所收厝税，以及生息之利，以为庆
> 赞中元之需。庶几开费免叹无余者，而盛典亦可垂永久于勿替云。③

根据苏庆华的研究，碑文中的"我怡力本地头"包括马六甲怡力

① ［德］傅吾康、陈铁凡合编《马来西亚华文铭刻萃编》（第一卷），马来亚大学出
版部，1982，第295页。
② 洪莹发：《威显南邦：马来西亚马六甲勇全殿的王醮》，《民俗曲艺》2014年6月
第184期，第61页。
③ ［德］傅吾康、陈铁凡合编《马来西亚华文铭刻萃编》（第一卷），马来亚大学出
版部，1982，第298页。

头、昆清律至另一端马路于绒巴西、淡武弄格一带的本区。本区之外还有"本境"，包括"大坡"和"小坡"（即市中心和市郊边缘）等处，几乎涵盖了今日整个马六甲古城（古称呷国）的面积。① 这点与1896年《重修勇全殿碑记》中提到的"我呷国人民"有异曲同工之处。只不过，1919年勇全殿才成为制造与祭祀神圣"王船"的"厂址"和醮仪祭祀中心②，碑文中的"我怡力本地头"应只指本区。而碑文也证明勇全殿的本区信众要么是人力不够，要么是财力不足，仍然需要青云亭的大力支持才能胜任每年中元普度这样的大型祭祀开支，那么管理权自然也就归青云亭所有。当然，勇全殿与青云亭的信众与管理者本身就存在高度的重合，这也是必须考虑的因素之一。

3. 干冬清华宫朱府王爷庙

干冬清华宫的创建历史比较清楚，据庙里现存道光二十八年（1848）《干冬清华宫序木版》记载：

> 尝思普天之下，莫非王土；率土之滨，莫非王臣。念昔淹雅流辉，文章特空冀北；彬济毕集，声价还重周南。洎自圣天子德擅钦明，运开浩荡，敕封代天巡狩之职，使之周流列邦，遨游宇内。不论山陬海澨，天河地府，循行所到之区，靡弗感格昭明焉。兹缘干冬境土，僻处荒疆，囊日有崇神像，今兹未建宫庭。每值花朝月旦，赛愿参神，以及寿诞祷祝等事，虽有虔诚肃雍之心，实无殿宇奉祀之所，敬恭明神之谓何欤？今幸薛文仲、陈坤水等兴念及此，愿为董事，义举首倡。各户缘捐，助劝斯事。择吉兴工，整筑宫殿。虽无画栋雕甍，而轮奂亦见咸美。年余之间，告厥成功焉。故颂其宫曰：清华。宋书云：清华，足贵也。由是馨香鼎盛，庆祝繁熙，神灵保护，人民获福。肇宏

---

① ［马来西亚］苏庆华：《"祭祀圈"与民间社会——以马六甲勇全殿池府王爷与五府王爷崇祀为例》，载《马新华人研究——苏庆华论文选集》（第2卷），联营出版（马）有限公司，2009，第184—185页。

② 同上书，第180页。

基于百世，绵享祀乎千秋。①

据碑文之意，朱府王爷早已经被马六甲干冬一带的华人所供奉。S. M. Middlebrook 曾于 1939 年发文称："朱王爷于 200 余年前已为一自福建漳州之渔民随身携带至干冬，并供奉于一所亚答屋内。其后，该屋子遭火焚毁。"苏庆华据此推断朱府王爷在乾隆年间即被干冬华人供奉。② 1848 年，干冬朱府王爷庙终于建立，捐金人都身份不凡，有当时的青云亭亭主薛佛记③捐金六十元又喜助大通梁二支、石楠枋四片，福建会馆馆主徐炎泉捐金二十四元，甲必丹曾佛霖捐金二十元，还有后来的青云亭亭主陈金声捐金二十元，等等。声势明显比勇全殿来得大，其早期在马六甲华人社区中所扮演的角色亦比同为供奉王爷的勇全殿来得重要。根据陈城池的报道，由马六甲当地福建人筹办的净化社区王舡游行，约于清咸丰四年（1854）首次在干冬清华宫举行。④ 后来才发展成为"十九世纪初清华宫与勇全殿办理王醮成为'合坡'（马六甲）的仪式活动"⑤。不过在咸丰元年（1851），干冬清华宫举行了"造仙鹢植福"祭祀仪式，但并不是为举行大型"送王船"祭祀活动的模拟演练，而是借清廷皇朝改元之机而做的祈福仪式，有《造仙鹢捐题碑》为证：

谓爱人而福善者，天地之心。体天而保民者，神明之职。故生人

---

①［德］傅吾康、陈铁凡合编《马来西亚华文铭刻萃编》（第一卷），马来亚大学出版部，1982，第 303 页。

②［马来西亚］苏庆华：《"祭祀圈"与民间社会——以马六甲勇全殿池府王爷与五府王爷崇祀为例》，载《马新华人研究——苏庆华论文选集》（第 2 卷），联营出版（马）有限公司，2009，第 176 页。

③薛佛记于 1847 年过世，干冬清华宫于 1848 年建成，创建募集资金是在 1847 年，碑文也交代"年余之间，告厥成功焉"。

④转引［马来西亚］苏庆华：《"祭祀圈"与民间社会——以马六甲勇全殿池府王爷与五府王爷崇祀为例》，载《马新华人研究——苏庆华论文选集》（第 2 卷），联营出版（马）有限公司，2009，第 179 页。

⑤洪莹发：《威显南邦：马来西亚马六甲勇全殿的王醮》，《民俗曲艺》2014 年 6 月第 184 期，第 62 页。

福寿康宁，端赖天地之生成，尤胜神明以庇佑。矧当皇朝改元之初，欲获阖呷平康之庆，爰是欲合善信虔祷神祇，一心力以捐题，造仙鹤以植福。得银八百十七员之数，除开费外，尚余银二百五十员。因念呷境长荷清华宫钦天府朱府王爷扶持保护，喜神庥而共沐，千古式之堪遵，继将所余充公，以答神恩垂永远。①

碑文显示，因为清朝道光改元咸丰，远在马六甲的华人社会便以此为缘由，在清华宫举行造仙鹤植福的仪式，看来马六甲的华人社会对于原乡的关注以及消息的灵通程度，远超想象。另外，碑文也显示清华宫确实是"阖呷"华人供奉王爷的所在，这也是后来马六甲华人社会首次在清华宫而不是勇全殿举行大型"王醮"的原因所在。

4. 玉虚宫玄天上帝庙

玄天上帝亦是马六甲华人社会供奉已久的神明。随着马六甲的发展，华人社会积攒够了人力与财力，才得以在同治三年（1864）建造宫庙进行奉祀。而早在咸丰四年（1854）即有会内沐恩弟子陈长泰酬谢神轿一顶，神轿里神位的靠背木板上刻有"玉虚宫/敕令中坛元帅/押煞"②字样，显见玉虚宫原是以吉黎望玄天上帝神明会的形式存在的，可能只有亚答屋之类的简易房寮作为祭祀场所，其中还供奉了中坛元帅哪吒三太子以作前锋。同治二年（1863）更是出现了以阖呷众弟子同敬立的对联一副，有"于天为星辰四海咸知拱北，在地即华岳千秋共祝如南"③字样，这为次年玉虚宫正式创建宫庙做了热身。1864 年《吉黎望玉虚宫序木版》曰：

盖闻地有神益灵，皆愿悦而崇祀；神非人而弗赫，宜庙貌以壮观。眼见干冬清华宫、怡幼勇全殿、武林望祖师公庵，是皆凭人而兴，而人由以借神光之普照焉。緊惟吉黎望玄天上帝爷，威灵赫濯，已于上

---

① ［德］傅吾康、陈铁凡合编《马来西亚华文铭刻萃编》（第一卷），马来亚大学出版部，1982，第 305 页。

② 同上书，第 315 页。

③ 同上书，第 316 页。

刀梯两次见之矣。矧属商旅行人泊诸善男信女有求必感，所祷辄应。诚为至正至圣之神明，而崇祀敢缓何哉！兹议建庙一进，复续一亭，庶几各处地头，具有庙宇以瞻观，岂非神欣人福之妙举乎！但庙地业已择定在吉黎望大伯公之后界，爰集同人，共酿义金，合劝厥事。见咸获洪庥于靡既矣。①

　　这是荷属时期最后一任甲必丹曾世芳牵头捐金创建的。信仰玄天上帝的吉黎望华人信众眼见附近的华人社区纷纷建立宫庙供奉本社区的保护神，于是奋起倡议，最终建成了吉黎望第一座本地保护神的宫庙。显见吉黎望的发展相对于青云亭所覆盖的其他区域而言，要来得晚一些。但是吉黎望华人社会对于玄天上帝的信仰与依赖一点都不逊色于其他区域，建造玉虚宫庙之前，服务于玉虚宫玄天上帝的乩童或者"师公"已经上刀梯两次，非较大型的祭祀活动不足以举行上刀梯等科仪环节。

　　天运己巳（1869），吉黎望玉虚宫举行了庆成建醮，留有碑刻《庆成建醮捐缘木版》：

　　　　盖闻惟有其诚，则有其神；无其诚，则无其神，是乃神之灵也。今我董事曾世芳甲、黄水阁官并总理总管等，正心诚意，同奉北极大帝，愿以英灵显赫，香烟不斩，千秋不朽，万古长存。正谓神光广大，赫赫明明，有求必应，保万民而祯祥，祐众人而纳福。故自天运壬戌年吉月吉日，起基兴工，立庙告竣，尚未庆成建醮。缘奈黄金安外出，经营因寝其事。迄今日久，有感于心，爰集董事曾世芳及总理总管等相商，议定本年八月十二日黄道吉辰，齐到至玉虚宫庆成建醮，上签演戏，答谢神恩。阄呷祈安植福，诸务明白。惟有庆成醮事，演戏开费浩繁，共银一百六十四员正。言议作三股均分董事总理总管人等，列诸芳名于左。②

---

① [德]傅吾康、陈铁凡合编《马来西亚华文铭刻萃编》（第一卷），马来亚大学出版部，1982，第317页。

② 同上书，第319页。

宫庙建成后通常都要举行建醮庆成，因玉虚宫董事之一黄金安外出，致使此事推迟了五年之久，由此可见在马六甲华人社会里宫庙建设主事人的重要性。当然，其中也有可能是经费不足的原因，因为此次建醮最后的费用不再募捐，而是由董事、总理和总管均分："大董事曾世芳、黄金安捐金银（各）五十元正，总理陈藕老捐金银三十元正，总理陈传生、洪花玉、黄德崇（各）捐金银十一元半，总管杨赞合、施隆瑞（各）捐金银三元正，信士詹恂愿捐金银十二元正、卢狮观捐金银二元正。"① 这是很有意思的捐金记录，其中见不到时任青云亭亭主陈宪章等马六甲显赫人士的出现。有可能是因曾经的甲必丹曾世芳的存在，一山不容二虎，也有可能是吉黎望距离陈氏、薛氏等传统居住的地头较远，玄天上帝对他们影响较小。至于碑文里"天运"年号的出现，其与"龙飞"年号在南洋的使用有异曲同工之处，都是明末遗民喜欢用的年号之一。只不过因为史料的缺憾，很难知道供奉明朝皇室保护神玄天上帝的马六甲玉虚宫信众，到底是明末遗民的后裔还是秘密会社会员？或者二者兼而有之？或者只是遵循马六甲华人社会最初的缔结者——明末遗民所留下的传统习惯而已？这都有待进一步研究。

马六甲与中国的历史渊源深远，相信早有华人社会在此形成。只不过，一直到1511年葡萄牙攻占了马六甲以后，较为详细的华人社会记载才陆续涌现。而真正有迹可循的则要到荷属马六甲时期。时代的发展与西方殖民者的东来，都是不可忽略的历史因素。而中国恰逢明清更替，出于对异族统治的恐惧，大批的华人南下到此地避难，尤其是以海为生的闽粤民众。闽南漳泉沿海诸多宗族的族老乡绅敏锐地预知到了明郑政权偏安一隅，反清复明无望，于是早作准备，举家沿着他们所熟悉的海上商道而来，最后在遥远的马六甲安家，并积极创建华人社区，以作长久留居的打算。这与中国传统海上商人那种"逐利而居""衣锦还乡"的谋生习惯不太一样，也因此能够在马六甲建立较为稳固的华人社区，并以族老乡绅固有的文化素养与生活处事经验，在马六甲如鱼得水，甚

---

① ［德］傅吾康、陈铁凡合编《马来西亚华文铭刻萃编》（第一卷），马来亚大学出版部，1982，第320页。

至被擢为甲必丹。而清中前期残酷的迁界令、不时的海禁以及视海外华人如盗贼、如弃民的观念与政策，使得马六甲华人不得不长久留居在当地，并为了养家糊口，迅速融入当地，从事他们最拿手的海上航运与商业贸易，乃至农业、手工业等，并迅速迎来鸦片战争爆发后一波接着一波到此谋生的同胞。其时，他们已经在马六甲站稳了脚跟，依照故乡的模式，在异国他乡重建自己的家园。

作为日常社会生活不可或缺的民间信俗，当然也第一时间随着他们到达马六甲，并成为他们极其依赖的精神支柱。于是，按照轻重缓急，依照财力、人力的厚薄与多寡，建立起他们在马六甲的核心庙宇——青云亭，置办公共坟地三宝山，陆续创建了马六甲各个地头的民间宫庙，譬如怡力勇全殿、干冬清华宫、吉黎望玉虚宫等等，将他们在故乡所奉祀的神明，诸如观音菩萨、保生大帝、妈祖、关帝、玄天上帝、池府王爷、朱府王爷、大众爷、福德正神等的分身——照搬到马六甲。有了诸多家乡神明的庇佑，他们就可以安下心来养家糊口、生儿育女，安度晚年，从容应对在异国他乡所遇到的一切问题，逐渐不再频频北望。

第二节　槟榔屿

"槟榔屿开埠的 1786 年（乾隆五十一年），正是大英帝国失去北美属地的第十年，是英属东印度公司转变经营策略，积极致力于殖民聚落垦殖与定根发展的关键，也是清朝国力由盛转衰的分水岭。"[1] 英国殖民者在稳定印度的殖民地之后，终于开始考虑继续东进的问题，尤其是大清王朝高额的商业贸易利润始终让他们垂涎欲滴。"从事对华贸易的船舶，需要一个用于补给和修理的海港，为了保护马德拉斯和孟加拉湾，也需

---

① 高丽珍：《马来西亚"槟榔屿地方"：岛屿作为殖民帝国前哨的脉络诠释》，《华冈地理学报》2008 年第 22 期，第 94 页。

要一个在东北季风时期海军驻泊的海港。"① 相对于此时已经落入荷兰人手里的马六甲，堪为荒岛的槟榔屿显然不占什么地理优势，但是在荷兰人、法国人和西班牙人等早已占据先机的情况下，英国人并没有什么更好的选择。英国人东进计划的实现，打通马六甲海峡势在必行，槟榔屿是紧邻着马六甲海峡的西端出口，西向较易得到印度殖民地的支援，东向则与位于马六甲海峡东端的明古连遥相呼应，但地理位置都很尴尬。当然，槟榔屿也不是一无是处，"槟榔屿……位处马六甲海峡与印度洋交界，北方是暹罗南部的普吉岛、东边面向马来半岛、西边是苏门答腊大岛，再北上则是缅甸南部，这四处地理位置共同点都是前有海湾后有山脉，水路可以槟榔屿为中心互贯相连，山高则年年为槟榔屿阻挡西南季风和东北季风的风雨"②。其避风港口条件优越，周边地区农业、锡矿、商业等资源都很丰富，堪称马六甲海峡北面海域的交通枢纽。

当然，这些有利条件大多是其邻居马六甲早就具备了的，而马六甲有效钳制马六甲海峡的进出，则远为槟榔屿所不能及。英国人的高明之处在于一旦占据槟榔屿，立刻实行自由商业港的政策，受够了荷兰人专横与垄断的槟榔屿周边海域的各色谋生者，便积极响应槟榔屿开拓者莱特的号召，纷纷汇集槟榔屿。莱特船长与莱佛士爵士一样，在为大英帝国寻找远东战略据点时都有惊人的嗅觉，一位开拓了槟榔屿，一位开拓了新加坡。莱特作为先驱，他只能循序渐进，先在马六甲海峡西端尽可能寻找合适的港口作为东进的据点。而事实证明，槟榔屿作为海军军事基地的实践并不成功。于是，1795 年英国人迫不及待地占据了荷属马六甲。但是此举也只是权宜之计，在欧洲战场暂时落败的荷兰人是绝不会善罢甘休的。在马六甲归属未定的情况下，莱特占据了槟榔屿，莱佛士则积极开辟新加坡，当然都是为了大英帝国未来的东进殖民事业。但是槟榔屿作为商业自由港取得了一定的成功，只不过人算不如天算，马六

---

① ［英］理查德·温斯泰德：《马来亚史》（下册），姚梓良译，商务印书馆，1974，第 320 页。

② ［马来西亚］王琛发：《19 世纪槟城闽南社群的神农信仰：从集体祖神到海疆守护神》，《闽台文化研究》2018 年第 1 期，第 30 页。

甲于 1824 年重新回到英国人手里，与槟榔屿、新加坡合成了英属海峡殖民地，英国人也就打通了东进的主要通道。因为东进计划主要面对的是大清王朝的商业贸易，拥有地利、人和条件的新加坡当然优势尽显，发展蒸蒸日上也就不在话下。而槟榔屿作为区域性的自由商业港也就此稳定下来，一直到鸦片战争爆发后，槟榔屿的发展才上了新台阶。

槟榔屿所在海域，处在海上丝绸之路印度洋与南海的交界处，中国历代官方与商人对之并不陌生，《郑和航海图》既有"陈公屿""槟榔屿""龙牙交椅"等地名标识①。据莱特日记记载："十八日，欧人及其余船员皆登陆，伐树，设帐幕，俄而高仔武胜之长官携一网来，乞准其建屋一所，许之。一小艇来自吉打，由甲必丹（Captain China）为其司令，并有印度基督教徒乘客数人，亦携有渔网一具。"② 这位司令就是槟榔屿首任华人甲必丹辜礼欢。辜礼欢能够在莱特船长率部登岛的第一时间，就带着手下伺机而动，上岛面见莱特船长，准备参与槟榔屿的开发，此举充分证明他们是有备而来的。如果不是在此海域耕耘已久且信息灵通，哪有如此凑巧之事？槟榔屿开埠次年，即 1787 年，英国官方派人调查槟榔屿的发展前景，发现"市场中所设店铺，渐见发展，都由华人经理之；华人眷属之居于斯者，已达六十家，继续来居者尚不绝。其人勤奋驯良，遍布马来各邦，各种手艺，无所不为"③。由此可见，已在此海域谋生已久的华人，闻风而动，携家带口涌入槟榔屿，积极参与槟榔屿的开发。

对于槟榔屿开埠初期的发展，张礼千《槟榔屿志略》有载："英人赖德上校初来槟榔屿时，其地满目荒凉，人烟稀少。据卜克望（Bookworm）所著《槟榔屿开辟史》（*Penang in the Past*）一书所载，最初岛上仅有中国及马来渔夫五十八名。自开埠以后，居民逐渐增多，至一七八八年已增至一千名左右，其中五分之二为华侨（见《海峡殖民地档

---

① 海军海洋测绘研究所、大连海运学院航海史研究室编制《新编郑和航海图集》，人民交通出版社，1988，第 56 页、第 68 页。
② 书蠹编《槟榔屿开辟史》，顾因明、王旦华译，商务印书馆，1936，第 55 页。
③ 同上书，第 82 页。

案》卷三，S. S. Record V01. III）。迨一八〇四年，槟榔屿将被升为印度第四省区时，人口已达一万二千人（见李斯所著《威尔斯太子岛》），其后续有增加。唯自一八一九年新加坡开埠后，槟城方面遂有望尘莫及之慨。""兹根据勃拉台尔（Braddell）之统计，槟城人口：1818 年槟榔屿华侨人口有 7858 人，槟榔屿总人口则为 35000 人；另有威斯利省华侨人口为 325 人。到 19 世纪 30 年代槟榔屿华侨增至 8963 人，而槟榔屿总人口则为 33959 人；1833 年威斯利省华侨人口为 2259 人。1842 年槟榔屿华侨人口有 9715 人，槟榔屿总人口则为 40499 人；1844 年威斯利省华侨人口为 4107 人。1851 年槟榔屿华侨人口有 15457 人，槟榔屿总人口则为 43143 人；威斯利省华侨人口为 8731 人。1860 年槟榔屿华侨人口有 28018 人，槟榔屿总人口则为 59956 人，威斯利省华侨人口为 8204 人。"① 从上述的人口数据统计可知，直至鸦片战争前后，槟榔屿的华人人口才有翻天覆地的变化，此前的人口增长则较为稳健。而这段时间，正是华人伴随着槟榔屿开埠与发展，逐步扎根当地，并以其所背负的民间信俗为精神支柱，积极创建自己的社区，以适应当地的社会生活。

一、海珠屿大伯公庙的历史建构

海珠屿大伯公庙是槟榔屿最早存在的华人民间宫庙。此大伯公庙的创建历史更多是存在槟榔屿华人口头传说之中，其文字历史则是后世慢慢塑造与还原的。因为史料的缺失，大伯公庙的历史只能从今往古推演。1958 年邝国祥为主笔所撰的《海珠屿大伯公庙重修碑记》载：

> 海珠屿大伯公，吾客族先贤张、丘、马三公也。张公居长，丘公居次，马公年最少。三公于前清乾隆十八世纪中叶，南来槟榔屿，或为教读，或业铁匠，或营炭窑，而契合金兰，义同兄弟。居常，聚则论道励志，出则讲信修睦，厚德高风，群伦共仰。一夕，张公忽坐化石岩中，即今庙址也。丘、马二公因葬张公于岩石之侧，碑书"开山

---

① 综合可见姚枏、张礼千：《槟榔屿志略》，商务印书馆，1946，第 49—50 页。

地主张公"；丘公殁，马公葬丘公于张公坟之旁，碑书"大埔清兆进丘公墓"。嗣后，英人莱特少校经营是邦，移居之民渐众，感受张丘二公流风余泽之化者亦日广。嘉庆四年己未，公元一七九九年，胡靖公以张公羽化之岩起为庙。嘉庆六年辛酉冬，乡先辈陈泽生等，以公庙香火鼎盛，而交通未畅，顶礼不易，因就市区向政府领得地段九千九百九十六方尺，建筑分祠，以便市民瞻拜。此即大伯公街福德祠也。嘉庆十四年马公殁，吾族人士复葬马公于张、丘二公坟下，碑书"永定福春马府君之墓"。居民感念三公之德之义，俱以神祀之，并尊为大伯公。①

　　槟榔屿现仍存有张公墓、丘公兆进墓与马公福春墓，但唯有马公福春墓碑上留有"嘉庆十四年"（1809）字样的纪年。如果就此碑文所述，在马公尚在世时，槟榔屿客家人就已经建庙祭祀张、丘二公了，那么可信度就很高。再看邝国祥收入其《槟城散记》，于1948年8月8日发表在当地《光华日报》的《海珠屿与大伯公》：

　　　　大伯公姓张名理，原籍广东大埔人氏。乾隆初年，十八世纪中叶（蓝渭桥氏《大伯公考查记》，作乾隆十年），偕同邑人丘兆进、福建永定人马福春，坐帆船来洋。三人金兰契合，亲逾骨肉。张居长，丘次之，马年最少。他们到了槟榔屿，就在海珠屿登岸。时槟榔屿尚未开辟，三人披荆斩棘，各操一业以维生活。张公居海珠屿，丘、马二人则居海珠屿附近的地方，三人常相聚首谈心，恩同兄弟。忽数夕不见张公，丘、马因相偕到海珠屿探访。至，则见张公已坐化石岩之内，丘、马因葬张公于石岩之侧，神祀张公。时英人赖特少校开始经营槟榔屿，移居来槟之民渐多，及丘、马殁，同籍居民复葬丘、马二公于张公坟之左右。那时候榛莽初启，触目荒凉，初来之民迷信神道甚深，且当开辟之处，疫疠常生，吾华人士，慕三公之义，复冀求庇佑，同

① 傅吾康、陈铁凡合编《马来西亚华文铭刻萃编》（第二卷），马来亚大学出版部，1985，第524页。

以神祀三公，统尊之为大伯公。当时仅立神坛，还没有建筑庙宇，到嘉庆四年己未，公元一七九九年，才立碑建庙，时槟城开辟，已经十四年了。①

海珠屿大伯公庙现存最早历史文物为刻有"乾隆壬子年（1792）/六甲弟子李赐答谢/葭月吉日立"字样的石质香炉一个，此纪年距离莱特开埠槟榔屿的1786年已过去六七年之久。对应前两则碑文所述，海珠屿大伯公庙是于嘉庆四年（1799）才立碑建庙的，之前仅为神坛。其时信士李赐能够答谢一大型石质香炉，可见海珠屿大伯公庙前身的神坛香火已经旺盛起来了。五六年后，客家人即把大伯公庙建立起来。问题在于，海珠屿大伯公庙再没有其他文物古迹可以佐证这段历史。尤其是立于嘉庆十四年（1809）的马公福春墓碑，还是在大伯公庙创建时间即1799年之后十年左右所立。墓碑上除了纪年，见不到大伯公庙信众的任何信息，这点让人有些诧异。或许开山地主张公理才是成神的主角，而丘、马二公只是配角？可1921年《重修海珠屿大伯公庙捐册序》却载："故南洋言佛辄称三宝太神，或云三宝，即明太监郑和也。南洋言神，群颂大伯公。墓碑一张一丘一马，姓而不名，统尊之曰大伯公而已。我侨槟之五属人崇敬大伯公，封墓立庙百余年，祀之维谨。"② 很显然，在后世的大伯公信众眼里，张、丘、马三公是一体成神的。因此，王琛发认为："珠海屿大伯公不仅是土地神，理应看成地方历史脉络产生的特殊神明……神明信仰功能超越土地神，近百年来一再被论述成为华人/客属先驱精神象征，长年累月神话建构，说明张理从活着到死后都在保佑族群，精神不死，光辉显灵，有别于原乡村头小祠常见的不知名老头雕像。"③

那么是谁在建构海珠屿大伯公的历史神话？1921年的《重修海珠屿

① ［马来西亚］邝国祥：《槟城散记》，新加坡星洲世界书局，1958，第56页。

② ［德］傅吾康、陈铁凡合编《马来西亚华文铭刻萃编》（第二卷），马来亚大学出版部，1985，第521页。

③ ［马来西亚］王琛发：《客家先贤与马来西亚槟城海珠屿大伯公探析》，《八桂侨刊》2014年第3期，第32页。

大伯公庙捐册序》强调是槟城五属客家侨民在虔诚供奉大伯公。"大伯公为槟海开山之初祖，生以为英，殁以为神。昔史公登箕山，见尚有许由墓，余至海珠亦见尚有大伯公墓。墓侧立为庙，乃我惠州、嘉应、大埔、永定、增龙五属之侨槟者所建，以崇德报功者也。五属人侨于槟，身其康强，子孙逢吉，莫不奉牲奉盛奉酒醴以告曰：大伯公之默佑也。富埒陶白，赀巨程罗，又莫不奉牲奉盛奉酒醴以告曰：大伯公之庇荫也。五属之侨民凡有所获，不自以为功而归功于大伯公之灵。"①

而1958年的《海珠屿大伯公庙重修碑记》则进一步强调大伯公张、丘、马三公本是客家人，槟城五属客家人供奉自家的先贤，再自然不过。"海珠屿大伯公，吾客族先贤张、丘、马三公也……一八四三年槟城五属同乡，以海珠庙地面积狭小，因加购相连地区一依格又三十方尺。所有祠庙产业，均立成规。由吾惠州、嘉应、大埔、永定、增城五属客族人士组织董事信理二部，负责管理，并订每年农历二月十六日，为大伯公诞辰。本年庆祝神诞之日，同人等咸以海珠庙宇自一八六五年、一九〇九年及一九二一年三次重修后，今又久经风雨剥蚀，倾圮堪虞。"② 从前所述引文还可以发现，海珠屿大伯公庙创建于嘉庆四年（1799），其后1865年、1909年与1921年在槟城五属侨民手中经历了重修，似乎一直是槟城五属侨民在掌控着海珠屿大伯公庙的控制权与话语权。

然而，根据王琛发挖掘的在上述两块海珠屿大伯公庙重修碑记树立之前的两则关于海珠屿大伯公庙的文稿，可以发现大伯公庙的历史却是经过持续不断的历史建构，才成为后来二碑记那样定型化的历史叙述。

文稿一为光绪年间韩友梅所撰的《游海珠屿记》，载："庚子秋月，重阳后二日，余与王子晓沧、杨君善初，共游海珠屿，此地有福德祠，幽敞轩豁，独揽海山之胜。昔年有客人李妹记者，初来居此，屡著灵异，后人修筑祠宇，以彰显应。然余观祠侧，古碣并立，则又有大埔丘

① ［德］傅吾康、陈铁凡合编《马来西亚华文铭刻萃编》（第二卷），马来亚大学出版部，1985，第521页。

② 同上书，第524页。

第四章 马六甲海峡的中国民间信俗

公、张公者，意者同时人欤？相传道光季年时，有老人操客音，以须眉甚古，常出游市中，喜入客人店坐谈，问其居址，笑而不答，初不之异，已而埠中疫疠流行，惟老人所入客人店俱无恙。有知其事者，竞传为神化身，自是厥后，香火弥盛。闽侨旅人，争来奉祀，有谋界石鼎置祠者，客人屏弗纳，构讼于公班牙（政府），嗣核准值年炉主归客人，始息争讼。炉主五年一轮，若惠州、若嘉应、若大埔、若增城，皆粤中客人，若永定，则闽中客人也。"① 韩友梅所见到的海珠屿大伯公庙奉祀的客家英灵为李妹记者，而非后来的张、丘等三公，但他们在大伯公庙旁的墓地是存在着的。另外，韩友梅还听到一则传说，即道光季年海珠屿大伯公化身操客家音的老人显灵拯救槟城客家店于疫疠之中，引起槟城民众的信仰热潮。其中，槟城闽侨趁机争抢大伯公庙的祭祀权，但被客家侨民拒绝，由此引发官司，最后槟城英人统治者判定客家人拿回了大伯公庙的祭祀权。问题在于，槟城闽侨如果没有在海珠屿大伯公庙香火兴盛初始阶段加以供奉的话，他们如何有依据或勇气前来争夺大伯公庙的祭祀权，甚至闹到了非要与客家人打官司的地步？由此可见，珠海屿大伯公庙香火初始阶段极有可能得到了所有滨城华侨的供奉，无论是闽侨，还是客家五属侨民。作为佐证，创建于1844年的槟城福建帮建德堂的大伯公香火，亦即后来转型为宝福社的大伯公庙，每年正月十五晚都要抬着本社大伯公神轿游行，前往海珠屿庙内谒祖"请火"。根据双方父老口述，这项活动也是闽人退出庙产之争的条件。②

文稿二为1921年《重修海珠屿大伯公庙捐册序》的主笔汤日垣另撰有《海珠屿大伯公庙章程序》载："大伯公姓张氏，闽永定之宿儒也，至槟训蒙，与同邑丘氏、马氏为莫逆交。丘业铁工，马业烧炭，每晚三人必聚首无间焉。忽数夕，大伯公不至，丘与马往访，至则见大伯公在石岩坐化。岩侧即炭窑。二人乃葬大伯公于窑中。厥后，常显灵于捍灾

① 转引 ［马来西亚］王琛发：《客家先贤与马来西亚槟城海珠屿大伯公探析》，《八桂侨刊》2014年第3期，第34页。

② ［马来西亚］王琛发：《客家先贤与马来西亚槟城海珠屿大伯公探析》，《八桂侨刊》2014年第3期，第34—35页。

御患。胡靖公，始以大伯公羽化之岩，起为庙。庙擅槟海之形势，即今之海珠屿也。丘、马已殁，附葬于大伯公坟之左右，亦同为神云。"[1] 这里的问题是对于大伯公张理的籍贯提出了不同的看法。1958年邝国祥所撰碑刻认为张理是大埔人，而1921年由汤日垣主笔的重修碑刻里没有提及张理的籍贯，但在《海珠屿大伯公庙章程序》里明确将张理的籍贯写为永定人。当然，这不是汤日垣一个人的看法，1879年刊行的英国官员范汉（J. D. Vaughan）所撰《海峡殖民地华人习俗考》（*The Manners and Customs of the Chinese in Straits Settlements*）一书中说大伯公是槟榔屿的训蒙师永定张理。[2] 开山地主张理的籍贯如何从永定转换成大埔的呢？王琛发认为："五属确定张理而非李妹记的大伯公地位，却可能等到张弼士1890年出任清廷驻槟领事，直到'请封嗣伯祖父'以后。要到1909年海珠屿大伯公主庙与槟城市中心大伯公街行宫同时重修，方才全盘奠定。"[3] 对于张弼士"请封嗣伯祖父"之事，张弼士侄孙婿邝国祥曾有过记述："光绪二十八年（1902）黄河水灾，张太仆弼士，特解私囊一万两，用大伯公名义，捐赈灾民，并表请赐封，称大伯公为嗣伯祖父，得赏一品红顶花翎。"[4]"张弼士，1893年担任清朝驻槟榔屿副领事，1905年以商部'考察外埠商务大臣'身份巡访南洋，长期在南洋英荷属土地上兼负侨务与涉外事务重担。"[5] 张弼士被誉为"南洋首富"，兼具红顶商人与清廷大员为一身。而张弼士的身世背景对于珠海屿大伯公庙历史重构最重要的一条是：他是大埔人。对此，邝国祥的《海珠屿大伯公考》引用另一位大埔人蓝渭桥语，并进行了一番论述：

据蓝渭桥言，大伯公之籍贯，系张太仆考查其族谱，知其伯祖有

<hr />

[1] 转引［马来西亚］王琛发：《客家先贤与马来西亚槟城海珠屿大伯公探析》，《八桂侨刊》2014年第3期，第33页。

[2] 同上。

[3] 同上书，第35页。

[4]［马来西亚］邝国祥：《槟城散记》，星洲世界书局，1958，第57页。

[5]［马来西亚］王琛发：《张弼士：在槟榔屿神道设教的晚清官员》，《粤海风》2012年第1期，第46页。

名理者，于乾隆初年间只身来洋，流落北马，父老相传，死在海外，居民以神祀之。及公责来槟城（公为槟榔屿首位领事），见海珠屿大伯公姓张，而又为客籍人，证诸族谱，据诸传闻，故知其为嗣伯祖父张理云。按张公……官封一品，责为钦差大臣，殁则事迹宜付国史馆立传，高责尊荣，无与伦比，其所考证，当为可信。盖以公之尊荣，固无须借大伯公以扬其名，而区区岛国之嗣伯祖父，亦未必能增光于公，而其所以愿巨金为之请封者，盖为灾黎以尽其子侄之职责耳！①

张弼士考察其族谱，认定张理为其伯祖父。那么，张理自然是大埔人。王琛发甚至认为大浦与永定的张姓可能存在着交集。② 至此，邝国祥关于海珠屿大伯公庙开山地主张理的籍贯为大埔的历史叙述便找了基本的依据。

厘清了海珠屿大伯公张理的籍贯问题，再转过头来继续看看海珠屿大伯公庙及其分庙大伯公街大伯公福德祠的早期创建与其掌控权历史归属的问题。1958年《海珠屿大伯公庙重修碑记》记载，因交通不便，该庙信众于嘉庆六年（1801）在市区另设有分庙进行祭拜，即大伯公街的大伯公福德祠。该祠现存最早的碑刻为"大清嘉庆岁在庚午吉申月""立庙总理胡武撰/缘首胡连庆、刘坤来、李阿敏、黄标蓉、罗仁寿同敬叩酬"的"同寅协恭"匾额。③ 另有同治四年（1865）《重修海珠屿大伯公宫碑记》，载："兹海珠屿大伯公固粤汀都人士所借……为祈福……经前人创立庙宇以来，敷德泽于南邦。商贾同沾乐利……士庶共托蚸蠓其美之彰……前堂则基址之仍旧，后堂则创建之鼎新。"④ 今堀诚二在《马来亚华人社会》一书中认为，这两块碑刻可能是从海珠屿大伯公祖庙转

① 转引［马来西亚］王琛发：《客家先贤与马来西亚槟城海珠屿大伯公探析》，《八桂侨刊》2014年第3期，第35页。

②［马来西亚］王琛发：《客家先贤与马来西亚槟城海珠屿大伯公探析》，《八桂侨刊》2014年第3期，第36页。

③［德］傅吾康、陈铁凡合编《马来西亚华文铭刻萃编》（第二卷），马来亚大学出版部，1985，第547页。

④ 同上。

移过来存放在市区大伯公福德祠里，原因在于：海珠屿最初修庙发生在李春生转移地权的咸丰年间，现有匾额、碑刻等文物都是后来从主庙移动到行宫，意图维护庙权从来就是属于客家人的，以维护产权安定。①也就是说，因为地权的不确定，海珠屿大伯公庙的碑刻有可能一度被转移到市区的大伯公街大伯公福德祠里保存。

关于李春生转移地权的事，邝国祥《槟城散记》中有过交代："而海珠屿大伯公庙地址，则到道光二十三年，公元一八四三年九月五日，法籍人名波浪者，才把庙址一弄三十五方尺，即四万三千五百九十五方尺今海珠屿地，卖与客籍人李春生，地价为五百五十元正。到咸丰六年丙辰，公元一八五六年五月二十日，李春生又将该地转卖与洪丁贵、满阿布、罗廉法、胡瑞发、李谷人、黄阿声、陈添、翁阿阳等，取价四百五十元正。至民国十二年四月二十四日，李田秀、胡干成等，请准本屿高等法院，把海珠屿一弄又三十五方尺（即一格又三律）及大伯公街之大伯公庙屋地店之契据，信托与李田秀、郑大平、梁应权、谢熙元、黄石安、刘□发、戴子丹、吴顺清、胡万珍等保守管业。"②王琛发考证："李春生将庙地转让大众信托的十年后，五属乡亲以至邻近各地的各籍贯华人，其时正当会党分裂，为着矿区以及其他利害关系，各自联盟，互动干戈。自19世纪60年代，大家经过三次'拉律战争'超过十年打打谈谈，一直到1874年才议和。"③

他进一步查证大伯公街大伯公福德祠，亦即海珠屿大伯公庙分庙所保存的同治四年（1865）《重修海珠屿大伯公宫碑记》与同治七年（1868）《福缘善庆碑》的捐金名单，发现前碑"344位捐献者，多位来自客家五属府县，但也有其他非客家府县人士捐款。其中有属于洪门二房分支义兴公司的，也有属于洪门三房分支海山公司的。碑上2名总理，

---

① [日] 今堀诚二：《马来亚华人社会》，刘果因译，槟城嘉应会馆扩建委员会，1974，第89—90页。

② [马来西亚] 邝国祥：《槟城散记》，星洲世界书局，1958，第56—57页。

③ [马来西亚] 王琛发：《客家先贤与马来西亚槟城海珠屿大伯公探析》，《八桂侨刊》2014年第3期，第37页。

冯登桂（贵）是海山阵营增城人，胡泰兴是永定人；12 名经理，已知海山魁首郑景贵、涂继昌、刘三和是增城人，黄城柏是嘉应人，陈金养是惠州人，李春生可能是邝国祥在 1856 年记载买下海珠屿地皮的那位'客人李春生'。此外，捐款碑上代表义兴势力的非客家人，有广东新宁人伍积贺、潮州籍义兴'先生'许武安的父亲许梏、新宁籍义兴大兄李遇贤、新宁人和合社党首何义寿、新宁籍义兴'先生'梅耀广，以及义兴阵营的吉打惠州籍甲必丹戴春桃等"①。另一碑，"献捐人数较少，只得21 名。其中有董事人兼缘首郑景贵捐银 30 元，另一董事涂继昌捐银 20元。诸捐款人可考籍贯并非客家人者，则有台山人伍积贺，新会人罗广生与朱宝兰"②。这两块碑刻显示，其时海珠屿大伯公庙祭祀主力群体是五属客家人，但不乏漳泉人与广府人，五属客家人的绝对提法尚未定型。

目前能够找到最早提及大伯公街大伯公福德祠掌控权明确归于客家五属的碑刻，是宣统元年（1909）"沐恩惠州嘉应大埔永定增城五属同奉"的一副对联："我公真世界畸人，当年蓑笠南来，剪棘披榛，亟为殖民谋得地。此处是亚欧航路，今日风涛西紧，持危定险，借谁伸手挽狂澜？"③ 而彼时已经是 1867 年槟城大暴动之后的第四十二年，1874 年拉律之战议和后的第三十五年，1893 年张弼士担任清廷驻槟城副领事之后的第十六年。王琛发认为："自拉律战争结束，到 20 世纪初，马来亚华人历史局势确实出现变化，各方在英殖民者安排下签订《邦咯条约》，矿区以及各种经济活动的利益分配，皆因市场人口不断增长，更加活跃；随着 19 世纪末矿业经济崛起，倚赖矿业与农业原产品经济的客家地区更富裕起来。此时五属集团互相的经济矛盾渐次消弭，反而较明显注意到方言民系差距。自从建德堂（大伯公会）影响的福建信徒，与客家

---

① ［马来西亚］王琛发：《客家先贤与马来西亚槟城海珠屿大伯公探析》，《八桂侨刊》2014 年第 3 期，第 37 页。

② 同上。

③ ［德］傅吾康、陈铁凡合编《马来西亚华文铭刻萃编》（第二卷），马来亚大学出版部，1985，第 554 页。

五属发生庙务主权争执，更构成客籍声气相通……那时期，增城人正主领着广州府五福堂扩大的广州府会馆，而大埔人在潮帮内崛起，以及嘉应人历任驻槟领事，客家人虽少而矿家多，合作足以影响广、潮、汀府，情势堪让客家五属自觉彼此合作有利地方华人沟通协力。这时，强调原籍客家领导服务全体华人，既有利于扩大客属社会领袖的地位，又符合张弼士等客家领袖推动与引领南洋华人倾向中国的目标。"①

也就是说，海珠屿大伯公庙的香火掌控权绝对归属五属客家人大概在1900年前夕，首先是福建帮另设建德堂大伯公香火，退出对海珠屿大伯公庙祭祀掌控权的争夺，但保留了前来"进香请火"的祭祀权利；其次是五属客家人内部因拉律矿产之争等原因有所分歧之后的大和解，并随着马来亚社会经济文化的发展，谋生的范围越发广阔，眼光也就看得更远，从而亟须消除内部矛盾而重新团结在一起；再次，客家人张弼士等红顶商人的崛起，他们的眼光看得更长远，有着为全体马来世界华人谋福利的思想，强烈的家国思想使得他们也力求内部团结，然后一致向外。当然，他们所能发挥的能量也更大，这也正是中国传统士绅在民间信俗世界里通常所扮演的角色。

二、槟榔屿广福宫的创建与历史衍变

槟榔屿广福宫，"对于槟城人来说……它是市区开辟以来最先成立的庙宇，也是最早期，受到不同帮派籍贯华人所共同承认、共派代表参与的最高机构。它也是当地当时唯一的能代表全体华人的信仰特征"②。可以说，史料匮乏的槟榔屿开埠早期华人社会历史，可以从广福宫的创建与初步发展找到相应的历史痕迹。

槟榔屿的开埠虽然比新加坡早一些，但是相对于英属其他殖民地，

---

① [马来西亚] 王琛发：《客家先贤与马来西亚槟城海珠屿大伯公探析》，《八桂侨刊》2014年第3期，第38页。

② [马来西亚] 王琛发：《广福宫历史与传奇》，槟城州政府华人宗教（社会事务）理事会、广福宫联合出版，1999，第67页。

以及周边荷属殖民地、葡属殖民地的开辟，则相对要晚得多。得益于英国人莱特船长奉行的自由商业港的理念与政策，在此海域谋生已久的华侨纷纷被吸引前来参与开发，尤其是附近马六甲、暹罗等地的华侨有备而来，使得槟榔屿在开埠最初的一二十年发展迅猛。1818 年，槟榔屿华侨人口一度达到 7858 人。其后，受到欧洲战场，以及其后荷兰人和英国人互换明古连与马六甲，新加坡的开埠等因素的影响，槟榔屿发展速度变缓，直至鸦片战争爆发以后，槟榔屿才迎来新的华侨人口大爆发。而在上述这段时间里，恰好涵盖了广福宫创建（1800）以及得到第一次扩建（1824）的时间，槟榔屿广福宫的创建与第一次扩建是以富有财力的闽帮富商或船主为主导，广府人与客家人不甘人后纷纷参与其中，双方在同一信仰下精诚合作的结果。

广福宫的创建历史是比较清楚的，距离 1786 年英国人在此开埠仅14 年，即嘉庆五年（1800）闽粤侨民就合力建起了广福宫，并留有碑刻《创建广福宫捐金碑记》，其文如下：

> 昔先王以神道设教，其有功斯世者，虽山隅海澨，舟车所至者，莫不立庙，以祀其神。今我槟榔屿开基以来，日新月盛，商贾云集，得非地灵人杰，神之惠欤！于是萃议创建广福宫，而名商巨贾，侨旅诸人咸欣喜悦，相即起库解囊，争先乐助。卜吉迎祥，鸠工兴建。不数月而落成，庙貌焕然可观，胥赖神灵默助，其德泽宏敷遐迩，同沾利乐，广福攸归。遂谨其始肇，记诸芳名，以垂不朽。
>
> 董事人：黄金銮、曾青云
>
> ……①

碑文很清楚地表明，这是以闽、粤二省侨居槟榔屿的名商巨贾为主导的华侨商人群体倡建的宫庙，至于主祀什么神明，并没有明说。这引起了槟榔屿本土学者张少宽的怀疑，他根据闽粤侨民南来南洋谋生的习

---

① 傅吾康、陈铁凡合编《马来西亚华文铭刻萃编》（第二卷），马来亚大学出版部，1985，第 526—527 页。

惯，并审视了英属海峡殖民地最后开埠的新加坡天福宫主祀天上圣母的历史传统，外加考察广福宫建筑规制的历史变化，以及广福宫现存的神位牌，即认为广福宫前殿，也就是正殿所供奉的刻有"敕封护国庇民英烈太后元君"的木制妈祖神位牌，其精致程度远超过于1824年《重建广福宫碑记》里明确提到广福宫主祀神为观音佛祖的木制神位牌，以及广福宫其他祔祀神明的木制神位牌；根据这一系列历史痕迹，可以推断在广福宫正式创建之前可能已经存在妈祖祠。① 王琛发也认为广福宫在"初建过程，曾有过一段神明主、配祀关系的演化进程"②。这是很有意思的发现。广福宫与海珠屿大伯公庙十分相似，最早都是闽、粤侨民所共建，只不过海珠屿大伯公庙以广东客家人为主导，而广福宫则以福建人为主导。据张少宽对《创建广福宫捐金碑记》主要捐金人身份的考证，董事人黄金銮实为福建人，因为他曾在1805年为福建义冢增建捐金三十二元，纠正了今堀诚二认为其为广东人的观点。③ 另一位董事曾青云，张少宽认同今堀诚二的观点，认为其可能出身于马六甲望族曾家。④也就是说，创建广福宫的两大董事都是福建人，从这一点推断闽侨在广福宫占据主要角色是说得通的。

道光四年（1824），广福宫得到了扩建，留有《重建广福宫碑记》：

> 槟榔屿之麓，有广福宫者，闽粤人贩商此地，建祀观音佛祖者也，以故宫名广福。初之时，相阴阳，立基址，美轮美奂，前落庆成，亦见经营缔造已而，规模未广也。夫临上质旁，非洁清不足以显慈光普照，非宏敞不足尊神圣之庄严。甲申岁，乃募劝题，各捐所愿，运材琢石，不惜资费，重建后进一座。告成后，载祀列圣之像于中，旁筑

① [马来西亚] 张少宽：《槟榔屿华人史话续编》，南洋田野研究室，2003，第120—123页。

② [马来西亚] 王琛发：《广福宫历史与传奇》，槟城州政府华人宗教（社会事务）理事会、广福宫联合出版，1999，第7页。

③ [马来西亚] 张少宽：《槟榔屿华人史话续编》，南洋田野研究室，2003，第127页。

④ 同上书，第128—129页。

舍以住僧而整顿之。当斯时也，来祈祝者，庭阶雾霭；壮观瞻者，栋宇云连。明祀永奠，肃然穆然，非重建者之与有劳也哉！且夫前人乐建斯宫，今增而丽之，则慕乎今而更恢其量者，亦事之有必然也。可无预以动之与？故列叙捐题诸姓名，泐之于石，非炫美也，以俟将来同心者相观而感动云尔。诚如是，广福宫历万古而长新矣。

……

董事：邱明山、梁美吉、林嵩泮、甘时雨、何道、邱埈整、谢岁、谢清恩①

据张少宽考证，此次广福宫重建的八位董事，俱为闽帮。②

广福宫此次扩建奠定了其后世建筑的规模，也证明了槟榔屿华人社会不断发展，有了更多的精神需求，因此"不惜资费，重建后进一座。告成后，载祀列圣之像于中，旁筑舍以住僧而整顿之"。大而全的神灵祭祀是中国民间信俗的主要特点之一，在海外也不例外，这是槟榔屿华人社会不断发展的必然需求，乃至于需要邀请僧人这样的宗教专业人士前来主持日常的管理与运行，也充分证明广福宫日常香火的旺盛。

而这些闽帮的董事，除了马六甲首任青云亭亭主梁美吉，"林嵩泮、何道、甘时雨及邱明山，为槟榔屿早期的闽帮饷码承包商"③。他们大多与槟榔屿华商五大家族息息相关。在槟榔屿开埠头五六十年里，闽帮精英大多以海上航运与商业贸易为主，以庞大的财力迅速在槟榔屿站稳脚跟，并逐渐掌控了广福宫的主导权。由于潮帮主要分散在槟榔屿对岸的威斯利省从事经济作物的耕种与买卖，广府人与客家人在槟榔屿则主要从事手工业以及农业耕种，在槟榔屿开埠头五六十年里，外来人口增幅不大的情况下，大家各司其职，相互之间的生存空间竞争并不激烈，甚至有一定的互补性，这可能是闽粤侨民能够团结在一起共建广福宫与海

---

① ［德］傅吾康、陈铁凡合编《马来西亚华文铭刻萃编》（第二卷），马来亚大学出版部，1985，第532页。

② ［马来西亚］张少宽：《槟榔屿华人史话续编》，南洋田野研究室，2003，第130页。

③ 同上。

珠屿大伯公庙的主要原因。

王琛发关注到广福宫的创建是经过详细策划的，尤其是前述两块碑文中的"卜吉迎祥""初之时，相阴阳，立基址"等语，预示着广福宫是由闽粤侨民邀请精通风水的地理先生来勘察地形精心选址之后建造而成，这在南洋华人社会民间宫庙建设的历史上是比较罕见的。而事实上，广福宫的风水建设对于当地华人社会造成了相当深远的影响，形成了"第三口井""地杰人灵·石狮成精"以及英国人如何破坏广福宫风水等传说。其中，"第三口井"的传说，即广福宫观音菩萨座下有活泉的传闻，在1987年换神台时被证实是真实存在的。[①] 槟榔屿开埠后，闽粤侨民拥有了比在南洋其他地方谋生初始阶段更丰富的社会经济文化资源，从而能够按照原乡的惯习，专门邀请风水先生来选择庙址，从而展现了他们在异域他乡不遗余力地营造高度类似于原乡的社会生活。这可能也是海上丝绸之路的最末阶段，南洋华侨到新开辟的港口谋生而呈现出来的新形态。不久后，当社会进一步发展，大量劳工型的华侨不断涌入这些港口，人口不断增长，谋生手段五花八门，这种相对单一的以商业为主导的华人社会形态将很快就会被打破。也就是说，那时候，槟榔屿已告别了安东尼·瑞德所谓的"华人世纪"[②]，转入了新的发展阶段。譬如关于广福宫的其他两则传说，更多是隐喻19世纪中后期及以后当地华人社会与英国统治者之间的纷争和问题的解决。

同治元年（1862），广福宫再次重修，其碑文正好印证了槟榔屿华人社会的转型：

> 槟屿之有广福宫者，固两省都人士所建，于以宁旅人而供香火也，其所由来旧矣。乃年代久远，日就倾颓。岁在辛酉，欲从而更新之。爰集家长宣众议，金曰：有基勿坏，宜仍其旧。但槟楠之挠折废坏者，

① 转引［马来西亚］王琛发：《广福宫历史与传奇》，槟城州政府华人宗教（社会事务）理事会、广福宫联合出版，1999，第72页。
② 转引［马来西亚］黄裕端：《19世纪槟城华商五大姓的崛起与没落·导论》，［马来西亚］陈耀宗译，社会科学文献出版社，2016。

从而易之。砖瓦之漫漶不鲜者，因而辑之。毋奢前人，毋废后观，众皆曰善。于是劝题议捐，因集腋以成裘，鸠工庀材，借和衷而济事。阅十二月而成。是役也，取材多，用物繁，使非都人士捐金恐后，何以克倡美举，以共成厥功。因欲志其事于贞珉，以垂永久。遂属其序于予，予曰：指囷解囊，斯人之高谊也。增华踵事，家长之良图也。其阴为辅翼，使之踊跃捐输者，则列圣之声灵赫濯，有以诱其衷而观厥成也。是宫既成，商民乐业。居常则祈福延禧，共遂家庭之乐；有事则解纷排难，同消雀角之争，将见忠信笃敬，可行于蛮貊；睦姻任恤，旋睹于他邦。其所系者，又岂止宁旅人而供香火也。

……

董事：黄进德、杨一潜、邱石泉、梅远湛、谢昭盼、黄百龄、冯登桂、梅耀广、林启发、林墀郡、陈玉貌、杜宏谟　同立①

此次重修，只是在原来的建筑规制上进行材料的更新，并没有扩大或者减缩规模。最大的变化在于重修董事增加至 12 位，且一半是闽帮，一半是粤帮，"包括福建漳州海澄三都堡五大姓的杨一潜、邱石泉、谢昭盼、林墀郡和陈玉貌，以及杜宏谟，广东新宁县的黄进德、梅远湛、黄百龄和梅耀广，增城的冯登桂和香山县的林启发。"② 鸦片战争以后，中国的国门被英国人的坚船利炮轰开，多个口岸被迫开放，诸多劳工或主动或被骗，纷纷前往南洋，槟城作为南洋华侨重要的中转站之一，大量华侨涌入在所难免。1860 年，槟榔屿华侨人口已达 28018 人，另有威斯利省华侨人口为 8204 人，而槟榔屿总人口也才 59956 人。③ 于是，在此次广福宫重修前夕，槟城华人社会早已经不同于早期开埠时那么稳定。"当人口增加时，各方言群，以及以方言群结盟成为势力的秘密会党，也为了经济资源、地盘及饷码承包权，爆发纠纷。这种纠纷的白热

---

① [德] 傅吾康、陈铁凡合编《马来西亚华文铭刻萃编》（第二卷），马来亚大学出版部，1985，第 537 页。

② [马来西亚] 王琛发：《广福宫历史与传奇》，槟城州政府华人宗教（社会事务）理事会、广福宫联合出版，1999，第 16 页。

③ 综合可见姚枬、张礼千：《槟榔屿志略》，商务印书馆，1946，第 50 页。

化，是一八〇六年到一八七四年之间爆发的三次拉律战争。战争期间，直接发生在槟城的悲剧，是一八六七年槟城大暴动。不过在纠纷之前，不能不说，槟城的华人社会，尤其是会党，已经有了相当程度的矛盾，华社民间的一些活动，也威胁到了英国人的统治。而且，华社也一再出现挑战英殖权威的局面。"① 闽粤两帮的侨民精英分子已经感受到其时槟城华人社会存在的矛盾与危机，积极借助重修槟城闽粤侨民共同的信仰中心——广福宫的机会，整合闽帮与粤帮双方的力量，准备进一步发挥广福宫传统的侨民管理中心的作用，于是出现重修董事闽粤各居一半席位的情况。在此次重修碑刻里，也明确提出广福宫的社会作用："居常则祈福延禧，共遂家庭之乐；有事则解纷排难，同消雀角之争，将见忠信笃敬，可行于蛮貊；睦姻任恤，旋睹于他邦。其所系者，又岂止宁旅人而供香火也。"只可惜，时过境迁，以闽、粤两帮及其内部精英分子为主角的饷码承包权、锡矿等经济资源之争，其利润已经大到让双方不惜搭上自己身家性命的程度，外加秘密会社的推波助澜、新来华侨对于广福宫的陌生等等，这一切都使得广福宫的信仰力量及其董事们的影响力显得十分苍白。于是，大乱过后，促成了1881年平章会馆的产生，通过英国殖民统治者权力的介入、闽粤两帮侨民的觉悟，重新构建管理槟城华人社会的权力机构。而广福宫则退回槟城华人社会信仰中心的位置，完成了它在槟城开埠早期的历史任务。

三、闽粤方言帮的社会日常信俗生活

虽说槟城闽帮五大姓祠堂、各会馆与粤帮各会馆早在槟榔屿开埠不久后便崭露头角，但海珠屿大伯公庙与广福宫则实质上成为槟榔屿开埠初期闽粤侨民社会的日常精神信仰中心与管理机构。但是，这只是解决了他们日常生存的问题，他们身后事的解决则有赖于闽粤两帮各自早早创建的义冢。

① ［马来西亚］王琛发：《广福宫历史与传奇》，槟城州政府华人宗教（社会事务）理事会、广福宫联合出版，1999，第 14 页。

（一）广东暨汀州义山

根据傅吾康、陈铁凡的提法，槟榔屿粤帮义冢创建于18世纪90年代①，相对于英属海峡殖民地其他二州府的粤帮义冢建设，槟榔屿粤帮义冢的创建算是比较早的。嘉庆六年（1801），广东暨汀州义山筑修墓道桥梁，留有《槟屿义冢墓道志》，可以一探究竟：

> 槟屿之西北隅，有义冢焉。其地买受广阔，凡粤东之客，贸易斯埠，有不幸而物故者，埋葬于此。其墓曰义冢，乃前人创置。第其溪水环绕，路道崎岖，登临涉水，是以复筑墓道桥梁，以便祭扫行人。此义冢墓道桥梁，以继前人之未备也……槟屿有此义举，阴骘之事，孰有大于此哉。阳则可以存乡亲睦娴任恤之谊，阴则可以安死者异地羁旅之魂，此一劳永逸者也。我粤东东南距海，民之航海以为营生，层帆巨舰以捆载而归者，大率于洋货者居多。然而利之所在，众则共趋，一遇死亡，若不相识，尚何赖于乡亲乎？由此义冢路桥，勒以碑记，而骨骸不至暴露，既可以表亲友之情，子孙易于跟寻，复可以成孝子仁人之隐，所谓睦娴任恤者，将于过义冢得之，且夫聚首则可以言欢，离群必至于索处，人道鬼道，其理一也。况其远适异域，为昔人之悲乎！得一义冢以聚之，而生前为腹心之朋，死后则为义祭之友，何异于生前之握手以盟心，眷眷乎桑梓之亲，怡怡乎客旅之爱，何殊故土之群居而族处。茫茫长夜，郁郁佳城，或亦乐异地如故园矣。是则所以安羁旅之魂者此也……②

槟榔屿开埠伊始，粤帮广府人、客家人（包含福建汀州客家人）就为解决同胞身后事早早创建了义冢。这虽然很难说是直接吸取马六甲华人社会福建帮创建青云亭义冢的经验，但显然是老成之举，是粤帮侨民

---

① [德]傅吾康、陈铁凡合编《马来西亚华文铭刻萃编》（第二卷），马来亚大学出版部，1985，第682页。
② 同上书，第685页。

在南洋谋生多年的经验之举，在新开埠的槟榔屿得以实践。相对于后续道光八年（1828）《广东省暨汀州府诏安县捐题买公司山地银两碑》中粤帮各地缘组织十分明显的提法"潮州府题银二百卅四元、新宁县题银二百一十四元五不、香山县题银一百零三元半、汀州府题银八十一元、惠州府题银七十七元以不半、增城县题银七十四元四不半、新会县题银七十四元六不又三元、诏安县题银四十四元半、嘉应州题银七十六元七不五、顺德县题银四十四元二不半、南海县题银五十七元、从化县题银四十元、清远县题银四十元、番禺县题银廿七元二不五、大埔县题银十五元"①，《槟屿义冢墓道志》捐金人的署名等情况则以个人或商号为主，说明其时粤帮各地缘组织尚在发育之中。首名信士胡始明题助工金五十元。据张少宽考证，胡始明为香山人（今称中山）②。胡始明曾于嘉庆八年（1803）以槟榔屿甲必丹的身份，携其二子胡臻麒、胡臻麟向广福宫敬献"钦崇福泽"匾③。由此可见，在槟榔屿开埠初期，闽粤帮侨民在义冢方面有区别，但在精神信仰上则互相交错。

道光十年（1830），粤帮义冢添建了冢亭，留有《建造冢亭碑》，其中不少捐金人，以粤帮各地缘组织的头头或者秘密会党首领的身份，即将在鸦片战争之后的槟榔屿激烈的生存竞争中崭露头角，譬如文科、冯登桂、胡武撰、许桠合等。咸丰十年（1860），粤帮在其义冢建设上有比较大的举动，留有《广东省暨汀州众信士新建槟屿福德祠并义冢凉亭碑记》：

> 义冢之设，所以联类聚之众心，妥羁旅之孤骸，生顺死安，谊美思明，安鸿兼也。我粤东暨汀州人，自国朝乾隆末间，游新埠者，陆续辐辏，营生理者，渐次豫大……惟祭扫人众斯叙，饮筵多旧，亭虽

①［德］傅吾康、陈铁凡合编《马来西亚华文铭刻萃编》（第二卷），马来亚大学出版部，1985，第689页。

②［马来西亚］张少宽：《槟榔屿华人史话续编》，南洋田野研究室，2003，第27页。

③［德］傅吾康、陈铁凡合编《马来西亚华文铭刻萃编》（第二卷），马来亚大学出版部，1985，第531页。

广而犹未容。咸丰庚申，倡捐再建，上下略相连，更于其间立一大伯公庙，历壬戌岁告成，设司祝，奉明禋，俾看守山坟有专任，意至深且远也。而从此肆筵设几，酣饮合欢，绰有余地，易此谓可以酬酢，可以佑神者，此物此志也。爰立祭扫定期，以敦和睦。每逢清明之日，则义兴馆；前一日或二日，则海山馆；前期三日或四日，则宁阳馆。凡各府州县及各族姓，便随订期，同祭分祭，总不离清明前十日之后十日。是展同心之欢娱，慰旅魂之零落，纵彼不得归葬故乡，当亦无憾于异地，于野之庆何如也。且尤有可喜者，居蛮地而举乡风声明文物不随俗变。当其祭扫出行，远十有余里，而仪仗灿著，陈设炜煌，钟鼓喧天，衣冠耀日，较省垣摆游，有过之无不及者。不独乐奏八音，礼行三献，情至而文生已也。繁华观美，中有太和洋溢之概。盖地虽夷也，而亦华；人虽涣也，而亦萃。观是举也，类皆仁君子之用心，其芳名允垂不朽，而兴发更未可量矣……

总理：黄进德、梅远湛、林启发、黄百龄　劝捐人：梅耀庭、阮仁备、孙广林、吴百福、罗占鳌、王武昌、黄城柏、胡瑞兰、戴连科、石衍瑞、陈茂洪、官群益、邝观祈、郭阿胜、涂继昌、伍积齐

义兴馆捐银一千五百一十六员三钱六分五厘、宁阳馆捐银二百大元正、海山馆捐银一百大元正、潮州公司捐银六十大元正、伍积贺官捐银五十大元正、和胜馆捐银四十大元正、惠州馆捐银四十大元、仁胜馆捐银三十大元正、从清馆捐银三十大元正、永大观捐银三十大元正、伍积齐官捐银三十大元正、嘉应馆捐银二十五元正、冈州馆捐银二十大元正、南海馆捐银二十大元正、顺德馆捐银二十大元正、胡泰兴官捐银二十大元正、肇庆馆捐银一十五元正、香邑馆捐银一十五元正、番禺馆捐银一十大元正、东安馆捐银一十大元正、洪顺义社捐银一十大元正、六合灰行捐银一十大元正、郑信明官捐银五大元正①

1860 年，正是槟榔屿华人社会"山雨欲来风满楼"的前夕，两年后，义兴党与海山党拉开了第一次拉律之战的序幕。首先，从碑文看，

───────────────

① ［德］傅吾康、陈铁凡合编《马来西亚华文铭刻萃编》（第二卷），马来亚大学出版部，1985，第 693 页。

此时义兴馆一跃成为首位捐金者，捐金数额与其他捐金者有着巨大差距；客家人在槟榔屿粤帮中一家独大；在清明节祭扫者排序中，义兴馆亦当仁不让，海山馆、和胜馆也都名列前茅，预示着秘密会社成为粤帮实力最为雄厚的群体，而海山馆紧跟其后，地缘组织开始退居次席，折射了秘密会社即将公开成为左右槟榔屿华人社会经济生活的主要力量。其次，鸦片战争后，大量后续移民的涌入，促使槟榔屿闽粤两帮各个地缘组织纷纷成型，粤帮各地缘组织已然具体化到县一级，甚至是到了地方宗族这一更小的层级，巨商新贵不断涌现，也显示了槟榔屿华人社会进入另一迅猛发展阶段；另外，从碑文中所描述清明节祭扫先灵的祭祀队伍的奢华铺排、规整的祭祀礼仪，以及特别设立大伯公庙看守坟地，同时能够提供足够的祭扫筵聚场地等情况来看，与原乡相比，有过之而无不及，此时槟榔屿华人社会蔚然成型。再次，鸦片战争之后，海外华人社会的民族国家意识开始萌动，槟榔屿华人社会也不例外，碑文"且尤有可喜者，居蛮地而举乡风声明文物不随俗变"表达的就是这个意思。

（二）福建义山

槟榔屿福建义山的创建并不比广东暨汀州义山来得晚，现存最早的碑刻为嘉庆十年（1805）《福建重增义冢碑记》，其文大概能看出福建义山的创建历史：

> 盖人之死生有数，古今来遍宇宙间莫不皆然。我闽省踵斯贸易，舟楫络绎不绝，营谋寄迹，固属穰穰；而羽化登仙，亦复不少。义冢前人虽已建立，第恐日久年湮，茔重鳞叠，梯山航海，谁招死后之魂？沐雨栉风，长抱生前之憾，触兔狐以动怀，徒有情伤物感；返柩骸而无术，难求地缩神方……兹即协劝义举，于日里峒购地一段，得以备妥先灵，凭依有赖……
>
> 增建值事：吴鼎、曾会[1]

---

[1] ［德］傅吾康、陈铁凡合编《马来西亚华文铭刻萃编》（第二卷），马来亚大学出版部，1985，第714页。

碑文显示，早在此次重增义冢之前，槟榔屿闽帮就已有义冢，此次为购建日里峒义冢。相对于 1801 年广东暨汀州府粤帮建设其义冢墓道桥梁的个人捐金额度，闽帮此次增建义冢的捐金金额要高得多，闽帮捐金人数略多于粤帮。当然，槟榔屿闽帮坟冢建设的特点为公私并行，尤其是槟城五大姓，几乎都创建有自己的家族坟场，其他大姓亦不在少数。据张少宽《槟榔屿福建公冢暨家冢碑铭集》记载，闽帮建立时间最早的一处家冢为槟城首位华人甲必丹辜礼欢所建的姓辜冢①，现存辜礼欢墓碑纪年为道光五年（1825）②。

道光二十一年（1841）福建义山在此扩充冢地，并新筑冢亭两座，留有相关碑刻《福建义冢碑记》：

> 斯地之辟也，缘南一带，岁久坟多，暂无葬处。于是公议募缘，鸠匠斩荆棘，西向筑亭二座，并广旧祠，以备营葬者，为休息之所，便莫甚矣……
>
> 林嵩泮喜舍冢地四十二郎旧、冢亭二座，薛佛记喜舍椰园地四郎旧、谢家捐银一百六十元、邱家捐银一百四十元、林家捐银一百二十元、陈家捐银六十大元、杨家捐银六十大元、李家捐银四十大元、甘四教捐银四十大元、甘松寿捐银三十二大元、王家捐银三十元、黄家捐银三十元、叶家捐银二十六元、甘彩真捐银二十六元、柯家捐银二十四元、关家捐银二十四元、吴家捐银二十四元、尤家捐银二十元、何家捐银二十元、林妈禧喜舍□□、庄六捐银二十元、庄家捐银一十三元、翁家捐银一十三元，颜家、温家、郑家、张家、梁家、宋家、苏家、僧致静，以上捐银十二元，辜家捐银一十元，蔡家、许通、许株、卢家、洪蜜捐银□元，许璋、胡宗宁，以上捐银六大元正……
>
> 董事人：谢岁、邱书、林盛、陈月、甘四教、□珠③

---

① ［马来西亚］张少宽：《槟榔屿福建公冢暨家冢碑铭集》，亚洲研究学会，1997，第 42 页。

② ［德］傅吾康、陈铁凡合编《马来西亚华文铭刻萃编》（第二卷），马来亚大学出版部，1985，第 717 页。

③ 同上书，第 720 页。

此碑文最大特点就是闽帮捐金人出现大量的家族名称，与同时期粤帮义冢的捐金人多以会社名称或地缘组织名目出现，形成了强烈的对比。槟榔屿连同对岸的威斯利省为槟城提供了较为宽广的地域支撑。这里宜商宜工宜农，背靠暹罗、吉打，又是交通要冲，得益于当局奉行的自由商业港理念以及施政的稳定性，使得无论是土生海峡华人，还是南来的新客，家族成员的不断迁入成为可能，在此海域营谋已久且财大气粗的闽帮自然得先天优势。家族的兴盛，对于地缘组织的需求自然降低。尤其像来自月港、厦门港周边村社的槟城五大姓，虽是家族，但彼此交错，势力胜似地缘组织。当然，生死事大，以家族名义为义冢捐金，也有利于义冢管理者处理后续各家族成员的身后事。

咸丰六年（1856），福建义山因为现实需要又新添置一新义冢，立有《福建义冢碑记》，相对于同时期的粤帮义冢，一样产生了新变化。

> 自谢惠连有祭古之作，王阳明有瘗旅之文，仁人用心，昭然若揭矣。而槟榔屿旧有义冢，鱼鳞叠葬，几无隙地。后之死者，将何以埋骨哉？爰集诸同志，勉力劝捐，共成义举，遂别创一义冢，而设亭焉……
>
> 李丕显捐银二百大员、李丕承捐银二百大员、杨一潜捐银一百九十六员、邱石泉捐银一百六十员、胡宗宁捐银一百六十员、谢昭盼捐银一百四十员、许泗漳捐银一百三十员、邱四方捐银一百二十员、邱昭脩捐银一百二十员、邱心菊捐银八十员、陈登榜捐银六十员、林孝友捐银六十员、谢绍科捐银六十员……
>
> 董事人：邱俊文、邱峻封、杨一潜、谢昭盼、林鸣凤、杜宏谋、陈玉貌、王和合①

此次福建义山再添新义冢，捐金人有别于前次，董事人从最初的两位增至 1841 年的六位，乃至 1856 年的八位，预示着槟城闽帮不断发展

---

① ［德］傅吾康、陈铁凡合编《马来西亚华文铭刻萃编》（第二卷），马来亚大学出版部，1985，第 723 页。

壮大。来自马六甲土生华人的影响力逐渐被槟榔屿涌现的新贵所替代，使得原来以各家族名目出现的捐金人又被个人姓氏所替代，个人虽不足以代表家族，但此时家族亦掩盖不了个人的光芒。除了槟城五大姓，邱家尤其突出，另有李家、许泗漳等。特别是漳州龙溪人许泗漳，他初在槟城开设"高源号"，后往暹罗麟郎开采锡矿发迹，受到暹罗王的青睐，被封为麟郎城主①，槟城是他的大后方，同时又是锡矿买卖的主要中转站。许泗漳显然十分重视槟城对他个人的价值与意义，一生不遗余力地参与当地华人社会公益活动，这一优良传统被他的后裔许心广等人所继承。热心当地华人社会公益事业的优良传统先被马六甲华人社会的领袖人物践行，槟榔屿亦步亦趋，后在新加坡一样得到保持。当然，在整个南洋华人社会也大概如此。

槟榔屿是英国殖民者在马来半岛开辟的第一个自由商业港。相对于槟榔屿附近葡萄牙人、荷兰人对所属殖民地曾经采取的高压政策，英国人无疑更讨人喜欢，也更符合当时南洋商业社会的需求。华人携带着在南洋谋生多年的经验、资财，抑或空拳赤手进军槟榔屿，很快就站稳了脚跟。无论是土生华人还是新客，都在空间较为宽裕的新开埠的槟榔屿找到了谋生之路，并围绕着他们所奉祀的神明，迅速构建他们的社会生活。槟榔屿作为新开埠的港口城市，对于闽粤华人而言，机会均等，但所从事的职业却有所差异。为了解决身后事，他们依照方言与地缘的区别，分别创设粤帮义冢与闽帮义冢。

这里的疑问在于，槟榔屿开埠之初闽粤共同信奉并创建海珠屿大伯公庙与广福宫，虽然主要的祭祀掌控权有所倾向，但闽帮与粤帮所创建的义冢界限为何如此之分明？一切都应归因于槟榔屿开埠较晚，闽粤两帮华人都是有备而来，在生存空间较为宽裕的情况之下，原乡神明是具有普世性与超越帮群性的，因此可以共同信奉，进而共同创建宫庙加以进一步奉祀。但解决身后事的义冢，显然更具有地方性、家族性，除非同心同德同血缘，否则轻易不假手于他人；同时也涉及更多的现实利

---

① 吴津：《槟城福建公冢研究（1805—1953）》，华侨大学硕士学位论文，2019 年 5 月 17 日，第 61 页。

益，比如土地的购置，这必须联合诸多力量才能够实现。在首选血缘力量极为薄弱的情况之下，方言与地缘自然成为第二选择，那么闽粤两帮分开创建义冢也就解释得清楚了。当然，这也是早期整个南洋华人社会的历史经验。

第三节　新加坡

新加坡对于中国民间信俗海外传播研究的价值在于，它自 1819 年英国人莱佛士开埠以后的历史是比较明晰的，今天的新加坡华人社会也就是在此基础上逐渐形成与发展起来的。而在此之前，新加坡因为地处印度洋与南海的要冲，曾一度繁华过，只不过被更强大的爪哇满者伯夷帝国掠夺摧毁一空，在 14 世纪末就荒废了。自 1511 年葡萄牙人东来之后，荷兰、英国等欧洲列强也相继进入印度洋与南海。在寻找香料的同时，他们都渴望与富庶的中国进行贸易，获取更大的商业利润，乃至为后续的资本主义原始积累打基础。英国人来得比较晚，葡萄牙人、西班牙人与荷兰人等基本把南海诸岛沿岸港口分割完毕，并极力排挤英国人。

英国人虽然也一度趁着欧洲战局混乱之际，占领了爪哇以及马六甲等荷属殖民地，但在 1819 年莱佛士登上新加坡河岸之前，大概只剩下苏门答腊的明古连以及远离马六甲海峡要害区域的槟榔屿。其时，靠近爪哇那头的巽他海峡被荷兰人完全掌控，马六甲海峡也被荷兰人钳制住靠近印度洋的那一头，荷兰人对靠近南海这头的廖内群岛的马来苏丹施加了很大压力，正跃跃欲试加以控制，逼得英国人无路可走。英国人莱佛士熟悉马来历史，在英国殖民者尝到了占领马六甲又不得不放弃的酸甜苦辣之后，他努力在马六甲海峡靠近南海的这一头寻找可靠的港口基地，以确保至少有一条海上航线可以提供给其同僚通行，从而保障大英帝国未来在南海这头的殖民利益。新加坡就是在这样的情况下开埠的。莱佛士极力倡导的自由商业港口政策，相对于荷兰人、葡萄牙人的垄断政策实在高明太多，立刻吸引了印度洋与南海原有的大量商业人脉与资

源，对于近在咫尺的中国沿海民众亦产生了巨大影响，新加坡的繁荣指日可待。甫一开始，传说广东台山人曹亚珠就被英国人莱佛士驱为前锋，率先把英国国旗插上了新加坡河畔。后续则有马六甲、槟榔屿等地的土生华人，以及早已经在新加坡周边港口城市谋生的华人，外加中国原乡源源不断南下的商人、手工业者、农民等群体的加入。华人可谓全程参与了新加坡的建设，并随着它的发展而发展，最后成为这个中外闻名的港口城市人口中的多数，直到新加坡最后立国都是如此。这就使得我们能够更加清楚地探索民间信俗如何跟随着华人在新加坡落地生根，茁壮成长，并开花结果。

一、潮州、广府、客家等华人方言帮的民间宫庙群

鉴于今日的新加坡肇基于 1819 年莱佛士开埠之举，现在能够看到的新加坡华人社会几乎也是从那时候开始创建并发展起来的。因此，有必要按照纵向的历史时间脉络来观察新加坡华人社区民间宫庙创建的情况；从横向的角度来看，莱佛士很早就知道对于华人必须分帮管理才比较稳妥，并在新加坡开埠伊始就加以实行。那么，也有必要按照以地缘与方言相结合的华人各帮群的主要民间宫庙来进行进一步梳理，从而能够比较清晰地呈现新加坡开埠之后华人社会如何在异地初步构建自己的神明信仰体系。

（一）潮籍华人的总管理机构与精神信仰中心——粤海清庙

如果依据现存的碑铭等文物，而不是无文字的民间传说等口传材料来看，粤海清庙无疑是新加坡最古老的华人民间宫庙，主祀神为天上圣母与玄天上帝。粤海清庙留存有清己卯年元月的石质香炉一个，"清己卯年"一般被认为是 1819 年[1]，上有"金协成喜敬""天恩公"等字样。这时间几乎与莱佛士踏上新加坡河岸的时间相一致。莱佛士登陆新加坡

---

① ［荷］丁荷生、［新加坡］许源泰：《新加坡华文铭刻汇编（1819—1911）》（上册），广西师范大学出版社，2017，第 23 页。

时，新加坡已经有不少潮籍华人在那里种植甘蜜等经济作物，有名可考的有陈源夏、陈阿鲁、王端诸人。"不住在种植园的中国人则沿着河岸，在天猛公村落后面盖了房舍。他们接受'华人甲必丹'的管辖。"① 据潘醒农考证："据传在新英人莱佛士未抵新加坡之前，新加坡为一渔村，马来苏丹居住在石叻门。有海阳人十余名，每受巫人残杀，乃由暹召集潮侨前来，居住于山仔顶，即今粤海清庙宫地。嗣后庵埠东溪人王钦（十八万胜之后）及王丰顺两人，首先航海来星，为潮侨首领，建粤海庙，创义安郡。"② 另外，按照 Jason Heng 的说法："王钦（陈亨钦）和王丰顺二人皆是开埠前新加坡的潮州首领，并于 1819—1820 年间在新加坡河畔建立一座妈祖神坛，即粤海清庙的前身。"③ 以上引文显示，粤海清庙可能早就存在于新加坡河畔，金协成商号（船号）于 1819 年元月前往粤海清庙祭祀之事估计不假。"粤海清庙最初据谓系一座亚答屋，为林泮等所建，至清乾隆三年已改建多次，清道光丙戌年改建一次，最后一次（系第六次）之重修，系于光绪廿二年丙申三月二十五日，督造人为陈绵捷。"④ 针对粤海清庙相对简陋的祭祀场所，金协成敬献一个原乡常用的高大厚重的石质香炉作为粤海清庙诸神明更好的依凭所在，显得十分有意义，也符合常规状态下酬神的标准做法。假使其时粤海清庙是砖瓦土木结构的宫庙，按照惯例，金协成敬献匾额可能会更合时宜。

而到了 1826 年，粤海清庙的信众集中敬献了多副对联与两个香炉，虽刻有纪年的只有两副，分别为"道光丙戌仲夏/梅邑众治子同敬刊"的"厚德同天广荫群生恩有再/母仪称圣功超众庶福无边"，"道光丙戌夏月梅邑众治子同敬刊"的"道本真通总摄灵源归静穆/魔凭武伏还将生气寓威严"，以及道光六年（1826）曾四合敬献的"玄天上帝"石香炉和同款式同材质无纪年与敬献人名的"天恩"香炉各一个。其中，还有没有纪年也没

① [英] 哈·弗·皮尔逊：《新加坡通俗史》，福建师范大学外语系翻译小组译，福建人民出版社，1974，第 3 页。
② [新加坡] 潘醒农：《潮侨溯源集》，金城出版社，2014，第 10 页。
③ 转引 [新加坡] 李志贤：《新加坡古刹粤海清庙初创史实考略》，张禹东、庄国土主编《华人华侨文献学刊》（第七辑），社会科学文献出版社，2019，第 8 页。
④ [新加坡] 潘醒农：《马来亚潮侨通鉴》，南岛出版社，1950，第 351 页。

有敬献人信息的对联多副，比较重要的有"恭贺圣母元君荣陞/沐恩广府甯邑众弟子同敬"的"圣德配天海国慈航并济/母仪称后桑榆俎豆重光"和"恭贺玄天上帝荣陞/沐恩广府甯邑众弟子同敬"的对联，丁荷生与许源泰认为是 1826 年信众敬献的。[①] 综合上述文物的历史信息，1826 年粤海清庙得到重建是没什么大的疑问的。其时，新加坡的英国殖民者已经摆平了与柔佛苏丹以及老对手荷兰人之间的政治麻烦，也得到了英国殖民政府的重视，可以一心一意地大搞自由商业港建设，各地华人商船来往频繁，在新加坡谋生的华人族群也随之稳定下来。

林纬毅曾收集到一份 1967 年出刊的《万世顺公司颁发端蒙中学生助学金启事》，其中写道："本公司为潮人之慈善宗教信托机构，其创立年代，远在汽船未发明之前，当时各行行潮、暹、粤、星等地之高大帆船（俗称红头夹板船），船员搭客及有关寄货商号，为谋联络感情，并可于各船安抵星洲后，到粤海清庙主持祭祀天后圣母，虽发起组织。盖习俗相传，咸认为天后圣母为掌管海中权威之神，凡远涉重洋，虔诚祷求者当获保佑，而可免虑险阻，沿途风平浪静到达目的地；至于万世顺名称，则采用万事风调雨顺之义。"[②] 万世顺公司叙述其创建初衷，并参与主持粤海清庙，显示其享有粤海清庙天后圣母的祭祀权，二者历史渊源可谓颇深。"万世顺公司的设立是为了管理据称在 1820 年创立的妈祖庙，主持祭祀妈祖。"[③] 因为史料的缺失，新加坡开埠前后粤海清庙的情况并不明晰，甚至出现说法矛盾的地方。但 1826 年以后，粤海清庙信众活跃度突然变得很高，除了前述的对联与香炉，后续还有道光十七年（1837）陈仁合向粤海清庙天后圣母敬献标有"风调雨顺"字样的铜钟，道光十八年（1838）沐恩弟子潮府海邑洽峰炉向玄天上帝敬献铜钟，道光癸卯年（1843）沐恩弟子杨永昌敬献"粤海清庙/玄天上帝""粤海清庙/天后

---

① ［荷］丁荷生、［新加坡］许源泰：《新加坡华文铭刻汇编（1819—1911）》（上册），广西师范大学出版社，2017，第 11 页、第 18 页、第 23—26 页、第 19—21 页。

② ［新加坡］林纬毅：《万世顺公司与新加坡潮人的妈祖祭祀》，［马来西亚］何国忠编《百年回眸：马华社会与政治》，华社研究中心，2005，第 149—150 页。

③ 同上书，第 143 页。

圣母"仪仗牌一对。只有刻有"甲辰年孟冬"（1844）、"合境平安"字样的天恩炉一个，无具体敬献人，似乎是粤海清庙自置。从某种程度上来说，万世顺公司对于新加坡开埠后粤海清庙的重建与香火兴盛发挥了不小的作用。而1826年粤海清庙重建后很有可能是砖瓦木结构，因此其后才能悬挂两口大铜钟与那么多的对联与牌匾，基本奠定了后来粤海清庙的核心格局。尤其是1843年信众敬献的两块仪仗牌，表明了粤海清庙的信众已经按照故乡的模板，"农历十一月间举行一年一度的'游神'"①，因此才需要用到这样隆重的仪仗道具。

1845年，"义安公司"正式成立。粤海清庙留存有同年"义安公司"字样的匾额一块。"义安公司"其来有自："澄海佘有进于1830年前后，召集澄海与揭阳二县乡人陈、蔡、林、黄、郭、吴、沈、杨、曾、刘、王十二姓氏，捐资组义安公司（潮州古名义安郡，昔人俗称义安公司为义安郡），宗旨半为信奉玄天上帝及天后圣母，祈求神庇；半为购置坟地供潮人埋葬。"② 也就是说，19世纪30年代左右，佘有进等一批潮郡精英分子就开始介入粤海清庙的建设与管理。其信奉的玄天上帝，早于1826年粤海清庙重建时就已经与天后圣母并排被供奉在庙里了。"义安公司成立初期，办公室即在粤海清庙，其不但是粤海清庙的管理者，也是产业的拥有者。由此可见，在义安公司成立后，粤海清庙的管理权遂由万世顺公司转向义安公司。但是，万世顺公司仍有主理祭拜妈祖事宜。在另一方面，凡是有关玄天上帝的祭祀，则由义安公司出面。"③ 万世顺公司与义安公司都是潮郡人主事。林纬毅甚至还回到潮州樟林港做田野调查，认为粤海清庙天后宫应当承自樟林古港，玄天上帝信俗同样在樟林镇盛行。在樟林古港最大的新围天后宫正殿门楣上，林纬毅发现

① ［新加坡］吴华：《粤海清庙话旧》，［新加坡］林孝胜、张夏帏等：《石叻古迹》，南洋学会，1975，第146页。

② ［新加坡］潘醒农：《潮侨溯源集》，金城出版社，2014，第99页。

③ ［新加坡］林纬毅：《万世顺公司与新加坡潮人的妈祖祭祀》，［马来西亚］何国忠编《百年回眸：马华社会与政治》，华社研究中心，2005，第143页。

了"天后圣母宫"与"天恩公"两块匾额①，尤其是"天恩公"匾额，可与粤海清庙留存下来的两个刻有"天恩公"字样的清代石质香炉互相印证二者的历史渊源。义安公司的成立，预示着潮郡人在新加坡建立了潮州人的管理机构，在号称"陈天蔡地佘皇帝"的佘有进及其子孙的持续掌管下，于19世纪后半叶在新加坡发挥了巨大的作用。

粤海清庙在光绪丙申年（1896）得到了重修，虽然没有留下重修碑刻，但是梁柱上刻着三处"光绪（廿）二年岁次丙申三月念（廿）五日巳时粤东众绅商重修（天后宫）/（上帝公）/（义安公司）办公室"字样，足以证明义安公司与粤海清庙一体两面，成为新加坡潮州人的总管理机构与精神信仰中心。此次重修后，除了自家粤东众绅商、粤东沐恩治子众绅商各敬献两块匾额给天后与上帝公外，潮郡茶阳会馆众信商、琼州众信商、广惠肇众信、应和馆众信也都敬献了两块匾额给天后与上帝公，可见粤海清庙得到了粤东人、广府人、广东客家人以及琼州人的认可与敬重。最显赫的当然还是光绪皇帝御赐给粤海清庙天后宫的"曙海祥云"匾额［光绪二十五年（1899）四月吉旦］，使得粤海清庙在新加坡的影响力达到了顶点。

（二）海唇福德祠与福德祠绿野亭公会

福德祠绿野亭公会曾在1995年立了一块《福德祠绿野亭沿革史》的碑刻，其中对海唇福德祠、青山亭与绿野亭之间的关系及它们的历史有简明的介绍。"福德祠于一八二四年创建，迄今已逾一百七十一年之悠久历史，为广客两方十一间会馆（包括肇庆会馆、惠州会馆、番禺会馆、南顺会馆、宁阳会馆、中山会馆、冈州会馆、东安会馆、三水会馆、应和会馆、丰永大会馆）合作筹谋，共同管理之机构。福德祠董事部设立之初，不仅系为管理福德祠大伯公庙宇之事务，对于十一间会馆之乡人，亦作生老病死之安排，曾先后设立青山亭及绿野亭两处坟场，

---

① ［新加坡］林纬毅：《万世顺公司与新加坡潮人的妈祖祭祀》，［马来西亚］何国忠编《百年回眸：马华社会与政治》，华社研究中心，2005，第142页。

供乡人身后之牛眠吉地。"① 可见，海唇福德祠先后与青山亭及绿野亭在新加坡开埠之初组合成广惠肇与嘉应丰永大方言群体的精神信仰中心与管理机构。

1. 海唇福德祠

海唇福德祠被誉为"早年新加坡华人社会中丰永大嘉应与广惠肇方言群体的共同核心"②。陶公铸曾描绘过海唇福德祠的前身："据前人所述，当日神座为一长者之坟地，初不过陋小而仅具规模，后以声灵赫濯，远近蒙庇，遂至祈祝者日众，及道光甲申，乃集众而扩建之，并为属人多谋福之事，由是香火日盛。"③ 因遇见"水流尸"而打捞上岸建坛祭祀在中国原乡并不少见，但多为附祀在集中埋葬此类无主尸骨的"万善坛"里，非常时期则单独建设为"有应公坛"，实行单独祭祀，海唇福德祠的前身应该是后者。后因香火旺盛，有应公便由"厉鬼"上升为"英魂"，进而自然而然将"有应公坛"升级为福佬人所称的福德祠，而称"大伯公庙"更符合客家人的传统叫法。

新加坡开埠之初，也就是道光甲申年（1824），海唇福德祠已然完成了最初的身份转变。1824 年，海唇福德祠重修时，便有潮府众弟子敬献"泽被海岛"的匾额，广惠肇三府众信士亦敬送"赖及遐陬"的匾额，表明其时潮府众弟子与广惠肇三府众信士是当时海唇福德祠的核心信众。道光十九年（1839）出现了宁邑信众伍福敬奉的对联"先有往以开将来德深贻留传万古/创于前而启乎后芳征递绍□千秋"一副。此时大概可以看出海唇福德祠信众主要是以潮府人与广府人为主的广惠肇等帮群，至于潮府人到底是哪些，会不会就是潮州府讲客家话的大埔与丰顺这两个县的人？不得而知。咸丰四年（1854）海唇福德祠进行了一次规模较大的重修，留有两块碑刻，可供一睹。其一，《重修大伯公庙信众

---

① ［荷］丁荷生、［新加坡］许源泰：《新加坡华文铭刻汇编（1819—1911）》（上册），广西师范大学出版社，2017，第 186 页。

② 李奕志：《从海唇福德祠到绿野亭》，［新加坡］林孝胜、张夏帏等：《石叻古迹》，南洋学会，1975，第 199 页。

③ 陶公铸：《福德祠绿野亭沿革史》，《福德祠绿野亭沿革史纪念特刊》，转引自曾玲：《福德祠绿野亭发展史（1824—2004）》，华裔馆，2005，第 91 页。

捐题芳名碑记》（广惠肇信徒竖碑）：

> 兹我广惠肇府人等羁旅于此，环居一埠，敬立福德神，建庙以壮神威，设祝以崇祀典，由来尚矣。但岁月已赊，历久年湮，众福有瓦毁墙倾之叹。爰是□众福信人等发布签题……鸠工庀材，仍旧基址，工竣告成，庙貌焕然而聿新，宝殿昂焉以辉煌……①

其二，《重修大伯公庙信众捐题芳名碑记》（嘉应丰永大信徒竖碑）：

> 夫嗒叻坡之有福德祠也，由来既久，其声灵赫濯，远近咸知，故祈祝者日众。迩因栋宇垣墙渐见朽坏，予等深蒙福庇，何能漠不关情。爰告同人共劝美举，从新改建，功乃不日而成，祠宇增华，顿觉大观在上，神灵式妥，庶几锡福无疆。②

此次重修，广惠肇帮群与嘉应丰永大帮群各立一重修碑，显示了这两个帮群既联合奉祀海唇福德祠，又强调彼此间的帮群区别。有意思的是，此次重修，两大帮群内部各个地缘帮群又以各自的身份竞相向海唇福德祠敬献匾额，显示了两大帮群内部又有更小的区别与联合，在共同奉祀海唇福德祠面前，都希望得到更细微、更好的庇佑。这些匾额除了一块是咸丰四年（1854）广惠肇帮群与嘉应丰永大帮群以"沐恩众弟子同重修"的名义敬献的"德泽流辉"匾之外，咸丰五年（1855）分别有潮郡众治子同敬立"保障黎群"匾，丰顺、大埔、永定众弟子敬献"福庇苍生"匾、惠府众信同敬"德高千古"匾、肇庆馆众等敬献"德被南方"匾、冈州馆众信等同敬"福至冈城"匾、广府客邑众弟子同敬"同沾厚恩"匾、嘉应州众弟子拜题"德符坤厚"匾。还有信众个人敬献的匾额若干，譬如埔邑余宰兆、崇先同敬酬"福庇无疆"匾，嘉应信生罗

---

① ［荷］丁荷生、［新加坡］许源泰：《新加坡华文铭刻汇编（1819—1911）》（上册），广西师范大学出版社，2017，第43页。
② 同上书，第47页。

桢祥携子和生、进生同敬酬"惠我无疆"匾等。海唇福德祠的核心信众在此一览无遗，非两大核心帮群的潮郡众治子亦一路追随奉祀至此。1854年爆发的新加坡闽潮两帮群大械斗，跨帮组合的广客帮也加入战围和潮帮统一战线①，此可能为二者渊源之一。

随着新加坡社会的发展以及各帮群的发展壮大，嘉应丰永大帮群与广惠肇帮群在建设海唇福德祠的过程中出现了竞争现象。同治八年（1869），嘉应州五属与大丰永三邑联合捐金整修了海唇福德祠内部梁宇，并在福建长泰籍的未来福建帮群领袖章芳琳及其兄弟章芳元赞助边地一方的情况下，修筑了庙前堤岸，即所谓"兹我大伯公之有此也，固既历历有年矣。恩泽所敷，同沾大道之化；威赫所至，共沐公正之灵。凡士商之往来，及工贾之出入，无不交相喜焉。特以栋梁式焕，内既壮其观瞻；堤岸攸关，外当昭其巩固……是以合嘉属而连三邑，酌议捐修，劝成美举，庶几度此土工，筑斯垣墉，则祠宇长经于万载，俎豆永享千秋"②。按道理而言，嘉应丰永大帮群撇开广惠肇帮群，而集资动手整修福德祠，并建筑堤岸，这事颇有蹊跷，相关碑刻里也只字不提广惠肇，这在新加坡华人社会产生的影响肯定也不小。同治九年（1870），广惠肇帮群估计不愿意就此被削面子，积极做出了回应，鸠金砌筑福德祠前台地与围墙。福建帮群未来领袖章芳琳昆仲亦捐地两段，共同为福德祠的迎神赛会、演戏酬神提供了一处整洁可靠的庙前埕地。《砌筑福德祠前地台围墙序》云："兹我惠州、广州、肇庆府士民黎庶，云集于斯土，商贾工匠，营业于嘉坡。神灵庇祐，共沐鸿庥。是以春祀秋尝，峻崇典礼，梨园歌舞，庆颂神恩。惟是祠前之地，乃为演戏酬颂之场，而地附海隅，窈波涛汹涌，日久倾颓，必须砌筑土石，以坚垣墉，斯为久远之计。但祠尝无多，难以作事。故爰集众议，开劝捐之规，载册签题……今既蒙神灵式凭，砌筑告竣，磐石巩固，以千秋勿替之业，颂祷酬恩，

① ［新加坡］林孝胜：《神权·绅权·帮权——帮权结构与帮权政治》，［新加坡］柯木林主编《新加坡华人通史》（上），福建人民出版社，2017，第94页。
② ［荷］丁荷生、［新加坡］许源泰：《新加坡华文铭刻汇编（1819—1911）》（上册），广西师范大学出版社，2017，第76页。

以万年钟鼎之基。"①

此次广惠肇帮群小型整修福德祠庙前埕地，亦只字不提嘉应丰永大帮群，或许二者此次整修福德祠就有分歧，毕竟整修庙宇所费资金不在少数，众口难调之下，很多事多因此而废。但是在嘉应丰永大帮群带头整修的情况下，广惠肇亦不甘人后，对等地完成了作为福德祠核心信众之一的责任与义务，成功挽回了自身的颜面及其在福德祠的话语权。

1869 年正是苏伊士运河开通的时间，大西洋的船只终于可以不用再绕过遥远的非洲好望角，而操此捷径进入印度洋。直指非洲好望角航线的巽他海峡的重要性也因此相应下降，马六甲海峡再次显得异常重要。而早在鸦片战争之后，新加坡良好的发展势头，尤其是其中转自由商业港的地位大受香港的影响。但苏伊士运河的开通以及蒸汽船的大量出现，使得中西方经济文化交通远超以前，马六甲海峡也因此成为最繁忙的海上大通道。新加坡大受其益，再度振兴自由商业港的经济。新加坡华人社会也随之有了突飞猛进的发展，各帮群的发展亦是水涨船高。海唇福德祠广惠肇帮群与嘉应丰永大帮群的矛盾终于通过一桩常见的庙宇管理纠纷爆发了出来。海唇福德祠留存有一块《福德祠二司祝讼公碑》，其文如下：

> 立合约人：广惠肇、嘉应丰永大等，缘因海唇福德祠内，二司祝人争闹，哓哓不休，致讼公庭，蒙总巡捕护卫司二大人提讯在案，随转谕两造伸商秉公妥办。兹已平允各无异词，此后共敦和睦，永相亲爱，特立明字存据。谨将章程列左：一议，所有入庙参神宝烛香油等项，及内外题福、潮、海南帮所捐签之银，概归入庙尝，不许投充，以免滋事。一议，众请司祝四人，广帮二人，嘉应丰永大二人，其入归值年炉主酌请。一议，庙内出息或不敷用，由两籍均派，各沾一半。一议，司祝工食，俱有庙内出息支给。倘有借端滋事，值年炉主集众

---

① ［荷］丁荷生、［新加坡］许源泰：《新加坡华文铭刻汇编（1819—1911）》（上册），广西师范大学出版社，2017，第 68 页。

处革。大英一千八百八十七年然花里十二号。清光绪十二年十二月十九日。①

碑文显示，广惠肇与嘉应丰永大两帮群在福德祠的代言人——日常管理人员司祝，因为福德祠日常香火油资的分润不均而产生矛盾，以至于非得通过打官司解决。司祝只是受两帮群各自雇佣的管理庙宇日常运行的人员，此事如果没有两帮群领导层的支持，即使私人有矛盾也没有胆量和权力这么做。随着新加坡华人各帮群的发展，前来海唇福德祠添香加油的信众越来越多，以至于产生巨大的钱额，关于如何消化处理这部分庙产，如果帮群之间不好沟通的话，只能向上寻求解决途径。通过雇佣人员司祝的矛盾，寻求总巡捕护卫司的判决，既能避免两大帮群矛盾激化，又能比较妥善地解决这个问题。否则按照惯常帮群之间矛盾解决之道，便是直接解雇司祝，双方领导层坐下来谈，内部解决就可以了。从新加坡官方判决的结果来看，双方还是不愿意撕破脸，想要继续维持联盟，并强调庙产及双方责任与义务均分，比较公允。

2. 福德祠绿野亭

福德祠绿野亭是一个由来自中国广东广州、惠州、肇庆、嘉应、丰顺、大埔和福建永定的移民所建的坟山管理机构，也是殖民时代新加坡广府、客家两个方言群、十一大会馆以及上百个血缘、地缘、业缘等团队的最高联合宗乡组织。与新加坡移民时代一般华人社团不同，绿野亭是由（海唇）福德祠庙宇与绿野亭坟山两部分组成。②

自 1840 年伊始，绿野亭就与海唇福德祠的历史牢牢捆绑在一起，共同组成了新加坡广惠肇与嘉应丰永大两大帮群的联盟总机构，效仿福建帮的天福宫与恒山亭并与它们相抗衡。道光庚子年（1840）绿野亭创建

---

① ［荷］丁荷生、［新加坡］许源泰：《新加坡华文铭刻汇编（1819—1911）》（上册），广西师范大学出版社，2017，第 69 页。

② 曾玲：《福德祠绿野亭发展史（1824—2004）·导言》，华裔馆，2005，第 5 页。

初始留下了相关碑刻《广东省永定县重修冢山碑记》：

> 尝思画栋雕梁，正生前安居之所，牛眠马鬣，乃殁后葬身之基。况吾侪寄迹江湖，尽是离乡之客，而死亡疾病亦人所不能无，夫如是而阴巢死穴之事，岂可阙焉弗讲乎？兹□□□□□我广、惠、肇、嘉应州、大埔、丰顺、永定等庶，昔年亦有公司之山，奈历年多鳞冢叠叠，不惟坟墓相连，抑且棺上加棺，触目固皆伤心之处。爰集众而合谋，皆齐声而踊跃，此日尽善，休哉！何□□之妙□□□□明朱印约据，无非龙蟠虎踞荫百子与千孙，而山环水秀堪作后人之佳城，其暴露之情可保无虞矣。但独力维艰，众擎易举，劝斯盛事，赖有同心，其多助寡助，岂可同一而齐观哉。此乃总理缘首□□□□□泐石镌碑，芳名永垂万古，盛德天地同休，行青山巩固，木欣欣向荣，伫看绿水潆洄，草萋萋而沾露，幽魂戴德，奕世蒙庥云尔。①

陶公铸对此有比较好的梳理：

> 戊戌之先，属人原有青云亭之设，位于本坡安祥山之东……新加坡开埠之初，七属同人南来者日众，黎庶云集，远离祖国，而灾疾死亡之事，亦在所不能无之，属人等，以不忍目睹暴露之情，以其榛莽青苍，丘陵起伏，故命其名曰青云亭……道光十八年戊戌，青山亭，以经历多年，已觉一片青山，鳞冢叠叠，不惟墓碑相连，抑且常多棺上加棺之事，令人触目伤心。于是推番禺胡其南，大埔陈嘉云，南邑何亚炎，为大总理，嘉应叶裕昌、刘露清、李友清，番禺黄亚周等为副总理，申请近郊地一段……辟为新山义冢……溯自戊戌上巳，迄庚子中秋，从事于此山清理建设者，凡三年，山前筑一小桥，又建一亭，颜其额曰绿野小亭，盖取青山与绿野相对之义也。②

---

① ［荷］丁荷生、［新加坡］许源泰：《新加坡华文铭刻汇编（1819—1911）》（上册），广西师范大学出版社，2017，第193页。

② 曾玲：《福德祠绿野亭发展史（1824—2004）》，华裔馆，2005，第91—92页。

由此可见，广惠肇帮群与嘉应丰永大帮群于1840年联合共建绿野亭坟山，外加对海唇福德祠的共同信奉，1854年共同重修海唇福德祠便为顺理成章之事。绿野亭还曾有两块关于重修新山利济桥的碑刻，分别为同治元年（1862）与光绪十年（1884）所立，碑文里都有"吾粤广、惠、肇、嘉应、大埔、丰顺、永定之商客人等"的重修主体人的表述，与1869年、1870年海唇福德祠嘉应丰永大帮群、广惠肇帮群分别独立整修庙宇堤岸、台地围墙之举，以及1886年嘉应丰永大帮群与广惠肇帮群的司祝发生矛盾乃至打官司的事件，表现大相径庭。在死亡与神明以及外帮人面前，两大帮群团结一致，但在权力与利益面前又有所分歧，这可能也是新加坡华人各大帮群相互之间共同的特点之一。

（三）广惠肇帮群与嘉应丰永大帮群内部各小帮群会馆的创建及其民间信俗内容

"十九世纪星华社会的帮权政治的另一极端是福建帮之外的其他各帮，包括潮、广、琼、客方言群。各帮皆有其各自的地缘性组织。""在十九世纪，潮帮以种植甘蜜和胡椒为主要职业……大部分分散在各港脚……过着分散式的园丘生活……缺乏凝聚力……在人数上仅次于福建帮，但在地缘组织方面却显得非常单一，无小集团分化的现象。""琼帮的人数较少，但团结性很强，在十九世纪只有一个总机构的地缘组织，无其他小集团组织。"① 因此，我们集中把目光放在广惠肇与嘉应丰永大两大帮群内部的小帮群组织上，看看新加坡开埠早期，他们如何围绕着家乡神明以构建自己的小帮群地缘组织，积极适应新加坡华人社会生活。

1. 宁阳会馆

"一八二二年，曹亚志创立该会馆时，初称为'宁阳公司'，馆舍乃以亚答与茅草所建造。"② 曹亚志旗下多为广东省台山县移民，该会馆主

祀关圣帝君。1997年的《宁阳会馆改建记》记述："我宁阳会馆肇造于清嘉庆二十五年（1820），后新嘉坡开埠仅二年耳，实开华人社团之先。其馆舍且免征税，盖以吾邑先贤曹公亚志，当新嘉坡开拓之始，鼓勇先登故，亦酢土酬庸之意也。"[1] 碑文里的说法是根据1949年2月6日记者洪锦棠发表的一篇报道[2]而改写的，但这并不妨碍确定宁阳会馆为新加坡开埠以来最早设立的会馆。根据陈荆和考证，曹亚志亦是实际存在的历史人物。道光二十八年（1848），宁阳会馆重修，立了《宁阳会馆重建石碑》，碑文很好地道出了修建会馆的真意。

> 宁阳阖邑庶姓，来集于新州者，实繁有徒，或为工匠，或为商贾，亦各安分，呈能有干有年于兹土矣。但思远适异乡，散不合之而聚，疏不联之使亲，得毋离志解体，休切不相关乎。赖我圣朝天子，泽普祥和之化，仁义经济布教于天下。窃以谓人众固贵齐于一心，而能一之具尤捷见于公馆，夫是馆也，岂曰小须哉？……而馆告成，适以时和会群分者于斯，类聚者亦于斯，敬建神灵而奉祀之，以介眉寿，以迓鸿庥。正堂广大高明，武帝诸神坐焉；附祠清静悠闲，先主位焉。盖以上答神恩，下以妥先灵者，须在是矣。至于祭毕而宴，毋分族姓之强弱，毋论人数之多寡，相视当如一家，四海之内皆兄弟，况生同厥邑者乎。间有情事不均，众从公馆处理，以正纲常，以息怨怒。由是在家者，可以安心无忧；羁栖者，亦听得所而无患。而可久可大之规模，由此基矣。[3]

敬神、祭先、联络乡谊、解决内部纠纷等内容是宁阳会馆创设与重修的主要目的，尤其强调宁邑内部应当不分强弱多寡，四海皆兄弟，同

① ［荷］丁荷生、［新加坡］许源泰：《新加坡华文铭刻汇编（1819—1911）》（上册），广西师范大学出版社，2017，第219页。

② ［新加坡］张夏帏：《曹亚志与曹家馆》，林孝胜、张夏帏等：《石叻古迹》，南洋学会，1975，第173页。

③ ［荷］丁荷生、［新加坡］许源泰：《新加坡华文铭刻汇编（1819—1911）》（上册），广西师范大学出版社，2017，第287页。

邑更甚。这是在广惠肇与嘉应丰永大的总管理机构——海唇福德祠与福德祠绿野亭公会已经创设多年的情况下，宁阳会馆重修时强调的核心内容。可见小群帮地缘性组织多从自身所处的社会环境出发，在异域他乡优先团结最小单位的帮群，再根据社会环境的发展变化，结成更大的帮群联合，同时也不放弃自己小帮群的内部联合。

2. 应和会馆

应和会馆由嘉应五属梅县、蕉岭、五华、兴宁、平远等客家人创设于1822年，主祀也是关圣帝君，被誉为新加坡第一个客属会馆。道光二十四年（1844）的《重建应和馆碑》记载：

> 盖闻客旅重洋，互助为先，远适异邦，馆舍为重。兹我梅州应和馆，立于喀地。屋建三重，既羡神灵得所，□□□□□□□□□□□当日谋胜于在斯。本馆于道光三年经营创设，年来年往，物换星移。今者我同人义倾山海，气协芝兰，睹遗基之有感，发善念而无私，谓云安兹芜旅，□□扩其鸿规□□呼欢心□起捐金五邑，卜筑三时，在昔择吉兴工，重建经始，而今收工告竣，落成克终。仰圣殿之辉煌，共奉一龛香火，芜旅邸□宽广，咸叨十箴容居□□□□□长居厦屋，抑或年寒月苦，得上春台……①

据应和会馆刊物记载，该馆是由刘润德等人集同乡资力而创建的，建立之初是以"共奉一龛香火"的神庙形态出现。② 先神庙后会馆是南洋华人社会逐渐安稳下来以后最常见的创建程序，毕竟初始阶段，势单力薄。人多势众之后自然寻求创建稳固宽敞之所，以更好地供奉神灵，服务自身族群，原乡"神比人大"的传统理念牢不可破，以求人神熙和，协兴发展，应和会馆也不例外。碑文里强调的"今者我同人义倾山海，气协芝兰"更具有江湖义气的味道，少了一份传统儒家的温和敦

---

① ［荷］丁荷生、［新加坡］许源泰：《新加坡华文铭刻汇编（1819—1911）》（上册），广西师范大学出版社，2017，第205页。

② ［新加坡］李奕志：《第一个客属团体——应和馆》，林孝胜、张夏帏等：《石叻古迹》，南洋学会，1975，第181页。

厚，但与强调同邦同邑要互助为先、同心同德是一致的。

应和会馆和宁阳会馆都是新加坡开埠以来最早创立的会馆，他们与19世纪30年代初创建的金兰庙和庆德会不太一样。首先，创建时的社会大环境不一样。应和会馆和宁阳会馆都是在开埠初就创建了，与其说是强大的福建帮群的压力所致，不如说是广府人与客家人在南洋混迹多年之后善于抱团取暖的经验使然。因为开埠初的福建帮群实力尚谈不上强大，"有迹象显示构成日后新加坡华人商人阶级主干的马六甲漳泉商人，在1824年之前采取观望态度"①。其时马六甲土生华人还在荷兰人的统治之下，荷兰人严禁其麾下的一切人员、资源向其死对头英国人的殖民地流动。至少要等到1824年，荷兰人与英国人互换马六甲与明古连，以马六甲海峡为中线，划定二者在南洋一带的势力范围之后，马六甲土生华人才能够自由奔向新加坡，大施拳脚。薛佛记于1827年才创建福建帮群总部恒山亭即是明证。其次，莱佛士以"商人至上"的规划迫使广府、客家人创立会馆加以自保的说法，也有问题。"莱佛士于1822年10月底给市区发展委员会的指示中，就提到居住在直落亚逸和甘榜格南沿海一带的华人手工艺技工必须搬迁……造成一次大迁徙运动，几乎历时两年才安定下来。"② 此次搬迁几近1822年底，或许应和会馆于1822年创建，还擦了点边。宁阳会馆则创建于1820年，远早于此次大搬迁的时间。而金兰庙与庆德会创建时已经进入19世纪30年代。新加坡开埠后，各方主角陆续到场，进入了一个鱼龙混杂的阶段。福建内部小帮群虽然有恒山亭可以依靠，但很难面面俱到，因此需要小帮群局部结社以自保。由此，我们认为，新加坡开埠最早创建的宁阳会馆与嘉应会馆更多是广客人的谋生经验与习惯，只为供奉神明，抱团取暖，并非一开始就是因为强大的福建帮群的压制而创建。至于后续的广客各小帮群会馆的创建，自当别论。

---

① ［新加坡］林孝胜：《新加坡华社与华商》，新加坡亚洲研究学会，1995，第4页。
② 同上书，第5页、第7页。

二、福建帮的民间宫庙群

　　十九世纪新加坡华人人口中的福建帮是以操厦门语音系的漳州府、泉州府和永春州的福建人为代表。业缘属于商人阶级。在莱佛士建立新加坡的蓝图里，商人阶级凌驾于工、农阶级之上……福建帮是于道光七年（1827）建立漳泉公冢恒山亭于石叻律，作为福建帮的总机构。1840 年，又建天福宫于华商汇集的直落亚逸街，奉祀天妃、观世音等神祇。福建帮总机构也由恒山亭迁移至天福宫。直到 1960 年，福建会馆才成立，初附设在天福宫里。①

林孝胜将 1819 年新加坡开埠以后福建帮结社的主线整理得十分清楚，恒山亭与天福宫相继构成新加坡早期华人社会主要的精神信仰中心与管理机构。对于开埠较晚的新加坡，在南洋闯荡已久的闽南人早有准备，尤其是马六甲、槟榔屿等地的漳、泉籍土生华人，闻风而动，携带着大笔资财进入新加坡，凭借着先前多年与西方殖民者打交道的经验，一开始就在新加坡站稳了脚跟，联合源源不断南来的中国原乡商人、船主，成为新加坡华人社会的中坚力量，构建了相对稳固的福建帮华人社会，而恒山亭与天福宫也由此应运而生。

（一）恒山亭

　　在甘榜峇鲁区石叻路旁的小丘上，有间规模不甚大的庙宇，石叻学校就在庙的附近，此山丘早期称为恒山，山坡的古庙即是恒山亭。②

---

① ［新加坡］林孝胜：《新加坡华社与华商》，新加坡亚洲研究学会，1995，第 30—31 页。

② ［新加坡］张夏帏：《开埠初期扮演重要角色的恒山亭》，林孝胜、张夏帏等：《石叻古迹》，南洋学会，1975，第 41 页。

恒山亭现存最早的碑刻铭文为道光八年（1828）"漳郡浦邑东山上营社大董事薛佛记敬立"的"福弥春秋"匾，兼有对联一副"恒德摭伯权恩流异域，山灵镇公位化被中华"，后人多依此断定恒山亭至少在1828年便已经存在。另一佐证是，1827年5月20日福建帮以陈送为首呈函给驻扎官，请政府制止注辇人在福建公冢挖土，联名的还有颜栋、林全、张亚满、杨皂及蔡鸭。①

道光十年（1830）以薛佛记为首的华人鸠众在恒山之麓创建大型庙亭——恒山亭，主祀福德正神，并留有碑刻《恒山亭碑》，很好地记述了恒山亭创建的初衷及其历史由来。

> 夫叻州者包络山川，控引武垄，商贾于兹千仓万箱，是皆地之钟灵，水之毓秀者也，爰有人众之盛如此。然而托足异国，昔人所悲，犹未旋返莫可以期，存则荣归，没则旅瘗。眼见恒山之左，叠叠佳城，累累丘墟，或家乡远阻，吊祭不至；或单行只影，精魄何依？饮露餐风，诚无已时。每值禁烟令节，一滴之到夫谁与主？令人不胜感慨系之矣。是以会同人效文正公之妙举，建亭于恒山之麓，以备逐年祭祀，少表寸诚……
>
> 大董事：薛佛记　陈送观　高福元　瑞茂号　振源号
> 总　理：高修词　张续观　周正春　陈篆观
> ……
>
> 时道光十年岁次庚寅蒲月日　薛文舟勒石②

据林孝胜考证，恒山亭的建筑费由99位漳泉善士仁翁（大部分是来新加坡发展的马六甲漳泉商人）合捐5200西班牙元。③ 也有像陈送、陈

---

① 转引［新加坡］柯木林主编《新加坡华人通史》（上），福建人民出版社，2017，第112—113页。

②［荷］丁荷生、［新加坡］许源泰：《新加坡华文铭刻汇编（1819—1911）》（上册），广西师范大学出版社，2017，第78页。

③［新加坡］柯木林主编《新加坡华人通史》（上），福建人民出版社，2017，第112—114页。

新加坡恒山亭

笃生这样新来南洋打拼，最后在新加坡功成名就的漳泉原乡人。毫无疑
问，在新加坡的马六甲漳泉商人是以大董事薛佛记为代表，在他的大力
倡导下，创设了恒山亭。薛佛记晚年回到其出生地马六甲担任青云亭亭
主，从他对马六甲第二任华人甲必丹李为经的推崇，可见李为经在马六
甲的一系列义举对其影响颇大。其中，很重要的一项就是李为经为马六
甲华人购置了三宝井山坟地，并且与马六甲首任甲必丹郑芳扬一起创设
了马六甲青云亭。马六甲华人除了称颂李为经担任甲必丹的功绩，还极
力赞颂其"捐金置地，泽及幽冥"①。薛佛记担任青云亭亭主时，干脆将
李为经的禄位配入青云亭祭祀，并自己捐金为之置办后续的祭祀产业，
称颂李为经"方其少，既有超世之高才；及其壮，又有避世之远见……
道德齐礼，慈祥恺恻"②。薛佛记在新加坡创建恒山亭，正是以前辈李为
经的丰功伟绩为榜样而身体力行之。甚至连此次创建恒山亭后所立《恒
山亭碑记》的内容，也与乾隆六十年（1795）马六甲甲必丹蔡士章在前

①［德］傅吾康、陈铁凡合编《马来西亚华文铭刻萃编》（第一卷），马来亚大学出
　版部，1982，第 223 页。
② 同上书，第 248 页。

第四章　马六甲海峡的中国民间信俗

任甲必丹李为经所置办的三宝井山上创设宝山亭时所立的碑记内容如出一辙，择要赘录如下，以供比较：

> 滨海而城环廓而市者，甲州也。东北数峰……三宝山也。山之中，叠叠佳城，累累丘墟，因我唐人远志贸易，羁旅营谋未遂，殒丧厥躯，骸骨难归，尽瘗于斯。噫嘻，英豪俊杰魄欤？脂粉裙钗魂欤？值禁烟令节，片楮不挂，杯酒无供，令人感慨坠泪……然少立祀坛，逐年致祭，常为风雨所阻，不能表尽存诚，可为美矣，未尽善也。今我甲必丹大蔡公，荣任为政，视民如伤，泽被群黎，恩荣枯骨，全故老之善举，造百世之鸿勋。义举首倡，爰诸位捐金，建造祀坛于三宝山下，此可谓尽美尽善。①

由此可见，薛佛记正是深受马六甲先贤的影响而创设了恒山亭，并担任新加坡早期华人社会的领袖。

道光丙申年（1836），恒山亭针对新加坡华人社会日益发展变化的实情，立下《恒山亭重议规约五条》，涉及恒山亭里里外外的规范与管理，以严整的规章制度来进行有效管理，择要如下。

> 第一条，清明祭祀……众议，敬神既毕免用请客之礼……第二条，中元普渡……不可白昼致祭，实于幽明不便。第三条，中秋佳节，头家炉主……祀神既彻，可将福物收在炉主之家，邀请众头家同享神歆之福，所捐缘金，开费之外有存银员，概交本亭和尚收为备办红烟老叶茶等件以供炉主全年祭祀及待客不时之需……和尚……本冢之坟墓，宜早晚照顾巡查，免被禽兽毁坏。如有不遵者，或礼罚，或革出，皆从公议，绝不宽情。第四条，凡清明节、中元普渡、中秋佳节，一概不许闲人在亭内或亭外左右私设宝场，以乱规模。倘有不遵者，请襃黎大狗吗礁来，挪交襃黎责罚，又不许本亭和尚设卖鸦片烟，并不许

---

① ［德］傅吾康、陈铁凡合编《马来西亚华文铭刻萃编》（第一卷），马来亚大学出版部，1982，第 271 页。

在本亭边左右设卖鸦片烟馆。如有妄行不遵者，被众查知，将和尚革出，将烟馆拆毁，绝不容恕。第五条，恒山亭之香资，和尚于每月朔望日落坡捐化。而逐年唐船、暹船、安南船及外州郡之板船、双层船等平安抵圴者，公议唐船凡漳泉者每只捐香资宋银四大员，其船中人客募化多寡随其发心；如暹船、安南船及外州郡之板船、双层船暨各号等船，不论船之大小，但论船属漳泉者，议定每只船捐香资宋银二员。若属本坡之船，每年香资捐化一次。倘有船主不尊者，若遇其船中头目、伙计或有身故者，公议不许附葬于本冢山，着本亭和尚阻止。如漳泉人等身故要附葬于本冢山者，务必对值年炉主处取单，带交与本亭和尚为凭，如无取单为凭，亦着和尚阻止。

已上所议规约务宜凛遵毋怠毋忽

道光岁次丙申腊月穀旦　董事总理会同炉主及漳泉诸商众等公白①

此规约除了整顿日常亭务，确保恒山亭的场地、祭祀、香资等有序运行之外，最重要的是把捐献香资与能否附葬该冢山挂钩起来。对于如何处理身后事，是海外各华人帮群首要考虑之事。恒山亭首要任务是解决新加坡本地的华人社会的丧葬问题，此冢山本是他们创设的；其次则为来往新加坡的漳泉船商、水手等解决此难题，但是责任与义务是对等的，既然这些时刻流动而非定居新加坡的漳泉船商、水手想要附葬恒山亭冢山，自然需要在平时捐金赞助以积攒功德。有意思的是，该规约最后落款为"董事总理会同炉主及漳泉诸商众等公白"，也可明显看出其时新加坡本地华人社会与流动的漳泉诸商之间的身份区别，漳泉诸商众在恒山亭一直占有一席之地。另一方面，新加坡因为开埠晚，英国殖民者又实行自由商业港政策，使得有备而来的大量华人做好了定居发展的准备，尤其是马六甲等处的土生华人，这与明末遗民举家迁往会安或马六甲等处定居的情况实为殊途同归，比较容易促成华人社会在当地的成

① ［荷］丁荷生、［新加坡］许源泰：《新加坡华文铭刻汇编（1819—1911）》（上册），广西师范大学出版社，2017，第80页。

型与发展。外加新加坡种植业等各行业的蓬勃发展，也为后续华人留居新加坡提供了比较稳定的留居条件。而恒山亭又像马六甲华人社会的青云亭一样，扮演着新加坡早期华人社会精神信仰中心与管理机构的角色。

道光二十六年（1846），恒山亭冢山已满，福建帮群重开新冢山势在必行，而主事人薛佛记已经回到其出生地马六甲担任青云亭亭主。虽然马六甲与新加坡近在咫尺，但毕竟还是有空间隔阂，但薛佛记依然集众将此事处理好，并发了布告，即《恒山亭重开新冢布告事碑》（见以下引文）。次年，薛佛记在马六甲过世，并归葬在该处，神主牌被供奉在青云亭里，和其他许多为马六甲华人社会做出重大贡献的前贤一样受到了空前礼遇。

> 窃谓冢山之建，盖系仁人恻隐之心，欲俾死者所赖以安也。今观夫恒山旧冢，因山地狭隘，历年久远，是故坟堆累累，叠成鱼鳞，东西界限之内，别无罅隙可寻，仁人君子一经触目，宁不中心忉怛哉。爰是公议再建一山，地名柑仔园，涓此十月十二日吉辰，预备牲牷祷告山灵：厥后凡系福建人，倘有不测，可从而葬焉，务依旧冢规例，仍向恒山亭炉主给字，然后举行。兹已各事完竣，合应具白布告。本亭公议：凡有葬新冢山，定限每穴二丈二尺四方为度，不得多占公司之地。①

此碑文反映出三方面的重要信息，一是新加坡华人社会发展迅速，人口激增，身故者亦增多，又因历年久远，导致恒山亭冢山不敷使用，因此不得不重开新冢地，并且还特地规定了新墓地的使用尺寸，防止多占多用，以延长冢地的使用寿命。二是布告里只字不提购置新冢山的费用与具体操作，其理由不外是恒山亭原来购置的冢山比较大，原来只开辟了恒山亭旧冢山那一部分，新开辟的柑仔园也是原有冢山的一部分；

---

① ［荷］丁荷生、［新加坡］许源泰：《新加坡华文铭刻汇编（1819—1911）》（上册），广西师范大学出版社，2017，第81页。

如若不然，则是恒山亭香资积蓄较多，因此通过公议将此香资划出部分资金，重新购置了柑仔园新冢山，因此不需要向众人鸠金劝助。三是恒山亭开设柑仔园新冢地，依然按照中国原乡的习俗，先选择良辰吉日，准备祭品祭祀柑仔园的土地公、山神等所谓的"山灵"，如此才能心安理得地使用新冢山。

薛佛记这一番义举，在其后人身上得到了继承与发扬。光绪五年（1879），其子薛茂元担任恒山亭大董事，倡修恒山亭及新冢地路径，并捐金 800 元，为此次重修捐金最多者，立有《重修恒山亭碑记》，同时还回顾了恒山亭创设的历史。

> 恒山亭者，为妥冢山诸幽魂而作也。道光十年，文舟薛公董其事暨同志诸公筹赀创建于星嘉坡旧冢山之麓，去坡三里许，枕山面海，虎踞龙蟠；右则新山雾列，左则荒冢星罗，虽非山水形胜之区，颇负灵秀钟毓之异，祀福德正神于亭中，复募僧以奉香火。自是以来，闽之商旅是邦者，弥觉富有日新，而祈祷斯亭者，亦见熙攘辐辏，信乎地之灵人斯杰也。迄今四十余载矣，日征月迈，雨蚀风残，山川如故，庙宇改容。幸茂元君为文舟公令嗣，有志修葺，遂以重新义举，商于诸君，佥曰善善。乃相与捐金诹吉，革故鼎新，规模概依旧制，气象不减当年。又见新冢路径崎岖，往来甚苦，不惜浩工巨费，修筑坦平以便行者。是役也，喜文舟公之有众贤子，而又喜诸君之有善心焉。愿后世登此亭者，顾名思义，景仰前徽，传斯亭日新又新，恒久不已！则当年名斯亭之深意，庶乎得矣。①

（二）天福宫

"雄踞直落亚逸街的'天福宫'，是新加坡一座历史悠久的大丛林，

① ［荷］丁荷生、［新加坡］许源泰：《新加坡华文铭刻汇编（1819—1911）》（上册），广西师范大学出版社，2017，第 83 页。

也是福建会馆的前身……根据 Major James low 的报告：天福宫的建筑工程，从 1839 年兴建到 1842 年尚未成功，已经耗去宋银（西班牙银）三十千……所有的建筑材料，据说全是从中国搬运来的。""天福宫虽然在 1842 年年底（道光廿二年）才落成，然而据说在这之前，即 1810 年的嘉庆十五年，已有人在天福宫的原址设坛奉祀了。1821 年，天福宫的原址，已发展为一间小土庙。"①

此为柯木林梳理的天福宫建造及之前的历史。新加坡开埠后，发展日新月异，天福宫妈祖香火也日益兴盛。而此时福建帮群的信仰与管理中心尚为以薛佛记为首倡建的恒山亭。但是，19 世纪 40 年代新加坡发展已经进入新阶段。新加坡的华人人口在 1821 年为 1159 人，到 1836 年，也就是道光丙申年恒山亭颁布《恒山亭重议规约五条》之时，华人人口高达 13749 人，约为新加坡总人口 29984 人的 41%②。"随着人口激增，贸易的兴盛，社会问题日渐复杂，以'慎终追远'为主要目的的恒山亭，已经不能适应时代的需要了。"③ 1839 年，薛佛记回马六甲担任青云亭亭主，陈笃生一跃成为大董事，鸠众创建天福宫，立有《建立天福宫碑记》，可以一探究竟。

> 新加坡天福宫崇祀圣母神像，我唐人所共建也。自嘉庆二十三年，英使斯临，新辟是地，相其山川，度其形势，谓可为善贾聚集之区。剪荆除棘，开通道途，疏达港汉，于是舟檣云集，梯航毕臻，贸迁化居，日新月盛，数年间，遂成一大都会。我唐人由内地帆海而来，经商兹土，惟赖圣母慈航，利涉大川，得以安居乐业，物阜民康，皆神庥之保护也。我唐人食德思报，公议于新嘉坡以南直隶亚翼之地，创

---

① ［新加坡］柯木林：《古色古香的天福宫》，林孝胜、张夏帏等：《石叻古迹》，南洋学会，1975，第 49 页。

② ［新加坡］宋旺相：《新加坡华人百年史》，叶书德译，新加坡中华总商会，2015，第 18 页。

③ 陈荆和、［马来西亚］陈育崧：《新加坡华文碑铭集录·绪言》，香港中文大学，1972，第 9 页。

建天福宫，背戌面辰，为崇祀圣母庙宇。遂佥举总理董事劝捐，随缘乐助，集腋成裘，共襄盛事，卜日幸筑，鸠工疤材，于道光廿年造成。宫殿巍峨，蔚为壮观，即以中殿祀圣母神像，特表尊崇，于殿之东堂祀关圣帝君，于殿之西堂祀保生大帝，复以殿之后寝堂祀观音大士，为我唐人会馆议事之所，规模宏敞，栋宇聿新，神人以和，众庶悦豫。颜其额曰天福宫者，盖谓神灵默佑如天之福也。共庆落成，爰勒贞石，志其创始之由，并将捐题姓氏列于碑阴，以垂永久，俾后之好义者得所考稽，以广其祀于无穷焉。①

陈笃生作为第一代马六甲土生华人，相对于薛佛记，似乎帮群意识较为淡薄，而是更关注新加坡华人社会的整体利益。且看他于1844年创建向新加坡所有人开放的陈笃生医院时所立碑刻《陈笃生医院缘起》，即可知道陈笃生的胸襟。

大凡守望相助，里井原有同情，而疾病相持，吾人宁无夙愿？矧叻州者西南乃极，瘴疠频生，所以疮伤痑疾之人，尤为狼藉，既无衣食以御其饥寒，复无户牖以蔽其风雨，人生况瘁之遭莫逾于此，能不目击心伤哉！前国王树德推恩，经有猪仔之设以为病室。今盛典已不再矣！而道路匍匐，较昔日而愈甚焉。余自营商贾以来，私心窃念欲有所事于孤苦之人，而有志未举。幸际新嘉坡、槟榔屿、马六甲三州俄文律姑呢峇抵骊、勝示珍康申喳脂临苉，胞与为怀，恫病廑念，嘱余构屋以绍前徽，余因夙有此心，是以直任不辞，另寻淑地无杂嚣尘，俾斯人得所栖息。此一役也，虽曰亚命使然，而实不负于余之素志云尔。②

天福宫的创建在新加坡影响巨大，尤其是新加坡华人社会组织迎接从福建原乡运送过来的妈祖神像的仪式，引起了巨大的轰动。

---

① ［荷］丁荷生、［新加坡］许源泰：《新加坡华文铭刻汇编（1819—1911）》（上册），广西师范大学出版社，2017，第133页。
② 同上书，第252页。

迎神庙会的行列约有三分之一英里长，伴随惯常的铜锣和各种形态以及大小不一五光十色的彩旗……迎神队伍中最大特色是一些五岁到八岁的小女孩子，穿着各式各样鞑靼戏服和中国戏服，几个人一群地高坐在装饰得很华丽的阁台上让大家抬着走……那女神正身是安置在用黄色绸缎和黑绉纱装饰得很漂亮雅观的有华盖神轿椅上，神轿当中由人们扛运着，神轿的周围由一些穿着同一颜色的古装袍的华人卫队围绕护卫着……在市区里，华人早就依照他们所喜爱的形式建造了一座非常精美壮观的寺庙即"天福宫"来接纳这尊女神雕像了。华人把女神称为天上圣母或称妈祖婆……①

新加坡华人社会中福建帮群的人口与财力都是最为雄厚的。经过十几年的发展，福建帮群创建天福宫可谓顺应时势，厚积薄发，天上圣母神像与天福宫的所有建筑材料都从中国原乡运送而来，外加能够组织如此庞大的迎神赛会，由此可见一斑。从此，天福宫与恒山亭分管着福建帮群生与死的两大问题，一直延续到 20 世纪上半叶。

"由浮动人口到定居社会，天福宫的兴建，是新加坡都市建设的一个里程碑，它位于人口密集的直落亚逸街，介于商业区域住宅区之间，是漳、泉人聚居的地带。"② 陈笃生因应"唐人"的实际需求，在市区繁华地倡建天福宫，崇祀妈祖、关帝、保生大帝与观音大士，甚至连"唐人会馆议事之所"都规划在内，可见早已胸有成竹。如此兼顾土生华人与漳泉诸商众各自的需求，而实际上二者的神明信仰体系是一致的，只不过各有所侧重而已。譬如，马六甲土生华人的青云亭主祀观音大士，附祀保生大帝、天后与关帝，这是他们的神明信仰传统；而漳泉诸商走船跑马，崇祀天后娘娘，对家乡医神保生大帝亦崇奉有加，对于清廷极力推崇，乃至被敕封为"山西夫子"，与"孔夫子"并驾齐驱的关帝爷，更是亦步亦趋地加以信奉，对于观音菩萨的信奉也就更不陌生

---

① [新加坡] 宋旺相：《新加坡华人百年史》，叶书德译，新加坡中华总商会，2015，第 42—43 页。

② 陈荆和、[马来西亚] 陈育崧：《新加坡华文碑铭集录·绪言》，香港中文大学，1972，第 9 页。

了。陈笃生考虑更多的是新加坡"唐人"社会整体的需求。天福宫创建碑文中"唐人"指代新加坡华人的表述，迥异于恒山亭碑文中"漳泉诸商众""福建人"指代福建帮群的表述，由此可知陈笃生之用意。

当然，以陈笃生为首的天福宫主事者胸怀新加坡整个华人社会，并不意味着天福宫就理所当然地成为新加坡华人社会的精神信仰中心与管理机构。新加坡甫一开埠，莱佛士就对华人社会实行华人治华、分帮管理及商人至上的策略。莱佛士对此认识很清楚："要把华人的甘榜建立在适当的基础上，就必须注意这个特殊民族的地缘性和其他特性。大家都知道，某一个省份的人比另一省份的人较常吵架，而不同省份的人们之间，又经常发生不断的争执与骚扰，同时亦必须把定居者和行商区别开来……对于后者，特别对那些从厦门来的行商应倍加注意，由于他们在商业上的重要性，值得考虑是否适宜在欧人与苏丹居处外的军营西边，划出一块单独地段分配给他们作为旅新时居住。"①

而实际上，对于有备而来的各个华人方言帮，福建人与潮州人无论在人数，还是财富上并没有存在长期的压倒性优势，广府人与客家人人数虽然少一些，财力亦比较薄弱，但在充满致富机会的新加坡，也曾涌现胡亚基这样的商业巨子。他们亦不甘人后，外加所从事的手工业、服务业等职业具有很强的结社精神，财力不够，人数来凑。而各大方言群也确实存在着彼此竞争的关系，外加秘密会社的作用，19世纪六七十年代福建与潮州等帮群之间摩擦不断乃至大打出手，就对此下了鲜明的注脚。新加坡在这方面迥异于马六甲华人社会漳泉人长时间一家独大的情态。而新加坡恒山亭与天福宫的领导权也确实一直掌控在薛佛记与陈笃生等漳泉人手里。这也自然而然地给天福宫画上了福建帮群的色彩，信仰上可能还存在突破帮群的空间。但在管理上，各大帮群就很难取信于天福宫的主事人能够不偏不倚地处理华人内部事务。天福宫成立之后，19世纪后半期信众陆续向天福宫敬献了二十几块匾额、七副对联，除了几块署名缺失的匾额，其他都是由福建各邑信众所敬献，无一是广惠

① 转引［新加坡］宋旺相：《新加坡华人百年史》，叶书德译，新加坡中华总商会，2015，第10页。

肇、嘉应丰永大琼等帮群的信众，由此可见一斑。

（三）新加坡早期福建帮群内部小帮群的创建及其民间信俗内容

新加坡华人各大帮群内部一般由若干个小帮群组成，这些小帮群最初多以家乡神明为信仰依托，以地缘结成，也有行业帮群等。他们的建构与大帮群一样，都是因应现实需要，并且根据现有的财力与人力进行调整，与大帮群的发展并行不悖。

1. 金兰庙

"金兰庙坐落于丹戎巴葛附近的纳喜士街，俗称'菜市仔'。"① 主祀清水祖师，俗称祖师公会。以清水祖师在漳泉一带的影响范围而言，其信众以泉州人为主，在与泉州安溪县清水岩毗邻的漳州长泰、华安等地也颇有市场。陈荆和认为，1846 年 3 月 26 日新加坡《自由西报》有关新加坡私会党的报道有"Cho Soo Kong Hoe"一家，应指"祖师公会"。② 金兰庙现存纪年最早的是道光十年（1830）"金兰雅禊众弟子敬奉"的"德被生民"匾。又根据章芳琳于光绪七年（1881）重修金兰庙所立《重建金兰庙碑》有"兹者金兰庙清水祖师神殿，创于道光十年"的记述，金兰庙创建于 1830 年应当无误。

现存道光十九年（1839）的《金兰庙碑》实际上是一块 75 人捐金捐地碑，系以杨海清、陈治生、许荣海为首的金兰庙创建者群体。陈荆和发现《金兰庙碑》中 75 位创建人名字之后除了称"观"的，其他多有"哥""合"的叫法，他认为这是会党的作风③。但是，到 1881 年章芳琳重修金兰庙时，75 位创建人已荡然无存，金兰庙也已经转变成纯粹奉祀清水祖师的宫庙，很难描摹出其具体的会党内容。又如林孝胜描述："同时起到秘密会社如天地会的入会仪式皆需举行血誓仪式，但是金兰

---

① ［新加坡］林孝胜：《金兰庙的沧桑》，林孝胜、张夏帏等：《石叻古迹》，南洋学会，1975，第 67 页。

② 陈荆和、［马来西亚］陈育崧：《新加坡华文碑铭集录·绪言》，香港中文大学，1972，第 24 页。

③ 同上书，第 23—24 页。

庙没有这一套，仅举行一种焚烧黄色符咒的仪式。"① 因此，金兰庙不太像南洋典型的秘密会社——洪门天地会，倒更像临时起意的金兰结拜，目的也仅限于75位创始人彼此之间的互助，更没有表露出不可或缺的"反清复明"这样的既定政治目标的痕迹，以及烦琐的入会仪式与严密的会社组织。在这75位创始人有生之年，也找不到他们作为秘密会社参与新加坡等处的华人群帮之间争斗的痕迹。"金兰庙创立于新加坡开埠十一年后的1830年，正处于新加坡华人社会发展的萌芽期，各集团纷纷结社以保障各自的利益。"② 这是比较中肯的判断。也就是说，即使福建帮群已经有了恒山亭这样的总机构来处理协调帮群内部以及与其他帮群之间的事务，但是很难面面俱到。尤其是马六甲土生华人大亨薛佛记等掌控着恒山亭的大权，新加坡的福建帮群内部其他小帮群的谋生者如何自保且取得一席之地始终是一个问题。因此，抱团取暖是小帮群顺势而为的一种自保方式。

至于其后为何是章芳琳接续金兰庙的香火，目前并没有直接的史料能够给以解释。75位金兰庙的创始者也没有章姓人士。因此，除了章芳琳发迹后作为福建帮群的首领之一的责任因素之外，其极其热心于新加坡华人社会各民间宫庙的建设也是一大因素。另外就是，章芳琳祖籍漳州长泰，长泰本就是清水祖师信俗势力范围，估计其祖上章三潮等曾受过清水祖师信俗的影响，章芳琳对此肯定也不陌生。因此，他在1881年重修金兰庙时，即称"明云托庇宇下，素沐神庥，睹削落之情形，动寸衷之恺恻，独行己志，敢云一木难支，聊尽此心，不必众擎易举……从此规模壮彩，益增聪明正直之灵；庙貌重新，永享黍稷馨香之奉。则庶几神安人乐，患疹灾消。人不敢借此邀福于神者，而神亦必锡之以福矣"③。

① ［新加坡］林孝胜：《金兰庙的沧桑》，林孝胜、张夏帏等：《石叻古迹》，南洋学会，1975，第68页。
② 同上书，第67页。
③ ［荷］丁荷生、［新加坡］许源泰：《新加坡华文铭刻汇编（1819—1911）》（上册），广西师范大学出版社，2017，第103页。

2. 庆德会

无独有偶，新加坡早期福建帮群内部还存在着与金兰庙相类似的小帮群组织——庆德会。庆德会位于直落亚逸街，主祀三官大帝，正厅设有一块撰有 36 位创始人名讳的禄位碑。除此之外，尚有六块撰有"仰弥高""中正堂""受禄于天""参化育""鉴在兹""克明德"等字样的匾额，无一刻有纪年。但学界一致认为其创建于 1831 年。宋旺相《新加坡华人百年史》记述："一八三一年三十六位华商组织了一个家庭互助会，名为'庆德会'。该会至今存在着，并且在新加坡市区内置有八间很有价值的店屋，该会从来没有接纳新会员，现有会员都是旧会员的后裔。其中有几位在本史书提到的。他们就是薛文仲、洪俊成、徐长怀、徐钦元和苏源泉等人。最后说到的那两位'兄弟'，大概就是一八三七年被推选担任商会第一届理事会理事的那两位华人。"① 从金兰庙与庆德会的创建人对其后创建的福建帮群总部天福宫的捐金来看，庆德会众创建人的经济基础明显好过于金兰庙。诸如庆德会诸创始人梁瓒元（疑为天福宫建立时的大总理梁赞源）、苏源泉、周柏梅、谢宝荣为天福宫建立时的大总理，占据了一半的席位。另有杨金水捐金 305 元、周柏梅捐金 261 元、梁赞源捐金 260 元、薛文仲捐金 234 元、谢宝荣捐金 114 元、徐钦元捐金 100 元等。但找不到金兰庙 75 位创始人在天福宫的捐金痕迹，唯有在 1830 年薛佛记倡建恒山亭时，金兰庙主事人杨清海捐金 80 大元。

林孝胜根据 1918 年《庆德会章程》的资料，归纳出庆德会建立的宗旨及其组织结构："祭祀三官大帝（其后人后来加上祭奉创始人牌位）；颁发生活津贴给贫困的会员法妻；当会员、法妻或父母去世时提供白金，以及为贫困的会员及其家属给予援助。""首届理事会，会主：杨金水，谋事：徐钦元、陈有郎、蔡延龄、谢宝荣，参谋：薛文仲、陈坤水，财政组：李珍元（财副）、陈国朝（财副）、梁瓒元（财副）、翁如水（总理）、郑荣华（总管）、邱青山（总巡）。理事的主要职权是处理买卖

---

① ［新加坡］宋旺相：《新加坡华人百年史》，叶书德译，新加坡中华总商会，2015，第 23—24 页。

产业，投资政府公债，分发生活津贴给会友家属以及管理会的不动产等事宜。"① 宋旺相将庆德会的建立归因于新加坡开埠初期社会治安状态极不安稳。林孝胜除了认同此说法，还将庆德会创立的首要动机归结于商业投资的风险大，有家庭负担的庆德会创始人为消除后顾之忧，保证其家庭在最坏的情况下生活有保障。②

19 世纪 30 年代初，代表漳泉华人小群体的金兰庙与代表着马六甲土生华人小群体的庆德会先后创建，似乎是因应这个阶段新加坡华人社会纷纷结社自保的潮流。福建帮群因为比较强大，又有恒山亭作为总部，在新加坡开埠早期见不到地缘性的结社，譬如会馆。其中，很重要的一个原因就是恒山亭主要掌握在马六甲土生华人手里，而马六甲土生华人大多来自月港周边，也就是漳泉交接地带的村社，这些人又与故乡联系紧密，因此新加坡开埠早期，福建帮群里人数最多、财力最雄厚的就是马六甲土生华人与厦门港附近的船主商户。他们以恒山亭为依托，自然不需要另外再结社或者预先结成更小的帮群。而福建帮群其他地方人士的人力、财力都还不足以创建自己的地缘性会馆。这一点从较早创立的三个会馆，即创建于 1849 年的长泰会馆、创建于 1867 年的永春会馆、创建于 1876 年的金门会馆，可以得到印证。最早创建的长泰会馆，甚至在 1887 年章芳琳重修时就变成纯粹的民间宫庙，不再是会馆。根源大概在于在新加坡谋生的长泰人太少，福建会馆足以应付他们的日常需求。

而金兰庙奉祀清水祖师，信仰清水祖师的安溪、永春、长泰、华安等处信众，大多远离厦门港周边，自然与这一地带出身的恒山亭掌权者有一定距离，人力财力又不足以创建会馆，因此自谋小型结社以自保也就不意外了。而庆德会稍显特殊之处在于，"三十六个创始人于 1831 年

① ［新加坡］林孝胜：《新加坡华社与华商》，新加坡亚洲研究学会，1995，第105—106 页。
② 同上书，第 103 页。

创会时发起人每人一次出资一百大洋作为创会福利基金"①，并非普通华人可以承受。同为知根知底的马六甲土生华人，他们中间的很多人甚至在后来的福建帮群总部天福宫上层占有一席之地，但依然坚持延续他们的结社，与天福宫的运行发展并行不悖。庆德会其实更像是他们创设的严密科学的以家庭为联合单位的商业互助组织，具有强烈的儒家道德感，除了有大笔的启动经费，互助互利的经济往来与违反会规后严格的经济制裁，加上拟血缘关系盟誓的约束、只出不进的组织结构和传承有序的领导阶层，明显比地缘性结社来得纯粹，凝聚力当然也更强。本质上，它属于马六甲土生华人社会的内部结社，更多是应对商业风险，兼具地缘性结社的某些特征。

---

① ［新加坡］林孝胜：《新加坡华社与华商》，新加坡亚洲研究学会，1995，第114页。

结　语

　　迄自先秦两汉的海上丝绸之路，可谓历史悠久。然而，一直要到入明之后才能勾勒清楚我国民间信俗在"海上丝绸之路"东、西洋航线上的传播与发展情状。本专著先从与我国毗邻的琉球、日本、越南入手，再重点考察地理位置同属马六甲海峡的马六甲、槟榔屿与新加坡等三地的华人民间信俗。结果出乎意料，尤其是明代之前我国民间信俗在这些区域的形态都难以描摹，实在令人遗憾。话说回来，明代之前主要从事海外贸易的历代先民，"以舟为车，以楫为马""逐利而居"，更多是一种以奢侈品贸易为主、"秋冬去，春夏回"的海上商业贸易模式，间或夹杂着避难式的迁徙。依照海外贸易的客观规律，以及受我国"以农立国""安土重迁"传统儒家治国思想的影响，相对发达的社会文化形态，东南沿海一带民众生存压力还不是很大等因素，也确实难以促成大规模的海外移民。因此，此期间因应海外贸易需要而形成的星散的海外定居点也就难以存续下来。那么，作为我国海外移民文化的核心内容——民间信俗，自然随之载沉载浮，更加难以稳定与传承下来。

　　入明以后，郑和下西洋、欧洲殖民者东来，明代中后期资本主义的萌芽，使得我国商业社会经济发展进入新的高峰期；漳州海澄"月港"的开洋，明郑政权对东、西洋海上商贸的控制力，以及明清交替期明朝遗民奔赴海外的影响，清中前期"四大海关""广州十三行"的相继设

立，入清以后社会经济文化的迅速恢复与发展，以及人口暴增后的生存压力，诸多因素，内推外引，使得广袤的南洋的商贸与开发对于国人有了空前的吸引力。而东洋航线上的日本与琉球对于国人向外迁徙的吸引力则比较有限。日本与我国明清二朝朝贡制度的建立一直不顺畅，封建政体相对发达的日本对外界所需要的更多是商贸资源，而非其他，与主要商业贸易国——中国的官民交通都不顺畅时，便导致了民间走私与倭寇的盛行，外加日本幕府时代长时间的闭关锁国，实行长崎港单口对外贸易，除了商人及少数的政治避难移民，几乎吸纳不了太多外来移民。琉球地狭物薄，除转口贸易之外，对于外来移民毫无吸引力可言。其时我国海外移民也不再单纯以海上商贸为主，而是掺杂了各色谋生者，这也使得海外华人社会的建构与传承成为可能。一方面，明清政府的海禁政策严重限制了各色谋生者的自由进出，哪怕传统海商也不例外，而源源不断南下的各色谋生者也无法像传统海商那样"秋去春回"，难以实现一夜暴富的谋生特色使得他们只能做长久定居当地的打算，能够短时间内实现衣锦还乡的百无一二；另一方面，海外移民先行者创建起来的生活社区得到了原乡大量新鲜血液的补充，进而构建起完整的民间信俗生活，当"他乡即故乡"，这些海外华人社区及其信俗生活的传承也就有了较强的稳定性。

此外，本研究的收获还在于以下几点。其一，妈祖信俗的形成与发展，及其海内外影响是独一无二，不可复制的。这一信俗是因应中国社会经济文化重心南移，南方社会经济站上中国社会经济文化发展历史舞台中心的结果之一。高度依赖水运与海内外商贸的南方社会经济，造就了妈祖信俗的世界性，故而能够从容对接"大航海时代"的到来，从而跟随着我国海外移民传播到世界各个区域。其二，郑和七下西洋，在世界航海史上属于首屈一指的壮举，此举的作用不仅重塑了中国传统的朝贡制度，重新打通并延展了我国传统海外贸易的西洋航线，更重要的是如此庞大的官方船队主动走出国门，展现了"兼容并蓄、和而不同"的中华文化内涵，既为我国后世的海外移民打造了良好的国际社会环境，也发挥了不可忽视的与异域文化和睦相处的示范作用。其三，无论是东洋航线上的琉球与日本，还是西洋航线上的越南、马六甲、槟榔屿与新加坡，无论是"唐人"还是"明乡人"，抑或是通称的"华人"，他们所承载的民间信俗都在当地有了因地制宜的传播与发展特点，有些甚至一开始就扎根其中，展现出民间信俗作为华人海外社会精神生活核心的特征，也展现了我国海外移民文化所蕴含的智慧。具体特点总结如下。

一、琉球

同为汉文化圈的琉球，通过与明清两朝建立朝贡关系，加强了双方的官方往来，妈祖信俗也就随着朝贡船舶传播到琉球，并得到琉球王国的重视。尤其是明廷派遣闽人三十六姓前往琉球，协助办理朝贡事宜，对妈祖信俗传播琉球及本土化起到了相当大的作用。而明清两朝的册封琉球使，亲自前往琉球办理册封事务，在惊涛骇浪中体验到了妈祖作为海上保护神的重要性，因此也在中琉两国官方层面上极力提升妈祖祭祀的规格，完善妈祖祭祀的礼制，并在中琉两国对渡口岸以捐金修建或倡建妈祖庙的形式，极大推动了妈祖信俗在海内外的传播与影响。琉球国亦极力配合明清政府以册封使为代表的官方对妈祖信俗的推崇，先后在琉球建立了上、下天妃宫与姑米岛天后宫等妈祖庙，并在祭礼上积极模仿中国祭祀妈祖的做法，形成一整套祭祀妈祖的琉球式仪礼，并将妈祖信俗带入其对日本幕府的官方交流历史过程中。可以说，妈祖信俗对于琉球国航海事业影响巨大。只可惜，琉球王国过于依赖朝贡制度，而定居琉球的闽人三十六姓，得不到原乡新鲜血液的支援，长时间亦难以为继，对于妈祖信俗的推广亦局限于此。

入清以后，琉球王国掀起对中国儒家思想的推崇与推行热潮，主要依赖孔子与"山西夫子"关帝来践行"神道设教"，并没有意识到妈祖信俗蕴含着多种文化内涵，譬如忠孝文化。如此过于功利地对待妈祖信俗，也就导致了妈祖信俗无法得到琉球王国的全面推行，妈祖信俗在琉球的进一步本土化也就成了空中楼阁。外加入清以后日本幕府对于琉球的影响与控制日趋严格，乃至被其鲸吞殆尽，妈祖信俗受到冷落也是自然之事，乃至被完全废弃。尽管如此，妈祖信俗在琉球的传播，也揭示了妈祖信俗如何通过中琉官方交往的形式向外传播及其产生的影响。当

然，依赖朝贡制度进行的官方交往是比较片面的，这也是妈祖信俗在琉球影响有限，难以全面本地化的弊端所在。

二、日本长崎港

日本同样是东亚汉文化圈中的一员，受汉文化熏陶亦比较久远。但是入明以后，因为中日朝贡制度建立不畅及倭寇等因素的影响，明朝严禁对日贸易。入清以后，日本德川幕府又将所有对外海上贸易归口于长崎。但中国海商从未放弃过对日贸易，日本的平户、五岛、长崎等港口都曾经有过明代中国海商的身影。归口长崎后，明清海商更是汇集于此，并根据日本幕府的政策，建立了自己的生活社区。妈祖信俗如何庇护着中国海舶驶向日本，并在长崎港口扎根，也就明晰了起来。

记录时间起于咸丰元年（1851）的《丰利船日记备查》很好地展现了中国海商如何在出海与到岸前后，以及在船舶上祭祀他们的保护神——妈祖等诸神。这是极其罕见的记录，对于妈祖信俗如何在海上丝绸之路上发挥作用有着极其重要的启示。另外，在日本长崎"唐屋敷"与"唐三寺"的创建历史中，中国海商扮演了关键的角色。当然，中国海商到达长崎后也都以"唐屋敷""唐三寺"为最主要的落脚点。可见在一个政治制度相对成熟与完善的国度里，妈祖信俗极其依赖其信仰群体，也就是中国海商。基于中日文化有相当程度的同质性，妈祖信俗也在其中发挥了社会经济文化交流载体的巨大作用。但是就其传播与影响而言，也就比较有限了。

三、越南会安与堤岸

越南受汉文化影响甚深，越南与日本最大不同之处在于，明清更替之时，有大量的明朝遗民，包括不少明郑政权将士避走广南，为广南阮氏政权所接纳，为其所驱而开辟其南部疆域，立下了汗马功劳，并相应成立不少的明香社。因此，明香社的社会日常信俗生活的构建也就成为本专著重要关注点之一，会安澄汉宫无疑提供了一个具有代表性的个案。明香社在越南显得特立独行，深受阮朝政权统治者的青睐。而明香社众亦不复北望，就此扎根当地，会安澄汉宫的创建历史深刻反映了这一点。创建澄汉宫的明香社众，在阮朝享有比当地人更优越的经商条件以及同等的从政条件，且以多缴税的形式免服徭役。越南与中国有很强的同质性的文化土壤，也使得明香社众在彼处如鱼得水。"唐人"在越南的海上商贸活动亦不可小觑，早期甚至可以比较自由地出入"明香社"，一度深入参与越南政权各个层面的活动，导致被西山政权屠杀一空。阮朝立国后，开始区别对待"唐人"与"明乡人"，"唐人"回归到越南"外来海商"的身份。于是，他们的海外社区构建特点也就开始向南洋其他华人社区看齐。

四、马六甲海峡上的马六甲、槟榔屿与新加坡

之所以选择马六甲海峡上的马六甲、槟榔屿与新加坡，初衷在于这三大港口城市的华人社会创建有一定的时间递进关系，并且一度都属于英属海峡殖民地，其日常信俗传承相对稳定。马六甲、槟榔屿与新加坡的华人社区及其信俗的创建与传承，有以下特点：其一，明清更替之时，明朝遗民避难马六甲，对此地华人社区的创建与传承影响巨大，附带着深刻影响到槟榔屿与新加坡华人社会的创建与发展。尤其是马六甲的土生华人，在后续马六甲、槟榔屿与新加坡的社会经济文化发展过程中，扮演了十分重要的角色。其二，有着悠久海外贸易传统的闽粤二省移民，一开始就在英殖马六甲海峡三州府崭露头角。其中，以闽南人、潮州人、客家人与广府人最为醒目。闽南人凭借泉州港、月港与厦门港的对外贸易传统，以及郑和下西洋在福建长乐出洋，明郑政权在南洋的影响，诸种因素，在马六甲海峡上原英属海峡殖民地三州府占尽了海上商贸的优势，其海外社区的创建及其日常信俗生活的完备程度，都是首屈一指。潮州人、客家人、广府人亦不甘人后，各自发挥自身的优势，也都在马六甲海峡三州府占有一席之地，或从事商贸航运，或开矿，或种植，或从事手工业，渐次扩大了马六甲海峡三州府的华人社区规模，逐步完善各自的日常信俗生活。其中，为了更好地生存，这四大方言帮

结
语

或联合，或对抗，在西方殖民者与马来土邦的夹缝中，上演了一幕幕可歌可泣的海外生存奋斗史，最终得以扎根当地，且时刻不忘故土。而构建原乡式的日常信俗成为他们不可或缺的生活目标，其中不乏因应当地自然社会环境而产生的新信俗，譬如信奉当地的拿督公。当然，更多是原乡的观音、妈祖、关帝、保生大帝、王爷、土地公（大伯公）等神祇占据了他们日常信俗生活的核心位置，引导并庇佑着他们在海外一代又一代、年复一年的奋斗。

本专著更多定位于古代海上丝绸之路晚期，因此所选择的研究对象也多局限于此。而这段时间刚好是大航海时代我国海外贸易最后的高峰期，以及海外移民即将大规模"下南洋"的前夕，处在从商贸型移民为主逐渐转向劳力型移民为主的过渡阶段。也就是说，本专著所呈现的主要是明代以来至清代中前期我国先民在海外因应谋生需要而创建生活社区及其日常信俗生活的相关研究，对于鸦片战争之后海外华人社区的日常信俗生活研究所涉较少，因此也就谈不上全面。但是笔者已经感触到我国历代先民，尤其是明清时期闽粤二省先民在海外谋生的大不易，孤军奋战的他们，衣锦还乡固然可喜，但他们所经之处留下的累累义冢，更让人不禁为之心伤。然而，无论是在东洋，还是在西洋，无论处在怎样的内外交困之中，在原乡诸神的庇护与见证下，他们一直勇往直前，奋斗不息且不忘故乡！

主要参考文献

一、古籍文献

［1］礼记［M］. 崔高维，校点. 沈阳：辽宁教育出版社，1997.

［2］［宋］朱彧. 萍洲可谈［M］//唐宋史料笔记丛刊. 李伟国，点校. 北京：中华书局，2007.

［3］［宋］徐兢. 宣和奉使高丽图经［M］//李澍田. 清实录·朝鲜史料摘编（五集）. 朴庆辉，标注. 长春：吉林文史出版社，1991.

［4］［宋］郑所南. 铁函心史［M］. 台北：老古文化事业公司，1981.

［5］［宋］刘克庄. 后村居士集［M］. 北京：北京图书馆出版社，2004.

［6］［宋］周去非. 岭外代答校注［M］. 杨武泉，校注. 北京：中华书局，1999.

［7］［宋］赵汝适. 诸蕃志校释［M］. 杨博文，校释. 北京：中华书局，1996.

［8］［元］汪大渊. 岛夷志略校释［M］. 苏继庼，校释. 北京：中华书局，1981.

［9］［元］周达观. 真腊风土记校注［M］. 夏鼐，校注. 北京：中华书局，1981.

［10］［元］叶子奇，等. 草木子（外三种）［M］. 吴东坤，等，校点. 上海：上海古籍出版社，2012.

［11］［明］朱元璋. 明太祖集［M］. 胡士萼，点校. 合肥：黄山书社，1991.

［12］明太祖实录［M］. 广方言馆本补用嘉业堂本校.

［13］明会典［M］. 四库全书本.

［14］［明］邱浚. 大学衍义补［M］. 四库全书本.

［15］［明］黄仲昭. 八闽通志［M］. 福建省地方志编纂委员会，主编. 福州：福建人民出版社，2006.

［16］［明］郎瑛. 七修类稿［M］. 北京：中华书局，1959.

［17］［明］萧崇业. 使琉球记［M］//台湾文献史料丛刊：使琉球录三种（第 287 种）. 台北：大通书局，1984.

［18］［明］陈侃. 使琉球录［M］//台湾文献史料丛刊：使琉球录三种（第 287 种）. 台北：大通书局，1984.

［19］［明］夏子阳. 使琉球录［M］//台湾文献史料丛刊：使琉球录三种（第 287 种）. 台北：大通书局，1984.

［20］［明］马欢. 瀛涯胜览［M］. 北京：中华书局，1985.

［21］［明］谈迁. 国榷［M］. 续修四库全书本.

［22］［明］宋濂，等. 元史［M］. 北京：中华书局，1976.

［23］［明］张燮. 张燮集（全四册）［M］. 陈正统，主编. 北京：中华书局，2015.

［24］［明］夏子阳. 使琉球录［M］//黄润华，薛英. 国家图书馆藏琉球资料汇编（全三册）. 北京：北京图书馆出版社，2000.

［25］［明］严从简. 殊域周咨录［M］. 余思黎，点校. 北京：中华书局，2000.

［26］［清］柯劭忞. 新元史［M］. 张京华，黄曙辉，点校. 上海：上海古籍出版社，2018.

［27］［清］邵远平. 元史类编［M］. 台北：文海出版社，1984.

［28］［清］徐松. 宋会要辑稿［M］. 刘琳，等，校点. 上海：上海古籍出版社，2014.

［29］［清］张学礼. 使琉球记［M］//台湾文献丛刊（第 3 辑第 57 册），台北：大通书局，1984.

［30］［清］汪楫. 使琉球杂录［M］//故宫珍本丛刊（第 273 册），海口：海南出版社，2001.

［31］［清］朱景星，［清］郑祖庚. 闽县乡土志［M］. 福州市地方志编纂委员会，整理. 福州：海风出版社，2001.

［32］［清］徐葆光. 中山传信录［M］//台湾文献史料丛刊（第 9 辑）. 台北：大通书局，1987.

［33］［清］周煌. 琉球国志略［M］//王有立. 中华文史丛书（十二）. 清乾隆二十二年刊本. 台北：台湾华文书局，1969.

［34］［清］李鼎元. 使琉球记［M］//台湾文献丛刊（第 292 种）. 台湾银行经济研究室编印，1971.

［35］［清］赵新. 续琉球国志略［M］. 光绪壬午桂林镌于黄楼.

［36］［清］张学礼. 使琉球记［M］//台湾文献丛刊（第 292 种）. 台湾银行经济研究室编印，1971.

［37］［清］齐锟. 续琉球国志略［M］//故宫珍本丛刊（第 274 册）. 海口：海南出版社，2001.

［38］［清］汪鹏. 袖海编［M］//丛书集成续编（二二四）. 台北：新文丰出版公司，1988.

［39］［清］张廷玉，等. 明史［M］. 北京：中华书局，1974.

［40］［清］谢清高. 海录注［M］. 杨炳南，笔受. 冯承钧，注释. 北京：中华书局，1955.

［41］［清］蓝鼎元. 鹿洲全集（全二册）［M］. 蒋炳钊，王钿，点校. 厦门：厦门大学出版社，1995.

［42］［清］大汕. 海外纪事［M］. 余思黎，点校. 北京：中华书局，1987.

［43］［清］蔡廷兰. 海南杂著［M］//台湾文献史料丛刊第八辑：台湾文献丛刊第四二种. 台北：台湾大通书局，1987.

［44］清会典事例［M］. 北京：中华书局，2012.

［45］中国地方志集成·乡镇志专辑［M］. 上海：上海书店，1992.

［46］佚名. 长乐文石志［M］. 福建省图书馆 1980 年抄本.

［47］岭南摭怪等史料三种［M］. 戴可来，杨保筠，校点. 郑州：中州古籍出版社，1991.

［48］［越］黎崱. 安南志略［M］. 武尚清，点校. 北京：中华书局，2000.

［49］［越］吴士连. 大越史记全书（校合本）［M］. 陈荆和，编校. 东京：东京大学东洋文化研究所，1984.

［50］［越］潘叔直. 国史遗编［M］. 香港：香港中文大学新亚研究所，1965.

［51］［越］阮朝国史馆. 钦定大南会典事例［M］. 重庆：西南师范大学出版社，2015.

［52］［越］张登桂，等. 大南实录［M］. 东京：日本庆应义塾大学言语文化研究所，1971.

［53］［日］琉球王国评定所文书编集委员会. 琉球王国评定所文书［M］. 那霸：红树社，1988.

［54］［日］伊波普猷，东恩纳宽惇，横山重. 琉球史料丛书［M］. 东京：井上书房，1962.

［55］［日］球阳研究会. 球阳［M］. 东京：角川书店，1974.

二、论著

［1］张礼千. 马六甲史［M］. 郑成快先生纪念委员会，编印. 上海：商务印书馆，1941.

［2］姚楠，张礼千. 槟榔屿志略［M］. 上海：商务印书馆，1946.

［3］吴相湘，等. 中国近代史论丛［M］. 台北：正中书局，1957.

［4］陈荆和. 承天明乡社陈氏正谱［M］. 香港：香港中文大学新亚研究所东南亚研究室，1964.

［5］梁方仲. 中国历代户口、田地、田赋统计［M］. 上海：上海人民出版社，1980.

［6］郑鹤声，郑一钧. 郑和下西洋资料汇编（上、中、下）［M］. 济

南：齐鲁书社，1980.

［7］纪念伟大航海家郑和下西洋 580 周年筹备委员会，中国航海史研究会. 郑和研究资料选编［M］. 北京：人民交通出版社，1985.

［8］杜文凯. 清代西人见闻录［M］. 北京：中国人民大学出版社，1985.

［9］李兴华，冯今源. 中国伊斯兰教史参考资料选编（1911—1949）（上、下）［M］. 银川：宁夏人民出版社，1985.

［10］海军海洋测绘研究所，大连海运学院航海史研究室. 新编郑和航海图集［M］. 北京：人民交通出版社，1988.

［11］梁初鸿，郑民. 华侨华人史研究集（二）［M］. 北京：海洋出版社，1988.

［12］中国人民政治协商会议南安县委员会文史资料委员会. 南安文史资料（第 12 期），内部资料，1990-12.

［13］福建省地方志编纂委员会. 福建省志·华侨志［M］. 福州：福建人民出版社，1992.

［14］林国平，彭文宇. 福建民间信仰［M］. 福州：福建人民出版社，1993.

［15］吴凤斌. 东南亚华侨通史［M］. 福州：福建人民出版社，1994.

［16］郑学檬. 中国古代经济重心南移和唐宋江南经济研究［M］. 长沙：岳麓书社，1996.

［17］米庆余. 琉球历史研究［M］. 天津：天津人民出版社，1998.

［18］通海县民族事务委员会. 通海县少数民族志［M］. 昆明：云南人民出版社，1994.

［19］中国元史研究会. 元史论丛（第七辑）［M］. 南昌：江西教育出版社，1999.

［20］曾玲. 越洋再建家园：新加坡华人社会文化研究［M］. 南昌：江西高校出版社，2003.

［21］徐晓望. 闽南史研究［M］. 福州：海风出版社，2004.

［22］米寿江，尤佳. 中国伊斯兰教［M］. 北京：五洲传播出版社，

2004.

[23] 福建师范大学中琉关系研究所. 第九届中琉历史关系国际学术会议论文集 [M]. 北京：海洋出版社，2005.

[24] 李士厚. 影印原本郑和家谱校注 [M]. 昆明：晨光出版社，2005.

[25] 孙光圻. 中国古代航海史 [M]. 北京：海洋出版社，2005.

[26] 吴海鹰. 郑和与回族伊斯兰文化 [M]. 银川：宁夏人民出版社，2005.

[27] 曾玲. 福德祠绿野亭发展史（1824—2004）[M]. 新加坡：华裔馆，2005.

[28] 周振鹤. 汉书地理志汇释 [M]. 合肥：安徽教育出版社，2006.

[29] 杨国桢，陈支平. 中国历史：明史 [M]. 傅衣凌，主编. 北京：人民出版社，2006.

[30] 徐晓望. 妈祖信仰史研究 [M]. 福州：海风出版社，2007.

[31] 蒋维锬，郑丽航. 妈祖文献史料汇编·第一辑·碑记卷 [M]. 北京：中国档案出版社，2007.

[32] 蒋维锬，周金琰. 妈祖文献史料汇编·第二辑·著录卷 [M]. 北京：中国档案出版社，2009.

[33] 王建川，皮庆生. 中国近世民间信仰：宋元明清 [M]. 上海：上海人民出版社，2010.

[34]《传世汉文琉球文献辑稿》编委会. 传世汉文琉球文献辑稿（第一辑）[M]. 厦门：鹭江出版社，2012.

[35] 罗杰，傅聪聪，等，译/著.《马来纪年》翻译与研究 [M]. 北京：北京大学出版社，2013.

[36] 宋燕鹏. 马来西亚华人史：权威、社群与信仰 [M]. 上海：上海交通大学出版社，2015.

[37] 王元林. 国家正祀与地方民间信仰互动研究：宋以后海洋神灵的地域分布与社会空间 [M]. 北京：中国社会科学出版社，2016.

[38] 宇汝松. 道教南传越南研究 [M]. 济南：齐鲁书社，2017.

［39］王日根. 耕海耘波：明清官民走向海洋历程 ［M］. 厦门：厦门大学出版社，2018.

［40］张侃，［越］壬氏青李. 华文越风：17—19 世纪民间文献与会安华人社会 ［M］. 厦门：厦门大学出版社，2018.

［41］张禹东，庄国土. 华侨华人文献学刊（第六辑）［M］. 北京：社会科学文献出版社，2018.

［42］张禹东，庄国土. 华人华侨文献学刊（第七辑）［M］. 北京：社会科学文献出版社，2019.

［43］杨俊峰. 唐宋之间的国家与祠祀：以国家和南方祀神之风互动为焦点 ［M］. 上海：上海古籍出版社，2019.

［44］书蠹. 槟榔屿开辟史 ［M］. 顾因明，王旦华，译. 上海：商务印书馆，1936.

［45］蔡璋. 琉球亡国史谭 ［M］. 台北：正中书局，1951.

［46］［英］理查德·温斯泰德. 马来亚史 ［M］. 姚梓良，译. 北京：商务印书馆，1974.

［47］［英］哈·弗·皮尔逊. 新加坡通俗史 ［M］. 福建师范大学外语系翻译小组，译. 福州：福建人民出版社，1974.

［48］［德］傅吾康，陈铁凡. 马来西亚华文铭刻萃编 ［M］. 吉隆坡：马来亚大学出版部，1982.

［49］［法］苏尔梦，萧国健. 印度尼西亚华文铭刻汇编 ［M］. ［德］傅吾康，主编. 新加坡：南洋学会，巴黎：法国远东学院，巴黎：群岛学会，1997.

［50］［澳大利亚］李塔娜，［越］阮锦翠. 胡志明市华人会馆中的汉字石碑 ［M］. 河内：越南社会科学出版社，1999.

［51］［美］魏斐德. 洪业：清朝开国史 ［M］. 陈苏镇，薄小莹，等，译. 南京：江苏人民出版社，2003.

［52］［葡］多默·皮列士. 东方志：从红海到中国 ［M］. 何高济，译. 南京：江苏教育出版社，2005.

［53］［荷］丁荷生，［新加坡］许源泰. 新加坡华文铭刻汇编（1819—1911）［M］. 桂林：广西师范大学出版社，2017.

　　［54］［日］今堀诚二. 马来亚华人社会［M］. 刘果因，译. 槟城：槟城嘉应会馆扩建委员会，1974.

　　［55］［日］李献璋. 妈祖信仰研究［M］. 郑彭年，译. 澳门：澳门海事博物馆，1995.

　　［56］［日］桑原骘藏. 蒲寿庚考［M］. 陈裕青，译订. 北京：中华书局，2009.

　　［57］［新加坡］林孝胜，张夏帏，等. 石叻古迹［M］. 新加坡：南洋学会，1975.

　　［58］［新加坡］吴华. 新加坡会馆志［M］. 新加坡：南洋学会，1975.

　　［59］［新加坡］柯木林，林孝胜. 新华历史与人物研究［M］. 新加坡：南洋学会，1986.

　　［60］［新加坡］陈达生. 郑和与东南亚伊斯兰［M］. 北京：海洋出版社，2008.

　　［61］［新加坡］潘醒农. 潮侨溯源集［M］. 北京：金城出版社，2014.

　　［62］［新加坡］宋旺相. 新加坡华人百年史［M］. 叶书德，译. 新加坡：新加坡中华总商会，2015.

　　［63］［新加坡］柯木林. 新加坡华人通史［M］. 福州：福建人民出版社，2017.

　　［64］［越］陈重金. 越南通史［M］. 戴可来，译. 北京：商务印书馆，1992.

　　［65］［新加坡］林孝胜. 新加坡华社与华商［M］. 新加坡：新加坡亚洲研究学会，1995.

　　［66］［越］陈廷遵. 西贡从开发到繁荣的历史考察［D］. 桂林：广西师范大学硕士研究生学位论文，2005-05.

　　［67］［马来西亚］邝国祥. 槟城散记［M］. 新加坡：星洲世界书局，1958.

　　［68］陈荆和，［马来西亚］陈育崧. 新加坡华文碑铭集录［M］. 香港：香港中文大学，1972.

　　［69］历史的足音：三宝山资料选辑［M］. 吉隆坡：华社资料研究中心，1989.

[70] [马来西亚] 张少宽. 槟榔屿福建公冢暨家冢碑铭集 [M]. 新加坡：亚洲研究学会，1997.

[71] [马来西亚] 郑良树. 马来西亚华社文史论集 [M]. 新山：南方学院，1999.

[72] 「马来西亚」王琛发. 广福宫历史与传奇 [M]. 槟城：槟城州政府华人宗教（社会事务）理事会，广福宫，1999.

[73] [马来西亚] 张少宽. 槟榔屿华人史话续编 [M]. 槟城：南洋田野研究室，2003.

[74] [马来西亚] 何国忠. 百年回眸：马华社会与政治 [M]. 吉隆坡：华社研究中心，2005.

[75] [马来西亚] 苏庆华. 马新华人研究：苏庆华论文选集（第 2 卷）[M]. 吉隆坡：联营出版（马）有限公司，2009.

[76] [马来西亚] 黄文斌. 马六甲三宝山墓碑集录（1614—1820）[M]. 吉隆坡：华社研究中心，2013.

[77] [马来西亚] 张晓威. 传统与前瞻：马来西亚华人研究的新视界 [M]. 八打灵再也：拉曼大学中华研究中心，2015.

[78] [马来西亚] 黄裕端. 19 世纪槟城华商五大姓的崛起与没落 [M]. [马来西亚] 陈耀宗，译，北京：社会科学文献出版社，2016.

三、期刊报纸

[1] 陈荆和. 清初郑成功残部之移植南圻（上）[J]. 新亚学报，1968，5（1）.

[2] 吴壮达. 琉球与中国 [J]. 台北研究院近代史研究所集刊，1985.

[3] 杨振辉. 明代妈祖信仰的趋势与原因 [J]. 理论学习月刊，1990（7）.

[4] 谢必震. 明赐琉球闽人三十六姓考述 [J]. 华侨华人历史研究，1991（1）.

[5] 谢重光. 妈祖信仰与儒、释、道三教的交融 [J]. 汕头大学学报（人文科学版），1997（5）.

［6］高师宁. 从社会学角度看宗教的发展与走向［J］. 世界宗教研究，1998（4）.

［7］王荣国. 清咸丰年间"丰利船"祭神活动分析［J］. 中国社会经济史研究，2001（1）.

［8］陈尚胜. 中国传统文化与郑和下西洋［J］. 文史哲，2005（3）.

［9］王元林. 天妃、南海神崇拜与郑和下西洋［J］. 暨南学报（哲学社会科学版），2005（6）.

［10］谭志词. 越南河内历史上的关公庙与华侨华人［J］. 南洋问题研究，2005（2）.

［11］孔远志，杨康善. 郑和下西洋与东南亚华侨华人［J］. 华侨华人历史研究，2005（3）.

［12］谢必震，陈硕炫. 琉球天妃信仰状况及其嬗变［J］. 莆田学院学报，2005（3）.

［13］谭志词. 越南会安"唐人街"与关公庙［J］. 八桂侨刊，2005（5）.

［14］林国平. 关于中国民间信仰研究的几个问题［J］. 民俗研究，2007（1）.

［15］高丽珍. 马来西亚"槟榔屿地方"：岛屿作为殖民帝国前哨的脉络诠释［J］. 华冈地理学报，2008（22）.

［16］李庆新. 17—19 世纪会安的华人、唐帮会馆与华风［J］. 华人研究国际学报（创刊号），2009-06.

［17］林国平. 琉球观音信仰研究［J］. 海交史研究，2010（1）.

［18］高占福. 从外来侨民到本土国民：回族伊斯兰教在中国本土化的历程［J］. 世界宗教研究，2013（1）.

［19］洪莹发. 威显南邦：马来西亚马六甲勇全殿的王醮［J］. 民俗曲艺，2014（184）.

［20］陈支平. 朱子学·理学：唐宋变革与明清实践［J］. 厦门大学学报（哲学社会科学版），2014（3）.

［21］马经. 郑和下西洋与多元和谐宗教文化的传播［J］. 回族研究，2014（4）.

［22］熊世豪. 元代文化统治的特征及影响初探［J］. 黑龙江史志，

2014（7）.

[23] 耿慧玲. 西贡埠广肇帮圣母庙初探 [J]. 海洋史研究（第七辑），2015-03.

[24] 马娟. 元代伊斯兰教与佛道之关系初探 [J]. 世界宗教研究，2015（4）.

[25] 陈荆和. 会安历史 [J]. 海洋史研究（第九辑），2016-07.

[26] 邵磊. 对郑和佛教信仰质疑的驳议：兼述郑和佛教信仰的新发现与新认识 [J]. 南京晓庄学院学报，2016（3）.

[27] 叶少飞. 越南会安关圣帝庙：澄汉宫碑铭初探 [J]. 形象史学，2017（2）.

[28] 何孝荣. 佛教抑或伊斯兰教：也论郑和的宗教信仰 [J]. 古代文明，2018（3）.

[29] 夏敏. 寻找琉球"闽人三十六姓"[J]. 民族艺术，2017（4）.

[30] 乌丙安，胡玉福. "俗信"概念的确立与"妈祖信俗"申遗：乌丙安教授访谈录 [J]. 文化遗产，2018（2）.

[31] 孙希国.《宣和奉使高丽图经》与宋代妈祖信仰的流传 [J]. 广西民族研究，2018（3）.

[32] [马来西亚] 王琛发. 张弼士：在槟榔屿神道设教的晚清官员 [J]. 粤海风，2012（1）.

[33] [马来西亚] 王琛发. 客家先贤与马来西亚槟城海珠屿大伯公探析 [J]. 八桂侨刊，2014（3）.

[34] [马来西亚] 王琛发. 17—19 世纪南海华人社会与南洋的开拓：华人南洋开拓史另类视角的解读 [J]. 福州大学学报（哲学社会科学版），2016（4）.

[35] [马来西亚] 王琛发. 19 世纪槟城闽南社群的神农信仰：从集体祖神到海疆守护神 [J]. 闽台文化研究，2018（1）.

[36] [马来西亚] 黄文斌. 明末清初马六甲华人甲必丹事迹探析 [J]. 南洋问题研究，2018（2）.

[37] [法] 苏尔梦，罗燚英. 马六甲施善华商与公众记忆：以甲必丹李为经（1614—1688）为例 [J]. 海洋史研究（第十一辑），2017-10.

［38］［越］阮湧俰. 东南亚明朝遗民使用"龙飞"之动机考证［J］. 马来西亚人文与社会科学学报（第六卷第一、二期合辑），2017-12.

［39］龚小莞. 终于知道了祖先的名字. 厦门晚报，2013-11-14（A18）.

［40］吴国柱. 初探宋代李富父思泮公墓［N］. 莆田侨乡时报，2017-07-21.

后 记

　　本书是国家出版基金项目"中国海上丝绸之路通史"丛书中的一部专著，即将由鹭江出版社出版，在此之际，寥赘数语，以寄情怀。

　　2014 年秋季，笔者师从林国平教授攻读博士学位，研究方向为"闽南民间信仰"，掂量着自己单薄的知识储备，默默地做了个人学术研究"三步走"计划，即先立足近在咫尺的闽南本土，再涉猎隔海相望的宝岛台湾，最后关注远在万里的南洋一带。如此，大致能够将闽南人的民间信俗概况摸索清楚。后来撰写博士毕业论文时，如愿以偿地做了闽南漳州浦头港民间信俗研究，并于 2017 年夏季顺利取得博士学位。2019 年初，笔者申请到一项福建省社科基地重大项目，主要做闽台民间信俗比较研究，算是按部就班。然而，计划不如变化快，同年底，在陈支平教授强大的人格魅力的感召下，笔者无知无畏地接下了关于中国民间信俗海外传播研究的课题。一时之间，宝岛台湾与海外华侨华人民间信俗研究的两个课题同时进行，进入了如火如荼的研究状态。两个课题最大的困难在于受突发疫情的影响，皆无法奔赴研究目的地进行资料收集和做田野调查。相形之下，海外华侨华人民间信俗研究对笔者而言，基础更薄弱，时间更紧迫。但是，开弓没有回头箭，只能硬着头皮往下干。

　　笔者先是跑到业师林国平教授福州家中，借着讨教之名蹭吃蹭喝，最后还整整搬走了两大纸箱的书籍，内心算是镇定了下来。能够在学术

道路上不时得到指点，还能够不时得到救援，本身就是一件很幸福的事，特此感谢恩师。

特别感谢陈支平教授。陈老师非凡的人格魅力与学术成就自不待言，对于后辈提携备至，且无条件给予信任，这对于一位学术道路上的新手而言，不啻一种无形且有力的鼓舞与鞭策。"桃李不言，下自成蹊"，本专著的完成完全得益于此。

还要感谢远在日本早稻田大学攻读建筑学硕、博士学位的黄胤嘉先生，曾在凌晨两三点钟用手机将越南胡志明市华人民间宫庙碑刻的资料一张一张地传送给笔者，解了燃眉之急。黄博士对于中国古典建筑研究的痴迷让我叹为观止，假如人人有如此之研究热情与准备，诸事何患不成！

感谢湄洲岛妈祖祖庙董事会副董事长吴国春先生，吴先生不厌其烦地为笔者提供诸多妈祖神像的照片。现就职厦门大学出版社的同门陈金亮博士为此颇费心力，一并致谢！中国民间信俗海外传播最具代表性的神明，非妈祖莫属！感谢施沛琳教授、孙凯博士，慨然为本书提供了日本长崎"唐三寺"的相关照片。

当然，在研究过程中，笔者还得到了诸多师长朋友的帮忙，这里不再一一提及，在此一并致谢。

本专著的完成，也仅让笔者堪堪触摸到一点海外华侨华人民间信俗研究的边沿，因此，书中可能存在的一切谬误皆由个人负责。未来的路还很长，敬请方家指导批评。

闽南师范大学　钟建华
2023 年 3 月 3 日